X.systems.press

X.systems.press ist eine praxisorientierte
Reihe zur Entwicklung und Administration von
Betriebssystemen, Netzwerken und Datenbanken.

Markus Zahn

Unix-Netzwerkprogrammierung mit Threads, Sockets und SSL

Mit 44 Abbildungen und 19 Tabellen

 Springer

Markus Zahn
unp@bit-oase.de
http://unp.bit-oase.de

Bibliografische Information der Deutschen Bibliothek
Die Deutsche Bibliothek verzeichnet diese Publikation in der Deutschen
Nationalbibliografie; detaillierte bibliografische Daten sind im Internet über
http://dnb.ddb.de abrufbar.

ISSN 1611-8618
ISBN-10 3-540-00299-5 Springer Berlin Heidelberg New York
ISBN-13 978-3-540-00299-4 Springer Berlin Heidelberg New York

Dieses Werk ist urheberrechtlich geschützt. Die dadurch begründeten Rechte, insbesondere
die der Übersetzung, des Nachdrucks, des Vortrags, der Entnahme von Abbildungen und
Tabellen, der Funksendung, der Mikroverfilmung oder der Vervielfältigung auf anderen Wegen und der Speicherung in Datenverarbeitungsanlagen, bleiben, auch bei nur auszugsweiser
Verwertung, vorbehalten. Eine Vervielfältigung dieses Werkes oder von Teilen dieses Werkes
ist auch im Einzelfall nur in den Grenzen der gesetzlichen Bestimmungen des Urheberrechtsgesetzes der Bundesrepublik Deutschland vom 9. September 1965 in der jeweils geltenden
Fassung zulässig. Sie ist grundsätzlich vergütungspflichtig. Zuwiderhandlungen unterliegen
den Strafbestimmungen des Urheberrechtsgesetzes.

Springer ist ein Unternehmen von Springer Science+Business Media

springer.de

© Springer-Verlag Berlin Heidelberg 2006

Die Wiedergabe von Gebrauchsnamen, Handelsnamen, Warenbezeichnungen usw. in diesem
Werk berechtigt auch ohne besondere Kennzeichnung nicht zu der Annahme, dass solche
Namen im Sinne der Warenzeichen- und Markenschutz-Gesetzgebung als frei zu betrachten
wären und daher von jedermann benutzt werden dürften. Text und Abbildungen wurden
mit größter Sorgfalt erarbeitet. Verlag und Autor können jedoch für eventuell verbliebene
fehlerhafte Angaben und deren Folgen weder eine juristische Verantwortung noch irgendeine
Haftung übernehmen.

Satz: Druckfertige Daten des Autors
Herstellung: LE-TEX, Jelonek, Schmidt & Vöckler GbR, Leipzig
Umschlaggestaltung: KünkelLopka Werbeagentur, Heidelberg
Gedruckt auf säurefreiem Papier   33/3100 YL   –   5 4 3 2 1 0

Vorwort

Vernetzte Rechnersysteme und insbesondere das weltumspannende *Internet* haben unsere Welt verändert. Mit Hilfe der dabei entstandenen Technologien ist es heute nicht nur möglich, sondern sogar äußerst einfach, mit dem eigenen PC selbst Teil dieses riesigen Computernetzwerks zu werden. Natürlich ist allein ein Verbund vernetzter Rechnersysteme für den Normalverbraucher noch nicht sonderlich interessant. Erst die Fülle von Anwendungen, von *Online-Enzyklopädien* über *Online-Banking* und *Online-Shopping* bis hin zu *File-Sharing* und *Online-Spielen,* die seit den Anfängen des Internets entstanden sind, gestaltet dieses Netz anziehend für seine Nutzer.

Die Anziehungskraft vernetzter Rechnersysteme steht und fällt also mit der Attraktivität und Zuverlässigkeit der darüber verfügbaren Anwendungen. Das vorliegende Buch beschäftigt sich deshalb mit der Programmierung vernetzter Computersysteme, genauer gesagt mit der Entwicklung netzwerkfähiger Client-/Server-Programme für Unix-Systeme (oder Unix-ähnliche Computersysteme). Es hat zum Ziel, dem Leser einen fundierten Einstieg in die Welt der Unix-Netzwerkprogrammierung zu vermitteln, klammert aber auch fortgeschrittene Themen nicht aus. Die notwendigen Grundlagen der Unix-Systemprogrammierung werden demnach ebenso berücksichtigt wie die Absicherung des Datenverkehrs mittels *SSL (Secure Socket Layer).* Zahlreiche Programmbeispiele mit typischen Implementierungsmustern stellen dem Leser darüber hinaus eine solide Codebasis für die Entwicklung zuverlässiger, leistungsfähiger und sicherer Netzwerkprogramme zur Verfügung.

Die Einschränkung auf Unix und Unix-ähnliche Systeme geht auf die gemeinsame Entwicklungsgeschichte des Unix-Betriebssystems und des Internets zurück. So fand z. B. in den 70'er Jahren die Implementierung von TCP/IP und der zugehörigen Socket-API zunächst auf Unix-Systemen statt. Unix-Systeme bilden aufgrund ihrer hohen Betriebsstabilität sowie ihrer seit langem etablierten Multiuser-, Multiprozeß- und Multithreading-Fähigkeiten auch heute die Plattform für die wichtigsten Netzwerkdienste im Internet. Selbst auf der Seite der Arbeitsplatzsysteme gewinnt momentan mit Linux wieder ein Unix-ähnliches Betriebssystem mehr und mehr an Bedeutung. Nachdem andere Betriebssysteme ebenfalls die in diesem Buch beschriebene Socket-API für die Netzwerkprogrammierung adaptiert haben und auch das vorgestellte OpenSSL auf vielen Systemen verfügbar ist, sind die hier diskutierten Konzepte der Netzwerkprogrammierung mitsamt der Beispiele meist ohne größere Probleme auf nicht Unix-basierte Betriebssysteme übertragbar.

Sowohl durch meine eigenen praktischen Erfahrungen als auch durch meine Tätigkeit als Dozent mußte ich lernen, daß es für die Entwicklung effizienter und stabiler Netzwerkanwendungen keinesfalls ausreichend ist, allein die Grundlagen der klassischen Netzwerkprogrammierung zu beherrschen. Zum einen entstammen viele Problemstellungen weniger der Netzwerkprogrammierung als vielmehr der Unix-Systemprogrammierung. Auch typische Fehler beruhen oftmals auf grundlegenden Mißverständnissen (oder Informationsdefiziten) aus dem Bereich der Systemprogrammierung. Zum anderen steigt aber auch durch die wachsende Nutzung des Internets für private und geschäftliche Transaktionen wie Online-Banking und Online-Shopping der Bedarf an einer gesicherten Übertragung der transportierten Daten.

Insofern gliedert sich das Buch in drei Teile: der erste Teil widmet sich der Unix-Systemprogrammierung, der zweite Teil beschäftigt sich mit der klassischen Netzwerkprogrammierung und der dritte Teil beleuchtet die Absicherung des Datenverkehrs.

Nach einer allgemeinen Einführung in Kapitel 1 bereitet Kapitel 2, *Programmieren mit Unix-Prozessen*, die wichtigsten Unix-Grundlagen auf. Das Kapitel konzentriert sich ausschließlich auf die Ausschnitte der Systemprogrammierung, auf die wir später im Rahmen der Netzwerkprogrammierung zurückgreifen werden. Im Wesentlichen sind dies die Themen Ein-/Ausgabe, Signalbehandlung und Nebenläufigkeit auf Prozeßebene. Kapitel 3, *Programmieren mit POSIX-Threads*, zeigt, wie nebenläufige Handlungen auch innerhalb eines Prozesses implementiert werden können.

Die Kapitel 4, *Grundlagen der Socket-Programmierung*, und 5, *Netzwerkprogrammierung in der Praxis*, beschäftigen sich dann mit der Netzwerkprogrammierung auf Basis der Socket-API und besprechen fünf verschiedene Implementierungsmuster für typische Server-Programme.

Die letzten beiden Kapitel widmen sich schließlich der Absicherung des Datenverkehrs über das SSL-Protokoll. Nachdem in Kapitel 6, *Netzwerkprogrammierung mit SSL*, sowohl die SSL-Grundlagen als auch die Basisfunktionalität der freien SSL-Implementierung OpenSSL erläutert wurden, widmet sich Kapitel 7, *Client-/Server-Programmierung mit OpenSSL*, v. a. dem sachgemäßen, sicheren Umgang mit SSL-Zertifikaten und damit der Entwicklung sicherer SSL-fähiger Anwendungen.

Bei der Erstellung des Manuskripts sind mir zahlreiche Helfer mit ihren kritischen Fragen, inhaltlichen Anregungen und durch ihr fleißiges Korrekturlesen zur Seite gestanden. Mein Dank gilt den Freunden und Kollegen Dr. Lars

Freund, Thomas Morper, Hella Seebach, Dr. Michael Westerburg und ganz besonders Dr. Harald Görl für zahlreiche fruchtbare Diskussionen und viele hilfreiche Anregungen. Dem Springer-Verlag danke ich in Person von Frau Jutta Maria Fleschutz und Herrn Frank Schmidt für die angenehme, problemlose und notwendigerweise auch geduldige Zusammenarbeit.

Sämtliche Beispielprogramme aus dem vorliegenden Buch stehen unter der Adresse http://unp.bit-oase.de/ zum Download bereit. Konstruktive Kritik und Hinweise auf Fehler, die sich trotz sorgsamer Ausarbeitung des Manuskripts eingeschlichen haben könnten, nehme ich jederzeit gerne entgegen.

Augsburg, im Juni 2006   *Dr. Markus Zahn*
                                                             unp@bit-oase.de

Inhaltsverzeichnis

Beispielprogramme

1

Einführung

Das *Internet* ist in seiner heutigen Form ein weltumspannendes Rechnernetz, das sich selbst aus einer Menge einzelner, voneinander unabhängiger Netzwerke zusammensetzt. Der Begriff Internet ist dabei als Kurzschreibweise für *Interconnected Networks*, also miteinander verbundene Netzwerke, entstanden. Angefangen bei einzelnen Rechnersystemen, die zu einem *Local Area Network (LAN)* zusammengeschlossen sind, werden mehrere LANs über größere Distanzen hinweg zu einem *Wide Area Network (WAN)* verknüpft. Der verschachtelte Verbund vieler derartiger WANs ergibt schließlich das Internet.

Natürlich hatte zu den Anfangszeiten des Internets niemand die kühne Vision, ein Rechnernetz bestehend aus knapp 400 Millionen[1] miteinander vernetzter Computersysteme zu initiieren. Vielmehr sollte gegen Ende der 60'er Jahre im Auftrag der *Advanced Research Projects Agency (ARPA)*, die damals für das US-amerikanische Verteidigungsministerium Forschungsprojekte förderte, ein Netzwerk entstehen, über das die damals knappen Rechenkapazitäten der Hochschulen durch den Austausch von Daten besser ausgenutzt werden sollten. Das resultierende Netzwerk hieß zu dieser Zeit auch noch nicht Internet, sondern *ARPANET*, und wurde Ende 1969 von der *University of California, Los Angeles*, der *University of California, Santa Barbara*, der *University of Utah* und dem *Stanford Research Institute* in Betrieb genommen.[2] Das Netz verband zunächst genau vier Rechner der vier beteiligten Universitäten.

Um eine möglichst hohe Ausfallsicherheit zu erreichen, ersannen die beteiligten Forscher ein *paketvermitteltes Netzwerk*. In paketvermittelten Netzen werden die zu übertragenden Daten vom Absender in einzelne Pakete zerlegt und vom Empfänger nach dem Eintreffen wieder zusammengesetzt. In einem komplexen Netzwerk können die einzelnen Pakete bei der Übertragung

---

[1] Stand: Januar 2006, siehe http://www.isc.org/ds/

[2] Der erste Datenaustausch soll laut [ZEI01] am 29. Oktober 1969 stattgefunden haben, um die Buchstabenkombination *LOG* zu übermitteln. Von den gleichzeitig telefonierenden Technikern werden die Worte „Hast du das L?" – „Ja!" – „Hast du das O?" – „Ja!" – „Hast du das G?" überliefert, dann sei der Rechner abgestürzt.

durchaus unterschiedliche Wege gehen. Absender und Empfänger sind also, im Gegensatz zu *leitungsvermittelten Netzwerken* mit fester Verbindung, lediglich lose miteinander verbunden.

Weitere Forschungsarbeiten führten bis 1974 zur Entwicklung von TCP/IP, einer Familie von Netzwerkprotokollen, die bis heute die Basis für den Datenaustausch über das Internet bilden. Um die Akzeptanz von TCP/IP zu forcieren, wurde die *University of California at Berkeley* damit beauftragt, TCP/IP in *Berkeley Unix* zu integrieren. Mit der zunehmenden Verbreitung von TCP/IP wuchs gleichzeitig die Anzahl der Rechner im ARPANET rapide an. Der große Verbund von Netzen, den das ARPANET nun langsam aber sicher darstellte, wurde schließlich als *das Internet* bekannt. TCP/IP wird seitdem auch als Internet-Protokoll-Familie bezeichnet.

1.1 TCP/IP-Grundlagen

Um die komplexen Zusammenhänge, die in einem Rechnernetz bestehen, besser strukturieren und beschreiben zu können, wurden sogenannte Referenzmodelle eingeführt. Das bekannteste dieser Modelle ist das von der *International Organization for Standardization (ISO)* standardisierte *OSI-Referenzmodell (Open Systems Interconnection Reference Model)*. Nachdem die Internet-Protokoll-Familie bereits vor dem OSI-Referenzmodell entwickelt wurde, liegt der TCP/IP-Architektur ein anderes, vereinfachtes Referenzmodell zugrunde. Die Erfahrungen mit dem TCP/IP-Referenzmodell sind dann bei der Ausarbeitung des OSI-Referenzmodells eingeflossen.

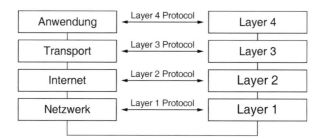

Abb. 1.1. Kommunikation im TCP/IP-Referenzmodell

Das TCP/IP-Referenzmodell unterteilt die einzelnen Aufgabenstellungen der Netzwerkkommunikation, angefangen bei der physikalischen Übertragung der Datensignale über die Vermittlung von Datenpaketen bis hin zu speziellen, anwendungsspezifischen Aufgaben, in einen Stapel von vier Schichten. Die einzelnen Schichten des Modells sind in Abb. 1.1 zu sehen. Jede der Schichten im Referenzmodell definiert bestimmte Funktionen, die in Form von Diensten und Protokollen implementiert werden:

- Jede Schicht kann die Dienste der darunterliegenden Schicht nutzen, ohne dabei konkrete Kenntnisse darüber besitzen zu müssen, wie die in Anspruch genommenen Dienstleistungen genau erbracht werden bzw. implementiert sind. Sämtliche Daten, die von einer Anwendung über das Netzwerk verschickt werden, durchlaufen von der Anwendungs- bis zur Netzwerkschicht alle Schichten des Modells (und auf dem empfangenden System wieder in der umgekehrten Reihenfolge).

- Die gleichnamigen Schichten zweier kommunizierender Systeme kooperieren miteinander jeweils über spezielle, schichtspezifische Protokolle. Dazu werden den von einer Anwendung verschickten Daten in jeder Schicht protokollspezifische Informationen hinzugefügt (und von der gleichnamigen Schicht auf dem empfangenden System wieder entnommen).

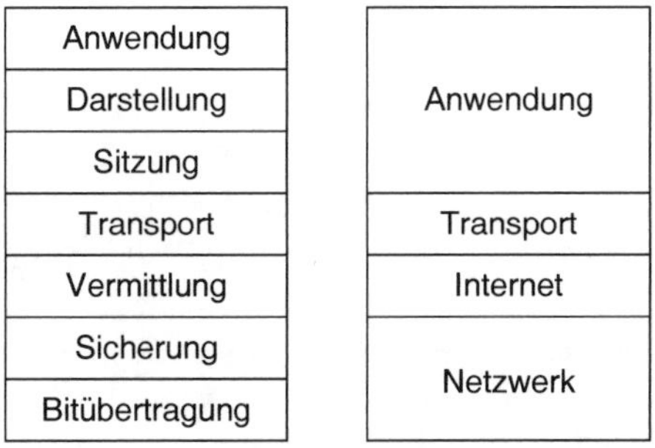

Anwendung	
Darstellung	Anwendung
Sitzung	
Transport	Transport
Vermittlung	Internet
Sicherung	Netzwerk
Bitübertragung	

Abb. 1.2. OSI- und TCP/IP-Referenzmodell im Vergleich

Im direkten Vergleich zwischen OSI- und TCP/IP-Referenzmodell (vgl. dazu Abb. 1.2) zeigt sich die etwas feinere Untergliederung des OSI-Modells in einen Stapel von insgesamt sieben Schichten zusammen mit der korrespondierenden Aufteilung des TCP/IP-Modells.

1.1.1 Netzwerkschicht

Die beiden untersten Schichten des OSI-Referenzmodells repräsentieren grob gesprochen die Netzwerk-Hardware und die zugehörigen Gerätetreiber. Sie kapseln die eingesetzten Netzwerktechnologien wie z. B. *Ethernet, Token Ring* oder *FDDI* und liefern den übergeordneten Schichten eine davon unabhängige Schnittstelle zur Kommunikation. Diese beiden Schichten sind in der *Netzwerkschicht* des TCP/IP-Referenzmodells zusammengefaßt und spielen bei der Entwicklung netzwerkfähiger Client-/Server-Programme im Allgemeinen keine Rolle.

1.1.2 Internet-Schicht

Der Vermittlungsschicht des OSI-Modells entspricht im TCP/IP-Modell die *Internet-Schicht*. Diese Schicht kümmert sich in paketvermittelten Netzwerken wie dem Internet um die Weitervermittlung der einzelnen Datenpakete. Die Internet-Schicht etabliert damit eine Rechner-zu-Rechner-Verbindung, unabhängig von der zugrundeliegenden Netzwerkstruktur (bestehend aus zahlreichen LANs und WANs). Dadurch befreit die Schicht die übergeordneten Schichten von den Details der Datenübertragung.

Internet Protocol (IP)

Die Internet-Schicht wird bei TCP/IP vom *Internet Protocol (IP)* besetzt. Die wesentliche Aufgabe dieses in RFC 791 [IP81] spezifizierten Protokolls ist die Adressierung von Netzteilnehmern über *IP-Adressen* und die Datenübertragung von und zu anderen Teilnehmern. Die Daten werden dabei in einem vom Internet Protocol definierten Paketformat als sogenannte *Datagramme* an die tieferliegenden Schichten übergeben und über das Netzwerk übertragen. Bei Bedarf werden die Datagramme vom Internet Protocol fragmentiert, d. h. vor dem Versand in kleinere Fragmente zerlegt und nach dem Empfang wieder zusammengesetzt.

Beim Internet Protocol handelt es sich um ein *verbindungsloses Protokoll*, d. h. es existiert auf der IP-Ebene keine Ende-zu-Ende-Verbindung zwischen den kommunizierenden Anwendungen. Die einzelnen IP-Datagramme werden unabhängig von den jeweils anderen Datagrammen zugestellt, insbesondere kann sich dabei die Empfangsreihenfolge der Datagramme von der Reihenfolge beim Versand unterscheiden. Darüber hinaus wird der Empfang der einzelnen IP-Datagramme nicht bestätigt. Das Internet Protocol bietet also bezüglich der Datenübertragung keine Zuverlässigkeitsgarantie, weshalb das Protokoll auch oft als *nicht zuverlässig* oder sogar als *unzuverlässig* bezeichnet wird.[3] Das Internet Protocol kann demnach die tatsächliche Zustellung der verschickten Datagramme nicht garantieren, die einzelnen IP-Datagramme werden lediglich bestmöglich verschickt.

Internet Control Message Protocol (ICMP)

Das in RFC 792 [Pos81] spezifizierte *Internet Control Message Protocol (ICMP)* ist ebenfalls auf der Internet-Schicht angesiedelt. Das Protokoll ist

---

[3] Das Attribut *unzuverlässig* bedeutet in diesem Fall nicht, daß beim Internet Protocol ständig etwas schief läuft und man sich deshalb generell nicht darauf verlassen kann. Die Bezeichnung weist vielmehr darauf hin, daß das Protokoll selbst keine Mechanismen zur Erkennung und Behebung von Paketverlusten besitzt, so daß diese Aufgaben bei Bedarf von höheren Schichten übernommen werden müssen.

integraler Bestandteil jeder IP-Implementierung und transportiert Status-, Fehler- und Diagnoseinformationen für das Internet Protocol. Die ICMP-Pakete werden dazu als IP-Datagramme über das Netzwerk übertragen.

1.1.3 Transportschicht

Die *Transportschicht* ist die erste (niedrigste) Schicht, die den übergeordneten anwendungsorientierten Schichten, also den Schichten 5–7 des OSI-Modells bzw. Schicht 4 des TCP/IP-Modells, eine vollständige Ende-zu-Ende-Kommunikation zwischen zwei Anwendungen zur Verfügung stellt. Die Transportschicht leitet den Datenfluß von der Anwendung zur Internet-Schicht und umgekehrt. Die Adressierung der Anwendung erfolgt dabei über einen sogenannten *Port*, an den die Anwendung zuvor gebunden wurde.

User Datagram Protocol (UDP)

Genau wie das zugrundeliegende Internet Protocol ist auch das *User Datagram Protocol (UDP)* ein verbindungsloses Transportprotokoll ohne Zuverlässigkeitsgarantie.[4] Die Spezifikation des Protokolls findet sich in RFC 768 [Pos80]. Das User Datagram Protocol erweitert die bereits vom Internet Protocol erbrachten Leistungen lediglich um die Portnummern der sendenden und empfangenden Anwendung. Die von UDP transportierten Pakete werden deshalb in Anlehnung an IP auch *UDP-Datagramme* genannt. UDP hat demzufolge auch nur einen minimalen *Protokoll-Overhead,* was das Protokoll v. a. für Anwendungen, die nur wenige Daten übertragen müssen, interessanter als das nachfolgend beschriebene TCP macht.

Soll auf Basis von UDP eine zuverlässige, reihenfolgetreue Datenübertragung erfolgen, so muß sich eine der übergeordneten Schichten (sprich: die Anwendung selbst) um diese Aufgabe kümmern.

Transmission Control Protocol (TCP)

Das ursprünglich in RFC 793 [TCP81] spezifizierte *Transmission Control Protocol (TCP)* ist, im Gegensatz zu UDP, ein verbindungsorientiertes und zuverlässiges Transportprotokoll. Das Protokoll stellt je zwei Kommunikationspartnern eine virtuelle Ende-zu-Ende-Verbindung (im Sinne einer festen Punkt-zu-Punkt-Verbindung in einem leitungsvermittelten Netzwerk) zur Verfügung. Die Datenübertragung erfolgt bei TCP deshalb in drei Phasen: dem Verbindungsaufbau, der eigentlichen Datenübertragung und dem

---

[4] Bezüglich der (fehlenden) Zuverlässigkeitsgarantie gelten die selben Anmerkungen wie beim Internet Protocol (vgl. dazu Abschnitt 1.1.2).

abschließenden Verbindungsabbau. Die von TCP übermittelten Datenpakete werden *TCP-Segmente* genannt. Die Reihenfolge der über eine solche virtuelle Ende-zu-Ende-Verbindung verschickten TCP-Segmente bleibt im Rahmen der Übertragung erhalten. Nachdem das Protokoll zudem den Empfang eines TCP-Segments gegenüber dem Sender quittiert und der Sender beim Ausbleiben einer solchen Empfangsbestätigung die Übertragung des betreffenden Segments wiederholt, wird das Transmission Control Protocol als zuverlässiges Transportprotokoll bezeichnet.

TCP nimmt Daten von den übergeordneten Schichten als *Datenstrom* an und teilt diesen Datenstrom auf einzelne TCP-Segmente auf. Jedes dieser TCP-Segmente wird dann über die Internet-Schicht als IP-Datagramm verschickt. Umgekehrt werden die einer TCP-Verbindung zugeordneten IP-Datagramme bzw. TCP-Segmente auf der Empfängerseite wieder zum ursprünglichen Datenstrom zusammengesetzt. Nachdem das zugrundeliegende Internet Protocol bezüglich der Datenübertragung keine Zuverlässigkeitsgarantie übernimmt, muß sich das Transmission Control Protocol selbst um diese Aufgabe (wiederholtes Senden verlorengegangener Pakete, Einhalten der Reihenfolge) kümmern. Die TCP-Segmente erhalten dazu sogenannte *Sequenz-* und *Bestätigungsnummern,* mit deren Hilfe die Segmente quittiert, ggf. neu übertragen und in der korrekten Reihenfolge wieder zu einem Datenstrom zusammengesetzt werden können.

1.1.4 Anwendungsschicht

Die oberste Schicht des TCP/IP-Referenzmodells ist die *Anwendungsschicht*. Sie faßt die Schichten 5–7 des OSI-Modells in einer Schicht zusammen. Für diese Schicht ist inzwischen eine Fülle von Anwendungsprotokollen spezifiziert, über welche heute die gängigen Internetdienste miteinander kommunizieren. Stellvertretend seien an dieser Stelle die weithin bekannten Anwendungsprotokolle *Hypertext Transfer Protocol (HTTP)* für das *World Wide Web (WWW)* oder das *Simple Mail Transfer Protocol (SMTP)* zum Austausch *elektronischer Post (E-Mail)* genannt.

Die Anwendungsprotokolle bzw. die Anwendungen, die diese Anwendungsprotokolle implementieren, greifen ihrerseits über die *Socket-API* auf die Dienste der Transportschicht zu. Im weiteren Verlauf dieses Buchs kümmern wir uns nun im Wesentlichen um die Funktionalität der Socket-API und ihre Anwendung im Rahmen eigener Client-/Server-Programme.

1.2 Internet-Standards

Die sogenannten *RFCs (Request for Comments)*, von denen wir in diesem Kapitel bereits mehrere zitiert haben, spielten und spielen bei der Entstehung und Weiterentwicklung des Internets eine gewichtige Rolle. Dabei handelt es sich um eine fortlaufend ergänzte Reihe von technischen und organisatorischen Dokumenten, über welche die Standards für das Internet festgelegt werden. Sie beschreiben die Dienste und Protokolle des Internets und legen Regeln und Grundsätze für dieses Netzwerk fest. Die Sammlung aller RFCs wird an zahlreichen Stellen im Internet publiziert, u. a. auf der Homepage des *RFC-Editors*.[5]

Neue RFC-Dokumente werden von einer Arbeitsgruppe bzw. dem RFC-Editor geprüft und durchlaufen dabei bestimmte Reifestufen. Ein einmal veröffentlichter RFC wird nie wieder verändert oder aktualisiert. Stattdessen wird er bei Bedarf durch einen neuen RFC ersetzt und erhält den Zusatz, daß er durch den neuen RFC abgelöst wurde. Der neue RFC enthält seinerseits einen Hinweis auf den RFC, den er abgelöst hat.

Neben ihrer verantwortungsvollen Aufgabe als eine Art Standardisierungsgremium beweisen RFC-Autoren mitunter auch sehr feinen Humor, bevorzugt am 1. April jeden Jahres. Stellvertretend für viele amüsante Exkursionen sei an dieser Stelle auf den lesenswerten und durchaus zu diesem Buch passenden RFC 1925 [Cal96], *The Twelve Networking Truths*, hingewiesen.

1.3 Unix-Standards

Die Entstehungsgeschichte von Unix reicht wie die Geschichte des Internets ins Jahr 1969 zurück. Ken Thompson begann damals bei den Bell Laboratories mit der Entwicklung des neuen Betriebssystems *UNICS*, einer in Assembler geschriebenen, abgespeckten Version des Betriebssystems *MULTICS*.[6] Der Name UNICS wandelte sich im weiteren Projektverlauf zu Unix.[7] Das Unix-System wurde dann Anfang der 70'er Jahre in der, im Rahmen der Unix-Entwicklung entstandenen, Programmiersprache C neu implementiert und wenig später zusammen mit einem C-Compiler kostenfrei an verschiedene Universitäten verteilt. In der Folgezeit entstanden viele variierende Systemlinien von Unix mit jeweils unterschiedlichen Kommandos, Kommandooptionen und Systemschnittstellen. So wurde z. B. von der *University of California at Berkeley* neben anderen Anpassungen auch TCP/IP in das dort entstandene *Berkeley Unix* integriert.

---

[5] http://www.rfc-editor.org/

[6] Übrigens: Der Name UNICS enthält gleich ein zweifaches Wortspiel: Zum einen dokumentiert *UNI* im Gegensatz zu *MULTI*, daß es sich bei UNICS um ein abgespecktes MULTICS handelt. Zum anderen wird UNICS in etwa so ausgesprochen wie das Wort *Eunuchs,* was UNICS als kastriertes MULTICS darstellt.

[7] Streng genommen steht die Schreibweise *UNIX* für Unix-Systeme, deren Implementierung auf den ursprünglichen Unix-Quellen der Bell Laboratories basiert, während durch die Schreibweise *Unix* zusätzlich auch Unix-ähnliche Systeme, wie z. B. Linux, mit eingeschlossen werden.

Die vielen verschiedenen Unix-Derivate mit ihren gegenseitigen Inkompatibilitäten führten schließlich zu den ersten Standardisierungsbemühungen und es entstanden die sogenannten *POSIX-Standards*.[8] Die aktuelle Version [SUS02], auf die sich die Ausführungen des vorliegenden Buchs beziehen, ist unter den drei Namen *IEEE Std 1003.1-2001*, *ISO/IEC 9945:2002* und *Single UNIX Specification, Version 3* bekannt. Wir werden im weiteren Verlauf den Namen IEEE Std 1003.1-2001 oder einfach nur kurz POSIX-Standard verwenden.

---

[8] Das Akronym *POSIX* steht für *Portable Operating System Interface*, ergänzt um die Unix-typische Endung *IX*.

2

Programmieren mit Unix-Prozessen

Prozesse bilden die Grundlage der Datenverarbeitung auf Unix-Systemen. Es ist also nicht weiter überraschend, daß vertiefte Programmierkenntnisse mit Prozessen die beste Basis für die Implementierung solider Netzwerkanwendungen sind. Aus diesem Grund vermittelt dieses Kapitel zunächst die notwendigen Grundkenntnisse der Programmierung von Unix-Prozessen, auf die im weiteren Verlauf dieses Buchs aufgebaut wird. In [Ste92, Her96] finden Sie bei Bedarf ausführlichere Informationen zur Unix-Systemprogrammierung. Die Grundlage für dieses Kapitel sowie für den weiteren Verlauf dieses Buchs bilden die in IEEE Std 1003.1-2001 [SUS02] vereinbarten Unix-Standards.

2.1 Unix-Prozesse

Unter einem *Prozeß* wird in einer Unix-Umgebung ein *in Bearbeitung befindliches Programm* bezeichnet. Wird also ein ausführbares Programm, z. B. ein zuvor mit einem C-Compiler übersetztes C-Programm, gestartet, so nennt man die gerade laufende Instanz dieses Programms einen Prozeß. Formal definiert sich ein Prozeß als eine Einheit, die aus

- einem (zeitlich invarianten) Programm,

- einem Satz von Daten, mit denen der Prozeß initialisiert wird, und

- einem (zeitlich varianten) Zustand besteht.

Im klassischen Kontext liegt jedem Prozeß ein sequentielles Programm zugrunde. Dies bedeutet, daß die einzelnen Anweisungen des Programms und damit die einzelnen Schritte des implementierten Algorithmus' immer in einer bestimmten Reihenfolge nacheinander durchlaufen werden.

In allen modernen Unix-Systemen ist diese Annahme in der Zwischenzeit
überholt. Die bislang beschriebenen Prozesse werden dort als *schwergewich-
tige Prozesse* bezeichnet, welche sich dann ihrerseits aus einem oder mehreren *leichtgewichtigen Prozessen,* sogenannten Threads, zusammensetzen. Der
Standard IEEE Std 1003.1-2001 definiert deshalb wie folgt:

Eine Prozeß ist eine Einheit bestehend aus

- einem Adreßraum,
- mit einem oder mehreren in diesem Adreßraum ablaufenden Threads und
- den für die Threads benötigten Systemressourcen.

In Kapitel 3 werden wir ausführlich auf die Programmierung mit Threads
eingehen. Für den weiteren Verlauf dieses Kapitels können wir allerdings unter
einem Prozeß meist problemlos die klassische, sequentielle Version verstehen.

2.1.1 Prozeßgruppen und Sessions

Jedem Unix-Prozeß wird bei seinem Start vom Betriebssystem eine eindeutige Prozeßnummer (Prozeß-ID, kurz: PID) zugewiesen. Neue Prozesse können
ausschließlich von bereits vorhandenen Prozessen erzeugt werden. Der erzeu-
gende Prozeß wird als Elternprozeß, der neue Prozeß als Kindprozeß bezeichnet. Beim Systemstart wird unter Unix ein ausgezeichneter Prozeß, der sogenannte `init`-Prozeß, gestartet. Diesem Prozeß wird *immer* die PID 1 zugewiesen. Der `init`-Prozeß bildet den Ursprung aller Prozesse, alle weiteren
Prozesse stammen mehr oder weniger direkt von diesem Prozeß ab.

Die verschiedenen Prozesse werden in Unix zu *Prozeßgruppen* zusammengefaßt und jede Prozeßgruppe gehört wiederum zu einer *Session.* Auch Prozeßgruppen und Sessions bekommen vom Betriebssystem eindeutige Identi-
fikationsnummern (Prozeßgruppen-ID und Session-ID bzw. PGID und SID)
zugewiesen.

Eine neue Session wird z. B. dann gestartet, wenn sich ein Benutzer über
ein Terminal erfolgreich am System anmeldet. Für den Benutzer wird bei
der Anmeldung eine Login-Shell, etwa die Korn-Shell (ksh), gestartet. Für
diese Shell wird gleichzeitig eine neue Prozeßgruppe erzeugt. Werden nun
von der Shell aus weitere Programme gestartet, gehören alle diese Prozesse
inklusive der Login-Shell standardmäßig zur gleichen Session. Der erste Prozeß
in einer neuen Session, in unserem Beispiel die Korn-Shell, wird als *Anführer
der Session (Session Leader)* bezeichnet.

Um das beschriebene Szenario zu veranschaulichen, melden wir uns an einem
Unix-System an und geben auf der Kommandozeile die beiden folgenden, an
sich nicht besonders sinnvollen, Befehlsfolgen ein:

```
$ sleep 60 | tail &
$ ps | cat | head
```

Die beiden Kommandos der ersten Zeile werden von der Shell im Hintergrund
gestartet. Während diese beiden Prozesse noch laufen, führt die Shell die
nächsten drei Prozesse im Vordergrund aus. Abbildung 2.1 zeigt den Zusammenhang zwischen Session, Prozeßgruppen und Prozessen.

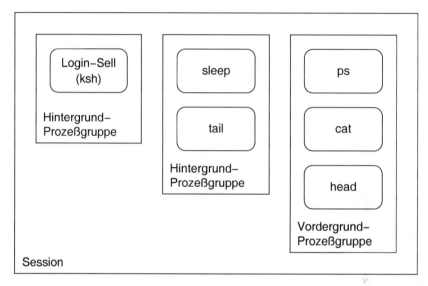

Abb. 2.1. Zusammenhang zwischen Session, Prozeßgruppen und Prozessen

Wie beschrieben gehören alle Prozesse zur gleichen Session. Neben der Login-Shell bilden die zuerst gestarteten Prozesse *sleep* und *tail* sowie die danach
gestarteten Prozesse *ps, cat* und *head* zusammen je eine eigenständige Prozeßgruppe. Die Prozeßgruppe, die im Vordergrund ausgeführt wird – davon kann
es pro Session maximal eine geben – wird als Vordergrund-Prozeßgruppe bezeichnet. Analog heißen alle anderen Prozeßgruppen der Session Hintergrund-Prozeßgruppen. Der nachfolgende Auszug aus der Prozeßtabelle zeigt die Details:

```
 PID  PPID  PGID   SID TTY    TPGID COMMAND
2701  2698  2701  2701 tty0    3271 -ksh
3269  2701  3269  2701 tty0    3271 sleep
3270  2701  3269  2701 tty0    3271 tail
3271  2701  3271  2701 tty0    3271 ps
3272  2701  3271  2701 tty0    3271 cat
3273  2701  3271  2701 tty0    3271 head
```

Die sechs Prozesse (PID 2701 bis 3273) bilden drei verschiedene Prozeßgruppen (PGID 2701, 3269 und 3271). Die Elternprozeß-ID (PPID) zeigt an, daß die Login-Shell (PID 2701) die anderen Prozesse (PID 3269 bis 3273) gestartet hat. Die Login-Shell selbst wurde wieder von einem anderen Prozeß initiiert.

Die Vordergrund-Prozeßgruppe erkennt man in der Prozeßtabelle an der Übereinstimmung zwischen der Prozeßgruppen-ID (PGID) und der Terminal-Prozeßgruppen-ID (TPGID). Die Prozesse *ps, cat* und *head* bilden im vorangehenden Beispiel die Vordergrund-Prozeßgruppe. Alle Prozesse gehören zur selben Session (SID 2701). Die Prozesse, bei denen die Prozeß-ID mit der Prozeßgruppen-ID übereinstimmt, werden als Anführer der Prozeßgruppe (process group leader) bezeichnet. Im obigen Beispiel sind das die Login-Shell *ksh* sowie die beiden Prozesse *sleep* und *ps*.

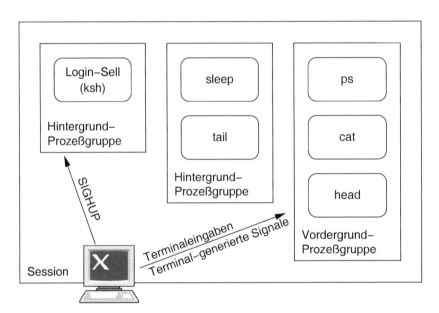

Abb. 2.2. Session und kontrollierendes Terminal

2.1.2 Kontrollierendes Terminal

Einer Session kann genau ein *kontrollierendes Terminal* zugeordnet sein. Dies ist z. B. immer dann der Fall, wenn die Session bei einem erfolgreichen Login erzeugt wurde. Über das kontrollierende Terminal können Daten an die Prozesse der Vordergrund-Prozeßgruppe geschickt werden. In unserem Beispiel bedeutet dies, daß alle Tastatureingaben am Login-Terminal an die Prozesse mit der PGID 3271 gesendet werden. Außerdem werden die über dieses Terminal generierten Signale (etwa SIGSTOP zum Stoppen oder SIGTERM zum Ab-

bruch eines Programms) an alle Prozesse der Vordergrund-Prozeßgruppe geschickt. In unserem Fall würden durch das Abbruchsignal die drei Kommandos
ps, cat und *head* beendet. Danach existiert die Prozeßgruppe 3271 nicht mehr
und die Prozeßgruppe der Login-Shell wird zur Vordergrund-Prozeßgruppe,
an die dann bis auf weiteres alle Tastatureingaben gehen.

Der Anführer einer Session, der die Verbindung zum kontrollierenden Terminal herstellt, wird als *kontrollierender Prozeß (Controlling Process)* bezeichnet. Der kontrollierende Prozeß erhält das SIGHUP-Signal *(Hang Up)*, sobald
das kontrollierende Terminal die Verbindung trennt. Abbildung 2.2 veranschaulicht diesen Zusammenhang zwischen einer Session und dem assoziierten
kontrollierenden Terminal.

2.1.3 Verwaiste Prozesse und verwaiste Prozeßgruppen

Beendet sich ein Prozeß, von dem noch Kindprozesse aktiv sind, so verlieren diese Kindprozesse natürlich ihren Elternprozeß. In Analogie zum richtigen Leben werden diese Kindprozesse dann als *verwaiste Prozesse* bezeichnet.
Die Elternprozeß-ID solcher Waisen wäre damit nicht mehr gültig, sie referenziert keinen aktiven Prozeß mehr. Der Standard sieht deshalb vor, daß
die Elternprozeß-ID in diesem Fall automatisch auf einen (von der Unix-
Implementierung vorgegebenen) Systemprozeß gesetzt wird. In der Praxis ist
dies der init-Prozeß.

Auch Prozeßgruppen können unter Unix verwaisen. Dieser Fall tritt genau
dann ein, wenn für alle Elternprozesse aller Mitglieder einer Prozeßgruppe
folgendes zutrifft:

• Der Elternprozeß ist entweder selbst Mitglied dieser Prozeßgruppe oder

• der Elternprozeß gehört nicht zur Session dieser Prozeßgruppe.

Mit anderen Worten ist eine Prozeßgruppe also solange *nicht* verwaist, solange
ein Prozeß aus der Gruppe einen Elternprozeß besitzt, der zu einer anderen
Prozeßgruppe innerhalb der gleichen Session gehört.

Würde sich im Beispiel aus Abb. 2.1 die Login-Shell beenden, bevor sich die
Prozesse der beiden anderen Prozeßgruppen beendet haben, so wären alle
Prozesse dieser Gruppen verwaist. Ihre Elternprozeß-ID würde in diesem Fall
jeweils automatisch auf die Prozeß-ID von init gesetzt. Der init-Prozeß
wäre damit für alle der neue Elternprozeß. Da für die Login-Shell eine eigene
Session erzeugt wurde, hätten nun alle Prozesse aus den beiden Prozeßgruppen mit init einen Elternprozeß, der zu einer anderen Session (und damit
selbstverständlich auch zu einer anderen Prozeßgruppe) gehört. Die beiden
Prozeßgruppen wären damit verwaist.

2.1.4 Prozeßumgebung

Intern bestehen Prozesse im wesentlichen aus ihren Code- und Datenbereichen. Abbildung 2.3 zeigt die verschiedenen Segmente eines Prozesses:

- In das *Text-Segment* wird der Maschinencode des Programms geladen,
- im *Data-Segment* werden die explizit initialisierten globalen Variablen gespeichert,
- das *BSS-Segment* enthält alle uninitialisierten globalen Variablen (welche dann beim Programmstart mit 0 initialisiert werden),
- im nach oben wachsenden *Heap-Segment* (der Halde) werden die dynamisch allozierten Speicherbereiche angelegt und
- das nach unten wachsende *Stack-Segment* (der Stapel), enthält die automatischen und temporären Variablen, die Rücksprungadressen bei Funktionsaufrufen, zwischengespeicherte Registerwerte und einiges mehr.

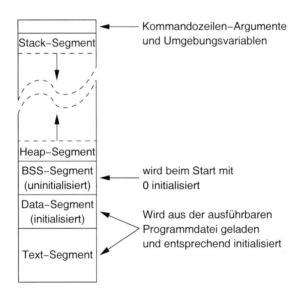

Abb. 2.3. Speicher-Layout von Prozessen

Der Systemkern hält in einer *Benutzerstruktur* weitere charakteristische Informationen für jeden Prozeß, u. a.:

- Registerinhalte die bei einem Systemaufruf dort abgelegt werden,
- Parameter und Ergebnisse des aktuellen Systemaufrufs,
- die Tabelle der Dateideskriptoren (siehe Abschnitt 2.2) sowie

- Abrechnungsdaten (verbrauchte CPU-Zeit im Benutzer und Systemmodus, Systembeschränkungen, wie z. B. maximale CPU-Zeit, die maximale Stackgröße, etc.)

Bei der *Umgebung* eines Prozesses, also bei den genannten Attributen der Benutzerstruktur sowie den Code- und Datenbereichen, handelt es sich um geschützte Ressourcen. D. h. das Betriebsystem schottet diese Bereiche vor dem lesenden und schreibenden Zugriff durch andere Prozesse ab.

Unter dem *Kontext* eines Prozesses versteht man die aktuellen Registerwerte des ausführenden Prozessors, dazu gehören insbesondere der Befehlszähler und der Zeiger auf den Stack.

Ein Prozeßwechsel auf einem Unix-System bedingt demzufolge immer einen Umgebungswechsel *und* einen Kontextwechsel. In Kapitel 3 kommen wir nochmals auf die Bedeutung von Umgebungs- und Kontextwechsel zurück.

2.1.5 Lebenszyklus

Sobald ein neuer Prozeß gestartet wird, übergibt der Systemkern die weitere Ausführung des Programms über eine Startup-Routine der Laufzeitumgebung an die Hauptfunktion des Programms. Der sogenannten `main()`-Funktion werden dabei die Kommandozeilen-Argumente übergeben:

```
int main( int argc, char *argv[] );
```

Der neue Prozeß hat nun – nachdem er seine Aufgaben hoffentlich erfolgreich bewältigen konnte – drei verschiedene Möglichkeiten, sich selbst mit Anstand zu beenden:

1. Er verläßt mit `return` die `main()`-Funktion,

2. er ruft die Funktion `exit()` auf oder

3. er beendet sich durch Aufruf der Funktion `_exit()`.

Verläßt ein Prozeß die `main()`-Funktion durch `return`, so liegt die Kontrolle wieder bei der Startup-Routine, die nun ihrerseits die `exit()`-Funktion anspringt. Abbildung 2.4 veranschaulicht diesen Lebenszyklus. Darüber hinaus kann ein Prozeß von außerhalb – und daher meist unfreiwillig – durch ein Signal beendet werden. Eine letzte Möglichkeit: Der Prozeß beendet sich selbst durch ein Signal, das er durch Aufruf von `abort()` selbst auslöst. Die letzten beiden Varianten sind in Abb. 2.4 nicht dargestellt.

Die Funktionen `exit()` und `_exit()` sind durch ANSI/ISO C bzw. IE-EE Std 1003.1-2001 spezifiziert. Der Standard für ANSI/ISO C legt fest, daß

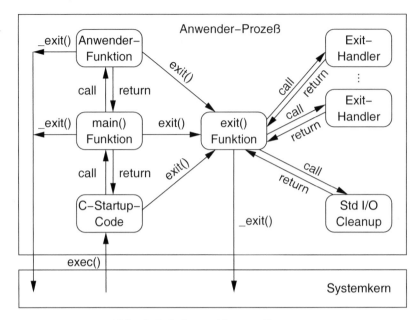

Abb. 2.4. Lebenszyklus von Prozessen

exit() die Puffer aller noch offenen Dateien schreibt, offene Datenströme mit fclose() abschließt, alle durch tmpfile() erzeugten temporären Dateien löscht, und die Kontrolle an das System zurück gibt. Ganz zu Beginn der exit()-Funktion müssen zudem noch alle mit atexit() hinterlegten *Exit-Handler* aufgerufen werden. Dies erfolgt in der umgekehrten Reihenfolge ihrer Registrierung mit atexit().

```
#include <stdlib.h>

void exit( int status );
```

Nach ANSI/ISO C bedeutet der Statuswert Null bzw. EXIT_SUCCESS ein erfolgreiches Programmende. Hat status den Wert EXIT_FAILURE, wird dadurch ein nicht erfolgreiches Programmende angezeigt. Wie genau der aufrufenden Umgebung Erfolg oder Mißerfolg mitzuteilen ist und wie mit anderen Werten zu verfahren ist, überläßt ANSI/ISO C der jeweiligen Implementierung. Für Unix wird deshalb durch IEEE Std 1003.1-2001 festgelegt, daß der Status in Form der niederwertigen acht Bits des Statuswerts (d. h. der Wert status & 0377) zurück geliefert wird.

Genau genommen gibt die exit()-Funktion unter Unix den Rückgabewert und die Kontrolle nicht direkt an das System zurück, sondern ruft zu diesem

Zweck am Ende die Funktion _exit() auf, welche dann die Terminierung des Prozesses ordnungsgemäß abschließt.

```
#include <unistd.h>

void _exit( int status );
```

Die durch IEEE Std 1003.1-2001 festgelegte Funktion _exit() schließt u. a. alle noch offenen Dateideskriptoren (vgl. dazu Abschnitt 2.2) des aktuellen Prozesses und informiert gegebenenfalls den Elternprozeß über das „Ableben" und den Rückgabe- bzw. Statuswert seines Kindes. Wir kommen in den Abschnitten 2.5 und 2.6 noch ausführlicher auf die Effekte und die z. T. damit verbundenen Probleme zu sprechen, die ein Prozeßende auf andere Prozesse wie Eltern- und Kindprozesse haben kann.

Handelt es sich bei dem terminierenden Prozeß um einen kontrollierenden Prozeß, also um den Anführer seiner Session, der die Verbindung zum kontrollierenden Terminal hergestellt hat, so wird an *alle* Prozesse in der Vordergrund-Prozeßgruppe (vgl. Abschnitt 2.1.2) des kontrollierenden Terminals das SIGHUP-Signal ausgeliefert. Außerdem wird die Assoziation zwischen der Session und dem kontrollierenden Terminal aufgelöst.

Verwaist durch den terminierenden Prozeß eine Prozeßgruppe und ist einer der Prozesse dieser Gruppe gestoppt, dann wird an alle Prozesse dieser Prozeßgruppe das SIGHUP-Signal, gefolgt vom SIGCONT-Signal ausgeliefert. Auch dazu später noch mehr.

```
#include <stdlib.h>

int atexit( void (*func)( void ) );
```

Die Funktion atexit() hinterlegt die benutzerdefinierte Funktion func(), die dann ausgeführt wird, wenn das Programm normal endet. Ein Rückgabewert ungleich Null signalisiert, daß der angegebene Exit-Handler nicht registriert werden konnte.

Exit-Handler dienen im Allgemeinen dazu, unmittelbar vor Programmende noch spezielle Aufräumarbeiten durchzuführen, die durch die exit()-Funktion nicht abgedeckt werden. Exit-Handler können sogar neue Exit-Handler hinterlegen. Es ist jedoch streng darauf zu achten, daß alle registrierten Funktionen auch zurückkehren.

Das nachfolgende Programm zeigt die Funktionalität und die Unterschiede der beiden Exit-Funktionen auf.

1–4 Zunächst binden wir die notwendigen Headerfiles in unser Programm ein. Das Headerfile <stdlib.h> enthält unter anderem die Prototypen für die in

ANSI C festgelegten Funktionen exit() und atexit(), <unistd.h> enthält den Prototyp für _exit().

6–9   Danach folgt die Implementierung eines eigenen Exit-Handlers. Die Aufgaben dieser benutzerdefinierten Aufräumoperationen können sehr vielfältig sein. Die vorgestellte Funktion liefert lediglich eine Ausgabe, die dokumentiert, daß der Exit-Handler aufgerufen wurde.

13–17 Diese Handler-Funktion wird gleich zu Beginn der main()-Funktion mittels atexit() zur späteren Abarbeitung registriert. Im Fehlerfall, falls also die Aufräumfunktion nicht hinterlegt werden kann, wird das Programm mit einer Fehlermeldung beendet. Der Rückgabewert EXIT_FAILURE zeigt der aufrufenden Umgebung diese Fehlersituation an.

19   Über printf() wird der String "Irgendwie ... " ausgegeben. Die Ausgabe erscheint allerdings nicht direkt auf dem Terminal, sondern wird aufgrund des fehlenden Zeilenvorschubs von der C-Laufzeitumgebung gepuffert (vgl. dazu Abschnitt 2.2). Ob die Ausgabe überhaupt erscheint, entscheidet der weitere Programmverlauf.

21–27 Werden dem Prozeß beim Start Kommandozeilen-Argumente übergeben, beendet sich der Prozeß entsprechend der Argumente vorzeitig. Ist das erste Argument die Zeichenkette exit, so beendet sich der Prozeß mit der exit()-Funktion. Wird als Argument etwas anderes übergeben (z. B. _exit), wird das Programm mit _exit() verlassen. Die unterschiedliche Semantik von exit() und _exit() entscheidet schließlich darüber, ob die bereits gepufferte Ausgabe das Terminal erreicht und ob der hinterlegte Exit-Handler ausgeführt wird.

29–32 Falls keine Parameter an das Programm übergeben wurden, so wird mit printf() die abschließende Ausgabe "und sowieso.\n" erzeugt. Danach beendet sich der Prozeß regulär durch ein return aus der Hauptfunktion.

Beispiel 2.1. exit-test.c

```
1  #include <stdio.h>
2  #include <stdlib.h>
3  #include <string.h>
4  #include <unistd.h>
5
6  void exit_handler( void )
7  {
8    printf( "Sir Quickly räumt auf.\n" );
9  }
10
11 int main( int argc, char *argv[] )
12 {
13   if( atexit( exit_handler ) != 0 )
14   {
```

```
15    printf( "Kann Exit-Handler nicht registrieren.\n" );
16    exit( EXIT_FAILURE );
17  }
18
19  printf( "Irgendwie ... " ); /* Ausgabe wird gepuffert */
20
21  if( argc > 1 )
22  {
23    if( strcmp( argv[1], "exit" ) == 0 )
24      exit( EXIT_SUCCESS );
25    else
26      _exit( EXIT_SUCCESS );
27  }
28
29  printf( "und sowieso.\n" );
30
31  return( EXIT_SUCCESS );
32 }
```

Mit Hilfe von Beispiel 2.1 und den verschiedenen Aufruf-Parametern kann man sehr schön die unterschiedliche Wirkung der Exit-Funktionen verdeutlichen. Ohne Argumente wird das Programm komplett durchlaufen. Nach dem abschließenden `return` wird implizit die Funktion `exit()` aufgerufen. Der registrierte Exit-Handler wird durchlaufen, die Puffer aller noch offenen Datenströme werden geschrieben und danach werden die Ströme mit `fclose()` geschlossen. Die Ausgabe des Programms ist in diesem Fall also die folgende:

```
Irgendwie ... und sowieso.
Sir Quickly räumt auf.
```

Wird dem Programm beim Aufruf `exit` als Argument übergeben, so beendet es sich bereits vorzeitig mit `exit()`. Dies führt dazu, daß im Gegensatz zur ersten Variante die zweite `printf()`-Ausgabe nicht mehr erfolgt. Dennoch werden nach der Abarbeitung der Exit-Handler die Puffer aller noch offenen Datenströme geschrieben und die Ströme werden mit `fclose()` geschlossen. Die Ausgabe von Beispiel 2.1 ist demnach wie folgt:

```
Irgendwie ... Sir Quickly räumt auf.
```

Wird das Programm mit einem Parameter ungleich `exit` gestartet, also z. B. mit _exit, so beendet sich der Prozeß vorzeitig über den Aufruf von `_exit()`. Das führt dazu, daß – im Unterschied zu den ersten beiden Fällen – die Puffer der noch offenen Datenströme *nicht* mehr geschrieben werden. Auch die registrierten Exit-Handler werden nicht ausgeführt. Im konkreten Fall führt das dazu, daß das Programm überhaupt keine Ausgabe erzeugt. Die erste `printf()`-Ausgabe wurde zwar bearbeitet, d. h. die Zeichenkette wurde durch `printf()` in einen internen Puffer übertragen, die Ausgabe hat aber das Terminal nicht erreicht.

Die Verwendung der Funktion `_exit()` scheint auf den ersten Blick also nicht sehr sinnvoll für ein reguläres Programmende zu sein. Im weiteren Verlauf dieses Buchs werden wir jedoch auf Fälle stoßen, in denen der „Schnellausstieg" mittels `_exit()` gewünscht oder sogar dringend erforderlich ist.

2.1.6 User- und Gruppen-ID

Mit jedem Prozeß sind unter Unix drei User-IDs (UID) und drei (oder mehr) Group-IDs (GID) zugeordnet:

- Die *reale User-ID* und die *reale Group-ID* geben darüber Auskunft, wer wir wirklich sind. Diese beiden IDs werden dem Prozeß beim Start vom System mitgegeben und entsprechen immer der UID bzw. GID des aufrufenden Benutzers.

- Die *effektive User-ID*, die *effektive Group-ID* und die *zusätzlichen Group-IDs* werden bei der Bestimmung der Zugriffsrechte herangezogen. Sie legen beispielsweise fest, ob ein Prozeß auf eine bestimmte Datei zugreifen darf oder ob ein Prozeß berechtigt ist, ein Signal für einen anderen Prozeß zu generieren. Die beiden IDs werden beim Programmstart entsprechend den Dateiattributen des gestarteten Programms gesetzt.

- In der *saved Set-User-ID* und der *saved Set-Group-ID* werden Kopien der beim Programmaufruf gesetzten effektiven User-ID und effektiven Group-ID hinterlegt. Ein Prozeß kann seine effektive User-ID durch spezielle Systemaufrufe jederzeit zwischen der realen User-ID und der *saved Set-User-ID* hin- und her schalten. Gleiches gilt für ein Umschalten der effektiven Group-ID zwischen der realen Group-ID und der *saved Set-Group-ID*.

Unter normalen Umständen entspricht die reale User-ID der effektiven User-ID und die reale Group-ID ist gleich der effektiven Group-ID. Mit anderen Worten erhält ein Programm, das von einem Anwender gestartet wird, dessen UID und GID als reale User-ID und reale Group-ID zugewiesen. Damit der Prozeß genau die gleichen Zugriffsrechte wie der Anwender besitzt, werden dem Prozeß in seiner effektiven User-ID und seiner effektiven Group-ID vom System ebenfalls die gleichen Werte gesetzt.

Unix bietet aber auch die Möglichkeit, einem Prozeß mehr (oder andere) Rechte zuzuweisen, als dem Anwender des Programms an sich im System zustehen. Das `passwd`-Kommando ist hier ein geläufiges Beispiel: Ein Anwender soll mit dem `passwd`-Kommando sein Benutzerpaßwort ändern können. Das neue Paßwort muß dazu allerdings in eine Datei eingetragen werden, auf die der Anwender im Normalfall keine Zugriffsrechte besitzt. In den Dateiattributen des `passwd`-Kommandos ist zu diesem Zweck das *Set-User-ID Bit* gesetzt. Dieses spezielle Bit bewirkt, daß der Prozeß zwar mit der realen User-ID des Anwenders gestartet wird, daß die effektive User-ID aber dem Eigentümer des `passwd`-Kommandos entspricht. Im konkreten Fall erlangt das `passwd`-Kommando dadurch die notwendigen Systemrechte, um auf die geschützte Paßwortdatei zuzugreifen. Den analogen Mechanismus bietet das *Set-Group-ID Bit* für die effektive Group-ID.

Bei der Entwicklung solcher Programme ist allerdings höchste Vorsicht geboten, denn allzu leicht kann sich durch fehlerhafte Programme mit Set-User-ID oder Set-Group-ID Bit eine gefährliche Hintertür ins Betriebssystem öffnen, durch die ein normaler Anwender z. B. Administratorrechte erlangt.

2.2 Ein- und Ausgabe

Die elementaren Ein- und Ausgabefunktionen in Unix sind so alt wie das Betriebssystem selbst. Die Funktionen gelten dennoch keinesfalls als „angestaubt", was beweist, daß den Konzepten von Anfang an tragfähige Überlegungen zugrunde gelegt wurden. So lassen sich die meisten Operationen auf Dateien mit nur vier Funktionen erledigen: `open()`, `read()`, `write()` und `close()`. Die reinen Ein- und Ausgaberoutinen, also `read()` und `write()`, finden nicht nur im Zusammenspiel mit Dateien Verwendung, sondern spielen auch bei der Kommunikation mit Geräten (Terminal, Drucker, . . .), bei der Interprozeßkommunikation (Pipes, Shared Memory) und nicht zuletzt bei der Netzwerkprogrammierung eine bedeutende Rolle.

Die durch die Standardbibliothek von ANSI/ISO C bereit gestellten, hochsprachigen Ein- und Ausgaberoutinen basieren unter Unix ebenfalls auf den elementaren Ein- und Ausgabefunktionen des Betriebssystems. Durch diese Architektur wird es möglich, auch mit den Funktionen der C-Bibliothek die genannte Kommunikationsvielfalt des Unix-Systems, von Dateien über diverse Geräte bis zur Netzwerkkommunikation, abzudecken.

2.2.1 Dateideskriptoren

In Unix werden alle geöffneten Dateien über sogenannte Dateideskriptoren angesprochen. Ein Dateideskriptor ist ein prozeßweit eindeutiger, nicht-negativer Integer-Wert, der beim Öffnen der Datei mit `open()` (oder `creat()`[1]) zurückgeliefert wird. Wenn eine Datei geschrieben oder gelesen werden soll, dann muß

---

[1] Die Funktion `creat()` ist inzwischen obsolet, sie ist nur noch aus Gründen der Kompatibilität im Standard enthalten. Die gesamte Funktionalität von `creat()` wird durch `open()` mit geeigneten Aufrufparametern abgedeckt.

die zuvor geöffnete Datei über den zugehörigen Dateideskriptor referenziert werden. Der Wertebereich für Filedeskriptoren ist durch IEEE Std 1003.1-2001 auf den Bereich von Null bis `OPEN_MAX-1` festgelegt. Ein Prozeß kann demnach nicht mehr als `OPEN_MAX` gleichzeitig geöffnete Dateien haben, wobei `OPEN_MAX` $\geq$ `_POSIX_OPEN_MAX` $= 20$ gilt.

Wie Abb. 2.5 zeigt, sind Dateideskriptoren letzten Endes nichts anderes als Indizes in eine prozeßeigene *Dateideskriptor-Tabelle*. Drei speziell vereinbarte Dateideskriptoren dienen traditionell dem Zugriff auf die Standard-Eingabe (`STDIN_FILENO` bzw. 0), Standard-Ausgabe (`STDOUT_FILENO` bzw. 1) und Standard-Fehlerausgabe (`STDERR_FILENO` bzw. 2). Diese Konvention wird vor allem von den Unix-Shells aufrecht erhalten, die die Ein- und Ausgabe vom und zum Terminal beim Programmstart mit den entsprechenden Dateideskriptoren verknüpfen.

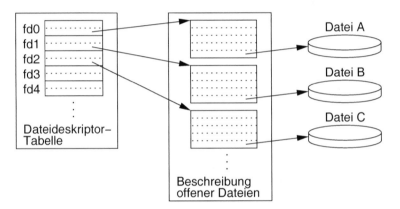

Abb. 2.5. Dateideskriptoren und geöffnete Dateien

Der Systemkern verwaltet für jeden Prozeß in dessen Benutzerstruktur (vgl. dazu Abschnitt 2.1.4) eine eigene Dateideskriptor-Tabelle. Öffnet ein Prozeß eine Datei, so wird dies in der zugehörigen, prozeßeigenen Tabelle notiert. Wird eine Datei von einem Prozeß mehrfach geöffnet, so enthält die Dateideskriptor-Tabelle auch mehrere Einträge für diese Datei. In jedem Eintrag werden

- die Dateideskriptor-Attribute und
- ein Zeiger auf eine Beschreibung der offenen Datei

gespeichert. Der Terminus *Beschreibung der offenen Datei* ist eine Abstraktion der genauen Implementierungs-Details, welche für unsere Zwecke nicht weiter von Bedeutung sind. Die Beschreibung umfaßt Informationen darüber, wie ein Prozeß oder eine Menge von Prozessen auf eine Datei zugreifen. Wichtig ist, daß die Tabelle der Beschreibungen – im Gegensatz zur Dateideskriptor-Tabelle – prozeßübergreifend ist und daß jeder Dateideskriptor auf genau eine solche Beschreibung verweist. Wird eine Datei mehrfach geöffnet, so existieren auch hier mehrere Beschreibungen für diese geöffnete Datei. Attribute der Beschreibung sind beispielsweise

- der Dateistatus,
- die aktuelle Schreib-/Leseposition innerhalb der Datei und
- die Zugriffsrechte der offenen Datei.

Abbildung 2.6 zeigt zwei verschiedene Prozesse, die die gleiche Datei geöffnet haben. Beide Prozesse haben für die Datei einen eigenen Eintrag in ihrer prozeßeigenen Dateideskriptor-Tabelle. Dadurch kann Prozeß A z. B. die Dateideskriptor-Attribute modifizieren, ohne dadurch gleichzeitig das Verhalten des Dateideskriptors von Prozeß B zu verändern.

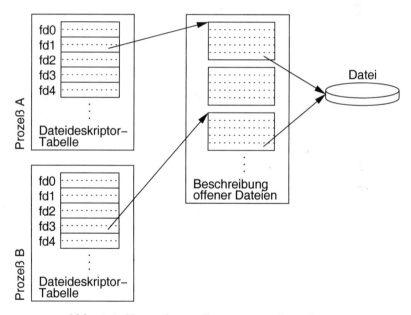

Abb. 2.6. Von mehreren Prozessen geöffnete Dateien

Für die von den beiden Prozessen geöffnete Datei existieren zudem zwei Beschreibungen in der prozeßübergreifenden Tabelle der Beschreibungen. Die Zugriffsarten der Prozesse auf die Datei dürfen sich dadurch ohne weiteres unterscheiden. Beispielsweise könnte Prozeß A lesend auf die Datei zugreifen, während Prozeß B gerade neue Datensätze an das Ende der Datei anfügt. Die beiden Beschreibungen referenzieren dabei selbstverständlich die gleiche geöffnete Datei.

Im weiteren Verlauf dieses Kapitels werden wir noch Beispiele sehen, bei denen zwei oder mehr Dateideskriptoren die selbe Beschreibung referenzieren.

2.2.2 Elementare Ein- und Ausgabe

Jede der elementaren Ein- und Ausgabefunktionen stellt im Unix-System eine direkte Schnittstelle zum Betriebssystem-Kern dar. Ein Aufruf dieser Funktionen bewirkt also immer einen Systemaufruf. Die Ein- und Ausgabe mittels `read()` und `write()` wird auch oft als ungepufferte Ein- und Ausgabe bezeichnet, da hier – im Gegensatz zur Ein- und Ausgabe mit den Funktionen der C-Bibliothek – auf Prozeßebene keine Pufferung der Daten vollzogen wird.

Mit der Funktion `open()` wird eine Datei mit einem Dateideskriptor verknüpft. Wie in Abschnitt 2.2.1 erläutert, wird eine neue Beschreibung der geöffneten Datei sowie ein Dateideskriptor, der diese Beschreibung referenziert, erstellt. Das Argument `path` gibt Pfad und Namen der zu öffnenden Datei an. Der Dateistatus und der Zugriffsmodus auf die Datei kann durch den Parameter `oflag` beeinflußt werden. Werte für `oflag` werden durch bitweise Oder-Verknüpfung geeigneter Attribute aus `<fcntl.h>` erzeugt. Der zurückgelieferte Dateideskriptor wird im weiteren dazu verwendet, auf der geöffneten Datei zu arbeiten.

```
#include <fcntl.h>

int open( const char *path, int oflag, ... );
```

Ein Rückgabewert von −1 signalisiert, daß beim Öffnen der Datei ein Fehler aufgetreten ist. Ansonsten liefert `open()` einen gültigen Dateideskriptor, also einen Integer-Wert ≥ 0. Der Dateideskriptor ist gleichzeitig der kleinste freie Index in der Dateideskriptor-Tabelle. Im Fehlerfall findet sich die Fehlerursache in `errno`.

Neue Dateien können durch `open()` erstellt werden, wenn beim Aufruf das Flag `O_CREAT` in `oflag` enthalten ist. In diesem Fall hat `open()` ein drittes Argument `mode` vom Typ `mode_t`, das die Zugriffsrechte der neuen Datei festlegt. Die gewünschten Zugriffsrechte werden dabei durch bitweise Kombination geeigneter Attribute aus `<sys/stat.h>` konstruiert.

Mit der Funktion `read()` können Daten aus einer Datei gelesen werden. Dazu muß natürlich der übergebene Dateideskriptor `fildes` mit einer bereits geöffneten Datei verknüpft sein.

```
#include <unistd.h>

ssize_t read( int fildes, void *buf, size_t nbyte );
```

Die Funktion read() versucht, genau nbyte Bytes über den spezifizierten Dateideskriptor in den übergebenen Puffer buf einzulesen. Die Maximalgröße für nbyte wird vom System über die Konstante SSIZE_MAX festgelegt. Im Erfolgsfall liefert read() eine nicht-negative ganze Zahl, nämlich die Anzahl der tatsächlich eingelesenen Bytes zurück. Wird der Wert 0 zurückgeliefert, so ist das Ende der Datei bzw. des Datenstroms erreicht. Ein Rückgabewert von -1 signalisiert, daß beim Lesen der Daten ein Fehler aufgetreten ist. Die genaue Fehlerursache findet sich in diesem Fall in errno.

Selbstverständlich ist die Anzahl der gelesenen Bytes niemals größer als nbyte. Es kann aber durchaus vorkommen, daß weniger als nbyte Bytes gelesen werden, z. B. wenn read() durch ein Signal unterbrochen wurde[2] oder wenn die zu lesende Datei nicht mehr so viele Daten enthält wie eingelesen werden sollen. Beispiel: Eine Datei enthält 50 Zeichen, das Programm versucht aber, 100 Zeichen einzulesen. Auch beim Lesen von speziellen Geräten wie Terminal oder Bandlaufwerk kann es vorkommen, daß weniger Bytes als gefordert gelesen werden. Mehr dazu in den Beispielen 2.3 und 2.4.

Mit der Funktion write() können Daten über einen Dateideskriptor in eine zuvor geöffnete Datei geschrieben werden. write() hat die gleichen Parameter wie die read()-Funktion, nur dient diesmal der Puffer als Quelle und der Dateideskriptor als Ziel.

```
#include <unistd.h>

ssize_t write( int fildes, const void *buf,
  size_t nbyte );
```

Aus dem übergebenen Puffer buf werden genau nbyte Bytes über den Dateideskriptor ausgegeben. Wurde die Datei mit dem Attribut O_APPEND geöffnet, so werden die Daten jeweils ans Dateiende angefügt. Auch hier ist die Maximalgröße für nbyte vom System über die Konstante SSIZE_MAX festgelegt. Im Erfolgsfall gibt write() die Anzahl der tatsächlich ausgegebenen Bytes als ganze Zahl größer 0 zurück. Ein Rückgabewert von -1 signalisiert, daß beim Schreiben der Daten ein Fehler aufgetreten ist. Die genaue Fehlerursache findet sich dann in errno.

Auch bei write() ist die Anzahl der geschriebenen Bytes niemals größer als nbyte. Wie bei read() kann es bei write() natürlich ebenfalls vorkommen, daß weniger als nbyte Bytes geschrieben werden, z. B. wenn write() durch

---

[2] In früheren Versionen des Standards war es optional, ob read() in diesem Fall die Anzahl der bereits eingelesenen Bytes liefert, oder den Fehlerwert -1 zurück gibt und errno auf EINTR setzt.

ein Signal unterbrochen wurde[3] oder wenn etwa der zugehörige Datenträger voll ist.

Mit `close()` wird eine geöffnete Datei schließlich wieder geschlossen. Der entsprechende Dateideskriptor wird freigegeben, d. h. der Eintrag in der Dateideskriptor-Tabelle kann danach wieder neu belegt werden. Falls die zugehörige Beschreibung der geöffneten Datei von keinem anderen Dateideskriptor mehr referenziert wird, so wird auch diese Beschreibung verworfen.

```
#include <unistd.h>

int close( int fildes );
```

Im Erfolgsfall liefert die Funktion `close()` den Wert 0 zurück. Im Fehlerfall wird -1 zurück gegeben und `errno` ist entsprechend gesetzt.

Wir wollen den etwas trockenen Stoff jetzt an einigen Beispielen veranschaulichen und dabei gleichzeitig auf einige typische Fallstricke eingehen, die uns später auch bei der Netzwerkprogrammierung das Leben schwer machen können. Wenn wir die Probleme bereits jetzt verstehen, können wir diese typischen Fehler später schon von Anfang an vermeiden.

In Beispiel 2.2 wird die Datei `read.data` zum Schreiben geöffnet. Falls diese Datei noch nicht existiert, wird sie neu angelegt. Ansonsten wird die vorhandene Datei überschrieben. Für den Fall, daß eine neue Datei erzeugt wird, erhält diese die spezifizierten Zugriffsrechte.

13–14   In jedem Fall wird die Zeichenkette aus dem Feld `text[]` in die Datei `read.data` geschrieben. Der Text besteht aus neun Zeilen bestehend aus je vier Ziffern bzw. Buchstaben und einem Zeilentrenner. Die Zerstückelung der Zeichenkette in lauter kleine, fünf Zeichen große Einzelteile dient dabei lediglich der Übersichtlichkeit.

17–23   Zunächst wird die Datei `read.data` zum Schreiben geöffnet, was durch das Flag `O_WRONLY` angezeigt wird. `O_CREAT` bedeutet, daß die Datei im Zweifelsfall angelegt werden soll und `O_TRUNC` erzwingt, daß eventuell bereits vorhandene Inhalte überschrieben werden. Für den Fall, daß die Datei neu erstellt wird, erhält der Eigentümer der Datei Schreib- und Leserechte eingeräumt, während die Gruppe und andere Benutzer nur Leserechte bekommen. Tritt ein Fehler auf, beendet sich das Beispielprogramm mit einer entsprechenden Fehlermeldung.

25–31   Danach wird der Inhalt des Felds `text[]` über den Dateideskriptor ausgegeben. Es werden von `write()` so viele Zeichen auf einmal geschrieben, wie in

---

[3] Auch bei `write()` war es in früheren Versionen des Standards optional, ob in diesem Fall die Anzahl der bereits eingelesenen Bytes geliefert, oder der Fehlerwert -1 zurückgegeben und `errno` auf `EINTR` gesetzt wird.

der Zeichenkette enthalten sind, in unserem Fall also $9 \times 5 = 45$ Zeichen. Im
Fehlerfall beendet sich das Programm mit einer passenden Meldung.

33–38   Zum Schluß wird die Datei wieder geschlossen. Eine eventuelle Fehlersituation,
die z. B. durch einen Schreib- oder Lesefehler des Dateisystems auch beim
Schließen der Datei noch auftreten kann, wird vom Beispiel ebenfalls beachtet.

Beispiel 2.2. write-data.c

```
1   #include <errno.h>
2   #include <fcntl.h>
3   #include <stdlib.h>
4   #include <string.h>
5   #include <sys/stat.h>
6   #include <unistd.h>
7
8   int main( int argc, char *argv[] )
9   {
10    int fd;
11    mode_t mode = S_IRUSR | S_IWUSR | S_IRGRP | S_IROTH;
12    char filename[] = "read.data";
13    char text[] = "0123\n" "4567\n" "89ab\n" "cdef\n"
14      "ghij\n" "klmn\n" "opqr\n" "stuv\n" "wxyz\n";
15    ssize_t bw;
16
17    fd = open( filename, O_WRONLY | O_CREAT | O_TRUNC, mode );
18    if( fd < 0 )
19    {
20      printf( "Kann die Datei '%s' nicht öffnen: %s\n",
21        filename, strerror( errno ) );
22      exit( EXIT_FAILURE );
23    }
24
25    bw = write( fd, text, strlen( text ) );
26    if( bw != strlen( text ) )
27    {
28      printf( "Konnte nur %d Bytes schreiben.\n", bw );
29      exit( EXIT_FAILURE );
30    }
31
32    if( close( fd ) != 0 )
33    {
34      printf( "Konnte die Datei '%s' nicht schließen: %s\n",
35        filename, strerror( errno ) );
36      exit( EXIT_FAILURE );
37    }
38
39    return( EXIT_SUCCESS );
40  }
```

Sehen wir uns nun den Inhalt der eben erzeugten Beispieldatei `read.data` mit den Systemkommandos `cat` und `wc` etwas genauer an:

```
$ cat read.data
0123
4567
89ab
cdef
ghij
klmn
opqr
stuv
wxyz
$ wc read.data
      9       9      45 read.data
```

Die Datei besteht also wie erwartet aus neun Zeilen mit insgesamt neun „Wörtern" bestehend aus je vier Ziffern bzw. Buchstaben. Die Gesamtzahl von 45 Zeichen erklärt sich aus den zusätzlich gezählten Zeilenumbrüchen, also dem Newline-Zeichen '\n' am Ende jeder Zeile. Jede Zeile besteht damit also insgesamt aus fünf Zeichen, den vier Ziffern bzw. Buchstaben und dem abschließenden Zeilenumbruch.

Das nächste Programm, Beispiel 2.3, liest die zuvor erzeugte Datei wieder ein und gibt den Inhalt auf der Standardausgabe aus.

14–20   Zunächst wird `read.data` mittels `open()` geöffnet. Das Flag `O_RDONLY` gibt dabei an, daß die Datei ausschließlich gelesen und nicht etwa beschrieben werden soll. Im Fehlerfall, falls die Datei also z.B. nicht existiert, wird die genaue Ursache des Problems ausgegeben und das Programm beendet sich mit einem passenden Rückgabewert.

22–32   Danach werden von `read()` 45 Zeichen, das ist die Größe des Felds `data`, aus der geöffneten Datei angefordert. Da unsere Beispieldatei genau 45 Zeichen enthält, sollte der Inhalt also auf einen Rutsch eingelesen werden können. Falls ein Fehler auftritt, falls also der Rückgabewert von `read()` kleiner 0 sein sollte, bricht das Programm mit einer entsprechenden Fehlermeldung ab. Für den Fall, daß nicht genügend Zeichen gelesen werden konnten, wird lediglich eine Warnung erzeugt.

34–39   Anschließend können die gelesenen Daten über die Standardausgabe wieder ausgegeben werden.Anstatt `STDOUT_FILENO`, die Konstante wird in der Header-Datei `<unistd.h>` definiert, hätten wir kürzer den Wert 1 einsetzen können, doch zur besseren Dokumentation verwenden wir die sprechende Alternative. Natürlich ist auch bei der Ausgabe auf etwaige Fehler zu achten.

41–46   Abschließend wird die Datei wieder geschlossen und das Programm beendet sich. Auch hier kann durch einen Schreib- oder Lesefehler des Dateisystems noch ein Fehler auftreten. Natürlich achten wir deshalb beim Schließen der Datei auch noch auf diese Möglichkeit.

Beispiel 2.3. read-data.c

```
1  #include <errno.h>
2  #include <fcntl.h>
3  #include <stdlib.h>
4  #include <stdio.h>
5  #include <unistd.h>
6
7  int main( int argc, char *argv[] )
8  {
9    int fd;
10   char filename[] = "read.data";
11   char data[45];
12   ssize_t br, bw;
13
14   fd = open( filename, O_RDONLY );
15   if( fd < 0 )
16   {
17     printf( "Kann die Datei '%s' nicht öffnen: %s\n",
18       filename, strerror( errno ) );
19     exit( EXIT_FAILURE );
20   }
21
22   br = read( fd, data, sizeof( data ) );
23   if( br != sizeof( data ) )
24   {
25     if( br < 0 )
26     {
27       printf( "Lesefehler: %s\n", strerror( errno ) );
28       exit( EXIT_FAILURE );
29     }
30     else
31       printf( "Konnte nur %d Bytes lesen: %s\n", br );
32   }
33
34   bw = write( STDOUT_FILENO, data, br );
35   if( bw != br )
36   {
37     printf( "Konnte nur %d Bytes schreiben.\n", bw );
38     exit( EXIT_FAILURE );
39   }
40
41   if( close( fd ) != 0 )
42   {
43     printf( "Konnte die Datei '%s' nicht schließen: %s\n",
```

```
44        filename , strerror ( errno ) ) ;
45      exit ( EXIT_FAILURE ) ;
46    }
47
48    return ( EXIT_SUCCESS ) ;
49 }
```

Ein Testlauf zeigt das erwartete Verhalten, die Ausgabe von Beispiel 2.3 ist identisch zur Ausgabe des cat-Kommandos:

```
$ ./read-data
0123
4567
89ab
cdef
ghij
klmn
opqr
stuv
wxyz
```

Wie sieht das Verhalten aber nun aus, wenn wir die Daten anstatt aus einer Datei von einem Terminal einlesen? Eigentlich sollte sich das Verhalten nicht großartig ändern, oder etwa doch? Wir modifizieren das vorangehende Beispiel leicht, um dieser Fragestellung auf den Grund zu gehen.

13   Anstatt eine vorgegebene Datei zu öffnen, lesen wir in Beispiel 2.4 einfach von der durch die Shell bereitgestellten Standardeingabe. Die Konstante STDIN_FILENO ist die sprechende Variante für den Filedeskriptor mit Index 0, also die Standardeingabe.

14–30 Daran schließt sich die gleiche Verarbeitung der Daten an, wie sie bereits in Beispiel 2.3 zu finden und dort ausführlich erklärt ist.

Beispiel 2.4. read-data-stdin.c

```
1 #include <errno.h>
2 #include <fcntl.h>
3 #include <stdlib.h>
4 #include <stdio.h>
5 #include <unistd.h>
6
7 int main ( int argc , char *argv [] )
8 {
9   int fd ;
10   char data [45] ;
```

```
11   ssize_t br, bw;
12
13   br = read( STDIN_FILENO, data, sizeof( data ) );
14   if( br != sizeof( data ) )
15   {
16     if( br < 0 )
17     {
18       printf( "Lesefehler: %s\n", strerror( errno ) );
19       exit( EXIT_FAILURE );
20     }
21     else
22       printf( "Konnte nur %d Bytes lesen.\n", br );
23   }
24
25   bw = write( STDOUT_FILENO, data, br );
26   if( bw != br )
27   {
28     printf( "Konnte nur %d Bytes schreiben.\n", bw );
29     exit( EXIT_FAILURE );
30   }
31
32   return( EXIT_SUCCESS );
33 }
```

Ein Testlauf mit den gleichen Daten wie zuvor, die nun allerdings über das Terminal von Hand eingegeben werden müssen, zeigt ein komplett anderes, jetzt zeilenorientiertes Verhalten:

```
$ ./read-data-stdin
0123
Konnte nur 5 Bytes lesen.
0123
```

Während des Testlaufs ist der Dateideskriptor der Standardeingabe direkt mit dem Terminal assoziiert. Der IEEE Std 1003.1-2001 Standard sieht ausdrücklich vor, daß Pipes, FIFOs, Netzwerkverbindungen und spezielle Geräte wie z. B. Terminal oder Bandlaufwerk auch weniger Zeichen zurückgeben können, falls in der Quelle momentan weniger Zeichen als angefordert bereit stehen. In unserem Beispiel liefert der mit einem Terminal assoziierte Dateideskriptor pro Aufruf von read() eine komplette Eingabezeile zurück, auch wenn diese Zeile weniger Zeichen enthält, als ursprünglich gefordert.

Aus diesem Grund empfiehlt es sich in allen Fällen, in denen wirklich genau nbyte Bytes eingelesen werden sollen, auf speziell darauf ausgerichtete Funktionen zurückzugreifen. In [SFR04] werden dazu die beiden Funktionen readn() und writen() eingeführt, die wir nachfolgend in leicht abgewandelter Form implementieren. Die beiden Funktionen haben die gleiche Signatur wie ihre beiden Pendants read() und write().

Nach der Besprechung der beiden Hilfsfunktionen entwickeln wir eine Variante von Beispiel 2.4, um die Eigenschaften der neuen Funktionen zu beleuchten.

10   Die Funktion readn() liest in einer Schleife solange Daten vom übergebenen Dateideskriptor fildes, bis die geforderte Anzahl von nbyte Bytes in den Puffer buf übertragen ist. Die bei nbyte startende Zählvariable n gibt die noch zu lesenden Bytes an, der Hilfszeiger ptr zeigt immer auf die nächste freie Position im Puffer.

12–18   Falls während des Lesens ein Fehler auftritt, falls also der Rückgabewert von read() kleiner als Null ist, so schließt sich eine Fehlerbehandlung an. Die Situation, daß br < 0 und gleichzeitig errno == EINTR gilt, kommt nach IEEE Std 1003.1-2001 genau dann vor, wenn read() unterbrochen wird, bevor das erste Zeichen gelesen werden konnte. Ansonsten wird im Falle einer Unterbrechung laut Standard immer die Anzahl der bislang gelesenen Bytes zurückgeliefert. In jedem Fall kehrt die Funktion readn() entweder mit der richtigen Anzahl gelesener Zeichen, oder aber mit dem Rückgabewert -1 und entsprechend gesetzter errno-Variable zurück.

Beispiel 2.5. readn.c

```
1  #include <errno.h>
2  #include <unistd.h>
3
4  ssize_t readn( int fildes, void *buf, size_t nbyte )
5  {
6    size_t n;
7    ssize_t br;
8    char *ptr = buf;
9
10   for( n = nbyte; n > 0; n -= br, ptr += br )
11   {
12     if( ( br = read( fildes, ptr, n ) ) < 0 )
13     {
14       if( errno == EINTR ) /* Unterbrechung */
15         br = 0;
16       else
17         return( -1 ); /* Fehler */
18     }
19     else if( br == 0 ) /* EOF */
20       return( nbyte - n );
21   }
22
23   return( nbyte );
24 }
```

19–20 Für den Fall, daß bereits vor Erreichen der angeforderten Anzahl von Zeichen
das Ende des Datenstroms erreicht ist, wird die Anzahl der bis dahin gelesenen
Zeichen zurück gemeldet.

Die Funktion `writen()` aus Beispiel 2.6 ist das exakte Gegenstück zu `readn()`.
Die Funktion gibt solange Daten aus dem übergeben Puffer `buf` auf den Da-
teideskriptor `fildes` aus, bis tatsächlich die übergebene Anzahl von `nbyte`
Bytes geschrieben wurde.

Beispiel 2.6. writen.c

```
1  #include <errno.h>
2  #include <unistd.h>
3
4  ssize_t writen( int fildes, const void *buf, size_t nbyte )
5  {
6    size_t n;
7    ssize_t bw;
8    const char *ptr = buf;
9
10   for( n = nbyte; n > 0; n -= bw, ptr += bw )
11   {
12     if( ( bw = write( fildes, ptr, n ) ) < 0 )
13     {
14       if( errno == EINTR ) /* Unterbrechung */
15         bw = 0;
16       else
17         return( -1 ); /* Fehler */
18     }
19     else if( bw == 0 ) /* Fehler */
20       return( nbyte - n );
21   }
22
23   return( nbyte );
24 }
```

Mit Hilfe der beiden neuen Funktionen können wir jetzt das Beispiel 2.4 so modifizieren, daß wir anstatt `read()` die Funktion `readn()` und anstatt `write()`
die Funktion `writen()` einsetzen.

Abgesehen von diesen minimalen Anpassungen ist Beispiel 2.7 zur Ursprungsversion aus Beispiel 2.4 identisch geblieben. Dennoch sollten die beiden kleinen, aber feinen Änderungen ausreichend sein, um das ursprüngliche vorgesehene Verhalten des Beispielprogramms nun auch tatsächlich zu erzielen.

Beispiel 2.7. readn-data-stdin.c

```
1  #include <errno.h>
2  #include <fcntl.h>
3  #include <stdlib.h>
4  #include <stdio.h>
5  #include <unistd.h>
6
7  int main( int argc, char *argv[] )
8  {
9    int fd;
10   char data[45];
11   ssize_t br, bw;
12
13   br = readn( STDIN_FILENO, data, sizeof( data ) );
14   if( br != sizeof( data ) )
15   {
16     if( br < 0 )
17     {
18       printf( "Lesefehler: %s\n", strerror( errno ) );
19       exit( EXIT_FAILURE );
20     }
21     else
22       printf( "Konnte nur %d Bytes lesen.\n", br );
23   }
24
25   bw = writen( STDOUT_FILENO, data, br );
26   if( bw != br )
27   {
28     printf( "Konnte nur %d Bytes schreiben.\n", bw );
29     exit( EXIT_FAILURE );
30   }
31
32   return( EXIT_SUCCESS );
33 }
```

Jetzt testen wir das jüngste Beispiel mit den gleichen Eingaben wie zuvor. Wie erwartet werden nun wieder alle 45 Zeichen auf einmal eingelesen und von der sich anschließenden Funktion write() auch wieder ausgegeben. Auf die etwas längliche Darstellung der Ausgabe verzichten wir an dieser Stelle.

Beispiel 2.4 fördert bei genauerer Betrachtung allerdings noch ein zweites Problem zu Tage, das wir in den bisherigen Beispielen ignoriert haben und das uns auf direktem Wege zum nächsten Abschnitt geleitet. Versuchen Sie einmal, die Ausgabe von Beispiel 2.4 in eine Datei umzulenken und geben Sie danach die Ausgabedatei mit dem cat-Kommando aus. Die beiden mit cat ausgegebenen Zeilen entsprechen den beiden letzten Zeilen unseres Tests von Beispiel 2.4. Allerdings in umgekehrter Reihenfolge! Das ist auf den ersten

Blick überraschend, denn der Aufruf von `printf()` erfolgt laut Quelltext ja vor dem Aufruf von `write()`.

```
$ ./read-data-stdin > output
0123
$ cat output
0123
Konnte nur 5 Bytes lesen.
```

Wie wir bereits gelernt haben, stellen die elementaren Ein- und Ausgabefunktionen unter Unix eine direkte Schnittstelle zum Systemkern dar, die Ein- und Ausgabe der Daten erfolgt dabei ohne Pufferung auf Prozeßebene. Im Gegensatz dazu puffern die Funktionen der C-Bibliothek unter Umständen die Ein- und Ausgabe auf Anwendungsebene.

Dies bedeutet, daß die Ausgabe von `"Konnte nur 5 Bytes lesen.\n"` in Beispiel 2.4 unter bestimmten Umständen (mehr dazu im folgenden Abschnitt) zunächst lediglich in einen Datenpuffer der C-Bibliothek kopiert wird. Die nachfolgende Ausgabe der Zeichenfolge `"0123\n"` über `write()` erfolgt dagegen immer direkt und ungepuffert. Insbesondere kann diese Ausgabe dadurch eine gepufferte Ausgabe „überholen". Nach der Rückkehr aus der `main()`-Funktion erledigt `exit()` schließlich die Aufräumarbeiten und schreibt dabei auch die Puffer aller noch geöffneten Dateien.

Die analoge Problematik tritt übrigens auch mit einer gemischten Verwendung der Eingabefunktionen auf. Die Funktionen der C-Bibliothek lesen unter Umständen bereits mehr Daten in einen internen Datenpuffer, als von der Anwendung eigentlich angefordert wurden. Die zuviel bzw. auf Vorrat gelesenen Daten stehen der `read()`-Funktion dann nicht mehr zur Verfügung.

Das Beispiel zeigt, daß die elementaren Ein- und Ausgabefunktionen nicht abwechselnd mit den Ein- und Ausgabefunktionen der C-Bibliothek verwendet werden sollten.

2.2.3 Standardeingabe und -ausgabe

In diesem Abschnitt betrachten wir die Ein- und Ausgabefunktionen der C-Bibliothek, die durch den ANSI/ISO C Standard [ISO05] festgelegt sind. Obwohl ursprünglich für Unix-Systeme entwickelt, sind diese Funktionen mit der weiten Verbreitung des C-Standards auf nahezu jedem Betriebssystem verfügbar. Gegenüber den elementaren Ein- und Ausgabefunktionen des Unix-Systemkerns zeigen die Funktionen der C-Bibliothek im wesentlichen die folgenden Unterschiede:

- Pufferung der Ein- und Ausgabe auf Prozeßebene,

- Unterscheidung textbasierter und binärer Ein- und Ausgabe sowie

- formatierte Ein- und Ausgabe.

Analog zum Unix-Betriebssystem macht auch die Programmierschnittstelle von ANSI/ISO C bei der Ein- und Ausgabe keinen Unterschied zwischen Dateien und Peripheriegeräten. Die Kommunikation eines Programms mit seiner Umgebung erfolgt immer über Datenströme. Im Gegensatz zum Betriebssystemkern finden Dateideskriptoren dabei keine direkte Verwendung. Beim Öffnen eines Datenstroms liefern die Funktionen `fopen()`, `freopen()` und `fdopen()` einen Zeiger auf eine Datenstruktur vom Typ `FILE` zurück.

Die `FILE`-Struktur enthält alle Informationen, die für die Ein- und Ausgabe auf den zugehörigen Datenstrom benötigt werden. Dazu zählen insbesondere auch ein Dateideskriptor für die tatsächliche Kommunikation, ein Zeiger auf den zur Datenpufferung zur Verfügung stehenden Speicherplatz sowie ein Fehler- und ein Dateiende-Flag.

```
#include <stdio.h>

FILE *fopen( const char *filename, const char *mode );
FILE *freopen( const char *filename, const char *mode,
  FILE *stream );
FILE *fdopen( int fildes, const char *mode );
int fileno( FILE *stream );
int fclose( FILE *stream );
```

Durch `fopen()` wird eine Datei entsprechend der Attribute in `mode` geöffnet, `freopen()` schließt den übergebenen Datenstrom und verknüpft ihn neu mit der angegebenen Datei. Mit `fdopen()` kann ein bereits geöffneter Dateideskriptor in eine `FILE`-Struktur eingebettet werden. Die drei Funktionen liefern entweder einen gültigen Datenstrom oder `NULL` bei Mißerfolg. Über `fileno()` kann der zu einem Datenstrom zugehörige Dateideskriptor ermittelt werden. Im Fehlerfall wird −1 zurück gegeben. Durch einen Aufruf von `fclose()` wird eine zuvor geöffnete Datei schließlich wieder geschlossen. Die Funktion liefert den Wert `EOF` bei Fehlern oder Null im Erfolgsfall. Bei Fehlern gibt `errno` wie üblich Aufschluß über die genaueren Umstände des Mißerfolgs.

In Analogie zu den Dateideskriptoren `STDIN_FILENO`, `STDOUT_FILENO` und `STDERR_FILENO` der elementaren Ein- und Ausgabe existieren auch in der C-Bibliothek drei vordefinierte Strukturen `stdin`, `stdout` und `stderr`. Diese sind beim Programmstart mit den entsprechenden, zuvor genannten Dateideskriptoren und damit mit den von der Umgebung bereitgestellten Datenströmen verknüpft.

Um eine effiziente Verarbeitung zu erlauben, führt die Standard-Bibliothek eine Pufferung der Daten durch. Beim lesenden Zugriff werden die Daten vom Betriebssystem in größeren Blöcken angefordert, egal wieviele Bytes die Anwendung eigentlich lesen will. Nachfolgende Leseoperationen können dann unter Umständen ohne weitere Systemaufrufe aus den bereits eingelesen Daten befriedigt werden. Umgekehrt werden Schreiboperationen zunächst in einen internen Puffer abgebildet, bevor sie schließlich, z. B. beim Schließen des Datenstroms, tatsächlich ausgegeben werden.

Die C-Bibliothek unterscheidet dabei die folgenden drei verschiedenen Formen der Pufferung:

Vollständige Pufferung: Bei dieser Form der Pufferung werden die Daten in der beschriebenen Form blockweise zwischengespeichert. Daten werden genau dann geschrieben, wenn der zur Verfügung stehende Puffer komplett gefüllt ist oder wenn der Datenstrom geschlossen wird. Gelesen werden neue Daten immer dann, wenn der Lesepuffer komplett geleert ist. Vollständige Pufferung kommt im Regelfall bei der Bearbeitung von normalen Dateien zum Einsatz.

Zeilenweise Pufferung: Auch bei dieser Pufferungsart werden die Daten blockweise zwischengespeichert. Im Unterschied zur vollständigen Pufferung werden Daten aber schon dann tatsächlich geschrieben, wenn im Datenstrom ein Zeilentrenner auftritt. Darüber hinaus muß der Puffer natürlich auch dann geschrieben werden, wenn er komplett gefüllt ist – auch wenn in diesem Moment kein Zeilentrenner auftaucht. Sollten vom Prozeß Daten von einem ungepufferten Datenstrom angefordert werden, oder sollten Daten von einem zeilenweise gepufferten Datenstrom angefordert werden, die zuerst noch vom System gelesen werden müssen, so wird der Zwischenspeicher ebenfalls geschrieben. Zeilenweise Pufferung kommt meist im Umgang mit interaktiven Geräten wie z. B. dem Terminal zum Einsatz.

Keine Pufferung: Dies bedeutet, daß von der Standard-Bibliothek keine Pufferung vorgenommen wird. Jede Ein- und Ausgabeoperation wird direkt an den Systemkern weitergeleitet. Die Fehlerausgabe über `stderr` ist ein Beispiel für die ungepufferte Ausgabe von Daten.

ANSI/ISO C und IEEE Std 1003.1-2001 legen fest, daß beim Programmstart `stderr`, der Datenstrom für die Fehlerausgabe, nicht vollständig gepuffert ist. Außerdem sind `stdin` und `stdout` vollständig gepuffert, wenn der jeweilige Datenstrom *nicht* mit einem interaktiven Gerät wie z. B. einem Terminal verbunden ist. Leider geben diese Vereinbarungen des Standards keine Auskunft darüber, ob die Fehlerausgabe nun ungepuffert oder zeilenweise gepuffert ist, oder was für `stdin` und `stdout` gilt, sofern sie zu einem interaktiven Gerät assoziiert sind. Allerdings hat es sich auf allen gängigen Unix-Systemen etabliert, daß `stderr` stets ungepuffert ist und daß `stdin` und `stdout` in Verbindung mit einem Terminal zeilenweise gepuffert sind.

Rückwirkend läßt sich damit das Verhalten von Beispiel 2.4 vollständig erklären. Solange die Standard-Ausgabe des Programms nicht auf eine Datei umgeleitet war, wurde `stdout` und damit die Ausgabe mittels `printf()` zeilenweise gepuffert. Der Zeilentrenner am Ende der Meldung löst damit eine sofortige Ausgabe über das System aus. Sobald die Ausgabe aber auf eine Datei umgelenkt wird, tritt eine vollständige Pufferung von `stdout` in Kraft. Die direkte Ausgabe über den Systemaufruf `write()` kann damit die zwar vorausgehende, dafür aber gepufferte Ausgabe mittels `printf()` überholen.

Mit `setbuf()` und `setvbuf()` stellen ANSI/ISO C und IEEE Std 1003.1-2001 zwei Funktionen zur Verfügung, mit deren Hilfe das Pufferungsverhalten eines Datenstroms manipuliert werden kann.

```
#include <stdio.h>

void setbuf( FILE *stream, char *buf );
int setvbuf( FILE *stream, char *buf, int type,
  size_t size );
```

Beide Funktionen können nur nach dem Öffnen des Datenstroms aber noch vor dem ersten Zugriff auf den geöffneten Datenstrom eingesetzt werden. Ist erst einmal eine der drei genannten Formen der Pufferung aktiv, so kann die Art der Zwischenspeicherung nicht mehr verändert werden. Beim Zugriff auf eine Datei kann also beispielsweise nicht abwechselnd mit vollständiger und zeilenweiser Pufferung gearbeitet werden.

Mit `setbuf()` können wir die Zwischenspeicherung der C-Bibliothek nur komplett aktivieren oder deaktivieren. Um die Pufferung einzuschalten, muß der übergebene Zeiger `buf` auf einen freien Speicherbereich in der Größe von `BUFSIZ` Bytes verweisen. Die Konstante `BUFSIZ` wird in `<stdio.h>` festgelegt. In der Praxis wird von der C-Bibliothek in diesem Fall die vollständige Pufferung ausgewählt, wenngleich der Standard auch eine zeilenweise Pufferung erlauben würde. Wird ein `NULL`-Zeiger an `setbuf()` übergeben, so wird die Zwischenspeicherung von Daten abgeschaltet.

Die Funktion `setvbuf()` erlaubt die explizite Auswahl der Pufferungsmethode und übernimmt auf Wunsch sogar die Vereinbarung des Zwischenspeichers für die Anwendung. In `<stdio.h>` sind die drei Konstanten `_IOFBF` für vollständige Pufferung, `_IOLBF` für zeilenweise Pufferung und `_IONBF` für die Deaktivierung der Zwischenspeicherung vereinbart. Die Argumente `buf` und `size` geben die Lage des Zwischenspeichers sowie seine Größe in Bytes an. Für `_IONBF` werden diese Zusatzinformationen natürlich ignoriert. Wollen wir den Datenstrom puffern, so können wir das Anlegen eines entsprechenden Zwischenspeichers auch dem System überlassen, indem wir für `buf` einen `NULL`-Zeiger übergeben. Das Argument `size` wird dann als „Empfehlung" für die Größe dieses

Speicherbereichs verstanden. Hat alles geklappt, liefert `setvbuf()` den Rückgabewert Null, ansonsten signalisiert ein Wert ungleich Null das Scheitern der Operation.

Prinzipiell sollten Sie es dem System überlassen, einen Zwischenspeicher für die Datenpufferung anzulegen. Sollte es aus bestimmten Gründen dennoch notwendig sein, selbst für den benötigten Speicherplatz zu sorgen, so achten Sie auch auf den Gültigkeitsbereich des übergebenen Zwischenspeichers: Ein beliebter Stolperstein ist es nämlich, in einer Funktion ein Feld als automatische Variable zu vereinbaren und dann diesen Speicherbereich zur Pufferung zu verwenden. Soll dann außerhalb dieser Funktion noch auf den gepufferten Datenstrom zugegriffen werden, so wird ein nicht mehr gültiger Speicherbereich für die Zwischenspeicherung verwendet. Dies führt zwangsläufig zur Zerstörung von Anwendungsdaten.

Für die Ein- und Ausgabe von einzelnen Zeichen und ganzen Zeichenketten stellt die Standard-Bibliothek von ANSI/ISO C im wesentlichen die folgenden vier, im weiteren Verlauf auch für die Unix-Netzwerkprogrammierung relevanten Funktionen zur Verfügung:

```
#include <stdio.h>

int fgetc( FILE *stream );
char *fgets( char *s, int n, FILE *stream );

int fputc( int c, FILE *stream );
int fputs( const char *s, FILE *stream );
```

Alle vier Funktionen operieren auf dem anzugebenden Datenstrom `stream`. `fgetc()` liefert das nächste Byte aus dem Datenstrom. Das Byte selbst wird als ein in den Typ `int` konvertierter `unsigned char` zurückgeliefert. Falls das Dateiende erreicht ist, gibt `fgetc()` den Wert `EOF` zurück. Der Wert `EOF` liegt dabei außerhalb des Wertebereichs von `unsigned char`. Durch die Ausweitung des Rückgabewerts auf den Typ `int` kann der komplette Wertebereichs von `unsigned char` für reguläre Ergebnisse ausgeschöpft werden und gleichzeitig können Fehlerbedingungen und das Erreichen des Dateiendes angezeigt werden. Ein typischer Fehler ist es nun, den Rückgabewert von `fgetc()` zunächst in einer Variablen vom Typ `unsigned char` zu speichern um den Inhalt danach mit der Konstante `EOF` zu vergleichen.

Die Funktion `fgets()` liest solange Bytes aus dem Datenstrom und legt sie im übergebenen Feld `s` ab, bis entweder `n-1` Bytes eingelesen wurden, oder bis ein Zeilentrenner aus dem Datenstrom entnommen und in `s` abgelegt wurde. In jedem Fall wird die Zeichenkette mit einem Null-Byte abgeschlossen und `s` wird zurückgegeben. Falls das Dateiende erreicht ist, gibt `fgets()` einen Null-Zeiger zurück. Die C-Bibliothek enthält noch eine Reihe weiterer

Eingabefunktionen, die aber entweder Spezialfälle von `fgetc()` und `fgets()` darstellen, oder aber für Buffer-Overflows anfällig sind und daher in Netzwerkanwendungen ohnehin keine Verwendung finden sollten.

Die Funktion `fputc()` konvertiert den übergebenen Wert in ein Byte vom Typ `unsigned char` und gibt es auf dem spezifizierten Datenstrom aus. Im Erfolgsfall liefert `fputc()` den geschriebenen Wert, im Fehlerfall den Wert EOF zurück. `fputs()` gibt die gesamte, Null-terminierte Zeichenkette `s` (ohne das terminierende Null-Byte) auf dem Datenstrom aus. Im Erfolgsfall liefert `fputc()` einen positiven Integer-Wert, im Fehlerfall wird stattdessen der Wert EOF zurückgegeben.

Die bisher vorgestellten Funktionen operieren auf einzelnen Zeichen oder ganzen Zeichenketten und Textzeilen. Ein Zeilentrenner oder ein Null-Byte haben für diese Routinen eine spezielle Bedeutung. Die Funktionen sind daher bestenfalls bedingt geeignet, binäre Inhalte oder komplexe Datenstrukturen zu verarbeiten.[4] Die C-Bibliothek stellt deshalb für diesen Zweck ein weiteres Funktionspaar bereit:

```
#include <stdio.h>

size_t fread( void *ptr, size_t size, size_t nitems,
  FILE *stream );
size_t fwrite( const void *ptr, size_t size,
  size_t nitems, FILE *stream );
```

Mit Hilfe von `fread()` und `fwrite()` werden immer `nitems` Datenobjekte der Größe `size` vom oder zum Datenstrom `stream` übertragen. Der Zeiger `ptr` referenziert dazu ein entsprechend dimensioniertes Feld mit Elementen der angegebenen Größe. Die Funktionen liefern die Anzahl der tatsächlich gelesenen oder geschriebenen Elemente zurück. Die Zahl ist nur dann kleiner als `nitems`, wenn das Dateiende erreicht ist oder wenn während der Übertragung ein Fehler aufgetreten ist. Die genaue Fehlerursache erschließt sich dann aus dem Inhalt der `errno`-Variable. Abgesehen von der Pufferung durch die C-Bibliothek und der Strukturierung der Daten (Anzahl und Größe der Elemente) entsprechen diese beiden Funktionen in etwa den Funktionen `read()` und `write()` des Unix-Systemkerns.

Zur formatierten Ausgabe stellt die Standard-Bibliothek von ANSI/ISO C im wesentlichen die folgenden vier verschiedene Funktionen zur Verfügung:

---

[4] Man könnte, wenn auch recht umständlich, mittels `fgetc()` und `fputc()` in einer Schleife Byte für Byte den Inhalt einer Datenstruktur übertragen.

```
#include <stdio.h>

int printf( const char *format, ... );
int fprintf( FILE *stream, const char *format, ... );
int sprintf( char *s, const char *format, ...);
int snprintf( char *s, size_t n,
  const char *format, ...);
```

Die ersten beiden Funktionen sind die bekannten Ausgabefunktionen für die Ausgabe von formatiertem Text auf die Standard-Ausgabe bzw. auf einen beliebigen Datenstrom. Bei den anderen beiden Varianten erfolgt die Ausgabe anstatt auf einen Datenstrom in das übergebene Character-Feld und die erzeugte Zeichenkette wird mit einem zusätzlichen Null-Zeichen terminiert. Bei sprintf() ist hier besondere Vorsicht geboten, denn diese Funktion erlaubt es im Gegensatz zu snprintf() nicht ohne weiteres, die Maximalzahl der auszugebenden Zeichen festzulegen. Ein Buffer-Overflow ist damit oftmals vorprogrammiert.[5] Im Allgemeinen ist deshalb – insbesondere bei Netzwerkanwendungen – die Funktion snprintf() vorzuziehen. Bei snprintf() werden maximal n-1 Zeichen im Feld s hinterlegt, das n-te Zeichen wird vom abschließenden Null-Zeichen belegt.

Die Funktionen printf(), fprintf() und sprintf() liefern als Rückgabewert die Anzahl der ausgegebenen Zeichen oder einen negativen Wert im Fehlerfall. Bei snprintf() wird dagegen nicht die Anzahl der tatsächlich im Feld s abgelegten Zeichen zurückgegeben. Die Funktion liefert vielmehr die Anzahl der Zeichen, die ausgegeben worden wären, falls der übergebene Parameter n groß genug gewesen wäre um die formatierte Zeichenkette komplett in s unterzubringen. Mit anderen Worten ist von snprintf() genau dann die komplette Ausgabe erfolgreich im Feld s abgelegt worden, wenn der zurück gelieferte Wert nicht negativ und kleiner als n ist.

Sowohl bei sprintf() als auch bei snprintf() wird übrigens das zusätzliche Null-Zeichen am Ende der Zeichenkette im Rückgabewert nicht berücksichtigt. Ist ein Fehler aufgetreten, so gibt errno wie üblich Auskunft über die genauere Fehlerursache.

2.2.4 Ausgabe über den Syslog-Dienst

Nicht in allen Fällen kann ein Programm allerdings über die Standardeingabe und -ausgabe direkt mit einem Anwender kommunizieren. Anwendungen wie z.B. Web- oder Mail-Server laufen in aller Regel unbeaufsichtigt als Hintergrundprozesse ab. Diesen Prozessen ist in diesem Fall erst gar kein Terminal

---

[5] Bei sprintf() kann nur durch spezielle Umwandlungsangaben in der Format-Zeichenkette verhindert werden, daß die erzeugte Zeichenkette nicht länger als das Feld s ist. Beispiel: sprintf(s, "%.5s", string);

für die Ein- und Ausgabe zugeordnet. Gerade weil sie aber ihre Aufgaben still
und leise im Hintergrund erledigen, benötigen die Programme eine Möglichkeit, um an ihre Umgebung Mitteilungen über den aktuellen Zustand oder
besondere Vorkommnisse ausliefern zu können.

Ein Lösungsansatz ist es, eine sogenannte Log-Datei anzulegen und dann alle
wichtigen Meldungen direkt in diese Datei zu schreiben. Die Administratoren
des Rechnersystems werfen dann im Fall von Problemen einen Blick auf diese
Datei, um Aufschluß über die Fehlerursache zu erhalten. Gerade während der
Entwicklungsphase werden bzw. sollten die Ausgaben des neuen Programms
natürlich nicht zu knapp ausfallen. Sobald sich die Software allerdings als
stabil erweist, sollen in der Log-Datei nur noch die wirklich erwähnenswerten
Ausgaben erscheinen. Beispiel 2.8 zeigt die prinzipielle Struktur eines aus
diesen Anforderungen resultierenden Quelltextes.

Beispiel 2.8. logfile.c

```
1  #include <stdio.h>
2  #include <stdlib.h>
3  #include <errno.h>
4
5  int main( int argc, char *argv[] )
6  {
7    FILE *log, *passwd;
8
9    if( ( log = fopen( "logfile.log", "a" ) ) == NULL )
10     return( EXIT_FAILURE );
11
12   setvbuf( log, NULL, _IONBF, 0 ); /* keine Pufferung */
13
14 #ifdef DEBUG
15   fprintf( log, "Start von %s mit %d Argument(en).\n",
16     argv[0], argc );
17 #endif
18
19   if( ( passwd = fopen( "/etc/shadow", "r" ) ) == NULL )
20   {
21     fprintf( log, "Öffnen der Datei /etc/shadow: %s\n",
22       strerror( errno ) );
23     return( EXIT_FAILURE );
24   }
25
26   /* wichtige Arbeiten */
27
28   return( EXIT_SUCCESS );
29 }
```

9–12 Zunächst wird vom Programm die Log-Datei zum Schreiben geöffnet und die vollständige Pufferung der Ausgaben wird für diesen Datenstrom explizit deaktiviert. Wichtige Protokolleinträge erscheinen somit ohne zeitliche Verzögerung in der Log-Datei.

14–17 Je nachdem, ob beim Übersetzungsvorgang das Makro DEBUG gesetzt ist oder nicht, fließen in die Ausgabe des Programms die Zusatzinformationen zum Programmstart mit ein.

19–24 Fehlerinformationen, wie hier der Grund für einen vorzeitigen Programmabbruch, werden dagegen in jedem Fall ausgegeben.

Es ist offensichtlich, daß durch die rasch wachsende Zahl von Präprozessoranweisungen vom Typ #ifdef DEBUG oder #if DEBUG_LEVEL > 5 der Quellcode recht schnell unübersichtlich werden kann. Viel schwerer wiegt darüber hinaus der Nachteil, daß ein Programm stets neu übersetzt werden muß, wenn der Entwickler oder der Administrator zwischen Debug- und Normalmodus hin und her wechseln will.

Unter Unix hat sich deshalb mit dem Syslog-Dienst ein Verfahren etabliert, das die genannten Schwachstellen zufriedenstellend umkurvt und noch einige weitere interessante Möglichkeiten bietet. Der Dienst bietet Anwendungs- und Systemprogrammen eine standardisierte Schnittstelle, um Nachrichten, Warnungen und Fehler zu protokollieren. Der Vorteil liegt darin, daß sich der Programmierer nicht selbst um das Handling von Log-Dateien und um die Auswahl und die Menge von Nachrichten kümmern muß. Vielmehr werden sämtliche Protokolleinträge an den Syslog-Dienst geschickt, der dann die weitere Verarbeitung übernimmt. Daraus ergeben sich die nachfolgenden Leistungsmerkmale des Diensts:

Klassifizierung von Protokolleinträgen: Im Rahmen der Ausgabe klassifizieren die Anwendungsprogramme die erzeugten Meldungen über die beiden Parameter *Facility* und *Severity*. Der erste Parameter spezifiziert dabei, was für eine Art von Programm die aktuelle Nachricht sendet. Der Syslog-Dienst ist dadurch in der Lage, Log-Nachrichten von verschiedenen Klassen von Programmen unterschiedlich zu behandeln. Der zweite Parameter gibt Aufschluß über den Informationsgehalt einer Nachricht bzw. das Gewicht eines aufgetretenen Fehlers.

Systemweite Log-Dateien: Für die verschiedenen Klassen von Diensten eines Systems können verschiedene systemweite Protokolldateien angelegt werden. Damit werden z. B. alle Meldungen, die zur Kategorie *Mail* gehören, vom Syslog-Dienst in *eine* Log-Datei geschrieben. Gibt es mit dem betreffenden System Probleme, so müssen vom Administrator nicht mehrere Dateien auf Fehlermeldungen überprüft werden, der Blick auf die zentral konfigurierte Datei reicht völlig aus. Log-Dateien können sogar über das Netzwerk auf einem anderen Rechner abgelegt sein.

Zentrale Konfiguration der Schwellwerte: Für alle systemweiten Protokolldateien kann ein Schwellwert definiert werden, der angibt, ab welchem Gewicht eine eintreffende Nachricht in die entsprechende Log-Datei aufgenommen werden soll.

Kurz zusammengefaßt ermöglicht der Syslog-Dienst das einfache Protokollieren von Zustandsmeldungen und Fehlerausgaben. Anwendungsprogramme können jederzeit *alle* Meldungen an den Syslog-Dienst übertragen. Vom Systemadministrator kann dann – ohne Neustart oder gar Änderung der Applikation – anhand der Art der Anwendung oder der Priorität der Meldung eine Auswahl der tatsächlich zu protokollierenden Nachrichten getroffen werden.

Die Programmierschnittstelle[6] des Syslog-Diensts bietet im wesentlichen die folgenden drei Funktionen zur vereinfachten Klassifizierung und Ausgabe von Nachrichten:

```
#include <syslog.h>

void openlog( const char *ident, int logopt,
  int facility );
void syslog( int priority, const char *message, ... );
void closelog( void );
```

Die `syslog()`-Funktion gibt die aus dem Parameter `message` in Verbindung mit den nachfolgenden Argumenten formatierte Nachricht an den Syslog-Dienst weiter. Die Formatierung der Nachricht entspricht, bis auf eine kleine Ergänzung, dem Verfahren der `printf()`-Funktion. Neben den von `printf()` bekannten Umwandlungszeichen versteht `syslog()` noch die Zeichenfolge `%m`, durch welche der zu `errno` zugehörige Fehlertext eingesetzt wird. Gültige Werte für den Parameter `priority` erhält man durch Oder-Verknüpfung der in `<syslog.h>` festgelegten Konstanten für die Priorität und (optional) die Kategorie der auszugebenden Meldung.

Über die Funktion `openlog()` werden die Standards für alle im weiteren Verlauf der Anwendung erzeugten Nachrichten festgelegt. Die Zeichenkette `ident` wird dann in alle Nachrichten eingebettet, in aller Regel wird hier der Programmname des laufenden Programms hinterlegt. Über den Parameter `logopt` können zusätzliche Features ausgewählt werden. Die Angabe von `LOG_PID` bewirkt z. B., daß jede Meldung mit der Prozeßnummer (PID) des aktuellen Prozesses versehen wird. Die verschiedenen möglichen Werte für `logopt` werden ebenfalls in `<syslog.h>` definiert. Mit `closelog()` wird die Ausgabe auf den Syslog-Dienst abgeschlossen.

---

[6] Die Programmierschnittstelle ist durch das *X/Open System Interface*, eine Erweiterung zu IEEE Std 1003.1-2001, definiert.

Beispiel 2.9. syslog.c

```
 1  #include <stdio.h>
 2  #include <stdlib.h>
 3  #include <syslog.h>
 4
 5  int main( int argc, char *argv[] )
 6  {
 7    FILE *passwd;
 8
 9    openlog( "syslogtest", LOG_PID, LOG_LOCAL0 );
10
11    syslog( LOG_DEBUG, "Start von %s mit %d Argument(en).",
12      argv[0], argc );
13
14    if( ( passwd = fopen( "/etc/shadow", "r" ) ) == NULL )
15    {
16      syslog( LOG_ERR, "Öffnen der Datei /etc/shadow: %m" );
17      return( EXIT_FAILURE );
18    }
19
20    /* wichtige Arbeiten */
21
22    closelog();
23    return( EXIT_SUCCESS );
24  }
```

In Beispiel 2.9 haben wir im Vergleich zu Beispiel 2.8 lediglich die Ausgabe der Debug- und Fehlermeldungen durch Aufrufe der Syslog-Funktionen ausgetauscht. Es fällt auf, daß bereits bei diesem kurzen Programm eine verbesserte Struktur der Fehlerbehandlung zu erkennen ist. Ob, und wenn ja, welche Nachrichten letztendlich in den Log-Dateien des Systems auftauchen, legt der Administrator in der Datei /etc/syslog.conf fest.

2.3 Buffer-Overflows und Format-String-Schwachstellen

Buffer-Overflows und *Format-String-Schwachstellen* zählen seit Jahren zu den bekanntesten sicherheitskritischen Schwachstellen in Anwendungs- und Serverprogrammen. Im harmlosesten Fall führen diese Programmierfehler einfach zu einem sporadischen, meist schwer zu findenden oder nur mühevoll reproduzierbaren Fehlverhalten oder Absturz des Programms. Im schlimmsten Fall kann ein Buffer-Overflow oder eine Format-String-Schwachstelle den Zugriff auf sensitive Informationen freigeben oder gar den vollen administrativen Zugriff auf das betroffene Rechnersystem ermöglichen.

Im Jahr 1988 erregte zum ersten Mal ein Buffer-Overflow weltweit öffentliche Aufmerksamkeit. Der sogenannte Morris-Wurm, benannt nach seinem „Erfinder" Robert T. Morris Jr., breitete sich rasant über das Internet aus. Innerhalb kürzester Zeit waren zwischen 2000 und 6000 Rechner mit diesem Wurm infiziert. Vor dem Hintergrund, daß 1988 überhaupt erst ca. 60 000 Rechnersysteme durch das Internet miteinander in Verbindung standen, war dies ein beachtlicher Prozentsatz von befallenen Rechnern.

Der Wurm nutzte u. a. eine damals bereits seit längerem bekannte Schwachstelle in einem Systemprogramm aus. Im Finger-Dæmon, einem weit verbreiteten Systemdienst, mit dessen Hilfe man über das Netzwerk Informationen über Benutzer fremder Rechnersysteme ermitteln kann, verbarg sich ein Buffer-Overflow. Obwohl die Schwachstelle bekannt und auch schon länger eine bereinigte Version des Programms verfügbar war, lief auf vielen Rechnern noch die fehlerhafte Version dieses Dienstes.

Auch heute sind schlecht programmierte Computerprogramme und oftmals mit großer Verspätung oder überhaupt nicht eingespielte Sicherheits-Updates noch immer eine der größten Gefahrenquellen im Bereich der Rechner- und Netzwerksicherheit. In der jüngeren Vergangenheit haben immer wieder neue Buffer-Overflows in z. B. Microsofts *Internet Information Server* und *Internet Explorer,* im Nameserver *BIND,* im Mailprogramm *Sendmail* und auch einige Format-String-Schwachstellen, z. B. im FTP-Server *Wu-ftpd",* die Runde gemacht. Eines der bekanntesten Beispiele ist der Internet-Wurm *W32/Lovesan* bzw. *W32/Blaster,* der im Sommer 2003 durch das weltweite Datennetz geisterte. Der Wurm konnte durch einen Buffer-Overflow in der RPC-Schnittstelle von Windows NT, 2000, XP und Windows 2003 Server über das Netzwerk in ungesicherte Windows-Rechner eindringen. Die Angaben über die Zahl der von W32/Blaster weltweit befallenen Systeme schwanken zwischen 120 000 und 1,4 Millionen. Auch in diesem Fall standen die notwendigen Software-Updates zur Beseitigung der Schwachstelle bereits rund vier Wochen vor dem Ausbruch des Wurms zur Verfügung.

Der Morris-Wurm von 1988 hatte als direkte Konsequenz die Einführung des *CERT Coordination Center (CERT/CC)* zur Folge. Beim CERT/CC handelt es sich um ein Team, das sich auf Computer-Sicherheit spezialisiert hat und sicherheitsrelevante Vorfälle sammelt und veröffentlicht.[7] In der Zwischenzeit arbeitet eine wachsende Zahl von Organisationen sowohl aus dem staatlichen wie auch dem privaten Bereich in Nordamerika, Europa und Australien unter dem Namen *Forum of Incident Response and Security Teams (FIRST)* zusammen, um Informationen auszutauschen und ihre Reaktion auf sicherheitsrelevante Vorfälle zu koordinieren.[8]

Anfänglich mußten von diesen Teams nur wenige hundert Problemfälle behandelt werden, in der Zwischenzeit bearbeitet das CERT/CC jedoch schon

---

[7] http://www.cert.org/
[8] http://www.first.org/

über 100 000 verschiedene Vorkommnisse im Jahr. Von den 2002 veröffentlichen 37 Sicherheits-Bulletins, die nur die besonders kritischen Schwachstellen bleuchten, waren etwa zwei Drittel auf Buffer-Overflows und Format-String-Schwachstellen zurückzuführen.

2.3.1 Buffer-Overflows

Buffer-Overflows können im Zusammenspiel mit allen Programmiersprachen auftreten, die bei Operationen mit Zeigern und Feldern keine Überprüfung von Adreßbereichen und Feldgrenzen durchführen. Ein typisches Beispiel ist die Programmiersprache C, die unter Unix gerade im Umfeld der System- und Netzwerkprogrammierung die Programmiersprache Nummer 1 ist. In C findet weder zum Zeitpunkt der Übersetzung noch zur Laufzeit eine Überprüfung von Adreßbereichen und Feldgrenzen statt. Darüber hinaus bietet C gleich einen ganzen Satz von Funktionen, die in diesem Zusammenhang als „unsicher" einzustufen sind. C-Programmierer bewegen sich mehr oder weniger im freien Raum, sie müssen selbst wissen, was im Kontext des Programms erlaubt ist und was zu Problemen führen kann. Aus diesem Grund ist es besonders wichtig, über die Gefahren von Buffer-Overflows Bescheid zu wissen und die wichtigsten Fehlerquellen gleich bei der Programmierung auszuschließen.

Zur schrittweisen Annäherung an das Phänomen *Buffer-Overflow* betrachten wir als erstes das Programm aus Beispiel 2.10 und 2.11. Bei der Besprechung des Programms werden wir im Quelltext einige grundlegende Fehler entdecken und diese dann beheben.

22–28   Das Programm liest von der Kommandozeile einen Benutzernamen ein. Wurde dem Programm beim Aufruf kein Argument übergeben, so beendet sich der Prozeß nach einer entsprechenden Beschwerde mit einem Fehlercode.

30–34   Danach wird versucht, den angegebenen Usernamen in der Benutzerdatenbank des Systems ausfindig zu machen. Hierzu wird die Funktion `user_exists()` aufgerufen. Wird der Benutzername nicht gefunden, so beendet sich der Prozeß mit einer Fehlermeldung.

Beispiel 2.10. overflow.c, Teil 1

```
22  int main( int argc, char *argv[] )
23  {
24    if( argc < 2 )
25    {
26      printf( "Bitte Username eingeben.\n" );
27      return( EXIT_FAILURE );
28    }
29
30    if( ! user_exists( argv[1] ) ) /* Achtung! */
31    {
```

```
32      printf( "Ungültiger User.\n" );
33      return( EXIT_FAILURE );
34    }
35
36    printf( "Alles klar. User %s existiert.\n", argv[1] );
37
38    return( EXIT_SUCCESS );
39  }
```

36–39 Wurde der Name vom System als gültiger Benutzer erkannt, so quittiert das Programm diesen Erfolg mit der Ausgabe "Alles klar. ..." und der Prozeß liefert den Statuscode für ein erfolgreiches Programmende an die aufrufende Umgebung zurück.

Der Quelltext aus Beispiel 2.10 enthält, wie bereits angedeutet, gleich mehrere Schwachstellen: Was bei näherer Betrachtung schnell auffällt ist, daß im Hauptprogramm zu keinem Zeitpunkt eine Überprüfung der übergebenen Argumente stattfindet. Insbesondere wird nicht geprüft, wie lange die in argv[1] übergebene Zeichenkette ist. Die Länge könnte von einem Zeichen bis zu mehreren hundert Zeichen variieren. Diese Zeichenkette wird dann ungeprüft an die Funktion user_exists() aus Beispiel 2.11 übergeben.

Beispiel 2.11. overflow.c, Teil 2

```
6  int user_exists( char *user )
7  {
8    int ok = 0;
9    char buffer[8]; /* Achtung! */
10
11    printf( "Startadresse von ok: %x\n"
12      "Startadresse von buffer: %x\n", &ok, buffer );
13
14    strcpy( buffer, user ); /* Achtung! */
15
16    if( getpwnam( buffer ) )
17      ok = 1;
18
19    return( ok );
20  }
```

6–9 In der Funktion user_exists() werden zunächst zwei lokale Variablen vereinbart. Die Variable ok soll den Rückgabewert der Funktion enthalten, sie wird standardmäßig mit Null, d. h. „Mißerfolg" initialisiert. Das Feld buffer[8] dient zur übergangsweisen Aufbewahrung des an die Funktion übergebenen

Benutzernamens.[9] Der Längenangabe für das Feld liegt die Annahme zugrunde, daß ein Unix-Username nicht länger als acht Zeichen ist. Dies ist ein weiterer Mangel des Beispielprogramms, denn der Puffer enthält damit nicht genügend Platz für einen Benutzernamen mit acht Zeichen und das für Zeichenketten obligatorische abschließende Null-Zeichen. Selbst wenn das Hauptprogramm also nur Usernamen mit maximal acht Zeichen Länge akzeptieren würde, wäre in der Puffervariable `buffer` nicht genügend Platz.

11–14 Als erstes werden in der Funktion dann die Adressen der Variablen `ok` und `buffer` ausgegeben. Dies dient lediglich dem besseren Verständnis der Problematik. Danach wird die übergebene Zeichenkette `user` mit der Funktion `strcpy()` in der Variable `buffer` zwischengespeichert. Beachten Sie, daß auch bei `strcpy()` keine Längenüberprüfung von Quelle oder Ziel stattfindet. Es wird also versucht, einen prinzipiell beliebig langen Text in einem Zwischenspeicher von acht Zeichen Länge unterzubringen. Im Bedarfsfall, falls also der Inhalt von `user` länger als acht Zeichen (inklusive terminierendes Null-Zeichen) ist, wird rücksichtslos über das Ende von `buffer` hinaus weiter geschrieben, der Buffer-Overflow nimmt seinen Lauf.

16–20 Anschließend wird über die Funktion `getpwnam()` versucht, den in den Zwischenspeicher kopierten Usernamen in der Benutzerdatenbank des Systems ausfindig zu machen. Liefert `getpwnam()` einen Null-Zeiger zurück, konnte der angegebene Benutzer nicht gefunden werden, `ok` bleibt unverändert. Andernfalls wird die Variable `ok` auf 1 gesetzt, die Operation war erfolgreich. Schließlich wird der Inhalt von `ok` an das Hauptprogramm zurück gegeben.

Nachdem wir die prinzipielle Natur eines Buffer-Overflows verstanden haben, wollen wir uns mit einigen Testläufen die konkreten Auswirkungen für das Testprogramm aus Beispiel 2.10 und 2.11 ansehen. Zunächst starten wir das Programm mit einem existierenden Benutzer mit kurzem Usernamen als erstes Argument:

```
$ ./overflow zahn
Startadresse von ok: 2ff22708
Startadresse von buffer: 2ff22700
Alles klar. User zahn existiert.
```

Das Ergebnis entspricht genau unseren Erwartungen. Der angegebene Username ist dem System bekannt. Die Startadresse von `buffer` ist kleiner als die Startadresse von `ok`.[10] Die vier Zeichen des Benutzernamens finden samt Null-Zeichen zum Abschluß der Zeichenkette spielend in der acht Zeichen großen Puffer-Variable `buffer` Platz.

---

[9] Es ist natürlich offensichtlich, daß diese Variable in diesem konstruierten Beispiel lediglich zu Demonstrationszwecken benötigt wird.

[10] Sollte dies bei Ihrem Testlauf gerade anders herum sein, so vertauschen Sie für die weiteren Tests bitte die beiden Variablenvereinbarungen von `buffer` und `ok` miteinander und übersetzen das Programm danach neu. Jetzt sollte auch bei Ihnen die Startadresse von `buffer` kleiner sein als die von `ok`.

Als nächstes betrachten wir einen Aufruf mit ungültigem Benutzernamen mit
weniger als acht Zeichen:

```
$ ./overflow abcdefg
Startadresse von ok: 2ff22708
Startadresse von buffer: 2ff22700
Ungültiger User.
```

Auch hier verhält sich das Beispielprogramm wie erwartet. Genauso sieht es
auf den ersten Blick auch mit einem ungültigem Benutzernamen von acht
Zeichen Länge aus:

```
$ ./overflow abcdefgh
Startadresse von ok: 2ff22708
Startadresse von buffer: 2ff22700
Ungültiger User.
```

Anders als im vorigen Fall ist das korrekte Verhalten des Programms eher Zufall – typisch für einen Buffer-Overflow. Die übergebene Zeichenkette ist jetzt
in Wirklichkeit neun Zeichen lang: Acht Zeichen für den Benutzernamen plus
ein terminierendes Null-Zeichen. Das letzte Zeichen findet also keinen Platz
mehr im Zwischenspeicher und wird daher in den sich direkt daran anschließenden Speicherbereich der Variable ok geschrieben. Beachten Sie dazu die
Differenz der beiden Startadressen. Da es sich um ein Null-Zeichen handelt
und der Inhalt von ok mehr oder weniger zufällig ebenfalls Null ist, tritt dadurch kein sichtbarer Schaden auf. Dennoch handelt es sich bereits hier um
einen Buffer-Overflow.

Anders der Effekt im letzten Testlauf, der mit einem neun Zeichen langen,
ungültigen Usernamen gestartet wird:

```
$ ./overflow abcdefghi
Startadresse von ok: 2ff22708
Startadresse von buffer: 2ff22700
Alles klar. User abcdefghi existiert.
```

In diesem Fall werden von strcpy() das Zeichen i sowie das abschließende
Null-Zeichen in den Speicherbereich der Variable ok geschrieben. Der Wert
von ok ist dadurch nicht mehr Null und die Funktion user_exists() signalisiert dem Hauptprogramm durch ihren Rückgabewert ungleich Null, daß
der gesuchte User tatsächlich existiert. Es ist offensichtlich, daß dieses, durch
einen Buffer-Overflow ausgelöste, Verhalten in einer echten Anwendung fatale
Auswirkungen haben kann.

Über Buffer-Overflows lassen sich allerdings noch ganz andere Dinge bewerk-
stelligen als „nur" die Manipulation lokaler Variablen. Betrachten wir zum

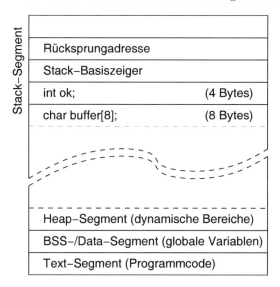

Abb. 2.7. Speicherbelegung von Beispiel 2.11

besseren Verständnis nochmals Abb. 2.3. Die Abbildung zeigt die typische
Speicherbelegung von Prozessen: Das Text-Segment enthält den Maschinencode des Programms, Data- und BSS-Segment beherbergen die globalen Variablen, im Heap-Segment liegen die dynamisch allozierten Speicherblöcke und
im von oben nach unten wachsenden Stack-Segment werden Registerwerte
zwischengespeichert und sowohl Funktionsargumente als auch lokale Variablen abgelegt. Außerdem wird vor dem Aufruf eines Unterprogramms dort
die Rücksprungadresse hinterlegt. Abbildung 2.7 zeigt, wie der Stack beim
Aufruf von `user_exists()` aus Beispiel 2.11 in etwa aussehen könnte.

Durch Kenntnis eines möglichen Buffer-Overflows kann jetzt versucht werden,
mehr als nur den Inhalt der Variable `ok` zu überschreiben. Viel interessanter ist
für Angreifer meist die gezielte Manipulation der Rücksprungadresse und das
Einbringen eigenen Maschinencodes in das vorhandene Programm. Durch eine
entsprechend lange Eingabe überschreibt man zunächst die lokalen Variablen
der Funktion, setzt den Stack-Basiszeiger und die Rücksprungadresse auf den
Anfang des eigenen Maschinencodes, den man im Rest der Eingabe gleich
mitliefert. Abbildung 2.8 veranschaulicht das prinzipielle Vorgehen bei einem
Exploit, d. h. beim Ausnutzen einer solchen Sicherheitslücke.

Der auf diese Weise eingebrachte eigene Maschinencode wird nun bei der
späteren Rückkehr aus der Funktion anstelle der ursprünglich hinterlegten
Rücksprungadresse angesprungen und ausgeführt. Der Stackzeiger verweist
auf den Speicherbereich unterhalb der eigenen Maschinenbefehle, der Stack
kann damit uneingeschränkt von den neuen Befehlen verwendet werden. Oftmals beschränkt sich der illegal eingebrachte Programmcode auf das Öffnen
einer neuen Shell, über die dann mit den Privilegien des angegriffenen Ser-

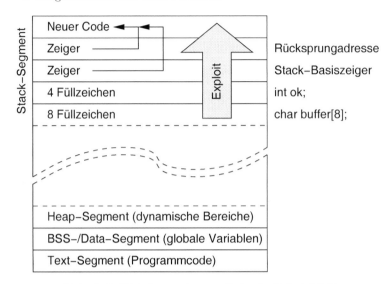

Abb. 2.8. Einbringen eigenen Codes in Beispiel 2.11

verprogramms – und das sind sehr oft Administratorrechte! – der interaktive Zugriff auf das betroffene Rechnersystem möglich wird.

Bei den bislang beschriebenen Buffer-Overflows handelt es sich durchwegs um die klassischen, Stack-basierte Buffer-Overflows, bei denen die Puffer, deren Grenzen (un)absichtlich überschritten werden, durchwegs im Stack-Segment des laufenden Programms untergebracht sind. Ist der Buffer-Overflow im Heap-Segment angesiedelt, dies ist z. B. bei allen mittels `malloc()` und Co. angeforderten Speicherbereichen der Fall, spricht man stattdessen von einem Heap-basierten Buffer-Overflow. Die überschreibbaren Puffer der BSS-basierten Buffer-Overflows liegen analog dazu im BSS-Segment (dies betrifft die globalen und die statisch vereinbarten lokalen Variablen). Die hier nicht weiter besprochenen Angriffsmethoden gegen diese Overflow-Varianten sind dabei eng mit den Stack-basierten Angriffen verwandt.

Die überwiegende Zahl von Buffer-Overflows kann direkt zu einer fahrlässigen Verwendung einer unsicheren Routine der C-Bibliothek zurückgeführt werden. In den meisten Fällen handelt es sich dabei um String-Operationen wie `strcpy()`, `strcat()`, `sprintf()`, oder `gets()`. Insofern sind pauschale Regeln wie „vermeide `strcpy()`" oder „benutze niemals `gets()`" ganz sicher nicht die schlechtesten Ratgeber. Die `gets()`-Funktion ist praktisch das Paradebeispiel für die für Buffer-Overflows anfälligen Funktionen: Die Funktion liest eine Textzeile von der Standard-Eingabe und beachtet dabei keinerlei Puffergrenzen. Der Lesevorgang endet erst dann, wenn in der Eingabe ein Zeilentrenner oder das Dateiende erreicht ist. Die passende Alternative zu `gets()` liefert die Funktion `fgets()`, mit der sich die gleichen Aufgaben lösen

lassen. Im Gegensatz zu `gets()` erwartet `fgets()` aber eine obere Schranke
für die Anzahl der zu lesenden Zeichen.

Tabelle 2.1. Sicherheitskritische C-Funktionen

Funktion	Einschätzung	Alternative/Tip
`gets()`	äußerst anfällig	Verwende `fgets()`
`strcpy()`	sehr anfällig	Verwende `strncpy()`
`strcat()`	sehr anfällig	Verwende `strncat()`
`sprintf()`	sehr anfällig	Verwende `snprintf()` oder Genauigkeit
`vsprintf()`	sehr anfällig	Verwende `vsnprintf()` oder Genauigkeit
`scanf()`	sehr anfällig	Verwende Genauigkeit oder eigenen Parser
`vscanf()`	sehr anfällig	Verwende Genauigkeit oder eigenen Parser
`fscanf()`	sehr anfällig	Verwende Genauigkeit oder eigenen Parser
`vfscanf()`	sehr anfällig	Verwende Genauigkeit oder eigenen Parser
`sscanf()`	sehr anfällig	Verwende Genauigkeit oder eigenen Parser
`vsscanf()`	sehr anfällig	Verwende Genauigkeit oder eigenen Parser
`getchar()`	anfällig	Falls in einer Schleife: Puffergrenzen testen
`getc()`	anfällig	Falls in einer Schleife: Puffergrenzen testen
`fgetc()`	anfällig	Falls in einer Schleife: Puffergrenzen testen
`fgets()`	weniger anfällig	Ist der Puffer so groß wie angegeben?
`strncpy()`	weniger anfällig	Ist der Puffer so groß wie angegeben?
`strncat()`	weniger anfällig	Ist der Puffer so groß wie angegeben?
`snprintf()`	weniger anfällig	Ist der Puffer so groß wie angegeben?
`vsnprintf()`	weniger anfällig	Ist der Puffer so groß wie angegeben?
`memcpy()`	weniger anfällig	Ist der Puffer so groß wie angegeben?
`read()`	weniger anfällig	Ist der Puffer so groß wie angegeben?
`bcopy()`	weniger anfällig	Ist der Puffer so groß wie angegeben?

Sowohl bei den Funktionen `strcpy()`, `strcat()` als auch bei der `printf()`-
Familie von Funktionen sind jeweils die Varianten mit n, also etwa `strncpy()`,
zu bevorzugen. Sie erlauben es, eine Maximalzahl von zu schreibenden Zeichen anzugeben. Die `printf()`-Funktionen können aber auch direkt verwendet werden, wenn im Format-String für alle Parameter entsprechende Umwandlungszeichen für die Genauigkeit (sprich: die Länge) der Ausgabe vorhanden ist. Allerdings ist man in diesem Fall auf genaues Aufaddieren der
sich aus dem Format-String und allen einzelnen Umwandlungen maximal er-
gebenden Stringlänge angewiesen.

Der durchgängige Einsatz der Umwandlungszeichen für die Genauigkeit ist
auch bei den `scanf()`-Funktionen unumgängliche Voraussetzung, um Buffer-
Overflows aus dem Weg zu gehen. Als einzige Alternative bleibt, die `scanf()`-
Funktionen komplett zu vermeiden und einen eigenen, sicheren Parser zu entwickeln, der die übergebenen Zeichenketten zerlegt, die gesuchten Werte her-
auslöst und zurück gibt.

Tabelle 2.1 faßt die wichtigsten unsicheren Funktionen der C-Bibliothek samt Alternativen zusammen. Die Aufzählung ist nach dem Grad der potentiellen Gefährdung gestaffelt. Gerade bei den beiden Klassen *äußerst anfällig* und *sehr anfällig* gilt es, auf die Risikofunktionen strikt zu verzichten und die verfügbaren Alternativen zu nutzen. Aber auch bei den beiden anderen Kategorien ist größte Sorgfalt bei der Programmierung geboten. Zur Sicherheit sei an dieser Stelle nochmals erwähnt, daß Buffer-Overflows nicht nur bei der Bearbeitung von Zeichenketten auftreten können – auch wenn hier sicher die größte Gefahrenquelle liegt. Die geschilderten Risiken lauern bei allen Feldern, auf die in Schleifen oder als Ganzes zugegriffen wird.

2.3.2 Format-String-Schwachstellen

Bei *Format-String-Schwachstellen* handelt es sich um einen, im Vergleich zu Buffer-Overflows, weniger bekannten und vor allem auch erst später entdeckten Gefahrenherd. Der erste öffentlich dokumentierte Exploit stammt aus dem Juni 2000. Das von Format-String-Schwachstellen ausgehende Gefahrenpotential ist jedoch mit Sicherheit ebenso groß wie, wenn nicht sogar größer als bei Buffer-Overflows.

Die Fehlerquelle liegt bei Format-String-Schwachstellen in der Verarbeitung der sogenannter *Format-Strings*, wie sie im v. a. bei den Ein- und Ausgabe-Funktionen der C-Standardbibliothek oder auch beim Syslog-Dienst vorkommen. Diese Funktionen ersetzen bei der Ausgabe von Zeichenketten spezielle Platzhalter im Format-String durch die an die Funktionen übergebenen Argumente. Beispiel 2.12 zeigt den Gebrauch dieser Formatangaben. Das Programm gibt alle Zeichen, die es auf der Standard-Eingabe erhält, umgehend wieder auf der Standard-Ausgabe aus.

Beispiel 2.12. cat1.c

```
1  #include <stdio.h>
2  #include <stdlib.h>
3
4  int main( int argc, char *argv[] )
5  {
6    char buffer[256];
7
8    while( fgets( buffer, 256, stdin ) )
9      printf( "%s", buffer );
10
11   return( EXIT_SUCCESS );
12 }
```

8 Die Verwendung der `fgets()`-Funktion schützt das Programm vor eventuellen Buffer-Overflows, die durch ein Überschreiten der Puffergrenzen der Variable `buffer` entstehen könnten. `fgets()` liest maximal `n-1` (hier also 255) Zeichen aus dem Datenstrom `stdin` in das Feld `buffer` und terminiert die gelesene Zeichenkette mit einem Null-Zeichen.

9 Auch mit der Ausgabe der eben gelesenen Zeichenfolge ist in diesem Beispiel alles in Ordnung, was die folgenden Tests belegen:

```
$ echo "Irgendwann muß jeder einmal heim." | ./cat1
Irgendwann muß jeder einmal heim.
$ echo "%s%s%s%s%s%s%s%s%s%s%s%s%s%s%s%s" | ./cat1
%s%s%s%s%s%s%s%s%s%s%s%s%s%s%s%s
```

Als „tippfauler" Programmierer könnte man nun versucht sein, den Tippaufwand weiter zu verringern. Wäre es nicht viel eleganter, anstatt der Formatangabe `"%s"` – eine Zeichenkette, die anzeigt, daß der nachfolgende Funktionsparameter als Zeichenkette ausgegeben werden soll – gleich die eigentliche Zeichenkette an `printf()` zu übergeben?

Beispiel 2.13 zeigt die im Vergleich zu Beispiel 2.12 geringfügig verkürzte Variante des gleichen Programms, die jedoch fatale Nebenwirkungen auf das Verhalten des Programms haben kann.

Beispiel 2.13. cat2.c

```
1  #include <stdio.h>
2  #include <stdlib.h>
3
4  int main( int argc, char *argv[] )
5  {
6    char buffer[256];
7
8    while( fgets( buffer, 256, stdin ) )
9      printf( buffer ); /* Achtung! */
10
11   return( EXIT_SUCCESS );
12 }
```

Wir testen die zweite Variante des Programms mit den gleichen Eingaben wie zuvor. Die erste Ausgabe entspricht exakt der Ausgabe aus dem ersten Beispiel, alles scheint zu klappen. Doch der zweite Aufruf des Programms führt zu einem kompletten Absturz des Beispielprogramms:

```
$ echo "Irgendwann muß jeder einmal heim." | ./cat2
Irgendwann muß jeder einmal heim.
$ echo "%s%s%s%s%s%s%s%s%s%s%s%s%s%s%s%s" | ./cat2
Segmentation fault (coredump)
```

Was ist passiert? Die `printf()`-Funktion interpretiert den ersten Parameter, das ist in Beispiel 2.13 die eingelesene Zeichenkette, jeweils als Format-String. Nachdem beim ersten Testlauf keine speziellen Umwandlungszeichen in der übergebenen Zeichenkette vorhanden sind, liefert die `printf()`-Funktion die gewünschte Ausgabe.

Im zweiten Testlauf befinden sich im Datenstrom der Standardeingabe allerdings mehrere Umwandlungzeichen, die beim nachfolgenden Aufruf von `printf()` im ersten Parameter landen. Die `printf()`-Funktion muß nun davon ausgehen, daß ihr beim Aufruf weitere, zu den Umwandlungzeichen passende Argumente übergeben wurden.[11] Funktionsargumente werden in C von der aufrufenden Umgebung auf dem Stack abgelegt. Die Funktion nimmt daher die durch die Art und Anzahl der Umwandlungzeichen bestimmten Werte vom Stack, in unserem Beispiel sind das 16 Zeiger, die (vermeintlich) auf gültige Zeichenketten im Adreßraum des Prozesses verweisen. Die geschieht völlig unabhängig davon, ob beim Aufruf von `printf()` tatsächlich die erwartete Anzahl von Argumenten hinterlegt wurde, oder nicht. Im Zweifelsfall werden also Speicherbereiche des Stacks ausgewertet, die gar nicht für die aufgerufene Funktion bestimmt sind.

Für die Ausgabe versucht die `printf()`-Funktion aus Beispiel 2.13 nun, die 16 Umwandlungszeichen `%s` durch Zeichenketten zu ersetzen. Dazu werden nacheinander 16 Zeiger vom Stack gelesen. Die von diesen Zeigern referenzierten Speicherbereiche werden Zug um Zug in die Ausgabe kopiert. Es ist dabei allerdings recht wahrscheinlich, daß die vom Stack entnommenen Adressen Speicherbereiche referenzieren, die außerhalb der für diesen Prozeß gültigen Speichersegmente liegen (vgl. dazu Abschnitt 2.1.4). In einem solchen Fall wird das Programm – wie oben zu sehen – mit einer Speicherschutzverletzung (Segmentation Fault) abgebrochen.

Das Problem einer Format-String-Schwachstelle liegt also darin, daß ein Programm die Kontrolle über die eingesetzten Format-Strings an seine Umgebung abgibt. Dadurch wird es für die Anwender eines Programms möglich, über Kommandozeilen-Argumente, Konfigurationsdateien oder durch Benutzereingaben über die Kommandozeile oder das Netzwerk auf Format-Strings Einfluß zu nehmen. Durch gezielte Einflußnahme kann dann eine aus Sicht des Programmierers ungewollte Reaktion des Anwendungsprogramms provoziert werden. Über Format-String-Schwachstellen lassen sich ganz bewußt

- Programme zum Absturz bringen
- Speicherwerte auslesen und manipulieren sowie
- Code-Fragmente in den Programmcode einschleusen und ausführen.

Das eingeschleuste Umwandlungszeichen `%x` kann z. B. dazu verwendet werden, den aktuellen Stack des betroffenen Programms zu analysieren. Trifft

---

[11] In C haben Funktionen mit variablen Argumentenlisten leider keine Handhabe um festzustellen, mit wievielen Parametern sie tatsächlich aufgerufen wurden.

eine der Funktionen aus der `printf()`-Familie auf dieses Zeichen, so wird
der korrespondierende Wert auf dem Stack als `unsigned int` interpretiert
und in Hexadezimal-Notation ausgegeben. Ein Aufruf der `printf()`-Funktion,
wie etwa `printf("%08x;%08x;%08x;%08x\n");`, liefert dem Angreifer damit
einen Auszug aus dem aktuellen Programmstack.

Es ist darüber hinaus sogar möglich, durch das Ausnutzen von Format-String-
Schwachstellen einen Auszug von beliebigen Speicherregionen zu erstellen. Da-
zu muß der Angreifer allerdings schon etwas tiefer in die Trickkiste greifen.
Es gilt hier, zunächst eine geeignete Adresse auf dem Stack zu plazieren, ab
der die Ausgabe schließlich erfolgen soll. Danach kann dann über `%s` ein Spei-
cherauszug erzeugt werden. Das ganze klingt schwieriger als es ist, denn der
Format-String selbst liegt ja ebenfalls auf dem Stack und über den Format-
String haben wir als Angreifer schließlich die Kontrolle.

Das Umwandlungszeichen `%n` bietet eine alternative Technik, ein Programm
über eine Format-String-Schwachstelle zum Absturz zu bringen. Trifft eine der
Funktionen aus der `printf()`-Familie auf dieses Zeichen, so wird die Anzahl
der bislang von der Funktion ausgegebenen Zeichen an die in der Parameter-
liste korrespondierende Adresse geschrieben.

2.3.3 Geeignete Gegenmaßnahmen

Nachdem sowohl Buffer-Overflows als auch Format-String-Schwachstellen immer auf nachlässige und in der Folge fehlerhafte Programmierung zurückzuführen sind, ist die sicherste Gegenmaßnahme gegen diese beiden Pro-
blemfelder natürlich die Vermeidung derartiger Nachlässigkeiten. In einem
sorgfältig entworfenen Programm werden also u. a. immer alle Eingabewerte
geprüft und die jeweiligen Bereichsgrenzen mit Hilfe geeigneter Funktionen
eingehalten. Darüber hinaus befinden sich die verwendeten Format-Strings
niemals ganz oder auch nur teilweise außerhalb der Kontrolle des Programms.

Diese Form der Fehlervermeidung ist allerdings stets vom Können und auch
von der Aufmerksamkeit der beteiligten Softwareentwickler abhängig, weshalb
der Wunsch nahe liegt, entweder die Fehlerquellen automatisiert aufzudecken
oder zumindest die möglichen Auswirkungen unentdeckter Buffer-Overflows
und Format-String-Schwachstellen effizient einzuschränken [Kle04, BST99,
TS01]. Für die automatisierte Lokalisierung diverser Schwachstellen stehen
eine Menge statischer oder semantischer Analysewerkzeuge wie *Flawfinder*[12],
RATS[13] oder *Splint*[14] zur Verfügung [WK02, WK03]. Eine Beschränkung
der Auswirkungen von Format-String-Schwachstellen und Buffer-Overflows
beruht dagegen meist auf speziellen Compiler-Anpassungen wie *StackGuard*[15]

---

[12] http://www.dwheeler.com/flawfinder/
[13] http://www.securesw.com/rats/
[14] http://www.splint.org/
[15] http://www.immunix.org/

oder speziellen Programmbibliotheken wie *Libsafe*[16] und *Libformat*[17], welche die kritischen Funktionsaufrufe der C-Standardbibliothek in eigene, abgesicherte Varianten dieser Funktionen kapseln.

2.4 Signale

Auf Signale sind wir, u. a. in Abschnitt 2.1.2 bei der Besprechung des kontrollierenden Terminals, bereits kurz zu sprechen gekommen. Eine Erklärung, um was es sich bei einem Signal genau handelt, ist bei den bisherigen Diskussionen allerdings stets unter den Tisch gefallen. Es wird Zeit, dies nachzuholen.

Ein Signal ist in der Regel eine asynchrone Botschaft an einen Prozeß. Auf unser tägliches Leben übertragen, kann man sich darunter das Hupen eines Autos, das Piepsen eines Weckers oder ein Klingeln an der Haustüre vorstellen. Im Allgemeinen weiß der Empfänger einer solchen Botschaft nicht im Vorhinein, ob und wenn ja, wann ein Signal eintreffen wird. Ein Signal dringt also in aller Regel asynchron zur aktuellen Tätigkeit ins Bewußtsein. Klingelt es an der Haustüre, so werden normalerweise alle aktuellen Aufgaben unterbrochen und das Signal wird behandelt indem die Türe geöffnet wird. Nach der Behandlung des Signals werden die ursprünglichen Tätigkeiten wieder fortgesetzt. Mit diesen grundlegenden Erkenntnissen ausgestattet, wollen wir nun untersuchen, wie Signale in der Unix-Welt funktionieren.

Im POSIX-Jargon spricht man davon, daß ein Signal für einen Prozeß *generiert* oder *erzeugt* wird (engl.: generated) oder daß ein Signal an einen Prozeß *geschickt* wird. Beispiele für Ereignisse, die ein Signal generieren können, sind Hardwarefehler, Programmierfehler, das Ablaufen eines Timers, Eingaben vom Terminal oder auch der Aufruf der `kill()`-Funktion. Im Normalfall werden Signale immer für einen Prozeß als Ganzes generiert.[18]

Pro Prozeß ist nun für jedes vom Betriebssystem definierte Signal festgelegt, wie der Prozeß auf das Eintreffen des jeweiligen Signals reagiert. Man sagt, daß ein Signal an einen Prozeß *ausgeliefert* oder einem Prozeß *zugestellt* wurde (engl.: delivered), wenn der Prozeß die mit diesem Signal verknüpfte Aktion ausführt. Ein Signal wird als von einem Prozeß *angenommen* oder *akzeptiert* bezeichnet (engl.: accepted), wenn das Signal von der `sigwait()`-Funktion ausgewählt und zurückgeliefert wurde.

Ein Signal, welches zwar erzeugt, aber bislang weder ausgeliefert noch angenommen wurde, bezeichnet man schließlich als *anhängig* oder *schwebend*

---

[16] http://www.research.avayalabs.com/project/libsafe/

[17] http://box3n.gumbynet.org/~fyre/software/

[18] Besteht ein Prozeß jedoch aus mehreren Threads und läßt sich ein signalauslösendes Ereignis einem bestimmten Thread zuordnen, so wird das Signal auch an diesen Thread geschickt (siehe dazu Abschnitt 3.3.3).

(engl.: pending). Wie lange dieser Zustand andauert, kann von einer Anwendung normalerweise nicht festgestellt werden. Allerdings kann ein Prozeß bestimmte Signale explizit *blockieren* und damit die Zustellung für einen definierbaren Zeitraum aussetzen. Signale durchlaufen also einen Lebenszyklus. Sie werden zunächst erzeugt und sind dann so lange anhängig, bis sie an einen Prozeß ausgeliefert oder von einem Prozeß angenommen werden.

Die auf den ersten Blick etwas gewöhnungsbedürftige Unterscheidung zwischen den Zuständen *angenommen* und *ausgeliefert* ist ein Hinweis auf die Aktivität bzw. Passivität des Ziels. Wird ein Signal ausgeliefert, so bedeutet dies, daß der Prozeß, für den das Signal bestimmt war, das Signal nicht explizit erwartet hat. Der Prozeß war vielmehr mit einer anderen Aufgabe beschäftigt und muß diese nun ggf. zur Behandlung des Signals unterbrechen. Das Signal trifft damit asynchron zum momentanen Programmfluß ein. Im anderen Fall ist der Prozeß dagegen aktiv und wartet über die `sigwait()`-Funktion auf das Eintreffen eines Signals. Das Signal wird somit synchron zum aktuellen Programmfluß angenommen.

Ältere Versionen des POSIX-Standards treffen diese genaue Unterscheidung noch nicht, dort wurde allgemein von der Auslieferung eines Signals gesprochen. Dies führte allerdings immer wieder zu Mißverständnissen bei der Auslegung des Standards, weshalb man sich in IEEE Std 1003.1-2001 auf die neue, präzisere Sprechweise geeinigt hat.

2.4.1 Signale behandeln

Ein ausgeliefertes Signal kann von einem Prozeß auf drei verschiedene Arten behandelt werden:

- Die Standard-Signalbehandlung wird angestoßen.
- Es wird eine eigene Routine zur Signalbehandlung ausgeführt.
- Das Signal wird ignoriert.

Über die `sigaction()`-Funktion kann festgelegt (und festgestellt) werden, welche Aktion eingeleitet wird, falls ein bestimmtes Signal für den aktuellen Prozeß eintrifft:

```
#include <signal.h>

int sigaction( int sig, const struct sigaction *act,
    struct sigaction *oact );
```

Der Parameter `sig` legt fest, auf welches Signal sich `sigaction()` bezieht. Die vom Betriebssystem unterstützten Signale sind in `<signal.h>` definiert.

Tabelle 2.3 listet die für ein POSIX-System verbindlichen Signale und deren Standard-Signalbehandlung auf. Über den Parameter `act` wird angezeigt, wie der Prozeß künftig auf die Zustellung des spezifizierten Signals reagieren soll. Wie das funktioniert, erfahren Sie gleich. Sofern `oact` kein Null-Zeiger ist, hinterlegt die Funktion zusätzlich die bisher festgelegte Signalbehandlung in `oact`. Gibt `sigaction()` den Wert 0 zurück, so war die Operation erfolgreich. Ein Rückgabewert von -1 signalisiert dagegen, daß ein Fehler aufgetreten ist. In Fehlerfall installiert `sigaction()` keine neue Signalbehandlungsfunktion. Die Variable `errno` gibt dann genaueren Aufschluß über die Fehlerursache.

Wird für `act` ein Null-Zeiger übergeben, dann liefert `sigaction()` lediglich die aktuelle Signalbehandlung in `oact` zurück, ohne eine neue Signalbehandlungsfunktion zu installieren.

Den beiden Argumenten `act` und `oact` liegt die in `<signal.h>` definierte Datenstruktur `struct sigaction` zugrunde. Diese Struktur beschreibt mit Hilfe der in Tabelle 2.2 aufgeführten Elemente die auszuführende Aktion.

Tabelle 2.2. Die Datenstruktur `struct sigaction`

Typ	Name	Beschreibung
`void (*)(int)`	`sa_handler`	Zeiger auf eine Signalbehandlungsfunktion bzw. eines der Makros `SIG_IGN` oder `SIG_DFL`
`sigset_t`	`sa_mask`	Zusätzliche, während der Ausführung der Signalbehandlungsfunktion zu blockierende Signale
`int`	`sa_flags`	Spezielle Flags, die das Verhalten des Signals beeinflussen

Im Element `sa_handler` wird vor dem Aufruf von `sigaction()` ein Zeiger auf eine eigene Signalbehandlungsroutine eingetragen. Diese Funktion wird bei der Zustellung des Signals gestartet und erhält als erstes und einziges Argument die zu behandelnde Signalnummer als Integer-Wert übergeben. Man sagt, daß der Prozeß mit dieser Funktion das Signal *abfängt*. Anstelle einer eigenen Funktion können auch die Makros `SIG_IGN` oder `SIG_DFL` eingetragen werden. Mit `SIG_DFL` wird die Behandlung eines Signals auf seine Standardbehandlung zurückgesetzt (vgl. dazu Tabelle 2.3) und `SIG_IGN` bewirkt, daß der Prozeß das zugestellte Signal ignoriert. Die beiden, in Tabelle 2.3 als *unbedingt* gekennzeichneten Signale `SIGKILL` und `SIGSTOP` können allerdings von einem Prozeß nicht abgefangen werden, der betroffene Prozeß wird *immer* beendet oder angehalten.

Während der Signalbehandlung wird für den Prozeß das zu behandelnde Signal blockiert. Dies bedeutet, daß die Signalbehandlungsroutine für ein bestimmtes Signal nicht durch ein erneutes Eintreffen des gleichen Signals unterbrochen werden kann. Über das Element `sa_mask` kann eine Menge weiterer

Signale angegeben werden, die während der Behandlung des Signals zusätzlich blockiert werden sollen. Über das Element `sa_flags` können schließlich die Eigenschaften eines Signals modifiziert werden. Auf die einzelnen Flags gehen wir an dieser Stelle nicht näher ein. Ausführliche Informationen finden Sie wie üblich in [SUS02].

Tabelle 2.3. Signale und ihre Standardbehandlung

Signal	Standardaktion	Beschreibung
SIGABRT	Prozeß abbrechen	Prozeß abbrechen
SIGALRM	Prozeß beenden	Timer abgelaufen
SIGBUS	Prozeß abbrechen	Speicherfehler
SIGCHLD	Signal ignorieren	Kindprozeß beendet oder gestoppt
SIGCONT	Prozeß fortsetzen	Angehaltenen Prozeß fortsetzen
SIGFPE	Prozeß abbrechen	Arithmetik-Fehler
SIGHUP	Prozeß beenden	Unterbrechung der Verbindung
SIGILL	Prozeß abbrechen	ungültiger Maschinenbefehl
SIGINT	Prozeß beenden	Unterbrechungssignal vom Terminal
SIGKILL	Prozeß beenden	Prozeß beenden (unbedingt)
SIGPIPE	Prozeß beenden	Schreiben in Pipe ohne Leser
SIGQUIT	Prozeß abbrechen	Quit-Signal vom Terminal
SIGSEGV	Prozeß abbrechen	unerlaubte Speicheradressierung
SIGSTOP	Prozeß anhalten	Laufenden Prozeß anhalten (unbedingt)
SIGTERM	Prozeß beenden	Prozeß beenden
SIGTSTP	Prozeß anhalten	Stopp-Signal vom Terminal
SIGTTIN	Prozeß anhalten	Hintergrundprozeß will lesen
SIGTTOU	Prozeß anhalten	Hintergrundprozeß will schreiben
SIGUSR1	Prozeß beenden	benutzerdefiniertes Signal
SIGUSR2	Prozeß beenden	benutzerdefiniertes Signal
SIGURG	Signal ignorieren	Daten mit hoher Bandbreite am Socket

Tabelle 2.3 unterscheidet zwischen fünf verschiedenen Aktionen für die Standardbehandlung eines Signals:

- Wird ein Prozeß *beendet,* so bedeutet dies, daß der Prozeß vom System terminiert wird. Zuvor werden vom System noch alle Aufräumarbeiten ausgeführt, die auch beim Aufruf der `_exit()`-Funktion anfallen würden.

- Gleiches gilt, wenn ein Prozeß *abgebrochen* wird. Allerdings kann es hier in Erweiterung des POSIX-Standards zu weiteren Aktionen wie z.B. das Erzeugen eines *Coredumps* kommen.

- Wird ein Prozeß *angehalten,* so wird der komplette Programmfluß unterbrochen bis der Prozeß an gleicher Stelle fortgesetzt, abgebrochen oder beendet wird.

- Wird ein Prozeß *fortgesetzt,* so wird der Programmfluß an der Stelle wieder aufgenommen, an der er zuvor angehalten wurde. Trifft das Signal `SIGCONT` auf einen laufenden Prozeß, so wird das Signal ignoriert.

- Steht die Standard-Signalbehandlung auf *ignorieren,* so wird das zugehörige Signal bei der Zustellung ignoriert, d. h. vom Prozeß verworfen.

Um die Behandlung von Signalen zu veranschaulichen, entwickeln wir ein kleines Quiz-Programm. Das Programm stellt zunächst eine Frage und wartet danach auf eine Antwort, die über das Terminal eingegeben werden soll. Das Programm darf vom Terminal aus werder abgebrochen werden können, noch darf der Quiz-Teilnehmer unbegrenzt Zeit zur Antwort erhalten.

Beispiel 2.14 ist der erste Versuch, der, wie wir gleich sehen werden, noch einige kleinere Schwächen aufweist.

8–21   Die Funktion `signal_handler()` dient der Behandlung der eingehenden Signale. Zu Informationszwecken gibt die Funktion das zugestellte Signal im Klartext aus, wir können auf diese Weise schnell erkennen, ob die vom Prozeß installierten Aktionen auch tatsächlich ausgeführt werden.

29–31   Im Hauptprogramm wird zunächst die `sigaction`-Struktur initialisiert. Als Signalbehandlung soll die Funktion `signal_handler()` dienen. Die Menge der während der Signalbehandlung zusätzlich zu blockierenden Signale ist leer. Außerdem wünschen wir keine besonderen Signaleigenschaften.

33–45   Jetzt kann für die beiden Signale `SIGINT` (Abbruchtaste am Terminal gedrückt) und `SIGALRM` (Timer abgelaufen) die vorbereitete Signalbehandlung installiert werden. Falls der Aufruf von `sigaction()` fehlschlägt, wird das Programm mit einem entsprechenden Hinweis vorzeitig beendet.

47–50   Als nächstes schreibt das Programm die Quizfrage auf den Bildschirm und stellt mit der `alarm()`-Funktion eine prozeßinterne Zeitschaltuhr auf 20 Sekunden. Dies bewirkt, daß dem Prozeß nach Ablauf dieses Zeitintervalls das Signal `SIGALRM` zugestellt wird. Die `alarm()`-Funktion wird in Abschnitt 2.4.4 noch genauer besprochen.

52–63   Anschließend lesen wir die Antwort auf die Quizfrage ein. Sollte die `fgets()`-Funktion fehlschlagen, so protokollieren wir dies mit einer Fehlermeldung und beenden den Prozeß. Andernfalls wird die Eingabe mit der richtigen Antwort verglichen und das Resultat ausgegeben.

Beispiel 2.14. quiz1.c

```
1  #include <errno.h>
2  #include <signal.h>
3  #include <stdio.h>
4  #include <stdlib.h>
5  #include <string.h>
6  #include <unistd.h>
```

```
7
8  void signal_handler( int sig )
9  {
10    switch( sig )
11    {
12      case SIGINT:
13        printf( "Habe Signal SIGINT erhalten ...\n" );
14        break;
15      case SIGALRM:
16        printf( "Habe Signal SIGALRM erhalten ...\n" );
17        break;
18      default:
19        break;
20    }
21  }
22
23  int main( int argc, char *argv[] )
24  {
25    char antwort[] = "Himbeerjoghurt\n";
26    char eingabe[20];
27    struct sigaction action, old_action;
28
29    action.sa_handler = signal_handler;
30    sigemptyset( &action.sa_mask );
31    action.sa_flags = 0;
32
33    if( sigaction( SIGINT, &action, &old_action ) < 0 )
34    {
35      printf( "Konnte Handler nicht installieren: %s.\n",
36        strerror( errno ) );
37      return( EXIT_FAILURE );
38    }
39
40    if( sigaction( SIGALRM, &action, &old_action ) < 0 )
41    {
42      printf( "Konnte Handler nicht installieren: %s.\n",
43        strerror( errno ) );
44      return( EXIT_FAILURE );
45    }
46
47    printf( "Sie haben 20 Sekunden für die Antwort:\n" );
48    printf( "Was ißt Sir Quickly am liebsten?\n" );
49
50    alarm( 20 );
51
52    if( fgets( eingabe, sizeof( eingabe ), stdin ) == NULL )
53    {
54      printf( "Oha: %s ...\n", strerror( errno ) );
55      return( EXIT_FAILURE );
```

```
56    }
57
58    if( strcmp( eingabe, antwort ) == 0 )
59      printf( "Die Antwort ist richtig. Gratulation.\n" );
60    else
61      printf( "Leider falsch, richtig ist: %s", antwort );
62
63    exit( EXIT_SUCCESS );
64  }
```

Wir testen das Programm zunächst mit einer (nicht ganz richtigen) Antwort, die wir schnell genug über die Tastatur eingeben:

```
$ ./quiz1
Sie haben 20 Sekunden für die Antwort:
Was ißt Sir Quickly am liebsten?
Schnitzel
Leider falsch, richtig ist: Himbeerjoghurt
```

Die Ausgabe ist wie erwartet. Die Signalbehandlungsroutine wurde für beide Signale fehlerfrei installiert. Nachdem weder die Abbruchtaste am Terminal gedrückt, noch das Zeitintervall von 20 Sekunden überschritten wurde, wird die Eingabe vom Programm bearbeitet und als falsch erkannt.

Als nächstes geben wir überhaupt keine Antwort ein und warten, bis die 20 Sekunden Bedenkzeit abgelaufen sind:

```
$ ./quiz1
Sie haben 20 Sekunden für die Antwort:
Was ißt Sir Quickly am liebsten?
Habe Signal SIGALRM erhalten ...
Oha: Interrupted system call ...
```

Nach Ablauf des Zeitintervalls wird an den Prozeß tatsächlich das Signal SIGALRM ausgeliefert. Wie erwartet wird dadurch unsere Signalbehandlung aktiviert. Der Prozeß unterbricht also seine aktuelle Aufgabe (die fgets()-Funktion) und führt stattdessen den Programmcode von signal_handler() aus. Nach der Rückkehr aus signal_handler() beendet sich aber auch die Funktion fgets() mit einem Null-Zeiger als Rückgabewert und das Programm wird aus diesem Grund vorzeitig verlassen. Der errno-Variable ist zu entnehmen, daß fgets() durch das Eintreffen eines Signals unterbrochen wurde.

Als letztes versuchen wir, das Quiz-Programm durch Drücken der Abbruchtaste aus der Bahn zu bringen. Die Zeichenfolge ^C in der nachfolgenden Ausgabe steht für diese Interaktion:

```
$ ./quiz1
Sie haben 20 Sekunden für die Antwort:
Was ißt Sir Quickly am liebsten?
^C
Habe Signal SIGINT erhalten ...
Oha: Interrupted system call ...
```

Der Prozeß verhält sich in diesem Fall analog zum Timer-Signal aus dem vorigen Testlauf. Das Programm ist also schon ganz nahe am Sollzustand. Es gilt jedoch noch, die folgenden Probleme zu lösen:

1. Wird die Abbruchtaste am Terminal gedrückt, so beendet sich das Programm. Die Anforderung war allerdings, daß sich der Prozeß durch die Abbruchtaste nicht beeinflussen läßt.

   Wir können das momentane Verhalten verändern, indem wir die Signalbehandlung für das Signal SIGINT auf *ignorieren* setzen. Wie in Beispiel 2.15 zu sehen, weisen wir dazu vor dem ersten Aufruf von sigaction() dem Element sa_handler den Wert SIG_IGN zu.

2. Es existiert eine sogenannte *Race Condition* zwischen dem Aufruf der alarm()-Funktion und dem Aufruf von fgets(). Auf einem stark ausgelasteten System könnte die Zeitschaltuhr bereits abgelaufen sein, noch *bevor* der Prozeß die fgets()-Funktion überhaupt aufgerufen hat. Der Anwender hätte damit unbegrenzt Zeit für seine Antwort, denn fgets() würde nicht mehr durch einen Timeout abgebrochen werden. Je größer das an alarm() übergebene Zeitintervall ist, desto unwahrscheinlicher ist zwar das Eintreten dieser Situation, nichts desto trotz wäre eine solche *Race Condition* in realen Anwendungen ein echter Risikofaktor.

   Für unser konkretes Anliegen gibt es einen einfachen Ausweg aus dieser Falle: Die Signalbehandlungsroutine beendet den Prozeß sofort durch Aufruf von exit().

   Falls es in einer anderen Situation nicht möglich sein sollte, den Prozeß (oder den Thread) direkt zu beenden, stellt die alarm()-Funktion leider *keine* geeignete Möglichkeit dar, einen Timeout ohne *Race Condition* zu implementieren.

Beispiel 2.15 zeigt das entsprechend der vorangehenden Analyse veränderte Quiz-Programm.

Beispiel 2.15. quiz2.c

```
1  #include <errno.h>
2  #include <signal.h>
3  #include <stdio.h>
4  #include <stdlib.h>
```

```
 5 #include <string.h>
 6 #include <unistd.h>
 7
 8 void signal_handler( int sig )
 9 {
10   printf( "Ihre Bedenkzeit ist abgelaufen.\n" );
11   exit( EXIT_FAILURE );
12 }
13
14 int main( int argc, char *argv[] )
15 {
16   char antwort[] = "Himbeerjoghurt\n";
17   char eingabe[20];
18   struct sigaction action, old_action;
19
20   action.sa_handler = SIG_IGN;
21   sigemptyset( &action.sa_mask );
22   action.sa_flags = 0;
23
24   if( sigaction( SIGINT, &action, &old_action ) < 0 )
25   {
26     printf( "Konnte Handler nicht installieren: %s.\n",
27       strerror( errno ) );
28     return( EXIT_FAILURE );
29   }
30
31   action.sa_handler = signal_handler;
32
33   if( sigaction( SIGALRM, &action, &old_action ) < 0 )
34   {
35     printf( "Konnte Handler nicht installieren: %s.\n",
36       strerror( errno ) );
37     return( EXIT_FAILURE );
38   }
39
40   printf( "Sie haben 20 Sekunden für die Antwort:\n" );
41   printf( "Was ißt Sir Quickly am liebsten?\n" );
42
43   alarm( 20 );
44
45   if( fgets( eingabe, sizeof( eingabe ), stdin ) == NULL )
46   {
47     printf( "Oha: %s ...\n", strerror( errno ) );
48     return( EXIT_FAILURE );
49   }
50
51   if( strcmp( eingabe, antwort ) == 0 )
52     printf( "Die Antwort ist richtig. Gratulation.\n" );
53   else
```

```
54     printf( "Leider falsch, richtig ist %s", antwort );
55
56   exit( EXIT_SUCCESS );
57 }
```

8–12   Die Signalbehandlungsroutine `signal_handler()` wurde so modifiziert, daß
sie nach einem entsprechenden Hinweis den Prozeß sofort durch `exit()` beendet. Da die Routine nur noch für das Signal `SIGALRM` installiert wird, entfällt
die Fallunterscheidung nach dem zu behandelnden Signal.

20–29   Die Signalbehandlung für das Signal `SIGINT` wird auf ignorieren gesetzt. Wird
am Terminal die Abbruchtaste betätigt, so wird dem Prozeß zwar das Signal
ausgeliefert, das Signal wird von diesem jedoch ohne explizite Behandlung
verworfen.

31–38   Für das Signal `SIGALRM` kommt weiterhin die Funktion `signal_handler()`
zum Einsatz. Die Elemente `sa_mask` und `sa_flags` wurden bereits oben initialisiert und müssen nicht neu gesetzt werden.

Mit den jüngsten Änderungen verhält sich das Programm nun genau wie vor-
gegeben. Erfolgt innerhalb der 20 Sekunden eine Eingabe, so wird die Antwort
überprüft und das Ergebnis ausgegeben:

```
$ ./quiz2
Sie haben 20 Sekunden für die Antwort:
Was ißt Sir Quickly am liebsten?
Himbeerjoghurt
Die Antwort ist richtig. Gratulation.
```

Wird innerhalb der Bedenkzeit keine Antwort gegeben, so bricht das Programm nach Ablauf des vorgegebenen Zeitintervalls ab. Auch das Drücken
der Abbruchtaste verhindert dieses Verhalten nicht mehr:

```
$ ./quiz2
Sie haben 20 Sekunden für die Antwort:
Was ißt Sir Quickly am liebsten?
Ihre Bedenkzeit ist abgelaufen.
```

Neben der bereits ausführlich beschriebenen `sigaction()`-Funktion stellt der
ANSI/ISO C Standard die `signal()`-Funktion zur Beeinflussung der Signalbehandlung bereit. Auch mit `signal()` kann für ein Signal eine eigene Signalbehandlung gesetzt werden.

```
#include <signal.h>

void (*signal(int sig, void (*func)(int)))(int);
```

Das Argument `sig` spezifiziert wie bei `sigaction()` das zu behandelnde Signal. Der Wert für `func` ist entweder ein Zeiger auf eine eigene Signalbehandlungsfunktion oder wieder eines der Makros `SIG_IGN` oder `SIG_DFL`. Der Rückgabewert von `signal()` ist ein Zeiger auf die bislang für das gegebene Signal aktive Signalbehandlungsroutine.

Leider hat die `signal()`-Funktion einige schwerwiegende Unzulänglichkeiten aufzuweisen, weshalb wir nicht genauer auf die Arbeit mit dieser Variante der Signalbehandlung eingehen:

- Anders als bei `sigaction()` *kann* beim Auftreten eines Signals die Standardbehandlung des Signals wieder aktiviert werden, *noch bevor* die mit `signal()` gesetzte Behandlungsroutine aufgerufen wird. Das Verhalten von `signal()` ist in dieser Hinsicht implementierungsabhängig.

  In aller Regel wurde deshalb in einer Signalbehandlungsfunktion als erstes die Signalbehandlung mit `signal()` wieder von der Standardbehandlung auf die eigene Funktion gesetzt. Für einen kurzen Zeitraum kann in diesem Fall aber trotzdem die Standardbehandlung (siehe Tabelle 2.3) aktiv sein. Tritt in diesem Zeitraum das Signal erneut auf, so kann es passieren, daß der betreffende Prozeß abgebrochen wird. Dieses Verhalten der Signalbehandlung mit `signal()` führt damit zu schwer zu lokalisierenden, weil kaum zu reproduzierenden Fehlern.

- Die derzeit für ein bestimmtes Signal aktive Signalbehandlung kann mit `signal()` nicht abgefragt werden, ohne gleichzeitig die Signalbehandlung für dieses Signal zu ändern. Anders als bei `sigaction()` darf dem Parameter `func` der `signal()`-Funktion kein Null-Zeiger zugewiesen werden.

Aufgrund dieser Unzulänglichkeiten empfiehlt es sich, in neueren Programmen komplett auf die im ANSI/ISO C Standard definierte `signal()`-Funktion zu verzichten und stattdessen ausschließlich `sigaction()` einzusetzen.

2.4.2 Signale blockieren

Wie bereits erwähnt, können Signale explizit blockiert werden. Jeder Prozeß besitzt dazu eine sogenannte *Signalmaske,* die die Menge der zu blockierenden Signale beschreibt. Besteht ein Prozeß aus mehreren Threads, so besitzt jeder Thread seine eigene Signalmaske.

Blockiert ein Thread ein Signal und ist die Behandlung für das Signal nicht auf `SIG_IGN` gesetzt, so bleibt ein für diesen Thread erzeugtes Signal solange anhängig, bis der Thread das Signal entweder nicht mehr blockiert oder bis er das Signal über `sigwait()` angenommen hat oder bis die Signalbehandlung für das Signal auf `SIG_IGN` gesetzt wurde.

Analoges gilt für einen Prozeß, der ein Signal blockiert und die Signalbehandlung für das Signal nicht auf `SIG_IGN` gesetzt hat. Allerdings werden Signale, die für einen Prozeß als Ganzes generiert wurden, an einen beliebigen Thread im Prozeß ausgeliefert, der entweder mittels `sigwait()` auf dieses Signal wartet oder die Zustellung des Signals nicht blockiert hat.

Mit der Funktion `sigprocmask()` kann für einen Prozeß die Signalmaske gelesen und/oder verändert werden. In einem Prozeß mit mehreren Threads muß anstelle von `sigprocmask()` die Funktion `pthread_sigmask()` verwendet werden.

```
#include <signal.h>

int sigprocmask( int how, const sigset_t *set,
   sigset_t *oset );
int pthread_sigmask( int how, const sigset_t *set,
   sigset_t *oset );
```

Beide Funktionen erwarten die gleichen Parameter: Die durch **set** referenzierte Signalmenge legt den Satz von Signalen fest, auf der die Funktionen operieren soll. Ist **set** ein Null-Zeiger, so werden lediglich die momentan blockierten Signale über **oset** zurückgegeben und die aktuell blockierte Signalmenge bleibt unverändert.

Durch **how** wird ausgewählt, in welcher Art die übergebene Signalmenge angewendet wird. Hat **how** den Wert `SIG_SETMASK`, so stellt **set** die Menge der vom Prozeß (oder von einem Thread) zu blockierenden Signale dar. Hat **how** den Wert `SIG_BLOCK`, so besteht die Menge der zu blockierenden Signale aus der Vereinigungsmenge der bislang blockierten Signale und der von **set** referenzierten Menge. Hat **how** schließlich den Wert `SIG_UNBLOCK`, so werden die über **set** angegebenen Signale aus der Menge der zu blockierenden Signale herausgenommen.

Falls **oset** kein Null-Zeiger ist, wird die bislang blockierte Signalmenge in **oset** zurück geliefert. Der Rückgabewert von `sigprocmask()` ist 0, falls die Operation erfolgreich war. Trat ein Fehler auf, so wird der Wert −1 zurück gegeben und **errno** ist entsprechend gesetzt. Auch bei `pthread_sigmask()` wird im Erfolgsfall der Wert 0 zurück gegeben. Bei Mißerfolg liefert die Funktion `pthread_sigmask()` allerdings den zugehörigen Fehlercode zurück und **errno** bleibt unverändert.

Die Signalmengen, die von den beiden Unix-Funktionen `sigprocmask()` und `pthread_sigmask()` erwartet bzw. geliefert werden, können mit Hilfe der nachfolgenden Funktionen bearbeitet und untersucht werden:

Mit `sigemptyset()` und `sigfillset()` können Signalmengen bequem initialisiert werden. Die Funktion `sigemptyset()` erzeugt eine leere Signalmenge und `sigfillset()` erstellt eine Menge, in der alle Signale enthalten sind. Ausgehend von einer initialisierten Signalmenge können über die Funktionen

sigaddset() und sigdelset() einzelne Signale hinzugefügt oder herausgenommen werden. Alle Funktionen liefern bei erfolgreicher Ausführung den
Wert 0 zurück. Der Rückgabewert −1 signalisiert wie üblich einen Fehler und
errno gibt weiteren Aufschluß über die Fehlerursache.

```
#include <signal.h>

int sigaddset( sigset_t *set, int signo );
int sigdelset( sigset_t *set, int signo );
int sigemptyset( sigset_t *set );
int sigfillset( sigset_t *set );
int sigismember( const sigset_t *set, int signo );
```

Mit Hilfe der Funktion sigismember() läßt sich schließlich prüfen, ob das
Signal signo in der Signalmenge set enthalten ist. Die Funktion liefert die
Werte 1 oder 0 zurück, je nachdem, ob das gesuchte Signal in der angegebenen
Menge enthalten ist. Der Rückgabewert −1 zeigt an, daß ein interner Fehler
aufgetreten ist, über den errno genauere Auskunft gibt.

Beispiel 2.16 illustriert die eben beschriebenen Funktionen:

8–11   Zu Verdeutlichung des Signalverhaltens bereiten wir wieder eine einfache Signalbehandlungsroutine vor. Mit dieser Funktion wird später das Drücken der
Abbruchtaste am Terminal abgefangen.

18–27   Als erstes wird im Hauptprogramm die Funktion signal_handler() zur Behandlung des Signals SIGINT installiert.

Beispiel 2.16. signal-block.c

```
1  #include <errno.h>
2  #include <signal.h>
3  #include <stdio.h>
4  #include <stdlib.h>
5  #include <string.h>
6  #include <unistd.h>
7
8  void signal_handler( int sig )
9  {
10     printf( "Abbruchtaste gedrückt.\n" );
11  }
12
13  int main( int argc, char *argv[] )
14  {
15     struct sigaction action;
16     sigset_t sigset, oldset;
17
```

```
18    action.sa_handler = signal_handler;
19    sigemptyset( &action.sa_mask );
20    action.sa_flags = 0;
21
22    if( sigaction( SIGINT, &action, NULL ) < 0 )
23    {
24      printf( "Konnte Handler nicht installieren: %s.\n",
25        strerror( errno ) );
26      return( EXIT_FAILURE );
27    }
28
29    sigemptyset( &sigset );
30    sigaddset( &sigset, SIGINT );
31    sigprocmask( SIG_BLOCK, &sigset, &oldset );
32
33    printf( "Bitte nicht stören ...\n" );
34    sleep( 10 );
35    printf( "Danke.\n" );
36
37    sigprocmask( SIG_SETMASK, &oldset, NULL );
38
39    printf( "Drücken Sie jetzt die Abbruchtaste ...\n" );
40    sleep( 10 );
41    printf( "Ende.\n" );
42
43    exit( EXIT_SUCCESS );
44  }
```

29–31   Danach bereiten wir eine leere Signalmenge sigset vor, nehmen das Signal
SIGINT in die Menge auf und weisen den Prozeß an, ab jetzt zusätzlich das
Signal SIGINT zu blockieren.

33–35   Anschließend legt sich der Prozeß für 10 Sekunden schlafen. Die beiden Ausgaben markieren lediglich den Beginn und das Ende dieser „Auszeit".

37–40   Abschließend setzt das Programm für den Prozeß wieder die ursprünglich
blockierten Signale und wartet danach 10 Sekunden lang auf das Drücken der
Abbruchtaste am Terminal.

Wir testen das Programm, indem wir nach dem Programmstart sowohl
während der ersten Phase („Bitte nicht stören") als auch während der zweiten
Phase („Drücken Sie jetzt die Abbruchtaste") die Abbruchtaste am Terminal
betätigen. Das Testprogramm zeigt dabei das nachfolgende Verhalten, die
Zeichenfolge ^C steht hier wieder für die Abbruchtaste:

```
$ ./signal-block
Bitte nicht stören ...
^C
```

```
Danke.
Abbruchtaste gedrückt.
Drücken Sie jetzt die Abbruchtaste ...
^C
Abbruchtaste gedrückt.
Ende.
```

Wie erwartet, hat das Drücken der Abbruchtaste während Phase 1 zunächst keine Auswirkungen. Der Prozeß hat das SIGINT-Signal blockiert, so daß das vom Terminal generierte Signal nicht zugestellt werden kann. Da das Signal aber vom Prozeß auch nicht ignoriert wird (und der Prozeß auch nicht mit sigwait() auf das Signal wartet) bleibt das SIGINT-Signal zunächst einmal anhängig. Nach dieser ersten Phase hebt das Programm seine Änderungen an der Menge der geblockten Signale wieder auf. Das noch immer anhängige SIGINT-Signal kann jetzt ausgeliefert werden und wird daraufhin vom Prozeß mit der signal_handler()-Funktion behandelt. In der zweiten Programmphase führt das Betätigen der Abbruchtaste wie erwartet zur umgehenden Zustellung des Signals.

2.4.3 Signale annehmen

Mit Hilfe der sigwait()-Funktion kann ein Prozeß oder Thread ein Signal explizit annehmen. sigwait() selektiert ein Signal aus der Menge der für diesen Prozeß oder Thread anhängigen Signale. Dies impliziert, daß mit sigwait() ausschließlich Signale verarbeitet werden können, die zuvor blockiert wurden. Wird versucht, mit sigwait() nicht blockierte Signale zu selektieren, so ist das Verhalten der Funktion undefiniert.

```
#include <signal.h>

int sigwait( const sigset_t *set, int *sig );
```

Der Parameter set beschreibt die Menge der Signale, die durch den Aufruf von sigwait() erwartet werden. Die sigwait()-Funktion selektiert eines der durch set beschriebenen Signale aus der Menge der für den Prozeß oder Thread anhängigen Signale und gibt dieses über den Parameter sig zurück. Das selektierte Signal wird aus der Menge der anhängigen Signale entfernt. Gegebenenfalls wartet sigwait() solange, bis eines der beschrieben Signale anhängig wird. Die Funktion liefert im Erfolgsfall den Rückgabewert 0, bei Auftreten eines Fehlers einen entsprechenden Fehlercode zurück.

Warten mehrere Threads mittels sigwait() auf das gleiche Signal, so kehrt genau ein Thread aus dem Aufruf von sigwait() zurück. Welcher der wartenden Threads dabei aus dem Funktionsaufruf zurückkehrt, wird vom POSIX-Standard nicht definiert.

Beispiel 2.17. signal-wait.c

```
1  #include <errno.h>
2  #include <signal.h>
3  #include <stdio.h>
4  #include <stdlib.h>
5  #include <string.h>
6  #include <unistd.h>
7
8  int main( int argc, char *argv[] )
9  {
10   int sig, error;
11   sigset_t sigset;
12
13   sigemptyset( &sigset );
14   sigaddset( &sigset, SIGINT );
15   sigprocmask( SIG_BLOCK, &sigset, NULL );
16
17   printf( "Bitte nicht stören ...\n" );
18
19   error = sigwait( &sigset, &sig );
20   if( error != 0 )
21   {
22     printf( "Fehler: %s.\n", strerror( errno ) );
23     return( EXIT_FAILURE );
24   }
25
26   printf( "Störung durch Signal %d (SIGINT=%d)!\n",
27     sig, SIGINT );
28
29   exit( EXIT_SUCCESS );
30 }
```

Beispiel 2.17 veranschaulicht die Anwendung der sigwait()-Funktion:

13–15 Zunächst wird das Signal SIGINT für den Prozeß geblockt. Nur so bleibt ein generiertes SIGINT-Signal anhängig und kann später von sigwait() selektiert werden.

19–24 Danach wartet der Prozeß auf das Signal. Sobald ein SIGINT-Signal für den Prozeß anhängig wird, kehrt die Funktion sigwait() zurück und liefert die Signalnummer des selektierten Signals in sig zurück.

Ein Testlauf zeigt das erwartete Verhalten:

```
$ ./signal-block
Bitte nicht stören ...
^C
Störung durch Signal 2 (SIGINT=2)!
```

Nach dem Programmstart mit dem Warnhinweis, bitte nicht zu stören, wartet der Prozeß (beliebig lange) auf die Betätigung der Abbruchtaste. Sobald das zugehörige Signal `SIGINT` für den Prozeß anhängig wird, kehrt die `sigwait()`-Funktion mit dem selektierten `SIGINT`-Signal zurück.

2.4.4 Signale generieren

Mit den Funktionen `alarm()`, `kill()`, `raise()` und `abort()` kann ein Prozeß Signale explizit generieren. Die `alarm()`-Funktion haben wir bereits in den Beispielen 2.14 und 2.15 kennengelernt. Mit Hilfe von `alarm()` kann sich ein Prozeß selbst einen Wecker stellen. Ist die Alarmzeit erreicht, generiert das System für diesen Prozeß das Signal `SIGALRM`.

```
#include <unistd.h>

unsigned alarm( unsigned seconds );
```

Über den Parameter `seconds` wird festgelegt, wann die Zeitschaltuhr abgelaufen ist, d.h. nach wievielen Sekunden das Signal generiert werden soll. Jeder Prozeß besitzt allerdings nur eine einzige solche Zeitschaltuhr. Jeder neue Aufruf von `alarm()` stellt den Timer neu und überschreibt damit unter Umständen eine vorige Einstellung. Falls der Timer bereits durch einen früheren Aufruf von `alarm()` gestellt, aber die Alarmzeit noch nicht erreicht wurde, liefert die Funktion die verbleibende Zeit in Sekunden zurück. Andernfalls gibt die `alarm()`-Funktion den Wert 0 zurück. Wird beim Aufruf in `seconds` der Wert 0 übergeben, so wird ein zuvor gestarteter Timer abgeschaltet, d.h. vom System wird nach Ablauf der Zeitspanne kein `SIGALRM` generiert.

```
#include <signal.h>

int kill( pid_t pid, int sig );
```

Die `kill()`-Funktion stellt die allgemeinste Form der Signalerzeugung dar. Mit `kill()` wird für einen durch `pid` festgelegten Prozeß (oder eine Prozeßgruppe) das Signal `sig` generiert. Im Parameter `sig` wird entweder eine der Konstanten aus Tabelle 2.3 oder 0, das sogenannte *Null-Signal,* übergeben. Für das Null-Signal wird von `kill()` lediglich eine Fehlerprüfung vollzogen, ein Signal wird für den angegebenen Prozeß (oder die Prozeßgruppe) jedoch nicht erzeugt. Das Null-Signal eignet sich daher bestens dazu, die Gültigkeit von `pid` zu verifizieren.

Bei erfolgreicher Ausführung liefert die Funktion den Wert 0 zurück. Andernfalls ist der Rückgabewert -1 und `errno` zeigt die genaue Ursache des aufgetretenen Fehlers an.

Um mit einem geeigneten Wert für pid sowohl Prozesse als auch ganze Gruppen von Prozessen zu erreichen, sieht IEEE Std 1003.1-2001 die folgende Unterscheidung vor:

1. Hat pid einen Wert größer Null, so wird das Signal für einen Prozeß erzeugt, dessen Prozeßnummer (PID) gleich pid ist.

2. Hat pid den Wert 0, wird das Signal für (fast) alle Prozesse[19] generiert, deren Prozeßgruppen-ID (PGID) mit der PGID des aufrufenden Prozeß' übereinstimmt.

3. Hat pid den Wert -1, dann wird das Signal für (fast) alle Prozesse erzeugt.

4. Hat pid einen Wert kleiner -1, wird das Signal für (fast) alle Prozesse der Prozeßgruppe generiert, deren PGID gleich dem Absolutwert von pid ist.

Um allerdings tatsächlich ein Signal für einen anderen Prozeß generieren zu dürfen, benötigt ein Prozeß entweder die entsprechenden Systemrechte oder seine reale oder effektive User-ID (UID) muß mit der realen User-ID oder der *saved User-ID* des Adressaten übereinstimmen. Auf diese Art und Weise kann ein User einem von ihm gestarteten Prozeß auf jeden Fall Signale schicken, selbst dann, wenn der adressierte Prozeß zuvor seine effektive User-ID geändert hat.

Die einzige Ausnahme hinsichtlich der Überprüfung der Berechtigung bildet das Signal SIGCONT. Soll dieses Signal für einen Prozeß generiert werden, der Mitglied der selben Session wie der sendende Prozeß ist, so wird das SIGCONT-Signal in jedem Fall erzeugt. In allen anderen Fällen gelten die oben genannten Beschränkungen bezüglich der UID.

Mit raise() kann ein Signal für den aktuellen Prozeß generiert werden. Besteht ein Prozeß aus mehreren Threads, so wird das Signal an den aktuellen Thread geschickt.

```
#include <signal.h>

int raise( int sig );
```

Der Parameter sig spezifiziert wiederum das Signal, das von raise() generiert werden soll. Der Effekt von raise() ist äquivalent zum Aufruf von kill(getpid(), sig), wobei getpid() die aktuelle Prozeß-ID liefert. Im

---

[19] Die Einschränkung auf *fast alle Prozesse* erlaubt es dem System, eine Menge von Prozessen festzulegen, für die bestimmte Signale nicht generiert werden können. Diese implementierungsabhängige Menge von Prozessen, denen keine oder nur bestimmte Signale geschickt werden können, umfaßt meistens den Scheduler- und den init-Prozeß.

Erfolgsfall liefert die Funktion den Wert 0 zurück, im Fehlerfall wird ein Wert ungleich Null zurückgegeben und `errno` gibt Auskunft über die Fehlerursache.

Die `abort()`-Funktion dient schließlich dazu, den laufenden Prozeß anormal zu beenden, sofern der Prozeß das Signal `SIGABRT` nicht abfängt.

```
#include <stdlib.h>

void abort( void );
```

Mit der Funktion wird für den aktuellen Prozeß das `SIGABRT`-Signal generiert. Der Aufruf von `abort()` ist damit (abgesehen vom Rückgabewert) funktionsgleich mit `raise( SIGABRT )`.

2.5 Prozeßkontrolle

In Abschnitt 2.1.1 haben wir gelernt, daß unter Unix alle Prozesse mehr oder weniger direkte Nachkommen von einem einzigen Prozeß, dem sogenannten `init`-Prozeß sind. Der `init`-Prozeß wird beim Systemstart vom Betriebssystemkern erzeugt und startet danach entsprechend der Systemkonfiguration alle weiteren Systemdienste. Diese Dienste starten dann ihrerseits meist wieder weitere Prozesse, wie z. B. eine Login-Shell.

Jedem Prozeß wird bei seinem Start eine eigene, systemweit eindeutige Prozeß-ID (PID) zugewiesen. Außerdem läuft jeder Prozeß unter einer bestimmten User- und Group-ID. Welche Zugriffsrechte ein Prozeß besitzt, wird durch seine effektive User-ID, seine effektive Group-ID sowie die Mitgliedschaft zu weiteren Gruppen bestimmt.

Fast alle nichttrivialen Netzwerkdienste müssen in der Lage sein, weitere Prozesse zu starten. Betrachten wir als Beispiel einen Webserver: Der Webserver liefert für jede Anfrage eines Webbrowsers ein Dokument zurück. Bei den ausgelieferten Dokumenten kann es sich um Textseiten, Bilder, Filme oder beliebige andere Inhalte handeln. Mitunter werden diese Dokumente erst zum Zeitpunkt der Anfrage dynamisch erzeugt, was möglicherweise etwas Zeit in Anspruch nehmen kann. Damit ein Webserver nun die Anfragen mehrerer Webbrowser zur gleichen Zeit bearbeiten kann, verteilt er die Arbeit in der Regel auf mehrere Prozesse. Teilweise arbeiten diese Prozesse für verschiedene Anfragen die gleichen Codeteile ab, teilweise werden von den Prozessen aber auch ganz andere Programme (wie z. B. CGI-Programme) angestoßen.

Aus Sicht der Netzwerkprogrammierung stellt sich damit die Frage, wie unter Unix neue Prozesse erzeugt und andere Programme gestartet werden können. Wie und unter welchen Umständen kann eine Prozeß seine User- oder Group-ID ändern, wie und wann kann er durch einen Wechsel seiner effektiven User- oder Group-ID seine Zugriffsrechte erweitern oder einschränken? Unter welcher (effektiven) UID und GID läuft ein Prozeß gerade?

2.5.1 Was bin ich? Prozeß-IDs und mehr

Die aktuellen IDs, die mit einem Prozeß verknüpft sind, lassen sich über die
sechs Funktionen getpid(), getppid(), getuid(), geteuid(), getgid() und
getegid() herausfinden.

```
#include <unistd.h>

pid_t getpid( void );
pid_t getppid( void );
uid_t getuid( void );
uid_t geteuid( void );
gid_t getgid( void );
gid_t getegid( void );
```

Die sechs parameterlosen Funktionen liefern jeweils einen arithmetischen Wert
zurück, der die Prozeß-, User- oder Group-IDs für den aktuellen Prozeß anzeigt. Die jeweiligen Datentypen werden in der Header-Datei <sys/types.h>
festgelegt. Beispiel 2.18 illustriert den Einsatz der sechs ID-Funktionen:

Beispiel 2.18. show-ids.c

```
1  #include <stdio.h>
2  #include <stdlib.h>
3  #include <unistd.h>
4
5  int main( int argc, char *argv[] )
6  {
7    printf( "Prozeß-ID (PID) = %d\n", getpid() );
8    printf( "Elternprozeß-ID (PPID) = %d\n", getppid() );
9    printf( "User-ID (UID) = %d\n", getuid() );
10   printf( "effektive User-ID (EUID) = %d\n", geteuid() );
11   printf( "Group-ID (GID) = %d\n", getgid() );
12   printf( "effektive Group-ID (EGID) = %d\n", getegid() );
13
14   exit( EXIT_SUCCESS );
15 }
```

Wird das übersetzte Programm aufgerufen, so gibt es der Reihe nach seine
eigene Prozeß-ID, die Prozeß-ID des Elternprozeß', sowie jeweils die eigentliche und die effektive User- bzw. Group-ID aus. Beide User- und Group-IDs
entsprechen dabei der User- und Group-ID der aufrufenden Shell (hier die
Korn-Shell ksh) und damit den IDs des aufrufenden Benutzers:

```
$ ps -ef | grep -E "UID|ksh"
 UID   PID PPID   C   STIME     TTY  TIME CMD
zahn 20770 21096   0 12:14:44  pts/0  0:00 -ksh
$ id
uid=518(zahn) gid=600(rz) groups=1998(spusers)
$ ./show-ids
Prozeß-ID (PID) = 26072
Elternprozeß-ID (PPID) = 20770
User-ID (UID) = 518
effektive User-ID (EUID) = 518
Group-ID (GID) = 600
effektive Group-ID (EGID) = 600
```

Anders sieht es aus, wenn wir vor dem Aufruf des Programms mit chmod das
Set-User-ID Bit und das Set-Group-ID Bit gesetzt haben und mit su zu einer
anderen Benutzerkennung – z. B. zur Administratorkennung root – gewechselt
sind:

```
$ chmod u+s,g+s show-ids
$ ls -al show-ids
-rwsr-s---   1 zahn      rz       6075 Dec 26 14:14 show-ids
$ su -
$ ps -ef | grep -E "UID|ksh"
 UID   PID PPID   C   STIME     TTY  TIME CMD
zahn 20770 21096   0 12:14:44  pts/0  0:00 -ksh
root 26070 20770   0 14:17:40  pts/0  0:00 -ksh
$ id
uid=0(root) gid=0(system) groups=2(bin),3(sys),7(security)
$ ./show-ids
Prozeß-ID (PID) = 29338
Elternprozeß-ID (PPID) = 26070
User-ID (UID) = 0
effektive User-ID (EUID) = 518
Group-ID (GID) = 0
effektive Group-ID (EGID) = 600
```

Wie erwartet entsprechen auch hier die ausgegebene User- und Group-ID der
User- und Group-ID des aufrufenden Benutzers. Die EUID und die EGID
stimmen allerdings nicht mehr mit der UID und der GID überein. Aufgrund
der mit chmod gesetzten Bits wurde dem Prozeß also vom Betriebssystem beim
Start eine andere effektive User- und Group-ID mitgegeben. Der gestartete
Prozeß besitzt damit andere Zugriffsrechte innerhalb des Systems, als sie dem
aufrufenden Benutzer vom System eingeräumt werden.

Auch das Programm su muß übrigens das Set-User-ID Bit gesetzt haben.
Andernfalls könnte das Kommando nicht, wie eben gesehen, bei Eingabe des
richtigen Paßworts die Benutzerkennung wechseln.

2.5.2 Neue Prozesse erzeugen

Die Erzeugung neuer Prozesse basiert auf Unix-Systemen bildhaft gesprochen auf dem Modell der Zellteilung. Mit Hilfe der fork()-Funktion erstellt ein Prozeß eine nahezu identische Kopie von sich selbst. Der Name der Funktion fork() bedeutet im englischen so viel wie „sich gabeln, verzweigen oder spalten". Die fork()-Funktion führt den aufrufenden Prozeß an eine Weggabelung, an der sich die Wege von Elternprozeß und neuem Kindprozeß trennen.

```
#include <unistd.h>

pid_t fork( void );
```

Nach erfolgreichem Verlauf von fork() führen Eltern- und Kindprozeß ihren Weg mit der nächsten Anweisung aus dem Programmtext fort. Allerdings in zwei verschiedenen Prozessen. In den beiden Prozessen unterscheiden sich zudem die jeweiligen Rückgabewerte der Funktion: Bei erfolgreicher Ausführung liefert fork() im Elternprozeß die Prozeß-ID des eben geschaffenen Kinds zurück, im Kindprozeß liefert die Funktion dagegen den Rückgabewert 0. Falls etwas schief läuft, wird kein neuer Prozeß erzeugt, fork() gibt den Wert −1 zurück und die Fehlervariable errno ist entsprechend der Fehlerursache gesetzt. Beispiel 2.19 zeigt eine typische Anwendung der fork()-Funktion zur Erzeugung eines neuen Prozeßabbilds:

Beispiel 2.19. fork-ids.c

```
1  #include <errno.h>
2  #include <stdio.h>
3  #include <stdlib.h>
4  #include <string.h>
5  #include <unistd.h>
6
7  void show_ids( void )
8  {
9    pid_t my_pid;
10
11   my_pid = getpid();
12
13   printf( "Prozeß %d: PPID = %d\n", my_pid, getppid() );
14   printf( "Prozeß %d: UID  = %d\n", my_pid, getuid() );
15   printf( "Prozeß %d: EUID = %d\n", my_pid, geteuid() );
16   printf( "Prozeß %d: GID  = %d\n", my_pid, getgid() );
17   printf( "Prozeß %d: EGID = %d\n", my_pid, getegid() );
18 }
19
```

```
20  int main( int argc, char *argv[] )
21  {
22    pid_t pid;
23
24    printf( "Prozeß %d: Starte fork()\n", getpid() );
25
26    switch( pid = fork() )
27    {
28      case -1: /* Fehler */
29        printf( "Prozeß %d: Fehler in fork(): %s.\n",
30          getpid(), strerror( errno ) );
31        exit( EXIT_FAILURE );
32        break;
33      case 0: /* Kindprozeß */
34        printf( "Prozeß %d: Ich bin der neue Kindprozeß\n",
35          getpid() );
36        break;
37      default: /* Elternprozeß */
38        printf( "Prozeß %d: Kindprozeß läuft: PID = %d.\n",
39          getpid(), pid );
40        break;
41    }
42
43    sleep( 1 ); /* kurze Kunstpause */
44
45    show_ids();
46    exit( EXIT_SUCCESS );
47  }
```

7–18   Nach den nötigen Includes packen wir zunächst die ID-Abfragen aus Beispiel 2.18 in eine eigene Funktion show_ids(), die wir später in beiden Prozessen aufrufen werden.

26–41   Im Hauptprogramm wird nach einer Kontrollausgabe die Funktion fork()
aufgerufen. Mit Hilfe der switch-Anweisung können wir auf übersichtliche Art
und Weise zwischen den verschiedenen Rückgabewerten der fork()-Funktion
unterscheiden. Im Fehlerfall wird von fork() kein neuer Prozeß erzeugt. Unser Prozeß beendet sich in diesem Falls umgehend mit einer Fehlermeldung.
Andernfalls existieren nach der Rückkehr aus der fork()-Funktion zwei Prozesse: Der ursprüngliche Prozeß, den wir als Elternprozeß bezeichnen und eine
(nahezu) identische Kopie davon, der sogenannte Kindprozeß. Beide Prozesse
setzen ihren Programmfluß unmittelbar nach der fork()-Funktion fort. Der
Rückgabewert von fork() gibt im jeweiligen Prozeß auskunft darüber, ob es
sich um den Eltern- oder den Kindprozeß handelt.

43–46   Nach einer kurzen Kunstpause, deren Sinn sich bei den Testläufen erschließen
wird, rufen beide Prozesse die Funktion show_ids() auf und beenden dann
ihre Arbeit.

Ein Testlauf des Programms aus Beispiel 2.19 zeigt das erwartete Verhalten. Mit dem Aufruf von `fork()` entsteht ein Abbild vom ursprünglichen Prozeß:

```
$ ./fork-ids
Prozeß 25984: Starte fork()
Prozeß 27644: Ich bin der neue Kindprozeß
Prozeß 25984: Kindprozeß läuft: PID = 27644.
Prozeß 27644: PPID = 25984
Prozeß 27644: UID  = 518
Prozeß 27644: EUID = 518
Prozeß 27644: GID  = 600
Prozeß 27644: EGID = 600
Prozeß 25984: PPID = 20770
Prozeß 25984: UID  = 518
Prozeß 25984: EUID = 518
Prozeß 25984: GID  = 600
Prozeß 25984: EGID = 600
```

Der Ausgangsprozeß mit der PID 25984 startet nach einer Kontrollausgabe den `fork()`-Vorgang. Danach machen die beiden Prozesse, also der Elternprozeß und der neu erstellte Kindprozeß mit der PID 27644, durch eine Wortmeldung auf sich aufmerksam. Die kleine Kunstpause von einer Sekunde gibt in der Regel beiden Prozessen genügend Zeit, die Kontrollausgabe abzuschließen, bevor der jeweils andere Prozeß mit der Ausgabe der verschiedenen IDs beginnt.[20]

Wie die Ausgabe des Programms zeigt, kann die `fork()`-Funktion von einem Prozeß keine absolut exakte Kopie erstellen. So müssen sich z. B. die Prozeß-IDs der beiden Prozesse voneinander unterscheiden, da vom System bei der Erzeugung des Abbildes wieder eine systemweit eindeutige PID für das Kind gewählt werden muß. Es gibt aber noch weitere Kriterien, die sich nach IEEE Std 1003.1-2001 zwischen Eltern- und Kindprozeß unterscheiden. Die wesentlichen Unterscheidungsmerkmale sind:

- Der Kindprozeß erhält eine neue, eindeutige Prozeß-ID (PID), die keiner vorhandenen Prozeßgruppen-ID (PGID) entspricht.

- Der Kindprozeß erhält eine neue Elternprozeß-ID (PPID), die mit der PID des Prozeß' übereinstimmt, der die `fork()`-Funktion aufgerufen hat.

---

[20] Selbstverständlich macht eine solche Pause in realen Anwendungen keinen Sinn. Der Aufruf von `sleep()` dient im obigen Beispiel ausschließlich der Demonstration. Insbesondere ist ein Aufruf von `sleep()`, egal mit welcher Zeitspanne als Argument, keinesfalls dazu geeignet, den Ablauf von Eltern- und Kindprozeß verläßlich miteinander zu synchronisieren.

- Der Kindprozeß erhält eine eigene Kopie der Dateideskriptor-Tabelle aus dem Elternprozeß. Jeder der Dateideskriptoren aus der Dateideskriptor-Tabelle im Kindprozeß referenziert dabei die selbe *Beschreibung der offenen Datei* wie der korrespondierende Dateideskriptor aus dem Elternprozeß. (Vergleiche dazu Abschnitt 2.2.1.)

- Die Menge der für den Kindprozeß anhängigen Signale wird mit der Nullmenge initialisiert. Sollten also für den Elternprozeß zum Zeitpunkt des `fork()`-Aufrufs Signale anhängig sein, so werden diese nicht auf das neue Prozeßabbild übertragen.

- Falls mit `alarm()` ein Alarm für den Elternprozeß gesetzt ist, wird der Alarm für den Kindprozeß gelöscht. Die Zeit bis zum nächsten Alarm wird auf Null zurückgesetzt.

- Das neue Prozeßabbild wird mit nur einem einzigen Thread erzeugt. Wird `fork()` von einem Prozeß aufgerufen, der aus mehreren Threads besteht, so enthält der Kindprozeß nur noch eine Kopie des aufrufenden Threads. Die Zustände der von den verschiedenen Threads gleichzeitig genutzten Ressourcen, z. B. Mutexe, können dabei erhalten bleiben.

Interessant ist dabei unter anderem das Verhalten bezüglich der Dateideskriptoren, das sich auch schon in Beispiel 2.19 bemerkbar macht. Erfolgt die Ausgabe des Programms – oder genauer gesagt: die Ausgabe der beiden Programme – nämlich nicht auf das Terminal, sondern z. B. in eine Datei, so ändert sich das Ausgabeverhalten schlagartig. Zunächst fällt auf, daß die Ausgaben der beiden Prozesse nicht mehr durcheinander erscheinen, sondern jetzt sequentiell erfolgen:

```
$ ./fork-ids > fork-ids.log
$ cat fork-ids.log
Prozeß 25988: Starte fork()
Prozeß 27646: Ich bin der neue Kindprozeß
Prozeß 27646: PPID = 25988
Prozeß 27646: UID  = 518
Prozeß 27646: EUID = 518
Prozeß 27646: GID  = 600
Prozeß 27646: EGID = 600
Prozeß 25988: Starte fork()
Prozeß 25988: Kindprozeß läuft: PID = 27646.
Prozeß 25988: PPID = 20770
Prozeß 25988: UID  = 518
Prozeß 25988: EUID = 518
Prozeß 25988: GID  = 600
Prozeß 25988: EGID = 600
```

Bei genauerer Durchsicht erkennt man darüber hinaus, daß in der Ausgabe die Textzeile `Prozeß 25988: Starte fork()` zweimal auftaucht. Was zunächst so aussieht, als hätte der Elternprozeß diese Textzeile aus undurchsichtigen Gründen zweimal erzeugt, hat eine ganz einfache Erklärung: Die Kontrollausgabe wurde vor dem Aufruf von `fork()` vom ursprünglichen Prozeß (PID 25988) mit `printf()` erzeugt. Erfolgt die Ausgabe auf das Terminal, so erscheint diese Kontrollausgabe aufgrund der zeilenweisen Pufferung der Standard-Bibliothek von ANSI/ISO C sofort. Wird die Ausgabe aber z. B. in eine Datei umgeleitet, so schlägt die vollständige Pufferung der Standard-Bibliothek zu. In diesem Fall wird die Ausgabe in einem internen Datenpuffer der Standard-Bibliothek zwischengespeichert und deshalb von `fork()` mitsamt dem Zwischenspeicher in das neue Prozeßabbild übernommen.

In unserem Beispiel wird dieser interne Datenpuffer von beiden Prozessen erst am Programmende geleert und damit tatsächlich ausgegeben. Aus diesem Grund hat die eingeführte Kunstpause keinen Einfluß auf das Ausgabeverhalten der beiden Prozesse und die Ausgaben erscheinen in diesem Beispiel sequentialisiert. Außerdem erscheint der Text „Prozeß 25988: Starte fork()" doppelt. Die erste Zeile der Ausgabe rührt dabei nicht vom Eltern-, sondern vom Kindprozeß her, wenn auch der Inhalt der Ausgabe vom Elternprozeß erzeugt wurde und daher die Prozeß-ID auch auf diesen hindeutet.

Es zeigt sich also einmal mehr, daß bei der System- und Netzwerkprogrammierung im Zusammenspiel mit der Standard Ein- und Ausgabe höchste Sorgfalt geboten ist. Hätten wir an Stelle der Funktion `printf()` aus der Standard-Bibliothek den Systemaufruf `write()` verwendet, wäre der beschriebene Effekt mangels Pufferung natürlich erst gar nicht eingetreten.

Das vorangegangene Beispiel zeigt darüber hinaus, daß der Kindprozeß bei `fork()` in der Tat eine Kopie der Dateideskriptor-Tabelle aus dem Elternprozeß erhält. Abbildung 2.9 illustriert, wie die korrespondierenden Dateideskriptoren aus den Dateideskriptor-Tabellen von Eltern- und Kindprozeß jeweils auf die selbe *Beschreibung der offenen Datei* verweisen.

Erst durch diese gemeinsame Nutzung der selben Beschreibung wird es möglich, daß die Umlenkung der Ausgabe, wie wir sie im zweiten Testlauf wie selbstverständlich eingesetzt haben, auch tatsächlich für beide Prozesse funktioniert und daß sich darüber hinaus die Ausgaben von Eltern- und Kindprozeß nicht gegenseitig überschreiben.

2.5.3 Prozesse synchronisieren

Neue Prozesse werden gestartet, um ihnen eine spezielle Aufgabe mit auf den Weg zu geben. Die von einem Webserver gestarteten Kindprozesse sollen z. B. jeweils die Anfrage eines Webbrowsers beantworten. Die Übergabe einer solchen Aufgabe an einen Kindprozeß findet meist über den Adreßraum im Elternprozeß statt, der beim `fork()` auf den neuen Prozeß übertragen wird. Neben der Funktion, einen neuen Prozeß zu erzeugen, bildet die `fork()`-Funktion damit gleichzeitig einen impliziten Synchronisationspunkt zwischen

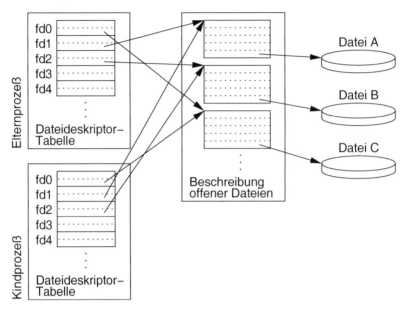

Abb. 2.9. Gemeinsam genutzte Dateien nach fork()

den beiden Prozessen. Der Kindprozeß kann sich darauf verlassen, daß ihm, sobald er aus der fork()-Funktion zurückkehrt, eine Kopie des Adreßraums vom Elternprozeß zur Verfügung steht und daß er dort den auszuführenden Auftrag findet. Der neue Prozeß verfügt über die gleichen Daten wie sein Elternprozeß und kann damit die ihm zugedachte Aufgabe erfüllen.

Für den ursprünglichen Prozeß stellt sich später oftmals die Frage, wann der Kindprozeß mit den ihm übertragenen Aufgaben fertig ist und ob die Aufgaben ohne Fehler erledigt werden konnten. Der Elternprozeß kann hierfür auf eine nützliche Eigenschaft des Unix-Betriebssystems zurückgreifen: Sobald sich ein Prozeß beendet, generiert der Systemkern für den Elternprozeß das Signal SIGCHLD. Dieser kann das Signal entweder ignorieren, oder mit einer eigenen Signalbehandlungsroutine bearbeiten. Mit Hilfe der beiden Funktionen wait() und waitpid() kann der Elternprozeß darüber hinaus den Rückgabewert seines Kindes in Erfahrung bringen.

Bei der wait()-Funktion gilt es, drei Fälle zu unterscheiden:

1. Der aufrufende Prozeß hat überhaupt keine Kindprozesse: In diesem Fall kehrt die Funktion umgehend mit einem Fehlercode zurück.

2. Der aufrufende Prozeß hat mindestens einen Kindprozeß, aber alle Kinder laufen noch: In dieser Situation wartet die Funktion so lange, bis sich ein Kindprozeß beendet hat.

3. Der aufrufende Prozeß hat mindestens einen Kindprozeß, der sich bereits beendet hat und darauf wartet, daß sein Rückgabewert abgeholt wird:

In diesem Fall kehrt die Funktion umgehend mit dem entsprechenden Wert zurück. Liegen die Rückgabewerte mehrerer beendeter Kindprozesse vor, so ist die Reihenfolge, in der diese Werte durch aufeinanderfolgende Aufrufe von wait() ermittelt werden, nicht definiert.

```
#include <sys/wait.h>

pid_t wait( int *stat_loc );
pid_t waitpid( pid_t pid, int *stat_loc, int options );
```

Die wait()-Funktion erwartet als einziges Argument die Adresse einer Integer-Variablen, in der bei erfolgreichem Verlauf der vom Kindprozeß hinterlegte Status gespeichert wird. Die Funktion gibt bei Erfolg die Prozeß-ID des beendeten Kindes zurück, im Fehlerfall liefert wait() den Wert -1. Mögliche Fehlerursachen sind, daß der Aufruf durch ein Signal unterbrochen wurde oder daß der aufrufende Prozeß keinen Kindprozeß besitzt.

Die Funktion waitpid() stellt eine erweiterte und damit flexiblere Variante der wait()-Funktion dar. waitpid() kann durch Angabe von pid auf einen bestimmten Prozeß oder eine bestimmte Menge von Prozessen warten und über spezielle Optionen im Argument options in ihrem Verhalten angepaßt werden. Wird waitpid() mit den Werten pid = -1 und options = 0 aufgerufen, so entspricht die Funktion exakt der wait()-Funktion.

Über den Parameter pid wird eine Menge von Prozessen festgelegt, von denen der Statuswert erfragt werden soll:

- Hat pid den Wert (pid_t)-1, so wird der Statuswert eines beliebigen beendeten Kindes ausgewertet.

- Hat pid einen Wert größer Null, so spezifiziert pid die Prozeß-ID des Kindes, dessen Status geliefert werden soll.

- Hat pid den Wert 0, muß die Prozeßgruppen-ID des Kindes mit der PGID des Elternprozeß' übereinstimmen.

- Ist pid kleiner als (pid_t)-1, muß die Prozeßgruppen-ID des Kindes dem Absolutwert von pid entsprechen.

Mit options können zusätzliche Eigenschaften der waitpid()-Funktion festgelegt werden. Gültige Werte für options sind entweder 0 oder bitweise Oder-Verknüpfungen der folgenden Werte:

WNOHANG: Der Aufruf von waitpid() blockiert nicht, falls von keinem der über den Parameter pid ausgewählten Prozesse ein Statuswert vorliegt. In diesem Fall liefert waitpid() den Rückgabewert 0.

WUNTRACED: Ist dieses Flag gesetzt, so gibt `waitpid()` zusätzlich Auskunft über die gestoppten Prozesse (siehe dazu weiter unten das Makro `WIFSTOPPED()`).

Wenn `wait()` oder `waitpid()` zurückkehren, weil ein Statuswert für einen (passenden) beendeten Kindprozeß verfügbar ist, liefern die Funktionen einen Rückgabewert, der der Prozeß-ID des Kindes entspricht. Falls der Parameter `stat_loc` kein Null-Zeiger ist, wird der Status des beendeten Kindes in der referenzierten Integer-Variablen hinterlegt. Der Wert von `*stat_loc` ist genau dann gleich Null, wenn der beendete Kindprozeß mit `return( 0 )` die `main()`-Funktion verlassen hat, der Prozeß eine der Funktionen `exit()` oder `_exit()` mit dem Argument `status = 0` aufgerufen hat, oder der Prozeß beendet wurde, weil sich der letzte Thread im Prozeß beendet hat. Unabhängig vom Wert kann `*stat_loc` mit Hilfe der folgenden, in `<sys/wait.h>` vereinbarten Makros analysiert werden:

WIFEXITED(stat_val): Das Makro `WIFEXITED()` wird zu einem Wert ungleich Null ausgewertet, falls sich der betreffende Prozeß normal beendet hat.

WEXITSTATUS(stat_val): Falls der Wert von `WEXITSTATUS()` ungleich Null ist, entspricht er den niederwertigen acht Bits des Statuscodes, der an `exit()`, `_exit()` oder an ein `return()` aus der `main()`-Funktion übergeben wurde. (Vergleiche dazu auch Abschnitt 2.1.5.)

WIFSIGNALED(stat_val): Das Makro `WIFSIGNALED()` wird zu einem Wert ungleich Null ausgewertet, falls der betreffende Prozeß durch ein nicht abgefangenes Signal beendet wurde.

WTERMSIG(stat_val): Falls der Wert von `WTERMSIG()` ungleich Null ist, entspricht er der Nummer des Signals durch das der Prozeß beendet wurde.

WIFSTOPPED(stat_val): Das Makro `WIFSTOPPED()` wird zu einem Wert ungleich Null ausgewertet, falls der betreffende Prozeß durch ein Signal gestoppt wurde.

WSTOPSIG(stat_val): Falls der Wert von `WSTOPSIG()` ungleich Null ist, entspricht er der Nummer des Signals durch das der Prozeß gestoppt wurde.

Beispiel 2.20 zeigt eine leicht modifizierte Variante des letzten Beispielprogramms. Erneut wird über `fork()` ein Kindprozeß gestartet. Diesmal wartet der Elternprozeß allerdings auf das Ende seines Kindes und gibt die entsprechenden Statusinformationen aus.

6   Als erstes wird die für `waitpid()` und die zugehörigen Makros benötigte Header-Datei `<sys/wait.h>` in den Programmtext eingebunden.

11 Die vereinbarte Variable `status` dient später zur Aufnahme der über den Kindprozeß verfügbaren Statusinformationen.

13–21 Im Hauptprogramm wird nach einer Kontrollausgabe mittels `fork()` ein Kindprozeß gestartet. Im Fehlerfall beendet sich das Programm sofort mit einer
entsprechenden Fehlermeldung.

22–29 Der neue Kindprozeß erfüllt keine besondere Aufgabe. Er wartet lediglich das
vorgegebene Zeitintervall ab und beendet sich danach mit einem willkürli-
chen Statuscode. Der Statuscode soll später vom Elternprozeß ermittelt und
ausgegeben werden.

30–33 Der Elternprozeß wartet zunächst, bis zum eben gestarteten Kindprozeß Statusinformationen vorliegen. Der `waitpid()`-Funktion wird zu diesem Zweck
ohne weitere Optionen die Prozeß-ID des Kindes übergeben. Sobald der Kindprozeß beendet wurde, füllt `waitpid()` die Statusinformationen in die Variable `status` und kehrt mit der PID des Kindes als Rückgabewert zurück.

Beispiel 2.20. wait-child.c

```
 1  #include <errno.h>
 2  #include <stdio.h>
 3  #include <stdlib.h>
 4  #include <string.h>
 5  #include <unistd.h>
 6  #include <sys/wait.h>
 7
 8  int main( int argc, char *argv[] )
 9  {
10    pid_t pid;
11    int status;
12
13    printf( "Prozeß %d: Starte fork().\n", getpid() );
14
15    switch( pid = fork() )
16    {
17      case -1: /* Fehler */
18        printf( "Prozeß %d: Fehler in fork(): %s.\n",
19          getpid(), strerror( errno ) );
20        exit( EXIT_FAILURE );
21        break;
22      case 0: /* Kindprozeß */
23        printf( "Prozeß %d: Ich bin der neue Kindprozeß.\n",
24          getpid() );
25        sleep( 20 ); /* Brotzeitpause */
26        printf( "Prozeß %d: Genug gewartet. Bye-bye.\n",
27          getpid() );
28        exit( 7 ); /* Willkürlicher Rückgabewert zum Test */
29        break;
30      default: /* Elternprozeß */
31        printf( "Prozeß %d: Kindprozeß läuft: PID = %d.\n",
32          getpid(), pid );
```

```
33    waitpid( pid, &status, 0 );
34    printf( "Prozeß %d: Kind hat sich verabschiedet.\n",
35       getpid() );
36    printf( "Prozeß %d: Rückgabewert: %d.\n",
37       getpid(), WEXITSTATUS( status ) );
38    printf( "Prozeß %d: Kind normal beendet: %s.\n",
39       getpid(), WIFEXITED( status ) ? "ja" : "nein" );
40    if( WIFSIGNALED( status ) )
41       printf( "Prozeß %d: Kind von Signal %d beendet.\n",
42          getpid(), WTERMSIG( status ) );
43    break;
44  }
45
46  exit( EXIT_SUCCESS );
47 }
```

34–42   Anschließend werden die ermittelten Statusinformationen analysiert und ausgegeben, bevor sich das Programm schließlich selbst beendet.

Ein Testlauf liefert das erwartete Ergebnis: Nach einer Kontrollausgabe startet
der Elternprozeß einen Kindprozeß und wartet auf dessen Ende. Nach einer
ersten Ausgabe legt sich der Kindprozeß für das vorgegebene Zeitintervall
schlafen und beendet sich nach einer weiteren Ausgabe wieder. Sobald der
Kindprozeß terminiert ist, kehrt der Elternprozeß aus der `waitpid()`-Funktion
zurück und gibt die gewonnenen Statusinformationen auf der Konsole aus.

```
$ ./wait-child
Prozeß 920: Starte fork().
Prozeß 920: Kindprozeß läuft: PID = 921.
Prozeß 921: Ich bin der neue Kindprozeß.
Prozeß 921: Genug gewartet. Bye-bye.
Prozeß 920: Kind hat sich verabschiedet.
Prozeß 920: Rückgabewert: 7.
Prozeß 920: Kind normal beendet: ja.
```

Die Statusinformationen ändern sich natürlich entsprechend, wenn der Kindprozeß z. B. durch ein Signal beendet wird:

```
$ ./wait-child
Prozeß 922: Starte fork().
Prozeß 922: Kindprozeß läuft: PID = 923.
Prozeß 923: Ich bin der neue Kindprozeß.
Prozeß 922: Kind hat sich verabschiedet.
Prozeß 922: Rückgabewert: 0.
Prozeß 922: Kind normal beendet: nein.
Prozeß 922: Kind von Signal 15 beendet.
```

Im zweiten Testlauf beenden wir den Kindprozeß vorzeitig mit dem Kommando `kill`. Auch in diesem Fall wird der Elternprozeß über das – jetzt vorzeitige – Ende seines Kindes informiert. Der Elternprozeß erkennt, daß sich der Kindprozeß nicht auf normale Art und Weise beendet hat und kann sogar das Signal ermitteln, durch welches das Kind terminiert wurde.

2.5.4 Zombie-Prozesse

Genau genommen verschwindet ein Prozeß, unabhängig davon, ob er sich selbst beendet oder von außen durch ein Signal terminiert wird, nicht sofort aus dem System. Der Prozeß geht stattdessen in einen Zustand über, in der er als *Zombie-Prozeß* bezeichnet wird. Ein solcher Prozeß existiert zwar noch in der Prozeßtabelle des Unix-Systems, der Prozeß verbraucht aber abgesehen davon keine Systemressourcen, insbesondere keinen Hauptspeicher und keine CPU-Zeit mehr. Zu einem Zombie-Prozeß sind im Systemkern lediglich noch genau die Informationen gespeichert, die der Elternprozeß später mittels `wait()` oder `waitpid()` abrufen kann. Ein Zombie-Prozeß verharrt nun solange in diesem Zustand, bis der Elternprozeß die Statusinformation des Zombies abgeholt hat.

Bildlich gesprochen ist ein Zombie-Prozeß also weder noch am Leben, noch ist er schon im Jenseits angekommen, daher die etwas gruselige Bezeichnung für diesen Zustand. Elternprozesse sollten sich bemühen, ihre Kinder zeitig ins Jenseits zu entlassen, andernfalls würde sich mit der Zeit die Prozeßtabelle des Systems unnötig mit Zombie-Einträgen aufblähen. Sobald der Rückgabewert mittels `wait()` oder `waitpid()` abgerufen wurde, verschwindet der Zombie-Prozeß endgültig aus dem System. Die Abfrage erfolgt analog zu Beispiel 2.20.

In der Prozeßtabelle des Systemkerns tauchen Zombie-Prozese als `<defunct>`-Eintrag auf. Der folgende Auszug aus der Ausgabe des `ps`-Kommandos zeigt einen terminierten Kinprozeß des Apache-Webservers, dessen Rückgabewert von seinem Elternprozeß noch nicht abgeholt wurde und der deshalb als Zombie-Prozeß in der Prozeßtabelle erscheint:

```
UID         PID  PPID  C STIME TTY      TIME CMD
root          1     0  0 May13 ?    00:00:02 init
root       1125     1  0 May13 ?    00:00:11 /sbin/syslogd
root       1368     1  0 May13 ?    00:00:00 /usr/sbin/apache
www-data  13092  1368  0 May22 ?    00:00:41 /usr/sbin/apache
www-data  13093  1368  0 May22 ?    00:00:19 /usr/sbin/apache
www-data  13094  1368  0 May22 ?    00:00:06 /usr/sbin/apache
www-data  13095  1368  0              00:00:00 <defunct>
```

Elternprozesse, die nicht an den Rückgabewerten ihrer Kindprozesse interessiert sind, implementieren oftmals eine Signalbehandlungsroutine, die den Rückgabewert jedes terminierten Kinds umgehend entsorgt:

```
1  void sigchld_handler( int sig )
2  {
3    while( waitpid( -1, NULL, WNOHANG ) > 0 )
4      ; /* leere Schleife, nur Statuswerte entsorgen */
5  }
```

3–4   Die einzige Aufgabe der `sigchld_handler()`-Funktion besteht darin, in einer Schleife die Rückgabewerte aller beendeten Kindprozesse, die sich momentan im Zombie-Stadium befinden, abzufragen. Die Parametrisierung der `waitpid()` ergibt, daß die Funktion nicht blockierend auf das Ende eines beliebigen Kindprozesses wartet und dabei den Rückgabewert des Kinds ignoriert. Ist kein terminierter Kindprozeß mehr vorhanden, liefert `waitpid()` den Wert 0 und die Schleife wird verlassen. In Abschnitt 5.5 kommen wir auf diese Aufgabenstellung zurück, Beispiel 5.17 zeigt dort den praktischen Einsatz einer deratigen Signalbehandlungsroutine in einem Netzwerkdienst mit mehreren Kindprozessen.

Eine besondere Situation tritt ein, wenn der Elternprozeß eines terminierenden Prozesses entweder selbst schon zum Zombie-Prozeß geworden ist oder überhaupt nicht mehr existiert. In diesem Fall kann der nicht mehr aktive Elternprozeß natürlich auch nicht mehr mittels `wait()` oder `waitpid()` den Zombie-Zustand seines Kinds beenden. Dieses Dilemma wird unter Unix wie folgt aufgelöst: Terminiert ein Prozeß, der selbst noch Kindprozesse hat, so wird jedes seiner Kinder zu *Waisenprozeß (Orphan)* und der Init-Prozeß wird mit sofortiger Wirkung ihr neuer „Adoptivvater".[21] Der Init-Prozeß kümmert sich dann seinerseits mittels `wait()` um die ihm anvertrauten Zombies.

2.5.5 Andere Programme ausführen

In normalen Umgebungen ist es natürlich nicht ausreichend, wenn ein Prozeß mit `fork()` immer nur weitere Instanzen von sich selbst erzeugen kann. Ansonsten könnte ein laufendes Unix-System streng genommen nur aus einer Menge von Init-Prozessen bestehen. Es muß also noch eine Möglichkeit existieren, andere Programmabbilder als das aktuelle Programm auszuführen. Ein Webserver startet beispielsweise oftmals CGI-Programme, um dynamische Inhalte zu präsentieren. Diese CGI-Programme sind nicht im Quelltext des Webservers vorhanden, sondern erweitern als externe Programme die Funktionalität des eigentlichen Servers.

Genau diese Funktionalität wird durch die Familie der `exec`-Funktionen zur Verfügung gestellt. Ruft ein Unix-Prozeß eine der sechs Funktionen `execl()`,

---

[21] Es ist *keinesfalls* so, dass verwaiste Kindprozesse schrittweise nach oben an den Großeltern- oder Urgroßelternprozeß vererbt werden!

`execv()`, `execle()`, `execve()`, `execlp()` oder `execvp()` auf, so wird sein Prozeßabbild durch ein neues Programm ersetzt. Das neue Prozeßabbild behält dabei wesentliche Teile der ursprünglichen Prozeßumgebung bei. Dazu zählen insbesondere:

- Prozeß-ID

- Elternprozeß-ID

- Prozeßgruppen-ID

- Session-Mitgliedschaft

- reale User-ID

- reale Group-ID

- zusätzliche Group-IDs

- verbleibende Zeit bis zu einem Alarmsignal

- Signalmaske für den Prozeß

- anhängige Signale

- offene Dateideskriptoren (sofern nicht anders festgelegt)

Nachdem allerdings das Prozeßabbild komplett ersetzt wird, kehren die `exec`-Funktionen nicht mehr zurück. Stattdessen setzt sich der Programmfluß mit der `main()`-Funktion des neuen Programms fort. Die Argumente der `main()`-Funktion werden dabei komplett über die Parameter der `exec`-Funktionen bereitgestellt. Die Art und Weise, wie die Argumente für die `main()`-Funktion übergeben werden, unterscheidet die `exec`-Funktionen in zwei Kategorien:

execl*: Bei den *l-Varianten* der `exec`-Funktionen werden die Argumente für das startende Programm als variable Argumentenliste (daher *l* für Liste) angegeben. Die Liste der Programmargumente besteht aus Zeigern auf Zeichenketten und muß durch einen Null-Zeiger terminiert werden.

execv*: Die *v-Varianten* erwarten die Argumente als einen Vektor von Zeigern auf Zeichenketten (daher *v* für Vektor). Auch dieser Vektor muß als letztes Element einen Null-Zeiger enthalten.

Die zwei auf *e* endenden Ausprägungen `execle()` und `execve()` erlauben es darüber hinaus, die Umgebungsvariablen für das neue Programm festzulegen. Im letzten Argument `envp` der beiden Funktionen wird ein Vektor von Zeigern auf Zeichenketten erwartet, der die Umgebungsvariablen enthält. Die anderen vier Funktionen übernehmen als Umgebungsvariablen implizit den Vektor `environ`, der auf die Umgebungsvariablen des aufrufenden Prozeß' verweist.

```
#include <unistd.h>

extern char **environ;

int execl( const char *path, const char *arg0, ...
   /*, (char *)0 */ );
int execv( const char *path, char *const argv[] );
int execle( const char *path, const char *arg0, ...
   /*, (char *)0, char *const envp[]*/ );
int execve( const char *path, char *const argv[],
   char *const envp[] );
int execlp( const char *file, const char *arg0, ...
   /*, (char *)0 */ );
int execvp( const char *file, char *const argv[] );
```

Die beiden auf *p* endenden Funktionen `execlp()` und `execvp()` unterscheiden sich von den restlichen vier Varianten in der Interpretation des Dateinamens. An die vier Funktionen `execl()`, `execv()`, `execle()` und `execve()` muß das zu startende Programm im Argument `path` als Programmname mit vollständigem Pfad übergeben werden. Also etwa `/usr/bin/ls` oder `./wait-child`. Wird das Programm nicht an der angegebenen Stelle gefunden, so schlägt der exec-Aufruf fehl. Bei `execlp()` und `execvp()` wird das Programm dagegen im aktuellen Suchpfad (Umgebungsvariable `PATH`) gesucht, sofern das über `file` angegebene Programm keinen Slash („/") enthält und damit nicht über seinen Pfad qualifiziert ist.

Egal welche der exec-Funktionen Verwendung findet, als erstes Argument, d. h. als `arg0` bzw. `argv[0]`, sollte von einer POSIX-konformen Anwendung immer der Dateiname des zu startenden Programms übergeben werden. Obwohl einige Programme hier den kompletten Pfad der ausgeführten Datei übergeben, ist der reine Dateiname oftmals geeigneter, da `argv[0]` meist in Debug-Ausgaben eingesetzt wird. Von Fall zu Fall kann es auch sinnvoll sein, von dieser Konvention (leicht) abzuweichen. So ergänzen einige gängige Implementierungen des `login`-Programms beispielsweise den Namen der gestarteten Shell um ein einleitendes „-". Sie zeigen damit an, daß es sich bei dieser Shell um eine *Login-Shell* handelt.

Falls eine exec-Funktion aus dem Aufruf zurückkehrt, ist ein Fehler aufgetreten. Dieser Umstand wird durch den Rückgabewert `-1` angezeigt und die Fehlervariable `errno` gibt Auskunft über die genaue Fehlerursache.

Beispiel 2.21 zeigt drei verschiedene Aufrufe der exec-Funktionen:

11–14 Im Hauptprogramm werden zunächst ein Vektor mit Programmargumenten und ein Vektor mit Umgebungsvariablen vereinbart. Beide Vektoren sind durch einen Null-Zeiger terminiert. Danach zeigt eine Kontrollausgabe die aktuelle Prozeß-ID des laufenden Programms an.

16–18 Als erstes wird mit `execl()` das Programm `/bin/ps` gestartet. Dem Programm werden beim Start die Kommandozeilenargumente `ps` (für den Programmnamen) und `-ja` übergeben. Der abschließende Null-Zeiger beendet die Liste der Argumente. Ist der Aufruf von `execl()` erfolgreich, so kehrt die Funktion nicht mehr zurück. Das aktuelle Programmabbild wird stattdessen durch das aufgerufene Programm `/bin/ps` überlagert. Sollte bei Start ein Fehler aufgetreten sein, schließt sich eine Fehlerbehandlung an.

20–23 Der Aufruf der Funktion `execle()` wird unter normalen Umständen nicht mehr erreicht. `execle()` erlaubt es, die Umgebungsvariablen des zu startenden Prozeß' über den Vektor `envp` vorzugeben. Das aufgerufene Programm `/bin/ps` findet in unserem Beispiel in seiner Umgebung die Variablen `DISPLAY` und `TERM` gesetzt.

25–27 Der letzte Aufruf zeigt den Einsatz der `execvp()`-Funktion. Das zu startende Programm ist hier ohne seinen Pfad angegeben. Enthält der Parameter `file` keinen Schrägstrich („/"), so versucht `execvp()`, das Programm über den aktuellen Suchpfad ausfindig zu machen.[22] Ist dagegen ein Schrägstrich vorhanden, geht `execvp()` davon aus, daß es sich um einen Programmnamen mit Pfad handelt und verhält sich wie `execv()`. Die Funktion erwartet die an das Programm zu übergebenden Kommandozeilenargumente als Vektor. Der Vektor wurde zuvor in Zeile 12 des Beispielprogramms initialisiert. Auch hier enthält der erste Eintrag den Namen des gestarteten Programms und ein Null-Zeiger terminiert den Vektor.

Beispiel 2.21. exec-test.c

```
1   #include <errno.h>
2   #include <stdio.h>
3   #include <stdlib.h>
4   #include <string.h>
5   #include <unistd.h>
6   #include <sys/wait.h>
7
8   int main( int argc, char *argv[] )
9   {
10    int ret;
11    char *env_vector[] = { "DISPLAY=:0", "TERM=xterm", NULL };
12    char *arg_vector[] = { "ps", "auxww", NULL };
13
14    printf( "Meine Prozeß-ID (PID) = %d.\n\n", getpid() );
15
16    ret = execl( "/bin/ps", "ps", "-ja", NULL );
17    if( ret == -1 )
18      printf( "execl(): %s.\n", strerror( errno ) );
19
```

---

[22] Der Suchpfad wird unter Unix durch die Umgebungsvariable `PATH` bestimmt.

```
20    ret = execle( "/bin/ps", "ps", "-e", "-f", NULL,
21      env_vector );
22    if( ret == -1 )
23      printf( "execle(): %s.\n", strerror( errno ) );
24
25    ret = execvp( "ps", arg_vector );
26    if( ret == -1 )
27      printf( "execvp(): %s.\n", strerror( errno ) );
28
29    exit( EXIT_FAILURE );
30  }
```

Ein Testlauf von Beispiel 2.21 liefert nach der Kontrollzeile mit der eigenen Prozeß-ID erwartungsgemäß nur noch die Ausgabe von /bin/ps -ja, das ist die Ausgabe des mittels execl() gestarteten Kommandos.

```
$ ./exec-test
Meine Prozeß-ID (PID) = 796.

    PID   PGID   SID TTY          TIME CMD
    439    439   433 pts/0    00:00:02 nedit
    440    440   433 pts/0    00:00:04 ndvi
    796    796   459 pts/1    00:00:00 ps
```

Der Prozeß exec-test hat bei diesem Testlauf vom System die PID 796 zugewiesen bekommen. Beim Aufruf von execl() wird das Programmabbild von exec-test durch das Programm /bin/ps ersetzt. Die Ausgabe des jetzt laufenden ps-Kommandos zeigt aber, daß sich die Prozeß-ID durch die Überlagerung nicht verändert hat.

2.5.6 User- und Group-IDs wechseln

Wie in Abschnitt 2.5.1 bereits erläutert, können Unix-Prozesse ihre realen und effektiven User- und Group-IDs ändern. So können Programme wie passwd z. B. über das Set-User-ID Bit erweiterte Rechte erlangen, um die ihnen zugedachten Aufgaben zu erledigen. Ausschlaggebend für die tatsächlichen Rechte eines laufenden Programms sind seine effektive User- und Group-ID. Mit Hilfe der beiden Funktionen seteuid() und setegid() kann ein Prozeß seine effektive User- und Group-ID wechseln und damit die erweiterten Rechte zu- und wieder abschalten.

```
#include <unistd.h>

int seteuid( uid_t uid );
int setegid( gid_t gid );
```

Mit der `seteuid()`-Funktion kann ein Prozeß seine effektive User-ID auf den übergebenen Wert `uid` setzen. Vorraussetzung dafür ist es allerdings, daß `uid` entweder seiner realen User-ID oder seiner *saved Set-User-ID* entspricht, oder daß der Prozeß über entsprechende Systemrechte verfügt. Durch diese Einschränkung ist gewährleistet, daß eine „normaler" Prozeß, d. h. ein Prozeß ohne Systemrechte, seine Privilegien nicht willkürlich eskalieren kann. Der Prozeß kann deshalb seine UID nur zwischen seiner realen User-ID – also der User-ID des aufrufenden Benutzers – und der über das Set-User-ID Bit festgelegten UID wechseln. Prozessen mit Systemrechten ist es dagegen möglich, jede beliebige effektive User-ID anzunehmen.

Die analogen Überlegungen gelten für die `setegid()`-Funktion, mit deren Hilfe ein Prozeß seine effektive Group-ID manipulieren kann. Beide Funktionen liefern im Erfolgsfall den Wert 0 und bei Mißerfolg den Wert −1 zurück. Im letzteren Fall ist die Fehlervariable `errno` wieder entsprechend der Fehlerursache gesetzt.

Meist werden die beiden Funktionen eingesetzt, um einem Programm für einen kurzen Zeitraum erweiterte Rechte zu geben. Ein gutes Beispiel ist hier wieder das `passwd`-Kommando. Das Programm dient zum Ändern eines Benutzerpaßworts. Es liest zunächst das bisherige Paßwort von der Konsole ein und erfragt dann ein neues Paßwort vom Benutzer. Danach wird das bisher gültige Paßwort verifiziert und – falls korrekt – das neue Paßwort verschlüsselt in einer Systemdatenbank hinterlegt. Während der Dateneingabe kommt das Kommando noch ohne besondere Rechte aus. Während der Überprüfungs- und Aktualisierungsphase muß das `passwd`-Kommando allerdings kurzfristig Systemrechte besitzen.

Neben `seteuid()` und `setegid()` stehen für Prozesse mit Systemrechten zusätzlich die beiden Funktionen `setuid()` und `setgid()` zur Verfügung, mit denen gleich alle drei User-IDs bzw. Group-IDs verändert werden können.

```
#include <unistd.h>

int setuid( uid_t uid );
int setgid( gid_t gid );
```

Ein Aufruf von `setuid()` bewirkt, daß die reale User-ID, die effektive User-ID und die *saved Set-User-ID* gemeinsam auf den übergebenen Wert `uid` gesetzt werden. Auch hier muß der aufrufende Prozeß natürlich wieder über Systemrechte verfügen. Andernfalls wirkt `setuid()` wie die Funktion `seteuid()`. Mit `setgid()` wird analog die reale Group-ID, die effektive Group-ID und die *saved Set-Group-ID* auf den Wert `gid` gesetzt. Verfügt der aufrufende Prozeß nicht über Systemrechte, so wirkt `setgid()` wie die Funktion `setegid()`.

Ein Beispiel für ein Programm, das alle User- und Group-IDs auf einen Schlag ändern muß ist das `login`-Programm.

2.6 Dæmon-Prozesse

Auf einem gewöhnlichen Unix-System gibt es eine ganze Reihe von Prozessen, die ihre Aufgabe im Hintergrund erledigen. Diese „dienstbaren Geister" werden im Unix-Jargon *Dæmon-Prozesse* genannt. Jeder Anwender, der einmal auf einem Unix-System gearbeitet hat, hat diese Dienste schon bewußt oder unbewußt in Anspruch genommen. Dæmon-Prozesse erfüllen meist fortlaufende Systemaufgaben wie z. B. die Verwaltung von Druckerwarteschlangen oder den Start von Internet-Diensten. Andere Dæmon-Prozesse bieten wichtige Dienste wie Login oder Mailtransport an. Vor allem Netzwerkanwendungen wie Webserver, Mailserver, Timeserver, Nameserver und viele mehr werden im Normalfall als Dæmon-Prozesse gestartet. Typische Vertreter dieser Gattung von Prozessen sind:

cron – Der `cron`-Dæmon startet im Auftrag des Systemverwalters oder einzelner Anwender periodisch wiederkehrende Aufgaben.

inetd – Der *Internet Dæmon* oder *Internet Super-Server* wartet auf eingehende Netzwerkanfragen und startet die entsprechend seiner Konfiguration dazu gehörenden Netzwerkanwendungen.

getty – Dieser Dienst frägt auf der Konsole nach einem gültigen Login und Paßwort und startet das `login`-Programm.

syslogd – Der `syslog`-Dæmon protokolliert Systemmeldungen, die dem Dienst über die `syslog`-Funktionen übermittelt werden.

Ein Dæmon-Prozeß zeichnet sich dadurch aus, daß er – wie der Name schon andeutet – als eine Art „Teufelskerl" im Hintergrund unermüdlich seine Arbeit verrichtet. Aus Abschnitt 2.1.1 wissen wir bereits, daß Programme im Hintergrund gestartet werden können. Die Shell erzeugt für derartig gestartete Programme automatisch eine Hintergrund-Prozeßgruppe. Eine besondere Eigenheit von Dæmon-Prozessen ist es, sich durch geschickte Anwendung der `fork()`-Funktion selbst in den Hintergrund zu verlagern.

Die Prozesse einer Hintergrund-Prozeßgruppe haben – abhängig von den mit `stty` gesetzten Terminaleinstellungen – immer noch Zugriff auf das assoziierte Terminal. Für einen Hintergrundprozeß können in der Folge terminalgenerierte Signale erzeugt werden. Außerdem haben Login-Shells wie z. B. die Korn-Shell die Eigenheit, beim Ende der Login-Session für alle Programme in den Hintergrund-Prozeßgruppen das `SIGHUP`-Signal zu generieren, was im Normalfall zum Abbruch dieser Prozesse führt. Dæmon-Prozesse müssen auch dieser Situation gewachsen sein. Ein Dæmon-Prozeß sollte weder das Terminal, von dem aus er gestartet wurde, dauerhaft belegen oder sogar zur Ausgabe von Informationen nutzen, noch sollte er sich beim Ende einer Login-Session einfach beenden.

Ein Prozeß hat bei seinem Start also im wesentlichen die nachfolgenden Schritte abzuarbeiten, um sich selbst in einen Dæmon-Prozeß umzuwandeln. Die Beispiele 2.22 und 2.23 zeigen die praktische Umsetzung dieser Aufgaben.

1. Terminalgenerierte Signale ignorieren

2. Umwandlung in einen Hintergrundprozeß

3. Aufbrechen der Assoziation zum kontrollierenden Terminal

4. Schließen unbenötigter Dateideskriptoren

5. Arbeitsverzeichnis wechseln

6. Dateimodusmaske für neu erstellte Dateien ändern

8–13 In der Funktion `daemon_init()` werden zunächst einige Hilfsvariablen vereinbart. Dem Feld `sigs[]` ist eine Liste von Signalen zugewiesen, die der neue Dæmon-Prozeß ignorieren soll.

15–29 Die Behandlung der im Feld `sigs[]` hinterlegten Signale wird über je einen Aufruf von `sigaction()` jeweils auf *Ignorieren* eingestellt. Nachdem die Schleife erfolgreich abgearbeitet wurde, kann der Prozeß nicht mehr durch das Eintreffen eines dieser terminalgenerierten Signale zum Programmabbruch veranlaßt werden.

Beispiel 2.22. daemon.c, Teil 1

```
1  #include <errno.h>
2  #include <stdio.h>
3  #include <stdlib.h>
4  #include <unistd.h>
5  #include <signal.h>
6  #include <syslog.h>
7
8  void daemon_init( const char *program, int facility )
9  {
10    pid_t pid;
11    int i, sigs[] = { SIGHUP, SIGINT, SIGQUIT, SIGTSTP,
12      SIGTTIN, SIGTTOU };
13    struct sigaction action;
14
15    /* Schritt 1: Terminalgenerierte Signale ignorieren */
16
17    action.sa_handler = SIG_IGN;
18    sigemptyset( &action.sa_mask );
19    action.sa_flags = 0;
20
21    for( i = 0; i < sizeof( sigs ) / sizeof( int ); i++ )
22    {
23      if( sigaction( sigs[i], &action, NULL ) < 0 )
24      {
25        fprintf( stderr, "%s: Fehler in sigaction(): %s.\n",
26          program, strerror( errno ) );
27        exit( EXIT_FAILURE );
```

```
28     }
29   }
30
31   /* Schritt 2: Umwandlung in einen Hintergrundprozeß */
32
33   switch( pid = fork() )
34   {
35     case -1: /* Fehler */
36       fprintf( stderr, "%s: Fehler in fork(): %s.\n",
37         program, strerror( errno ) );
38       exit( EXIT_FAILURE );
39       break;
40     case 0: /* Kindprozeß läuft weiter */
41       openlog( program, LOG_PID, facility );
42       break;
43     default: /* Elternprozeß terminiert umgehend */
44       exit( EXIT_SUCCESS );
45       break;
46   }
```

33–46 Anschließend legt sich das Programm selbst in den Hintergrund. Dies geschieht über einen Aufruf der fork()-Funktion: Während der Kindprozeß dem weiteren Programmverlauf folgt, beendet sich der Elternprozeß umgehend. Falls das Programm von einer Shell im Vordergrund gestartet wurde, stellt diese daraufhin fest, daß sich der eben gestartete Prozeß schon wieder beendet hat. Der neue Kindprozeß läuft gleichzeitig im Hintergrund weiter. Er öffnet als erstes einen Ausgabekanal zum syslog-Dienst, um auch als Hintergrundprozeß noch Statusinformationen protokollieren zu können. Alle weiteren Ausgaben erfolgen nun über den syslog-Dienst. Der Kindprozeß erbt von seinem Elternprozeß unter anderem die Prozeßgruppen-ID und auch Session-Zugehörigkeit. Da der Kindprozeß vom System allerdings eine neue, eindeutige Prozeß-ID zugewiesen bekommt, kann der neue Prozeß kein Anführer seiner (geerbten) Prozeßgruppe sein.

48–69 Im nächsten Schritt löst der Prozeß seine Assoziation zum kontrollierenden Terminal. Als erstes wird dazu über den Aufruf von setsid() eine neue Session erstellt. Der aufrufende Prozeß darf dabei kein Anführer einer Prozeßgruppe sein, was in unserem Fall bereits durch den vorausgehenden Schritt gewährleistet ist. Nach erfolgreicher Rückkehr aus dem Aufruf ist der Prozeß Anführer der neuen Session, Anführer einer neuen Prozeßgruppe und besitzt kein kontrollierendes Terminal mehr.

Allerdings könnte der Prozeß in seiner Eigenschaft als Anführer einer Session wieder ein kontrollierendes Terminal erlangen. Er muß dazu lediglich ein Terminal öffnen, welches nicht das kontrollierende Terminal einer anderen Session ist. Um auch das für den weiteren Programmverlauf zu verhindern, nutzen wir ein weiteres Mal die Dienste der fork()-Funktion. Wieder beendet sich der

Elternprozeß sofort nach dem erfolgreichen Aufruf. Der neue Kindprozeß hat vom System wieder eine neue, eindeutige Prozeß-ID erhalten. Der neue Prozeß ist damit weder Anführer einer Session noch einer Prozeßgruppe und kann damit auch kein kontrollierendes Terminal mehr erwerben.

71–75 Nachdem nun die schwierigsten Aufgaben erledigt sind, gilt es noch, die unbenötigten Dateideskriptoren zu schließen. Unter normalen Umständen sind das die Deskriptoren für Standardeingabe, Standardausgabe und den Fehlerkanal. Im vorliegenden Beispiel beschränken wir uns auf diese drei, meist von der Shell bereitgestellten Dateideskriptoren. Je nach Einsatzgebiet bzw. je nach Programmaufruf kann es jedoch nötig sein, weitere Dateideskriptoren zu schließen.

Beispiel 2.23. daemon.c, Teil 2

```
48   /* Schritt 3: Assoziation zum Terminal aufbrechen */
49
50   if( setsid() < 0 )
51   {
52     syslog( LOG_ERR, "Fehler in setsid(): %s.\n",
53       strerror( errno ) );
54     exit( EXIT_FAILURE );
55   }
56
57   switch( pid = fork() )
58   {
59     case -1: /* Fehler */
60       syslog( LOG_ERR, "Fehler in fork(): %s.\n",
61         strerror( errno ) );
62       exit( EXIT_FAILURE );
63       break;
64     case 0: /* Kindprozeß läuft weiter */
65       break;
66     default: /* Elternprozeß terminiert umgehend */
67       exit( EXIT_SUCCESS );
68       break;
69   }
70
71   /* Schritt 4: Schließen unbenötigter Dateideskriptoren */
72
73   close( STDIN_FILENO );
74   close( STDOUT_FILENO );
75   close( STDERR_FILENO );
76
77   /* Schritt 5: Arbeitsverzeichnis wechseln */
78
79   chdir( "/" );
80
```

```
81    /* Schritt 6: Dateimodusmaske zurücksetzen */
82
83    umask( 0 );
84  }
85
86  int main( int argc, char *argv[] )
87  {
88    daemon_init( argv[0], LOG_DAEMON );
89
90    sleep( 60 ); /* Kunstpause für 'ps jax' */
91  }
```

77–79   Als nächstes wechselt der Dæmon-Prozeß sein Arbeitsverzeichnis in das Wurzelverzeichnis des Systems. Im Prinzip ist hier jedes beliebige Verzeichnis geeignet. Wichtig ist lediglich, daß der Dæmon-Prozeß nicht das durch den Programmstart ererbte Arbeitsverzeichnis beibehält. Auf diese Weise bestimmt nicht die **umask** der aufrufenden Umgebung das aktuelle Arbeitsverzeichnis des Dæmons. Im Arbeitsverzeichnis wird z. B. bei einem Programmabsturz eine **core**-Datei zur Fehleranalyse erzeugt.

81–83   Als letzten Schritt setzt der Dæmon seine Dateimodusmaske für neu erstellte Dateien zurück. Auf diese Weise bestimmt nicht die **umask** der aufrufenden Umgebung die Zugriffsrechte für neu erstellte Dateien und Verzeichnisse.

88–90   Im Hauptprogramm rufen wir als erstes die Funktion **daemon_init()** auf. Die Funktion erhält als Parameter den aktuellen Programmnamen sowie mit **LOG_DAEMON** einen Hinweis, daß **syslog** die Ausgaben eines Dæmons erhält. Danach legt der Dæmon-Prozeß eine Kunstpause von 60 Sekunden ein, damit wir genügend Zeit haben, während eines Probelaufs die aktuelle Prozeßtabelle des Systems zu analysieren,

Die (leicht verkürzte) Prozeßtabelle zeigt neben einigen typischen Unix-Dæmons (PIDs 417 bis 655 und PID 664 bis 668) die aktuelle Login-Shell mit der Prozeß-ID 663:

PID	PPID	PGID	SID	TTY	TPGID	COMMAND
1	0	0	0	?	-1	init [2]
417	1	417	417	?	-1	/sbin/syslogd
581	1	581	581	?	-1	/usr/sbin/inetd
639	1	639	639	?	-1	/usr/sbin/sshd
652	1	652	652	?	-1	/usr/sbin/atd
655	1	655	655	?	-1	/usr/sbin/cron
663	1	663	663	tty1	687	-ksh
664	1	664	664	tty2	664	/sbin/getty 38400 tty2
665	1	665	665	tty3	665	/sbin/getty 38400 tty3
666	1	666	666	tty4	666	/sbin/getty 38400 tty4
667	1	667	667	tty5	667	/sbin/getty 38400 tty5

```
668      1    668    668 tty6      668 /sbin/getty 38400 tty6
686      1    685    685 ?          -1 ./daemon
687    663    687    663 tty1      687 ps jax
```

Von dieser Shell wurde zunächst unser Beispielprogramm gestartet und danach der Befehl `ps jax` zur Analyse der Prozeßtabelle abgesetzt. Das `ps`-
Kommando und die Login-Shell gehören der selben Session an (SID 663) und
besitzen beide das gleiche kontrollierende Terminal (`tty1`). Auch das Dæmon-
Programm (PID 686) war zunächst Mitglied dieser Session. Durch den ersten
Aufruf von `fork()` und das anschließende `setsid()` wurde für den Dæmon
jedoch eine eigene Session (SID 685) erzeugt und die Assoziation zum kontrollierenden Terminal `tty1` wurde aufgehoben. Letzteres wird durch die Angaben
„?" in der Spalte *TTY* bzw. „-1" in der Spalte *TPGID* angezeigt. Ein weiterer `fork()`-Aufruf bewirkt, daß der Dæmon-Prozeß kein Anführer der Session
mehr ist (PID 686 $\neq$ SID 685) und damit kein kontrollierendes Terminal mehr
erwerben kann.

3

Programmieren mit POSIX-Threads

Während im klassischen Unix-Kontext ein Prozeß nur aus einem einzigen sequentiellen Programm besteht, untergliedern moderne Unix-Systeme Prozesse in einen oder mehrere, im gleichen Adreßraum ablaufende Threads. Bildeten früher die Prozesse die kleinste Einheit, denen vom Systemkern CPU-Zeit zugewiesen wurde, so erfolgt die Zuteilung von Rechenzeit nun an Threads. Ein Unix-Prozeß ist damit nichts anderes als Daten (Adreßraum, Dateideskriptoren, ...) plus ein oder mehrere Threads. Ein Thread selbst macht nichts weiter, als die im Programmcode enthaltenen Befehlsfolgen sequentiell auszuführen. Bildlich kann man sich also unter einem Thread (zu deutsch: Faden) eine in Ausführung befindliche, sequentielle Folge von Befehlen vorstellen, die den Prozeß wie ein roter Faden durchzieht. Zusammengewoben und miteinander verknüpft ergeben die Threads dann in der Summe den gesamten Prozeß. Untereinander konkurrieren die verschiedenen Threads eines Prozesses, und damit die verschiedenen Threads des gesamten Unix-Systems, um die verfügbare CPU-Zeit.

Mit Hilfe von Threads lassen sich parallelisierte Programme sehr effizient entwerfen. Die Parallelisierung von Abläufen ist zwar auch auf der Basis mehrerer Prozesse möglich, das haben wir in Kapitel 2 bereits gesehen, der Einsatz von Threads ist für den Programmierer aber in der Regel wesentlich einfacher und meist sogar konzeptionell intuitiver. Darüber hinaus schöpfen die entstehenden Multithreading-Programme die Systemressourcen im Allgemeinen besser aus. Dies ist insbesondere auf Multiprozessorsystemen der Fall.

Wir werden uns im weiteren Verlauf dieses Kapitels mit den im POSIX-Standard [SUS02] definierten POSIX-Threads [But97], oder kurz Pthreads, beschäftigen, die sich auf Unix-Systemen inzwischen als Standard etabliert haben. Auch für etliche andere Betriebssysteme, wie z. B. Microsoft Windows, existieren ähnliche Thread-Pakete, die sich allerdings in Syntax und Semantik zum Teil signifikant von den POSIX-Threads unterscheiden. Wer allerdings die Grundlagen der Pthreads-Programmierung verinnerlicht und sich dabei ein vertieftes Verständnis für Nebenläufigkeit und Synchronisation angeeignet hat, sollte nach etwas Einarbeitungszeit auch mit alternativen Thread-Paketen blendend zurecht kommen.

3.1 Grundlagen

Innerhalb eines Programms wird ein Pthread immer durch eine sogenannte Thread-ID referenziert. IEEE Std 1003.1-2001 definiert dafür den opaquen Datentyp `pthread_t`. Die Funktion `pthread_create()`, mit deren Hilfe ein neuer Thread gestartet wird, liefert diese ID bei einem erfolgreichen Start im Parameter `thread` zurück. Der neue Thread selbst ist nichts anderes als eine Funktion mit festgelegter Signatur, die von `pthread_create()` gestartet wird und dann als eine Art `main()`-Funktion des erstellten Threads abläuft. Diese Startfunktion des neuen Threads erwartet einen Zeiger vom Typ `void *` als Parameter und liefert am Ende einen Zeiger vom gleichen Typ als Rückgabewert zurück. Konnte der neue Thread erfolgreich gestartet werden, so liefert `pthread_create()` den Statuswert 0 zurück, andernfalls gibt der Rückgabewert Aufschluß über die Fehlerursache.

Jeder neue Thread teilt sich mit seinen Kollegen die Betriebsmittel des umgebenden des Prozesses, vgl. dazu Abschnitt 2.1.4. Das sind insbesondere die Code- und Datenbereiche sowie die Tabelle der Dateideskriptoren und die Abrechnungsdaten für den Prozeß. Allerdings wird für jeden Thread ein eigener Befehlszähler, eigener Registersatz und ein eigenständiger Stack verwaltet.

Einem frisch gestarteten Thread können über `pthread_create()` gleich von Beginn an einige threadspezifische Attribute mitgegeben werden, die wir an dieser Stelle aber noch nicht besprechen. In den meisten Fällen reicht ein Nullzeiger für den Parameter `attr` völlig aus. In diesem Fall erhält der Thread beim Start die Pthreads-Standardattribute zugewiesen.

Über die Funktion `pthread_self()` kann ein Thread seine eigene Thread-ID ermitteln. Die Funktion ist damit das Pthreads-Äquivalent zur `getpid()`-Funktion für Prozesse. In beiden Fällen kann der neue Thread bzw. Prozeß seine eigene ID herausfinden, die er beim Start nicht mitgeteilt bekommen hat. Neben `pthread_create()` ist `pthread_self()` übrigens die einzige Funktion, mit der die ID eines Threads ermittelt werden kann. Wenn der Erzeuger eines neuen Threads dessen Thread-ID verwirft, kann nur der neue Thread selbst seine eigene ID über `pthread_self()` herausfinden. Es gibt bei Pthreads keine Möglichkeit, die Thread-ID eines beliebigen anderen Threads zu ermitteln.

Da der Datentyp für Thread-IDs opaque ist, lassen sich zwei Variablen vom Typ `pthread_t` nicht auf direktem Weg miteinander vergleichen. Je nach Implementierung kann `pthread_t` z. B. eine Struktur sein, und für Strukturen steht in ANSI/ISO C keine Vergleichsoperation zur Verfügung. Um dennoch zwei Thread-IDs auf Gleichheit prüfen zu können, stellt der POSIX-Standard die Funktion `pthread_equal()` bereit. Referenzieren die Parameter `t1` und t2 den selben Thread, so liefert `pthread_equal()` einen Rückgabewert ungleich 0. Handelt es sich um zwei verschiedene Pthreads, dann wird der Wert 0 zurückgegeben. Sind `t1` oder `t2` keine gültigen Thread-IDs, so ist das Verhalten von `pthread_equal()` explizit unspezifiziert.

```
#include <pthread.h>

int pthread_create( pthread_t *thread,
   const pthread_attr_t *attr,
   void *(*start_routine)( void * ),
   void *arg );
pthread_t pthread_self( void );
int pthread_equal( pthread_t t1, pthread_t t2 );
int pthread_join( pthread_t thread,
   void **value_ptr );
int pthread_detach( pthread_t thread );
void pthread_exit( void *value_ptr );
```

Kehrt ein Thread aus seiner Startfunktion zurück, so beendet sich der Thread dadurch gleichzeitig. Da der Thread asynchron zum laufenden Prozeß bzw. zu allen anderen Threads in diesem Prozeß gestartet wurde, gibt es allerdings keine aufrufende Umgebung, die den Rückgabewert des Threads, einen Zeiger vom Typ `void *`, umgehend auswerten könnte. Aus diesem Grund wird der Rückgabewert des Threads vom System zur späteren Abholung hinterlegt.

Ein Rücksprung aus der Startfunktion entspricht damit einem impliziten Aufruf der Funktion `pthread_exit()`, welche einen Thread an einer beliebigen Stelle, also z. B. auch tief innerhalb einer rekursiv aufgerufenen Unterfunktion, beenden kann. Die Funktion bildet damit das Pthreads-Äquivalent zur `exit()`-Funktion von Prozessen. Sie beendet allerdings lediglich den aufrufenden Thread und nicht, wie ihr Pendant, den gesamten Prozeß. `pthread_exit()` erwartet als einziges Argument einen `void`-Zeiger, welcher, analog zur Rückkehr aus der Startfunktion, vom System als Rückgabewert des beendeten Threads hinterlegt wird. Wird der Thread abgebrochen, so ist als Rückgabewert die Konstante `PTHREAD_CANCELED` hinterlegt.

Die `pthread_join()`-Funktion dient nun dazu, auf das Ende eines anderen Threads zu warten und gleichzeitig den Rückgabewert des beendeten Threads abzufragen. Ist der mittels `thread` referenzierte Thread bereits beendet, so kehrt `pthread_join()` unmittelbar zurück. Andernfalls blockiert der aufrufende Thread solange, bis der Zielthread, auf den gewartet werden soll, beendet ist. Sofern beim Aufruf von `pthread_join()` kein Nullzeiger übergeben wurde, wird in beiden Fällen der Rückgabewert des beendeten Threads im Parameter `value_ptr` zurückgeliefert. War der Aufruf erfolgreich, so liefert `pthread_join()` den Statuswert 0 zurück, andernfalls gibt der Rückgabewert Aufschluß über die Fehlerursache.

Sobald der Rückgabewert eines Pthreads mittels `pthread_join()` abgerufen wurde (dies ist auch dann der Fall, wenn `pthread_join()` mit einem Nullzeiger für `value_ptr` aufgerufen wurde!), wird dieser Thread vom System endgültig freigegeben. Dies heißt, daß alle Ressourcen des Threads, insbesondere auch der hinterlegte Rückgabewert, freigegeben werden und damit nicht mehr weiter zur Verfügung stehen. In der Konsequenz bedeutet das auch, daß auf einen Pthread genau ein `pthread_join()` ausgeführt werden kann. Führen mehrere Threads gleichzeitige Aufrufe von `pthread_join()` mit dem selben Thread als Ziel aus, so bleibt das Verhalten unspezifiziert. Für den Fall, daß tatsächlich mehrere Threads darüber informiert werden müssen, wann ein bestimmter Thread sich beendet hat, müssen demnach andere Synchronisationsprimitiven als `pthread_join()` herangezogen werden.

Sollte ein Programm weder am Rückgabewert eines Threads interessiert sein, z. B. weil der Thread ohnehin immer nur einen Nullzeiger zurückliefert, noch auf das Ende eines Threads warten wollen, so kann der Thread mittels `pthread_detach()` entkoppelt werden. Der entkoppelte Thread wird dadurch insofern losgelöst, als daß das System beim Thread-Ende auf die Zwischenspeicherung des Rückgabewerts verzichtet und sämtliche Ressourcen des Threads umgehend frei gibt. `pthread_detach()` erwartet als einziges Argument die Thread-ID des zu entkoppelnden Threads und gibt, wie fast alle PthreadsFunktionen, im Erfolgsfall den Wert 0 zurück. Tritt ein Fehler auf, so gibt der Rückgabewert Auskunft über die Fehlerursache.

Wird `pthread_detach()` für einen noch laufenden Thread aufgerufen, so verursacht die Funktion keinesfalls einen Abbruch dieses Threads, es wird lediglich notiert, daß die Umgebung nicht am Endergebnis des Threads interessiert ist. Ist der referenzierte Thread bereits beendet, so werden sein Rückgabewert verworfen und alle Ressourcen freigegeben. Insbesondere kann kein anderer Thread mehr mittels `pthread_join()` auf das Ende eines zuvor entkoppelten Threads warten. Wird `pthread_detach()` für eine Thread-ID mehrfach ausgeführt, so ist das Verhalten explizit unspezifiziert.

Beispiel 3.1 zeigt den grundlegenden Aufbau eines Programms mit mehreren Threads.

Beispiel 3.1. pthreads-lifecycle.c

```
1  #include <errno.h>
2  #include <pthread.h>
3  #include <stdio.h>
4  #include <unistd.h>
5
6  void *job( void *arg )
7  {
8    printf( "Thread läuft.\n" );
9    sleep( 15 );
10   printf( "Thread ist fertig.\n" );
```

```
11
12    return( NULL ); /* entspricht pthread_exit( NULL ); */
13  }
14
15  int main( int argc, char *argv[] )
16  {
17    pthread_t tid;
18    void *result;
19    int status;
20
21    printf( "Programm läuft.\n" );
22
23    status = pthread_create( &tid, NULL, job, NULL );
24    if( status != 0 )
25    {
26      printf( "Fehler in pthread_create(): %s\n",
27        strerror( status ) );
28      exit( 1 );
29    }
30
31    printf( "Thread gestartet, Programm läuft weiter.\n" );
32    sleep( 5 );
33    printf( "Programm wartet auf Thread.\n" );
34
35    status = pthread_join( tid, &result );
36    if( status != 0 )
37    {
38      printf( "Fehler in pthread_join(): %s\n",
39        strerror( status ) );
40      exit( 1 );
41    }
42
43    printf( "Programm beendet sich.\n" );
44    exit( 0 );
45  }
```

1–4   Zunächst werden die benötigten Header-Dateien eingebunden. Die threadspe-
zifischen Definitionen sind in der Datei <pthread.h> vereinbart.

6–13   Als nächstes folgt die Implementierung der Thread-Startfunktion job. Die
Funktion (und damit der Thread) erwartet als einziges Argument arg einen
void-Zeiger, welcher keine weitere Beachtung erfährt, und macht nichts anderes, als nach einer Kontrollausgabe 15 Sekunden lang zu warten, nur um
dann nach einer weiteren Kontrollausgabe wieder zurückzukehren. Der abschließende Rücksprung mittels return() beendet den Thread und hinterlegt
den übergebenen void-Zeiger (hier ein Nullzeiger) im System. Der Rückgabewert des Threads kann dadurch später von einem anderen Thread mittels
pthread_join() abgerufen werden.

15–19   Im Hauptprogramm werden als erstes die benötigten Variablen vereinbart. Die Variable `tid` vom Typ `pthread_t` dient zur Aufbewahrung der Thread-ID, im `void`-Zeiger wird später der Rückgabewert des Threads gespeichert und die `int`-Variable `status` dient als Zwischenspeicher für die Statuswerte der Pthreads-Funktionen.

21–29   Nach einer Kontrollausgabe wird die Startfunktion `job` als neuer Pthread gestartet. Der neue Thread wird von `pthread_create()` mit den Standardattributen versehen und bekommt als Argument einen Nullzeiger übergeben, die neue Thread-ID wird dann in der Variablen `tid` gespeichert. Sollte beim Start des Thread ein Fehler auftreten, wird das Programm nach einer entsprechenden Fehlermeldung abgebrochen.

31–41   Anschließend legt sich das Programm für fünf Sekunden schlafen, ehe es nach dieser kleinen Kunstpause den zuvor gestarteten Thread einfängt, d.h auf dessen Ende wartet. Dazu wird der Funktion `pthread_join()` die passende Thread-ID und der Speicherort für den Rückgabewert übergeben. Auch hier wird das Programm umgehend mit einer adäquaten Fehlermeldung beendet, sollte wider Erwarten ein Fehler auftreten. Anstelle der Adresse der Variablen `result` hätten wir in diesem Beispiel genausogut einen Nullzeiger übergeben können, da wir am Rückgabewert des eingefangenen Threads ohnehin nicht interessiert sind. (Wir wissen ja schon, daß in diesem Beispiel immer nur der Wert `NULL` geliefert wird.)

43–44   Zum Schluß beendet sich das Programm nach einer weiteren Kontrollausgabe.

Ein Testlauf des Programms liefert das erwartete Ergebnis: Zunächst meldet sich das Hauptprogramm mit seiner Begrüßung „Programm läuft". Anschließend wird ein neuer Thread gestartet, das Hauptprogramm meldet dies durch seine zweite Kontrollausgabe und legt sich danach für kurze Zeit schlafen. In dieser Zeit kommt der neue, asynchron laufende Thread zum Zug und meldet sich mit „Thread läuft". Diese Ausgabe hätte, je nach Scheduling und Pufferung der Ausgabe, prinzipiell auch schon vor der zweiten Kontrollausgabe des Hauptprogramms erscheinen können. Anschließend wacht zunächst das Hauptprogramm wieder auf und wartet dann auf das Ende des zweiten Threads. Nachdem dieser seine Kunstpause absolviert und sich beendet hat, terminiert auch das Hauptprogramm.

```
$ ./pthreads-lifecycle
Programm läuft.
Thread gestartet, Programm läuft weiter.
Thread läuft.
Programm wartet auf Thread.
Thread ist fertig.
Programm beendet sich.
```

Beispiel 3.1 zeigt damit sehr schön die vier verschiedenen Zustände, die ein Thread annehmen und zwischen denen er wechseln kann:

Ready: Der Thread ist im Besitz aller programmspezifischen Betriebsmittel, ist bereit zu laufen und wartet lediglich auf die Zuteilung von CPU-Zeit.

Wird ein neuer Thread erstellt, so befindet sich dieser zu Beginn automatisch im Ready-Zustand. Abhängig von der angewandten Scheduling-Strategie kann der Thread sofort in den Running-Zusatnd wechseln, oder auch noch eine ganze Weile im Ready-Zustand verweilen. Insbesondere legt der Standard *nicht* fest, ob der Aufruf von `pthread_create()` zurückkehrt, bevor oder nachdem der neue Thread den Running-Zusatnd erreicht hat. Es existiert also keine Synchronisation zwischen der Rückkehr aus `pthread_create()` und dem tatsächlichen Start des neuen Threads.

Ein bereits gestarteter Thread geht in den Ready-Zustand über, wenn ihm vom System die CPU-Zeit entzogen wurde, oder er gerade den Blocked-Zusatnd verlassen hat.

Running: Der Thread läuft gerade. Auf Einprozessorsystemen kann immer nur ein Thread gleichzeitig in diesem Zustand sein, während auf Multiprozessorsystemen natürlich zu einem Zeitpunkt mehrere Threads gleichzeitig im Running-Zusatnd sein können.

Wird einem Thread vom System CPU-Zeit zugeteilt, so geht er aus dem Ready-Zustand in den Running-Zusatnd über. In den meisten Fällen bedeutet dies, daß ein anderer Thread gleichzeitig den Running-Zustand verlassen hat. Auf einem Multiprozessorsystem kann ein neuer Thread natürlich auch dadurch zum Zug kommen, daß ein bislang ungenutzter Prozessor mit diesem Thread belegt wird. Bei einem Threadwechsel wird vom System gleichzeitig der Kontext der Threads (Befehlszähler, Registersatz, Stack) ausgetauscht.

Ein Thread bleibt solange im Running-Zusatnd, bis ihm entweder vom System die CPU-Zeit entzogen wird, z. B. weil entsprechend der Scheduling-Strategie seine Zeitscheibe abgelaufen ist, oder der Thread auf ein programmspezifisches Betriebsmittel, wie z. B. einen Mutex, warten muß. Im ersten Fall wechselt der Thread zurück in den Ready-Zustand, im zweiten Fall wechselt er in den Blocked-Zustand.

Blocked: Der Thread ist nicht bereit zu laufen, da er auf ein programmspezifisches Betriebsmittel wartet. Dies ist z. B. dann der Fall, wenn der Thread auf das Ende eines anderen Threads, einen Mutex oder eine Bedingungsvariable wartet (siehe Abschnitt 3.2), wenn er auf den Abschluß einer Ein-/Ausgabe-Operation oder das Einteffen eines Signals wartet, oder wenn er sich einfach nur mit `sleep()` schlafen gelegt hat.

Sobald dem Thread vom System das erwartete Betriebsmittel zugewiesen wurde, wechselt der Thread zurück in den Ready-Zustand und wird wieder ausgeführt, sobald ihm erneut CPU-Zeit zugewiesen werden kann.

Terminated: Der Thread ist aus seiner Startfunktion zurückgekehrt, hat sich mit `pthread_exit()` beendet oder wurde anderweitig abgebrochen (und hat bereits alle Cleanup-Funktionen durchlaufen).

Der Thread bleibt solange im Terminated-Zusatnd, bis der Rückgabewert des Threads mit `pthread_join()` abgefragt oder mit `pthread_detach()` verworfen wurde. Analog zu einem Zombie-Prozeß befindet sich der Thread damit in einem Zustand, in dem er zwar noch immer existiert, aber eben nicht mehr „lebt", weshalb man auch hier von einem Zombie-Thread sprechen kann. Als Minimum müssen vom System für diesen Thread noch seine Thread-ID und sein Rückgabewert vorgehalten werden.

Der Kontext des Threads im Terminated-Zustand, insbesondere der von ihm belegte Stack, kann aber bereits jetzt einem Recyclingvorgang zugeführt werden. Dies hat zur Konsequenz, daß der Rückgabewert eines Threads niemals lokale Variablem bzw. Adressen aus dem Stackbereich des beendeten Threads referenzieren darf.

Der `main()`-Funktion eines Pthreads-Programms kommt im Konzept der POSIX-Threads eine eigene Rolle zu. Beim Start des Programms besitzt der neue Prozeß genau einen ausgezeichneten Thread, den Hauptthread, welcher zunächst den C-Startup-Code durchläuft (vgl. dazu Abschnitt 2.1.5) und schließlich die Startfunktion des Programms, also die `main()`-Funktion, aufruft. Kehrt die `main()`-Funktion zurück, so wird vom Hauptthread entsprechend der Unix-Prozeßkonvention die `exit()`-Funktion aufgerufen. Selbstverständlich hat die `exit()`-Funktion auch in einem Prozeß mit mehreren Threads die Eigenschaft, den Prozeß umgehend zu beenden. Dieser Schritt erfolgt unabhängig davon, ob in diesem Moment noch weitere Threads aktiv sind, oder nicht.

Beispiel 3.2 illustriert die Auswirkungen dieses Verhaltens und enthält, obwohl im Vergleich zum Quellcode aus Beispiel 3.1 kaum verändert, gleich mehrere heimtückische Fehler. Wir werden diese Schwachstellen im Anschluß aufdecken und ausführlich besprechen, denn in echten Programmen gilt es, derartige Fehler unbedingt zu vermeiden.

Beispiel 3.2. pthreads-exit1.c

```
1  #include <errno.h>
2  #include <pthread.h>
3  #include <stdio.h>
4  #include <unistd.h>
5
6  #define NUM_THREADS 3
7
8  void *job( void *arg )
9  {
10   int *num = arg; /* übergebenen Parameter verwerten */
11
12   printf( "Thread Nr. %d läuft.\n", *num );
13   sleep( 10 );
```

```
14    printf( "Thread Nr. %d ist fertig.\n", *num );
15
16    pthread_exit( num ); /* Threadnummer zurück */
17  }
18
19  int main( int argc, char *argv[] )
20  {
21    pthread_t tid;
22    int i, status;
23
24    printf( "Programm läuft.\n" );
25
26    for( i = 1; i <= NUM_THREADS; i++ )
27    {
28      /* ACHTUNG: KRITISCHER FEHLER!!! */
29      status = pthread_create( &tid, NULL, job, &i );
30      if( status != 0 )
31      {
32        printf( "Fehler in pthread_create(): %s\n",
33          strerror( status ) );
34        exit( 1 );
35      }
36    }
37
38    printf( "Thread gestartet, Programm läuft weiter.\n" );
39    sleep( 5 );
40    printf( "Haupt-Thread beendet sich.\n" );
41    exit( 0 );
42  }
```

6   Als erstes wird im Programm die Konstante NUM_THREADS vereinbart, die bestimmt, wieviele Threads das Beispielprogramm starten soll.

8–10   Der Startfunktion der neuen Threads soll diesmal eine laufende Nummer des jeweiligen Threads als int-Wert mitgegeben werden. Um im weiteren Verlauf der Funktion ohne Typumwandlung auf den übergebenen Wert zugreifen zu können, vereinbaren wir einen Hilfszeiger vom Typ int *, dem wird das Funktionsargument zuweisen.

12–14   Um die Ausgaben der einzelnen Threads voneinander unterscheiden zu können, enthalten die Kontrollausgaben die laufende Nummer des aktuellen Threads.

16   Am Ende übergeben die Threads jeweils einen Zeiger auf ihre laufende Nummer als Rückgabewert an pthread_exit().

26–36   Im Hauptprogramm werden nun NUM_THREADS Pthreads gestartet. Allen Threads wird beim Start eine Referenz auf die laufende Nummer des neuen Threads (Variable i) übergeben. Sollte pthread_create() einen Fehler liefern, so wird das Programm sofort abgebrochen.

38–41   Anders als Beispiel 3.1 fängt Beispiel 3.2 zum Ende der `main()`-Funktion *nicht* alle zuvor gestarteten Threads mit `pthread_join()` ein, sondern ruft nach einer kurzen Pause sofort die `exit()`-Funktion auf.

Ein Testlauf des Programms bringt, je nach Standpunkt, erstaunliches zutage:

```
$ ./pthreads-exit1
Programm läuft.
Thread gestartet, Programm läuft weiter.
Thread Nr. 4 läuft.
Thread Nr. 4 läuft.
Thread Nr. 4 läuft.
Hauptthread beendet sich.
```

Als erstes sticht ins Auge, daß zwar drei Threads gestartet wurden, daß die zweite Kontrollausgabe der Threads jedoch fehlt und die Threads offensichtlich nicht ordentlich beendet wurden. Die Erklärung ist einfach, denn der `main()`-Thread wird nach dem Starten der neuen Threads und seiner Kontrollausgabe in Zeile 42 einfach mit `exit()` verlassen. In der Folge werden alle noch laufenden Threads vom System unverzüglich abgebrochen und der Prozeß beendet sich.

Je nach Scheduling-Strategie und Systemlast hätte der Ablauf aber auch ganz anders sein können. Beispiel: Nach dem `pthread_create()` (Zeile 30) erhalten zunächst die neuen Threads CPU-Zeit zugewiesen, der Hauptthread verweilt im Ready-Zustand. Die Threads laufen jeweils bis zum `sleep()` (Zeile 13) und gehen dann in den Blocked-Zustand über. Anschließend entzieht das Betriebssystem dem kompletten Prozeß die CPU. Erst nach 30 Sekunden kommt der Prozeß das nächste Mal zum Zug. Die schlafenden Threads werden nacheinander geweckt, die Wartezeit von `sleep()` ist schließlich abgelaufen, und beenden sich ordnungsgemäß. Erst danach erhält der `main()`-Thread wieder CPU-Zeit, verläßt die Schleife, legt sich für fünf Sekunden schlafen um dann die `exit()`-Funktion aufzurufen und den Prozeß zu beenden.

Als zweites fällt auf, daß zwar die geforderten drei Pthreads gestartet wurden, daß aber offensichtlich alle drei Threads die selbe laufende Nummer erhalten haben. Ein zweiter Blick auf den Quellcode läßt uns die Ursache schnell lokalisieren: In Zeile 30 wird den neuen Threads über `pthread_create()` jeweils eine Referenz auf die Variable `i` übergeben. Da aber keine Synchronisation zwischen der Rückkehr aus dem Aufruf von `pthread_create()` und dem tatsächlichen Start des Threads, also dem Übergang vom Ready- in den Running-Zustand, besteht, hat der Hauptthread den Zähler in der Regel bereits weiter inkrementiert, bevor der neue Thread den Zeiger erstmals dereferenziert. Beim Testlauf hatte `i` also schon den Wert 4 angenommen, bevor der erste Thread auf die Variable zugegriffen hat. Je nach Scheduling-Strategie des Systems hätte die Ausgabe aber auch korrekt erscheinen können, obwohl das Verfahren definitiv *nicht* richtig implementiert wurde.

Abläufe, deren Endergebnis, wie in den beiden vorangehenden Fehlersituationen beschrieben, von der zeitlichen Abfolge der ausgeführten Operationen abhängig ist, nennt man zeitkritische Abläufe bzw. *Race Conditions.* Bereits ein so einfaches Beispielprogramm und die bei der Diskussion gewonnenen Einsichten nach dem Motto „hätte, wenn und aber" verdeutlichen schon, daß die Fehlersuche in Pthreads-Programmen oftmals ein sehr schwieriges Unterfangen ist und daß deshalb schon vor und während der Implementierung äußerst gewissenhaft gearbeitet werden muß.

Aber in Zeile 30 versteckt sich sogar noch ein weiteres Problem: Die per Referenz übergebene Zählvariable i ist nämlich eine lokale Variable der `main()`-Funktion. Sollte die Funktion sich also bereits beendet haben, bevor einer der gestarteten Threads die Variable adressiert, so greift dieser Thread auf einen ungültigen Speicherbereich zu und das Ergebnis ist unspezifiziert. Es ist also peinlich genau darauf zu achten, daß die übergebenen Referenzen solange gültig sind, wie andere Threads diese Bereiche adressieren. Im aktuellen Beispiel ist das geschilderte Fehlverhalten allerdings nicht möglich, da ein vorzeitiges Ende des `main()`-Threads mangels vorausgehendem `pthread_join()` gleichzeitig ein Ende aller gestarteten Pthreads nach sich zieht.

Beispiel 3.3 behebt die angesprochenen Probleme und illustriert dabei gleichzeitig eine Methode, einfache `int`-Parameter als Zeiger getarnt in den Aufruf einer Pthreads-Startfunktion zu schmuggeln.

Beispiel 3.3. pthreads-exit2.c

```
1  #include <errno.h>
2  #include <pthread.h>
3  #include <stdio.h>
4  #include <unistd.h>
5
6  #define NUM_THREADS 3
7
8  void *job( void *arg )
9  {
10    int num = (int)arg; /* übergebenen Parameter verwerten */
11
12    printf( "Thread Nr. %d läuft.\n", num );
13    sleep( 10 );
14    printf( "Thread Nr. %d ist fertig.\n", num );
15
16    pthread_exit( (void *)num ); /* Threadnummer zurück */
17  }
18
19  int main( int argc, char *argv[] )
20  {
21    pthread_t tid;
22    int i, status;
```

```
23
24   printf( "Programm läuft.\n" );
25
26   for( i = 1; i <= NUM_THREADS; i++ )
27   {
28     status = pthread_create( &tid, NULL, job, (void *)i );
29     if( status != 0 )
30     {
31       printf( "Fehler in pthread_create(): %s\n",
32         strerror( status ) );
33       exit( 1 );
34     }
35   }
36
37   printf( "Thread gestartet, Programm läuft weiter.\n" );
38   sleep( 5 );
39   printf( "Haupt-Thread beendet sich.\n" );
40   pthread_exit( NULL );
41 }
```

10 Auch die abgewandelte Version der Startfunktion erwartet die laufende Num-
    mer des Threads als Parameter. Allerdings wird diesmal der void-Zeiger arg
    als Träger der Information mißbraucht. Der Inhalt von arg referenziert dies-
    mal also keinen Speicherplatz, sondern ist aus einer Typumwandlung der lau-
    fenden Nummer hervorgegangen. In der Startfunktion wird der Zeiger nun
    wieder in einen int-Wert zurückgewandelt.

16 Auch auf dem Rückweg wird die Nummer des Threads wieder mittels einer
    Typumwandlung getunnelt. Keinesfalls sollte man an pthread_exit() einen
    Zeiger auf die lokale Variable num übergeben, da diese Adresse zum Zeitpunkt
    der Auswertung durch ein späteres pthread_join() bereits ungültig wäre.
    In unserem Beispiel wird der Rückgabewert der einzelnen Threads mangels
    pthread_join() aber ohnehin ignoriert.

28 Als Gegenstück zur Startfunktion muß natürlich die laufende Nummer des
    zu startenden Threads beim Aufruf von pthread_create() als void-Zeiger
    übergeben werden. Der neue Thread erhält dadurch eine eigene Kopie des
    aktuellen Werts der Zählvariable i (und nicht eine Referenz auf die Variable i
    selbst), was die Nummerierungsprobleme aus Beispiel 3.2 eliminiert.

40 Anstatt mit exit() verlassen wir die main()-Funktion diesmal mit der
    Pthreads-Funktion pthread_exit(). Dies hat zur Folge, daß sich der main()-
    Thread beendet, ohne vorher aus der main()-Funktion zurückzukehren und
    damit ohne mit exit() das Prozeßende einzuleiten.

Die Ausgabe des Programms hat nun auch die ursprünglich erwartete Form:

```
$ ./pthreads-exit2
Programm läuft.
Thread gestartet, Programm läuft weiter.
Thread Nr. 1 läuft.
Thread Nr. 2 läuft.
Thread Nr. 3 läuft.
Hauptthread beendet sich.
Thread Nr. 1 ist fertig.
Thread Nr. 2 ist fertig.
Thread Nr. 3 ist fertig.
```

Nach einem erfolgreichen Start der drei neuen Threads setzt sich der Hauptthread mit dem Aufruf von `pthread_exit()` selbst ein Ende. Der Thread geht damit vom Running-Zustand in den Terminated-Zusand, ohne vorher mit der `exit()`-Funktion das Prozeßende herbeizuführen. Die restlichen Threads des Prozesses können währenddessen mit ihren Aufgaben fortfahren. Erst nachdem alle Threads ihre Aufgaben abgeschlossen haben, wird auch der Prozeß beendet. Der Rückgabewert des Prozesses ist in dieser Situation 0, d. h. der Prozeß verhält sich so, als hätte die Anwendung am Ende `exit(0)` aufgerufen.

3.2 Synchronisation

In den vorangegangenen Beispielen haben wir lediglich ein sehr einfaches Pthreads-Programm entwickelt. Die gestarteten Threads hatten keine ernstzunehmende Aufgabe und sie haben bislang auch nicht miteinander kooperiert, um eine gemeinsame Aufgabe zu lösen. Die wahre Stärke von Prozessen mit mehreren Threads liegt aber genau in der Zusammenarbeit der Threads. Da sich alle Threads eines Unix-Prozesses den selben Adreßraum teilen, liegt es auf der Hand, die gemeinsamen Speicherbereiche auch kooperativ zu nutzen. Ohne explizit darauf hinzuweisen, haben wir dies, z. B. in Beispiel 3.2, bereits getan. Alle vier Threads haben über eine Referenz auf die Variable i der `main()`-Funktion zugegriffen.

Die im Rahmen von Beispiel 3.2 identifizierten Race Conditions haben gezeigt, daß der Zugriff auf die gemeinsam genutzte Daten entweder zu unterbleiben hat (was zwar in Beispiel 3.3 ein probates Mittel war, was aber in der Regel sicher nicht im Sinne einer kooperativen Zusammenarbeit sein kann) oder daß der konkurrierende Zugriff auf die gemeinsamen Ressourcen synchronisiert stattfinden muß.

3.2.1 Race Conditions und kritische Bereiche

Um die Problematik von Race Conditions noch besser zu verstehen, betrachten wir ein weiteres Beispiel, in dem nun zwei Threads miteinander kooperieren. Das Beispiel lehnt sich an das Erzeuger-/Verbraucherproblem an. Bei diesem oft zitierten Paradigma für kooperierende Prozesse erstellt ein Erzeuger neue Informationen, die von einem Verbraucher konsumiert werden. Damit Erzeuger und Verbraucher gleichzeitig arbeiten können, benötigen sie einen gemeinsamen Datenpuffer, den der Erzeuger füllt und der Verbraucher leert. Der Verbraucher kann also ein Datum konsumieren, während der Erzeuger gerade ein anderes Datum erstellt. Allerdings müssen Erzeuger und Verbraucher sich absprechen (synchronisieren), ansonsten würde der Verbraucher z. B. versuchen, ein Datum zu konsumieren, daß noch gar nicht erzeugt wurde, anstatt auf ein neues Datum zu warten.

In Beispiel 3.4 generiert ein Erzeuger-Thread fortlaufend neue Zahlenwerte, die er in einen Zwischenspeicher kopiert. Die Rolle des Erzeugers wird dabei vom `main()`-Thread übernommen, welcher die Werte über die Konsole einliest. Ein zweiter Thread, der Verbraucher-Thread, entnimmt die Zahlenwerte wieder aus dem Puffer und berechnet aus allen bisher entnommenen Werten den Durchschnittswert. Da Erzeuger und Verbraucher als Zwischenspeicher nur über einen Puffer endlicher Größe verfügen, nennt man die Problemstellung auch das Problem der begrenzten Puffer.

6–13 Für den von Erzeuger und Verbraucher gemeinsam verwendeten Datenpuffer wird zunächst eine geeignete Datenstruktur definiert. Die Variable `data` vom Typ `intbuffer_t` kann im Feld `val[]` insgesamt `MAX_NUMBERS` ganze Zahlen zwischenspeichern. In den beiden Strukturkomponenten `in` und `out` wird Buch geführt, an welcher Position im Feld `val` der nächste Wert in den Puffer gestellt werden soll bzw. der nächste Wert aus dem Puffer gelesen werden kann. Indizieren `in` und `out` das selbe Element im Datenpuffer, so ist der Puffer momentan leer.

15–17 Die Funktion `avg` bildet die Startfunktion des Verbraucher-Threads. Der neue Thread erwartet beim Start keine Argumente. Gleich zu Beginn werden die internen Zähler `num` und `sum` initialisiert. In `sum` wird die Gesamtsumme aller bisher ausgewerteten `num` Zahlen gespeichert.

19–32 In einer Endlosschleife wartet der Verbraucher-Thread nun darauf, daß vom Erzeuger neue Werte geliefert werden. Sobald der gemeinsame Datenpuffer neue Zahlenwerte enthält, sobald sich also `data.in` und `data.out` unterscheiden, wird ein neuer Wert von Position `data.out` aus dem Puffer entnommen und aufsummiert. Anschließend wird mit `data.out` die Referenz auf den nächsten zu entnehmenden Wert weitergeschaltet. Als letztes wird schließlich der neue Durchschnittswert berechnet und ausgegeben.

34 Obwohl sich die Startfunktion des Verbraucher-Threads aufgrund der obigen Endlosschleife nie beenden wird, schließen wir sie der Vollständigkeit halber mit einem Rücksprung ab.

Beispiel 3.4. average.c

```
1  #include <errno.h>
2  #include <pthread.h>
3  #include <stdio.h>
4  #include <stdlib.h>
5
6  #define MAX_NUMBERS 10
7
8  typedef struct intbuffer {
9    int val[MAX_NUMBERS];
10   int in, out;
11 } intbuffer_t;
12
13 intbuffer_t data;
14
15 void *avg( void *arg )
16 {
17   int sum = 0, num = 0;
18
19   for(;;) /* Endlosschleife */
20   {
21     if( data.in != data.out ) /* liegt neuer Wert vor? */
22     {
23       /* Wert aufsummieren und Puffer weiterschalten */
24       sum += data.val[data.out];
25       data.out = ( data.out + 1 ) % MAX_NUMBERS;
26
27       num++; /* internen Zähler inkrementieren */
28
29       printf( "Durchschnitt der %d Werte: %lf\n", num,
30         (double)sum / num );
31     }
32   }
33
34   return( NULL );
35 }
36
37 int main( int argc, char *argv[] )
38 {
39   pthread_t tid;
40   char input[32];
41   int status;
42
43   /* Datenpuffer initialisieren */
44   data.in = 0;
45   data.out = 0;
46
47   /* Verbraucher-Thread starten */
```

```
48    status = pthread_create( &tid, NULL, avg, NULL );
49    if( status != 0 )
50    {
51      printf( "Fehler in pthread_create(): %s\n",
52        strerror( status ) );
53      exit( 1 );
54    }
55
56    for(;;) /* Endlosschleife */
57    {
58      /* Einen neuen Wert einlesen ... */
59      printf( "input> " );
60      fgets( input, sizeof( input ), stdin );
61
62      /* Wert im Puffer speichern und Puffer weiterschalten */
63      if( ( ( data.in + 1 ) % MAX_NUMBERS ) != data.out )
64      {
65        data.val[data.in] = atoi( input );
66        data.in = ( data.in + 1 ) % MAX_NUMBERS;
67      }
68      else
69        printf( "Puffer voll, Eingabe wiederholen.\n" );
70    }
71
72    exit( 0 );
73  }
```

37–45 Nach der Vereinbarung einiger Hilfsvariablen werden zu Beginn des main()-Threads die Füllstandsanzeiger des Datenpuffers initialisiert. Da data.in und data.out beide den Wert Null zugewiesen bekommen, ist der Puffer damit als leer markiert und das nächste einzufügende Datum wird an Position Null im Datenpuffer gespeichert.

47–54 Im Anschluß wird der Verbraucher-Thread gestartet. Wie in unseren Beispielen üblich, beendet sich der Prozeß sofort mit einer Fehlermeldung, wenn der neue Pthread nicht gestartet werden konnte.

56–70 Ab jetzt schlüpft das Hauptprogramm in die Rolle des Erzeuger-Threads und produziert in einer Endlosschleife neue Zahlenwerte. Die Werte werden dazu über die Konsole interaktiv eingelesen. Sobald vom Anwender eine neue Zahl eingegeben wurde, wird diese an der nächsten freien Position im gemeinsamen Datenpuffer hinterlegt und die Positionsmarkierung data.in wird entsprechend inkrementiert. Selbstverständlich beachtet unser Programm die Puffergrenzen und gibt, sofern kein Platz mehr vorhanden ist, eine entsprechende Fehlermeldung an den Anwender zurück.

72 Auch das Hauptprogramm schließen wir mit einem Rücksprung ab, obwohl die vorausgehende Endlosschleife nicht mehr verlassen wird.

Das vorgestellte Beispiel enthält gleich an mehreren Stellen zeitkritische Abläufe, die dadurch entstehen, daß die beiden Pthreads konkurrierend die selben Daten manipulieren. Die auffälligste Race Condition tritt sicher im folgenden Szenario zutage:

Stellen wir uns vor, der Erzeuger-Thread hat nacheinander `MAX_NUMBERS` Werte in den gemeinsamen Datenpuffer geschrieben. Bevor ihm der Scheduler des Systems die CPU-Zeit entzieht, hat der Thread sogar noch einen weiteren Wert eingelesen, den er jetzt ebenfalls im Puffer ablegen will. Der Erzeuger-Thread führt deshalb den Test aus Zeile 63 von Beispiel 3.4 aus und stellt fest, daß der Puffer bereits voll ist. Bevor der Thread seine Arbeit fortsetzen kann, wird ihm die CPU entzogen und der Verbraucher-Thread erhält stattdessen vom System CPU-Zeit zugewiesen. Der Verbraucher beginnt sofort damit, den Puffer zu leeren. Als der Datenpuffer geleert ist, kommt der Erzeuger-Thread das nächste Mal zum Zug. Zwar hat sich inzwischen die Ausgangslage für den Erzeuger komplett verändert, im Puffer ist wieder jede Menge Platz für neue Daten, doch der Erzeuger hat seine Entscheidung bereits während der letzten Zeitscheibe getroffen und fährt jetzt, basierend auf der inzwischen veralteten Annahme, der Puffer sei voll, in Zeile 69 mit der Programmausführung fort. Der neue Wert wird daher abgewiesen, obwohl inzwischen wieder Platz für die Eingabe des Benutzers gewesen wäre.

Hätte der Scheduler den Threadwechsel zu einem anderen Zeitpunkt eingeleitet, z. B. noch bevor der Erzeuger-Thread den Test aus Zeile 63 durchgeführt hat, so wäre dieses unglückliche Verhalten nicht zum Vorschein gekommen. Beim lokalisierten Problem handelt es sich also im wahrsten Sinne des Wortes um eine Race Condition, denn die beiden Threads liefern sich in der Tat ein heißes Wettrennen um den Zugriff auf die gemeinsamen Ressourcen.

Bei genauerer Betrachtung entdecken im vorliegenden Programm neben den Race Conditions noch ein zweites, für nebenläufige Programme typisches Phänomen: Bei jeder Änderung am gemeinsam genutzten Datenpuffer ist der Zustand des Puffers, zumindest für einen kurzen Moment lang, inkonsistent. Hat z. B. der Erzeuger-Thread ein neues Datum generiert, so speichert er zunächst den Zahlenwert im Feld `data.val[]` ab (Zeile 65), bevor er unmittelbar danach die Positionsmarkierung `data.in` inkrementiert (Zeile 66). Im Zeitraum zwischen diesen beiden Operationen ist der Zustand des Datenpuffers *nicht* integer, d. h. die Invariante „Die Strukturkomponente `data.in` referenziert immer das nächste freie Element im Feld `data.val[]`." ist zu diesem Zeitpunkt nicht erfüllt.

Dies ist an sich ein völlig normale Verhalten. In der Tat müssen sogar die meisten Invarianten auf die eine oder andere Art gebrochen werden, um die zugehörigen Datenstrukturen, wie etwa verkettete Listen, aktualisieren zu können. Wichtig ist dabei, daß diese Operationen in isolierten Codebereichen stattfinden und die Invarianten außerhalb dieser Bereiche stets intakt sind. Diese Forderung stellt in sequentiellen Programmen im Allgemeinen keine größere Herausforderung dar, in Programmen mit Nebenläufigkeiten müssen derartige Bereiche bzw. die zugehörigen Invarianten jedoch explizit durch Synchronisation vor unbedarftem Zugriff geschützt werden. Andernfalls sind die nächsten Race Conditions bereits vorprogrammiert.

Die Codebereiche, in denen die gemeinsam genutzten Ressourcen isoliert bearbeitet werden, werden kritische Bereiche genannt und die damit verbundene Forderung lautet, daß sich niemals zwei nebenläufige Handlungsstränge gleichzeitig in ihrem kritischen Bereich befinden dürfen. Übertragen auf POSIX-Threads heißt das: Befindet sich ein Thread in seinem kritischen Bereich, darf kein anderer Thread zur gleichen Zeit Code aus seinem kritischen Bereich ausführen. Die Aufgabe ist es also, ein Protokoll zu entwickeln (und einzuhalten), das die kooperierenden Threads gegenseitig aus ihren jeweiligen kritischen Bereichen ausschließt. Jeder Thread muß zunächst eine Erlaubnis einholen, damit er in seinen kritischen Bereich eintreten darf. Beim Verlassen des kritischen Bereichs gibt er diese Erlaubnis wieder zurück.

Um in Pthreads-Programmen kritische Bereiche zu formen, stellen POSIX-Threads zwei spezielle Synchronisationsmechanismen zur Verfügung, die wir in den folgenden Abschnitten ausführlich besprechen werden: Mutexe und Bedingungsvariablen.

3.2.2 Gegenseitiger Ausschluß

Beim Begriff *Mutex* handelt es sich um ein Kunstwort, welches als Abkürzung für *Mutual Exclusion*, also gegenseitigen Ausschluß steht. Ein Mutex ist eine Spezialform von Dijkstras Semaphor [Dij68], mit dessen Hilfe die zuvor formulierte Forderung, daß sich niemals zwei Threads gleichzeitig in ihrem kritischen Bereich befinden dürfen, erfüllt werden kann. Beim Betreten eines kritischen Bereichs wird der betreffende Mutex gesperrt und beim Verlassen wieder freigegeben. Der Mutex selbst kennt, wie ein binärer Semaphor, nur zwei Zustände: frei oder gesperrt. Hat ein Thread einen Mutex gesperrt, so ist er bis zur Freigabe des Mutex dessen Eigentümer und nur der Eigentümer kann bzw. darf den Mutex wieder freigeben.[1]

Mutexe erstellen und verwerfen

Innerhalb eines Programms wird ein Mutex durch eine Variable vom Typ `pthread_mutex_t` repräsentiert. Da Mutexe als Synchronisationsobjekte zwischen verschiedenen Threads, und damit über Threadgrenzen hinweg eingesetzt werden, erfolgt die Vereinbarung von Mutex-Variablen meist als externe Variable vor und außerhalb der Funktionsdefinitionen.

---

[1] Diese Eigenschaft unterscheidet einen Mutex von einem (binären) Semaphor. Semaphore besitzen keinen Eigentümer und werden häufig in der Art eingesetzt, daß die Semaphor-Operationen P(S) und V(S) (vgl. dazu [Dij68, SGG02]) von unterschiedlichen Handlungssträngen ausgeführt werden.

Bevor ein Mutex eingesetzt werden kann, muß zunächst die Mutex-Variable initialisiert und der Mutex damit erzeugt werden. Der POSIX-Standard für Threads hält hierfür die Funktion `pthread_mutex_init()` bereit. Die Funktion erwartet als Parameter einen Zeiger auf die zu initialisierende Mutex-Variable sowie einen Zeiger auf eventuelle Mutex-Attribute. Im Normalfall genügt für die Attribute ein Nullzeiger, um einen Mutex mit Standardattributen zu erzeugen. Die Funktion liefert wie üblich einen Statuswert, der über den Ausgang der Operation Auskunft gibt. Ist der Rückgabewert gleich 0, so war die Initialisierung erfolgreich.

```
#include <pthread.h>

pthread_mutex_t mutex = PTHREAD_MUTEX_INITIALIZER;
int pthread_mutex_init( pthread_mutex_t *mutex,
   const pthread_mutexattr_t *attr );
int pthread_mutex_destroy( pthread_mutex_t *mutex );
```

Eleganter kann eine Mutex-Variable initialisiert werden, indem ihr bereits bei der Vereinbarung der Initialwert `PTHREAD_MUTEX_INITIALIZER` zugewiesen wird. Der neue Mutex erhält dabei die Mutex-Standardattribute. Ein Aufruf von `pthread_mutex_init()` mitsamt der obligatorischen Fehlerabfrage entfällt in diesem Fall. Wird `pthread_mutex_init()` auf eine bereits initialisierte Mutex-Variable angewandt, so ist das Verhalten explizit unspezifiziert.

Übrigens handelt es sich auch bei einem Mutex um einen opaquen Datentyp, mit dem nur über die angebotenen Mutex-Funktionen gearbeitet werden darf. Es ist explizit *nicht* erlaubt, eine Variable vom Typ `pthread_mutex_t` zu kopieren und im weiteren Verlauf des Programms eine Referenz auf diese Kopie an eine der Mutex-Funktionen zu übergeben.

Mittels `pthread_mutex_destroy()` wird schließlich ein nicht mehr benötigter Mutex wieder verworfen. Ein Mutex sollte genau dann entsorgt werden, wenn er in Zukunft nicht mehr zur Synchronisation eingesetzt wird. Natürlich darf der Mutex in diesem Moment nicht mehr gesperrt sein und es darf auch kein Thread mehr auf eine Zuteilung des Mutex' warten. Die Mutex-Variable erhält durch `pthread_mutex_destroy()` den Status *nicht initialisiert*. Selbstverständlich ist es legitim, die Variable später erneut zu initialisieren und im Anschluß wieder zu verwenden. Ist der Rückgabewert von `pthread_mutex_destroy()` gleich 0, so war die Operation erfolgreich, andernfalls gibt der Statuswert Auskunft über die genaue Fehlerursache.

Mutexe sperren und wieder freigeben

Bevor nun ein Thread in seinen kritischen Bereich eintritt, sperrt er mit `pthread_mutex_lock()` oder `pthread_mutex_trylock()` den zugehörigen

Mutex. Nachdem er anschließend die durch den Mutex geschützten Ressourcen gelesen oder modifiziert hat, gibt der Thread den zuvor gesperrten Mutex mittels `pthread_mutex_unlock()` wieder frei. Durch diesen verbindlichen Verhaltenskodex garantieren die beteiligten Threads den in Abschnitt 3.2.1 geforderten gegenseitigen Ausschluß beim konkurrierenden Zugriff auf die gemeinsamen Ressourcen.

Ist der an `pthread_mutex_lock()` übergebene Mutex zum Zeitpunkt des Aufrufs bereits von einem anderen Thread gesperrt, so blockiert die Funktion solange, bis der Mutex wieder freigegeben wurde und der aufrufende Thread den Mutex sperren konnte. Wann genau ein Thread den Zuschlag für einen Mutex erhält und damit aus `pthread_mutex_lock()` zurückkehrt, ist nicht festgelegt und hängt neben der Scheduling-Strategie des Systems unter anderem auch davon ab, ob sich noch andere Threads um den selben Mutex bemühen. Davon abweichend kehrt ein Aufruf von `pthread_mutex_trylock()` immer sofort zurück. Die Funktion liefert den Rückgabewert `EBUSY`, falls der angeforderte Mutex von `pthread_mutex_trylock()` nicht gesperrt werden konnte, da er zum Zeitpunkt des Aufrufs bereits gesperrt war.

```
#include <pthread.h>

int pthread_mutex_lock( pthread_mutex_t *mutex );
int pthread_mutex_trylock( pthread_mutex_t *mutex );
int pthread_mutex_unlock( pthread_mutex_t *mutex );
```

Alle drei Funktionen erwarten als einziges Argument einen Zeiger auf den zu sperrenden bzw. den freizugebenden Mutex. Der Rückgabewert 0 signalisiert jeweils einen erfolgreiches Sperren bzw. Freigeben des referenzierten Mutex', andernfalls gibt der Wert Auskunft über die Ursache des Scheiterns.

Mutexe praktisch einsetzen

Mit der Hilfe eines Mutex' lassen sich die Race Conditions aus Beispiel 3.4 beseitigen. Beispiel 3.5 zeigt die überarbeitete Version des Programms:

8–12   Die Datenstruktur für den gemeinsamen Datenpuffer von Erzeuger- und Verbraucher-Thread wurde um die Strukturkomponente `mutex` vom Typ `pthread_mutex_t` erweitert. Es ist in aller Regel eine gute Idee, zwischen einem Mutex und den Daten, die er schützt, einen engen Zusammenhalt herzustellen. Dies kann durch eine unmißverständliche Namensgebung geschehen, oder, wie in diesem Beispiel, durch die Zusammenfassung der beiden Komponenten in einer gemeinsamen Datenstruktur.

16–20   Die Hilfsfunktion `error_exit()` hilft uns, die beim Aufruf der Pthreads-Funktionen anfallenden Fehlerabfragen etwas kompakter zu gestalten.

Beispiel 3.5. average-mutex.c

```
1  #include <errno.h>
2  #include <pthread.h>
3  #include <stdio.h>
4  #include <stdlib.h>
5
6  #define MAX_NUMBERS 10
7
8  typedef struct intbuffer {
9    int val[MAX_NUMBERS];
10   int in, out;
11   pthread_mutex_t mutex;
12 } intbuffer_t;
13
14 intbuffer_t data;
15
16 void error_exit( char *message, int status )
17 {
18   printf( "%s: %s\n", message, strerror( status ) );
19   exit( 1 );
20 }
21
22 void *avg( void *arg )
23 {
24   int sum = 0, num = 0, status;
25
26   for(;;) /* Endlosschleife */
27   {
28     /* exklusiven Zugriff auf data sicherstellen */
29     status = pthread_mutex_lock( &data.mutex );
30     if( status != 0 )
31       error_exit( "pthread_mutex_lock()", status );
32
33     if( data.in != data.out ) /* liegt neuer Wert vor? */
34     {
35       /* Wert aufsummieren und Puffer weiterschalten */
36       sum += data.val[data.out];
37       data.out = ( data.out + 1 ) % MAX_NUMBERS;
38
39       num++; /* internen Zähler inkrementieren */
40
41       printf( "Durchschnitt der %d Werte: %lf\n", num,
42         (double)sum / num );
43     }
44
45     /* exklusiven Zugriff auf data freigeben */
46     status = pthread_mutex_unlock( &data.mutex );
47     if( status != 0 )
```

```
48          error_exit( "pthread_mutex_unlock()", status );
49    }
50
51    return( NULL );
52 }
53
54 int main( int argc, char *argv[] )
55 {
56    pthread_t tid;
57    char input[32];
58    int status;
59
60    /* Datenpuffer inklusive Mutex initialisieren */
61    data.in = 0;
62    data.out = 0;
63    status = pthread_mutex_init( &data.mutex, NULL );
64    if( status != 0 )
65      error_exit( "pthread_mutex_init()", status );
66
67    status = pthread_create( &tid, NULL, avg, NULL );
68    if( status != 0 )
69      error_exit( "pthread_create()", status );
70
71    for(;;) /* Endlosschleife */
72    {
73      /* Einen neuen Wert einlesen ... */
74      printf( "input> " );
75      fgets( input, sizeof( input ), stdin );
76
77      /* exklusiven Zugriff auf data sicherstellen */
78      status = pthread_mutex_lock( &data.mutex );
79      if( status != 0 )
80        error_exit( "pthread_mutex_lock()", status );
81
82      /* Wert im Puffer speichern und Puffer weiterschalten */
83      if( ( ( data.in + 1 ) % MAX_NUMBERS ) != data.out )
84      {
85        data.val[data.in] = atoi( input );
86        data.in = ( data.in + 1 ) % MAX_NUMBERS;
87      }
88      else
89        printf( "Puffer voll, Eingabe wiederholen.\n" );
90
91      /* exklusiven Zugriff auf data freigeben */
92      status = pthread_mutex_unlock( &data.mutex );
93      if( status != 0 )
94        error_exit( "pthread_mutex_unlock()", status );
95    }
96
```

```
97    exit( 0 );
98  }
```

28–48   In der Startfunktion des Verbraucher-Threads wird nun bei jedem Schleifendurchlauf der zum gemeinsamen Puffer gehörende Mutex zunächst gesperrt und am Ende wieder freigegeben. Im dazwischen liegenden, isolierten Bereich (Zeile 33 bis Zeile 43) wird der gemeinsame Datenpuffer gelesen und geändert. Durch den gegenseitigen Ausschluß mit dem Erzeuger-Thread erfolgt der Zugriff auf diese Ressource exklusiv. Selbstverständlich müssen sich auch alle anderen Threads dieses Prozesses dazu verpflichten, das Protokoll (Sperren des Mutex, Zugriff auf die Daten, Freigabe des Mutex) strikt einzuhalten. Andernfalls wird der vereinbarte Verhaltenskodex nicht eingehalten, der exklusive Zugriff auf die gemeinsam genutzten Daten ist nicht mehr gewährleistet und eine Race Condition wäre erneut gegeben.

65   In der Startphase des Programms ist die Initialisierung der Mutex-Variable hinzugekommen. In den meisten Fällen werden Mutex-Variablen gleich zu Beginn der `main()`-Funktion initialisiert, insbesondere vor dem Start der ersten Threads. Dies garantiert, daß die Mutexe auf jeden Fall bereit stehen, wenn die ersten Threads zur Synchronisation auf die Mutex-Variablen zugreifen.

77–94   Wie im Verhaltenskodex festgeschrieben, hält sich auch der Erzeuger-Thread für den Zugriff auf den gemeinsamen Puffer genau an das vereinbarte Protokoll. Als erstes wird der Mutex gesperrt. Ist der Thread im Besitz des Mutex', kann er in Ruhe einen neuen Datensatz in den Puffer einstellen. Im Anschluß an diese Operation wird der Mutex wieder freigegeben und der Erzeuger-Thread wartet auf die nächste Eingabe.

Durch die besprochenen Änderungen werden in Beispiel 3.5 Race Conditions erfolgreich vermieden und das implementierte Verfahren arbeitet, ein faires Scheduling zwischen Erzeuger und Verbraucher vorausgesetzt, in jedem Fall korrekt. Allerdings weist auch diese Programmversion noch zwei Schwachstellen auf, die es zu adressieren gilt:

1. Der Verbraucher-Thread rast in Erwartung eines neuen Datensatzes ohne Unterbrechung durch seine Endlosschleife. Anstatt bei leerem Datenpuffer auf einen neuen Datensatz zu *warten*, beendet der Thread die Schleife um sofort einen neuen Versuch zu starten.

2. Der Erzeuger-Thread wartet zwar, bis ein neuer Wert eingegeben wird, versucht dann aber ohne jegliche Geduld, den Wert im Datenpuffer abzulegen. Ist der Puffer bereits voll, wird der Wert verworfen und der Anwender zur erneuten Eingabe aufgefordert, anstatt darauf zu *warten,* daß der nebenläufig arbeitende Verbraucher-Thread den nötigen Platz schafft.

Während der Verbraucher-Thread durch seinen Dauerlauf „lediglich" sinnlose CPU-Last erzeugt, ist das Verhalten des Erzeuger-Threads eine Zumutung für den Anwender. Für beide Unzulänglichkeiten des Programms gibt es eine passende Lösung: den Einsatz von Bedingungsvariablen.

3.2.3 Bedingungsvariablen

Bedingungsvariablen haben den Zweck, den Zustand gemeinsam genutzter Ressourcen zu kommunizieren. In den Beispielen 3.4 und 3.5 wären dies die beiden Zustände „im Puffer sind (wieder) Daten enthalten" bzw. „im Puffer ist (wieder) Platz für neue Daten". Die beiden Zustände würden dann entsprechend der aktuellen Situation vom Erzeuger- oder Verbraucher-Thread signalisiert und der jeweils andere Thread würde bei leerem bzw. vollem Puffer auf das Eintreffen einer solchen Zustandsänderungsmitteilung warten.

Das Erzeuger-/Verbraucherproblem ist ein typisches Beispiel dafür, daß miteinander kooperierende Threads nicht permanent arbeiten können, sondern von Zeit zu Zeit auf einen bestimmten Zustand der gemeinsamen Ressourcen warten müssen. Findet etwa der Verbraucher-Thread innerhalb seines kritischen Bereichs den Puffer leer vor, so muß er solange warten, bis der Erzeuger-Thread signalisiert, daß er neue Werte in den Puffer gestellt hat. Der Verbraucher-Thread wartet dazu auf eine Bedingungsvariable. Sobald der Erzeuger-Thread einen Datensatz erstellt hat, signalisiert er den von ihm veränderten Zustand über die selbe Bedingungsvariable auf die der Verbraucher-Thread wartet.

Bedingungsvariablen erstellen und verwerfen

Ähnlich wie eine Mutex-Variable muß auch eine Bedingungsvariable vor dem ersten Einsatz initialisiert werden. Entweder wird der Variablen vom Typ `pthread_cond_t` dazu bereits bei ihrer Vereinbarung die Konstante `PTHREAD_COND_INITIALIZER` zugewiesen, oder die Aufgabe wird über die Pthreads-Hilfsfunktion `pthread_cond_init()` abgewickelt. Analog zum Mutex darf auch eine Bedingungsvariable nur einmal initialisiert werden. Wird `pthread_cond_init()` auf eine bereits initialisierte Variable angewandt, so ist das Verhalten der Funktion undefiniert.

```
#include <pthread.h>

pthread_cond_t cond = PTHREAD_COND_INITIALIZER;
int pthread_cond_init( pthread_cond_t *cond,
  const pthread_condattr_t *attr );
int pthread_cond_destroy( pthread_cond_t *cond );
```

Mittels `pthread_cond_destroy()` wird eine Bedingungsvariable wieder verworfen. Auch hier gilt, daß eine Bedingungsvariable nur dann entsorgt werden darf, wenn die Variable im weiteren Programmverlauf nicht mehr zur Synchronisation verwendet wird und außerdem kein Thread mehr auf diese Variable wartet. Die `pthread_cond_destroy()`-Funktion setzt den Zustand der Variablen auf *nicht initialisiert*. Selbstverständlich kann eine verworfene Bedingungsvariable anschließend wieder neu initialisiert werden. Jede andere Operation auf einer nicht initialisierten (oder verworfenen) Bedingungsvariablen sind explizit undefiniert.

Im Allgemeinen werden Bedingungsvariablen als externe Variablen, d. h. vor und außerhalb der Funktionsdefinitionen eines Programms, vereinbart, vor dem Start der ersten Threads initialisiert und erst am Programmende wieder verworfen. Wie bei opaquen Datentypen üblich, darf nicht auf Kopien dieser Variablen gearbeitet werden.

Die beiden Funktionen `pthread_cond_init()` und `pthread_cond_destroy()` liefern jeweils den Rückgabewert 0, wenn ihr Aufruf erfolgreich war. Andernfalls zeigt der Wert die Ursache des aufgetretenen Fehlers an.

Auf Bedingungsvariablen warten

Das Warten auf eine Bedingungsvariable ist immer mit der expliziten Auswertung einer Bedingung verknüpft. Diese Bedingungen sind logische Ausdrücke, die den Zustand einer gemeinsam genutzten Ressource beschreiben. Auf Deutsch würde man eine solche Bedingung wie folgt formulieren: „Die Warteschlange ist leer", „der Puffer ist voll" oder „die Ressource ist verfügbar". Prüft ein Thread eine Bedingung, so greift er dazu zwangsweise auf gemeinsam genutzte Daten zu, weshalb dieser Schritt innerhalb eines, durch einen Mutex geschützten, kritischen Bereichs erfolgen muß.

Je nach Ergebnis der Auswertung wartet der Thread nun entweder bis der Zustand verändert wurde, oder er fährt innerhalb seines kritischen Bereichs mit seinen Arbeiten fort. Sollte der Thread auf einen bestimmten Zustand der gemeinsam genutzten Ressource warten müssen, so muß er beim Eintritt in die Wartephase gleichzeitig seinen kritischen Bereich verlassen, also den schützenden Mutex freigeben. Andernfalls hätte kein anderer Thread die Möglichkeit, den eigenen kritischen Bereich zu betreten, dort die gemeinsamen Daten zu bearbeiten und anschließend den veränderten Zustand zu signalisieren. In der Konsequenz sind Bedingungsvariablen *immer* an einen Mutex geknüpft.

Mit der `pthread_cond_wait()`-Funktion verläßt ein Thread seinen kritischen Bereich, welcher durch den Mutex `mutex` geschützt wird, und wartet auf die Bedingungsvariable `cond`. Die Funktion gibt dazu implizit den mit der Bedingungsvariablen assoziierten Mutex `mutex` frei. Der Thread befindet sich danach im Blocked-Zustand (siehe dazu Abschnitt 3.1).[2] Erst wenn ein anderer Thread über die selbe Bedingungsvariable cond eine Veränderung der gemeinsam genutzten Daten signalisiert, kann der wartende Thread wieder zum Zug kommen. Allerdings muß sich der Thread vor einer Rückkehr aus dem pthread_cond_wait()-Aufruf wieder erfolgreich um den Mutex mutex bemühen und das System muß ihm natürlich wieder CPU-Zeit zuweisen.

```
#include <pthread.h>

int pthread_cond_wait( pthread_cond_t *cond,
        pthread_mutex_t *mutex );
int pthread_cond_timedwait( pthread_cond_t *cond,
        pthread_mutex_t *mutex,
        const struct timespec *abstime );
```

Kehrt ein Thread aus pthread_cond_wait() zurück, so befindet er sich automatisch wieder in seinem kritischen Bereich und kann mit den Arbeiten fortfahren. Da eine Rückkehr aus der pthread_cond_wait()-Funktion keine Aussage darüber trifft, ob die erwartete Bedingung nun erfüllt ist, *muß* der Thread nun als erstes erneut prüfen, ob sich der gewünschte Zustand der gemeinsamen Ressourcen eingestellt hat, ob also tatsächlich die Bedingung für eine Fortsetzung seiner Arbeiten erfüllt ist. Es ist nämlich durchaus denkbar, daß zwischen der Mitteilung über die Zustandsänderung und dem erfolgreichen Bemühen um den schützenden Mutex bereits ein anderer Thread seinen kritischen Bereich betreten und darin die gemeinsamen Daten erneut verändert hat. Nachdem nun also sowohl vor als auch nach einem Aufruf von pthread_cond_wait() geprüft werden muß, ob die erwartete Bedingung erfüllt ist, packt man die Funktion im Normalfall in eine while-Schleife.

Die feste Bindung einer Bedingungsvariablen an einen Mutex impliziert, daß niemals zwei Threads gleichzeitig auf die selbe Bedingungsvariable warten und dabei zwei unterschiedliche Mutexe einsetzen dürfen. Jeder Bedingungsvariablen muß gemäß POSIX-Standard zu jedem Zeitpunkt genau ein Mutex zugeordnet sein. Umgekehrt dürfen einem Mutex sehr wohl mehrere Bedingungsvariablen zugeordnet werden. Bildlich gesprochen kann ein Mutex also mehrere Bedingungen schützen, während eine Bedingung immer vom selben Mutex geschützt werden muß.

Soll ein Thread nicht beliebig lange auf eine Bedingungsvariable warten müssen, so steht alternativ die Funktion pthread_cond_timedwait() bereit. Sie ist äquivalent zu pthread_cond_wait(), wartet auf eine Bedingungsvariable und verläßt dabei implizit den kritischen Bereich. Der Parameter abstime

---

[2] Die Freigabe des Mutex und der Eintritt in den Blocked-Zustand werden zu einer atomaren Operation zusammengeschweißt. Sollte also ein zweiter Thread den Mutex sperren und eine Zustandsveränderung signalisieren, so kann der ursprüngliche Thread bereits wieder aus seiner Wartephase geweckt werden.

legt jedoch zusätzlich einen festen Endtermin für die Wartephase fest. Erreicht oder überschreitet die Systemzeit den angegebenen Zeitpunkt, so kehrt die Funktion zurück (nachdem sie zuvor den referenzierten Mutex wieder gesperrt und der Thread damit den kritischen Bereich wieder betreten hat).

Beide Funktionen zeigen eine erfolgreiche Ausführung durch den Rückgabewert 0 an, ein Wert ungleich Null gibt Auskunft über den aufgetretenen Fehler. `pthread_cond_timedwait()` liefert den Wert `ETIMEDOUT` zurück, wenn die Bedingungsvariable innerhalb der vorgegebenen Zeit nicht signalisiert wurde.

Bedingungsvariablen signalisieren

Hat ein Thread innerhalb seines kritischen Bereichs den Zustand gemeinsam genutzter Ressourcen verändert, wird er anschließend mindestens einen der auf eine Änderung wartenden Threads mit Hilfe einer Bedingungsvariablen über dieses Ereignis informieren wollen. Diese Aufgabe übernehmen die beiden Funktionen `pthread_cond_broadcast()` und `pthread_cond_signal()`.

```
#include <pthread.h>

int pthread_cond_broadcast( pthread_cond_t *cond );
int pthread_cond_signal( pthread_cond_t *cond );
```

Beide Funktionen akzeptieren eine zuvor initialisierte Bedingungsvariable als Parameter. Während `pthread_cond_broadcast()` in einer Art Rundruf *alle* Threads aufweckt, die momentan auf die signalisierte Bedingungsvariable warten, weckt `pthread_cond_signal()` nur (mindestens) *einen* Thread aus seiner Wartephase.[3] Wartet zum Zeitpunkt des Weckrufs überhaupt kein Thread auf die signalisierte Bedingungsvariable, so verpufft die Mitteilung ungehört. Spätere Aufrufe von `pthread_cond_wait()` oder `pthread_cond_timedwait()` wissen also nichts von diesem verhallten Weckruf und blockieren wie gewohnt.

Wir können uns die `pthread_cond_signal()`-Funktion als Spezialform von `pthread_cond_broadcast()` denken. Bei sorgfältiger Programmierung kann anstatt `pthread_cond_signal()` generell immer der Broadcast gewählt werden. Der wesentliche Unterschied der beiden Varianten besteht in der Effizienz, denn `pthread_cond_broadcast()` weckt in aller Regel mehr Threads auf, als `pthread_cond_signal()`. Was den Algorithmus anbetrifft, ist dies nicht weiter von Bedeutung, solange die Threads in ihrem kritischen Bereich

---

[3] Auf Multiprozessorsystemen kann es in der Praxis nicht oder nur mit Leistungseinbußen zu realisieren sein, daß von `pthread_cond_signal()` genau ein Thread aufgeweckt wird. In IEEE Std 1003.1-2001 ist deshalb explizit festgehalten, daß durch diese Funktion auch mehrere Threads, aber eben mindestens einer, geweckt werden können.

als erstes ihre Bedingung neu auswerten. Die Umkehrrichtung ist dagegen nicht richtig: Ein Broadcast kann nicht in jedem Fall durch einen Aufruf von `pthread_cond_signal()` ersetzt werden.

Anders als beim Warten auf eine Bedingungsvariable muß ein Thread, der eine Bedingungsvariable signalisiert, zu diesem Zeitpunkt nicht in seinem kritischen Bereich sein. D. h. der signalisierende Thread muß den Mutex, den die wartenden Threads mit der Bedingungsvariable assoziiert haben, beim Aufruf von `pthread_cond_broadcast()` bzw. `pthread_cond_signal()` *nicht* gesperrt haben.

Übrigens steht die in diesem Abschnitt verwendete Terminologie *signalisieren* in keinem Zusammenhang mit dem in Abschnitt 2.4 eingeführten Signal-Konzept für Unix-Prozesse. Was in Pthreads-Programmen zu beachten ist, wenn im Rahmen der System- und Netzwerkprogrammierung Unix-Signale ins Spiel kommen, diskutieren wir in Abschnitt 3.3.3.

Mutexe und Bedingungsvariablen einsetzen

Wir nutzen nun die Möglichkeiten der Bedingungsvariablen, um eine finale Version unseres Erzeuger-/Verbraucher-Programms zu erstellen. Die neue Variante aus den Beispielen 3.6 und 3.7 arbeitet mit einem Erzeuger-Thread und zwei Verbraucher-Threads.

9–14   Die gemeinsame Datenstruktur wurde nochmals um zwei Komponenten vom Typ `pthread_cond_t` erweitert. Die Bedingungsvariable `add` wird vom Programm eingesetzt, um auf neue Elemente im Datenpuffer zu warten bzw. diese zu signalisieren. Die zweite Bedingungsvariable `rem` hat die Aufgabe, die Entnahme von Elementen aus dem Puffer zu kommunizieren.

31–42   Nachdem ein Verbraucher innerhalb der Endlosschleife seinen kritischen Bereich betreten hat, prüft er als erstes in einer Schleife, ob im gemeinsamen Datenpuffer Elemente zur Verarbeitung bereit stehen. Sollte der Puffer leer sein, so wartet der Verbraucher-Thread auf frische Ware. Er setzt dazu die Bedingungsvariable `data.add` ein, über die vom Erzeuger neue Elemente im Puffer angezeigt werden. Gleichzeitig mit dem Aufruf von `pthread_cond_wait()` verläßt der Thread implizit seinen kritischen Bereich und gibt den schützenden Mutex `data.mutex` frei. Sobald der Verbraucher-Thread wieder erwacht und aus der `pthread_cond_wait()`-Funktion zurückkehrt, ist er wieder im Besitz des Mutex' und befindet sich damit wieder in seinem kritischen Bereich. Durch die Schleife wird als erstes erneut die Bedingung „liegen Daten im Puffer bereit" geprüft und nur bei entsprechendem Ausgang verläßt der Thread die Schleife und fährt mit der weiteren Verarbeitung der Daten fort.

Beispiel 3.6. average-mutex-cv.c, Teil 1

```
 1  #include <errno.h>
 2  #include <pthread.h>
 3  #include <stdio.h>
 4  #include <stdlib.h>
 5
 6  #define MAX_NUMBERS 10
 7  #define NUM_CONSUMERS 2
 8
 9  typedef struct intbuffer {
10    int val[MAX_NUMBERS];
11    int in, out;
12    pthread_mutex_t mutex;
13    pthread_cond_t add, rem;
14  } intbuffer_t;
15
16  intbuffer_t data;
17
18  void error_exit( char *message, int status )
19  {
20    printf( "%s: %s\n", message, strerror( status ) );
21    exit( EXIT_FAILURE );
22  }
23
24  void *avg( void *arg )
25  {
26    int id = (int)arg;
27    int sum = 0, num = 0, status;
28
29    for(;;) /* Endlosschleife */
30    {
31      /* exklusiven Zugriff auf data sicherstellen */
32      status = pthread_mutex_lock( &data.mutex );
33      if( status != 0 )
34        error_exit( "pthread_mutex_lock()", status );
35
36      while( data.in == data.out ) /* solange Puffer leer */
37      {
38        /* auf neuen Wert warten, Mutex temporär freigeben */
39        status = pthread_cond_wait( &data.add, &data.mutex );
40        if( status != 0 )
41          error_exit( "pthread_cond_wait()", status );
42      }
43
44      /* Wert aufsummieren und Puffer weiterschalten */
45      sum += data.val[data.out];
46      data.out = ( data.out + 1 ) % MAX_NUMBERS;
47
```

```
48     /* erfolgte Aktualisierung des Puffers mitteilen */
49     status = pthread_cond_signal( &data.rem );
50     if( status != 0 )
51       error_exit( "pthread_cond_signal()", status );
52
53     /* exklusiven Zugriff auf data freigeben */
54     status = pthread_mutex_unlock( &data.mutex );
55     if( status != 0 )
56       error_exit( "pthread_mutex_unlock()", status );
57
58     num++; /* Zähler inkrementieren */
59
60     printf( "Thread %d - Durchschnitt der %d Werte: %lf\n",
61       id, num, (double)sum / num );
62   }
63
64   return( NULL );
65 }
```

48–56   Sobald der Verbraucher die Daten ausgelesen und den Puffer aktualisiert hat, signalisiert der Thread über die Bedingungsvariable data.rem, daß von ihm Daten entfernt wurden und daß dadurch im Puffer wieder Platz für neue Elemente ist. Diese Aktion weckt einen evtl. wartenden Erzeuger-Thread und veranlaßt ihn, neue Daten zu produzieren. Da maximal ein einziger Thread, der Erzeuger-Thread, auf diese Bedingungsvariable warten kann, ist an dieser Stelle kein Broadcast notwendig, ein Aufruf von pthread_cond_signal() reicht völlig aus. Im Anschluß gibt der Verbraucher den schützenden Mutex data.mutex frei und verläßt damit seinen kritischen Bereich. Wie bereits erwähnt, könnte der Verbraucher-Thread auch zuerst den Mutex freigeben und erst danach die neue Bedingung signalisieren.

58–61   Zum Abschluß berechnet der Thread den Durchschnittswert der von ihm verarbeiteten Daten und gibt das Ergebnis aus. Da es in diesem Beispiel gleich mehrere Verbraucher-Threads gibt, berechnet jeder Verbraucher lediglich seinen eigenen Durchschnittswert und nicht etwa den Durchschnitt aller eingegeben Zahlenwerte. Um letzteres zu erreichen, müßten die Variablen sum und num ebenfalls als gemeinsame, also externe Variablen vereinbart werden, z. B. als zusätzliche Komponenten der Struktur intbuffer. Der Zugriff auf sum und num müßte dann natürlich auch in einem kritischen Bereich erfolgen.

73–84   Im Hauptprogramm werden neben den Pufferzählern und dem Mutex nun auch die beiden neu hinzugekommenen Bedingungsvariablen der intbuffer-Struktur initialisiert.

86–92   Danach startet die main()-Funktion die durch NUM_CONSUMERS festgelegte Anzahl Verbraucher-Threads. Die Threads bekommen als Parameter eine laufende Nummer übergeben. Anschließend schlüpft der Hauptthread in die Rolle des Erzeuger-Threads.

96–103 In einer Endlosschleife wartet der Erzeuger auf neue Eingaben. Sobald er einen
neuen Zahlenwert eingelesen hat, betritt der Thread durch sperren des Mutex
data.mutex seinen kritischen Bereich.

Beispiel 3.7. average-mutex-cv.c, Teil 2

```
67  int main( int argc, char *argv[] )
68  {
69    pthread_t tid;
70    char input[32];
71    int i, status;
72
73    /* Puffer, Mutex und Bedingungsvariable initialisieren */
74    data.in = 0;
75    data.out = 0;
76    status = pthread_mutex_init( &data.mutex, NULL );
77    if( status != 0 )
78      error_exit( "pthread_mutex_init()", status );
79    status = pthread_cond_init( &data.add, NULL );
80    if( status != 0 )
81      error_exit( "pthread_cond_init()", status );
82    status = pthread_cond_init( &data.rem, NULL );
83    if( status != 0 )
84      error_exit( "pthread_cond_init()", status );
85
86    /* Die gewünschte Anzahl Verbraucher-Threads starten */
87    for( i = 1; i <= NUM_CONSUMERS; i++ )
88    {
89      status = pthread_create( &tid, NULL, avg, (void *)i );
90      if( status != 0 )
91        error_exit( "pthread_create()", status );
92    }
93
94    for(;;) /* Endlosschleife */
95    {
96      /* Einen neuen Wert einlesen ... */
97      printf( "input> " );
98      fgets( input, sizeof( input ), stdin );
99
100     /* exklusiven Zugriff auf data sicherstellen */
101     status = pthread_mutex_lock( &data.mutex );
102     if( status != 0 )
103       error_exit( "pthread_mutex_lock()", status );
104
105     /* solange kein Platz im Puffer ist */
106     while( ( ( data.in + 1 ) % MAX_NUMBERS ) == data.out )
107     {
108       /* abwarten und Mutex temporär freigeben */
```

```
109        status = pthread_cond_wait( &data.rem , &data.mutex );
110        if( status != 0 )
111          error_exit( "pthread_cond_wait()", status );
112      }
113
114      /* Wert im Puffer speichern und Puffer weiterschalten */
115      data.val[data.in] = atoi( input );
116      data.in = ( data.in + 1 ) % MAX_NUMBERS;
117
118      /* erfolgte Aktualisierung des Puffers mitteilen */
119      status = pthread_cond_broadcast( &data.add );
120      if( status != 0 )
121        error_exit( "pthread_cond_broadcast()", status );
122
123      /* exklusiven Zugriff auf data freigeben */
124      status = pthread_mutex_unlock( &data.mutex );
125      if( status != 0 )
126        error_exit( "pthread_mutex_unlock()", status );
127    }
128
129  exit( 0 );
130 }
```

105–112 Bevor der neue Wert in den Puffer übertragen werden darf, muß der Erzeuger zunächst prüfen, ob überhaupt genügend Platz vorhanden ist. Falls der Datenpuffer voll ist, muß der Thread warten, bis einer der Verbraucher-Threads wieder Daten entnommen hat, erst danach kann der aktuelle Wert im Puffer gespeichert werden. Der Erzeuger-Thread wartet dazu auf die Bedingungsvariable `data.rem`, über die die Entnahme von Daten angezeigt wird.[4] Der Aufruf von `pthread_cond_wait()` gibt implizit den schützenden Mutex frei und der Thread verläßt damit seinen kritischen Bereich. Sobald der Thread aus seinem Wartezustand erwacht, wird der Mutex wieder aquiriert und der Thread kehrt dann aus `pthread_cond_wait()` in seinen kritischen Bereich zurück. Wie vorgeschrieben, prüft der Erzeuger nun wieder die Bedingung „ist noch Platz im Puffer" und verläßt nur bei entsprechend positiver Auskunft die Warteschleife.

118–126 Nachdem der Erzeuger den neuen Wert im Datenpuffer gespeichert hat, signalisiert er dieses Ereignis an die Verbraucher-Threads. Nachdem unter Umständen gleich mehrere Verbraucher auf neue Werte warten, sendet der Erzeuger dazu mit `pthread_cond_broadcast()` einen Rundruf aus.

---

[4] Die verwendete Bedingungsvariable `data.rem` wird in diesem Beispiel übrigens vom selben Mutex geschützt, wie die Bedingungsvariable `data.add`, auf die die Verbraucher-Threads warten.

3.3 Pthreads und Unix-Prozesse

Die Erweiterung bzw. die Verfeinerung des Unix-Prozeßmodells durch POSIX-Threads hat zu einer Reihe von Anpassungen am vorausgehenden Standard IEEE Std 1003.1-1990 geführt. Während einige Problemfälle mitsamt ihren Lösungen auf der Hand liegen, gab es an anderen Stellen eine ganze Menge Diskussionsbedarf mit zum Teil entsprechend diffizilen Ergebnissen. Die folgenden Abschnitte geben einen Überblick, wie sich Pthreads-Programme mit den klassischen Unix-Konzepten vereinbaren lassen und was es dabei aus der Sicht der systemnahen Programmierung besonders zu beachten gilt.

3.3.1 Threadsichere und eintrittsinvariante Funktionen

Sowohl ANSI/ISO C als auch der POSIX-Standard wurden ursprünglich vor dem Hintergrund der klassischen Prozesse mit nur einem einzigen Kontrollfluß entwickelt. Mit der Einführung der POSIX-Threads stellte sich demnach die Frage, ob alle Funktionen und Systemaufrufe dieser Standards gefahrlos in Pthreads-Programmen eingesetzt werden können, oder ob dadurch Race Conditions verursacht werden. In der Diskussion unterscheidet man dabei die folgenden beiden Konzepte:

Threadsicherheit: Eine Funktion heißt laut IEEE Std 1003.1-2001 threadsicher oder *thread-safe*, wenn sie von mehreren Threads nebenläufig aufgerufen werden kann, ohne dabei Schaden anzurichten.

Threadsichere Funktionen müssen selbst dann korrekt arbeiten, wenn der Code der Funktion von mehreren Threads ausgeführt wird. Die nebenläufigen Aufrufe der Funktion dürfen sich hierbei gegenseitig nicht negativ beeinflussen, also insbesondere keine Race Conditions heraufbeschwören.[5] Im Allgemeinen wird dies durch gegenseitigen Ausschluß (beim Zugriff auf gemeinsame Ressourcen), threadspezifische Daten oder durch eintrittsinvarianten Programmcode erreicht.

Eintrittsinvarianz: Eine Funktion heißt laut IEEE Std 1003.1-2001 eintrittsinvariant oder *reentrant*, wenn das Ergebnis jeder beliebigen, nebenläufigen Ausführung durch mehrere Threads das gleiche ist, wie wenn die beteiligten Threads die Funktion jeweils einer nach dem anderen (in einer nicht festgelegten Reihenfolge) ausgeführt hätten.

Eintrittsinvariante Funktionen greifen nur auf ihre eigenen lokalen Variablen zu, hängen ausschließlich von den übergebenen Parametern ab und rufen selbst nur Funktionen mit identischen Eigenschaften auf. Eine eintrittsinvariante Funktion besitzt damit keine implizite Abhängigkeit von

---

[5] Threadsicherheit sagt im Übrigen nichts über die Effizienz aus, mit der der threadsichere Code ausgeführt wird.

einem globalen Zustand, insbesondere verwendet sie keine Synchronisationsprimitiven und greift auch nicht implizit auf gemeinsam genutzte
Ressourcen zu. Ist eine Funktion reentrant, so ist sie auch thread-safe.

IEEE Std 1003.1-2001 legt nun fest, daß von einem POSIX-konformen System
alle im Standard definierten Funktionen und Systemaufrufe, bis auf eine festgelegte Menge von Ausnahmen, thread-safe implementiert sein müssen. Bei
der Implementierung der Funktionen muß dazu, sofern notwendig, auf interne
Synchronisation zurückgegriffen werden, um die geforderte Threadsicherheit
zu erreichen. Die Liste der Ausahmen findet sich in Tabelle 3.1. Die vier mit *
markierten Funktionen dürfen genau dann *threadunsicher* arbeiten, wenn sie
mit einem Nullzeiger für den Parameter s (ctermid() und tmpnam()) bzw.
den Parameter ps (wcstombs() und wctomb()) aufgerufen werden. Für alle anderen Fälle müssen auch diese vier Funktionen laut POSIX-Standard
thread-safe implementiert sein.

Tabelle 3.1. Liste der nicht-threadsicheren POSIX-Funktionen

asctime()	fcvt()	getpwnam()	nl_langinfo()
basename()	ftw()	getpwuid()	ptsname()
catgets()	gcvt()	getservbyname()	putc_unlocked()
crypt()	getc_unlocked()	getservbyport()	putchar_unlocked()
ctime()	getchar_unlocked()	getservent()	putenv()
dbm_clearerr()	getdate()	getutxent()	pututxline()
dbm_close()	getenv()	getutxid()	rand()
dbm_delete()	getgrent()	getutxline()	readdir()
dbm_error()	getgrgid()	gmtime()	setenv()
dbm_fetch()	getgrnam()	hcreate()	setgrent()
dbm_firstkey()	gethostbyaddr()	hdestroy()	setkey()
dbm_nextkey()	gethostbyname()	hsearch()	setpwent()
dbm_open()	gethostent()	inet_ntoa()	setutxent()
dbm_store()	getlogin()	l64a()	strerror()
dirname()	getnetbyaddr()	lgamma()	strtok()
dlerror()	getnetbyname()	lgammaf()	ttyname()
drand48()	getnetent()	lgammal()	unsetenv()
ecvt()	getopt()	localeconv()	
encrypt()	getprotobyname()	localtime()	ctermid()*
endgrent()	getprotobynumber()	lrand48()	tmpnam()*
endpwent()	getprotoent()	mrand48()	wcstombs()*
endutxent()	getpwent()	nftw()	wctomb()*

Bis auf die Ausnahmen aus Tabelle 3.1 können also alle Funktionen und
Systemaufrufe aus ANSI/ISO C und IEEE Std 1003.1-2001 ohne besondere Vorkehrungen in Pthreads-Programmen eingesetzt werden. Für viele der
aufgezählten Ausnahmen hält der POSIX-Standard darüber hinaus eintrittsinvariante (und damit threadsichere) Alternativen bereit. Diese Varianten

der Originalfunktionen tragen das Suffix _r im Funktionsnamen und wurden
in der Art angepaßt, daß der von den Originalversionen implizit verwendete
Kontext ausgelagert ist und stattdessen von der aufrufenden Umgebung bereitgestellt werden muß. Die Verantwortung dafür, daß die Funktion von mehreren Threads nebenläufig genutzt werden kann, liegt damit in den Händen
der Anwendung und nicht mehr auf Seiten des POSIX-Standards.

```
#include <string.h>

char *strtok( char *s, const char *sep );
char *strtok_r( char * s, const char *sep,
  char **lasts );
```

Ein typischer Vertreter dieser threadsicheren Alternativfunktionen ist das
Funktionenpaar strtok() und strtok_r(). Mit der aus ANSI/ISO C stammenden strtok()-Funktion wird in einer iterativen Folge von Aufrufen eine
Zeichenkette in ihre Bestandteile (Tokens) zerlegt. Über die einzelnen Aufrufe
hinweg behält strtok() dabei einen impliziten Zustand, der anzeigt, wie weit
die Zeichenkette schon verarbeitet ist. Die Funktion ist nicht thread-safe, denn
abwechselnde oder gleichzeitige Aufrufe aus verschiedenen Threads verändern
gegenseitig den Zustand der Funktion und produzieren in der Konsequenz
falsche Ergebnisse. Aufgrund des iterativen Konzepts der strtok()-Funktion
läßt sich strtok() leider nicht threadsicher umgestalten, ohne dabei gleichzeitig die Signatur der Funktion zu verändern.

Als Ausweg aus diesem Dilemma führt der POSIX-Standard die Funktion
strtok_r() ein: Vom Prinzip her arbeitet diese eintrittsinvariante Version
genauso wie ihr nicht threadsicherer Vorgänger, nur wird das Wissen über
den Fortschritt der Zerlegung nicht mehr implizit bereitgestellt. Der Zustand
der Funktion wird stattdessen im per Referenz übergebenen Zeiger lasts
gespeichert. Die aufrufende Umgebung muß nun selbst sicherstellen, daß nicht
zwei Threads konkurrierend die selbe Zeichenkette verarbeiten.

3.3.2 Fehlerbehandlung und errno

Wie wir bereits in den zahlreichen Beispielen aus Kapitel 2 gesehen haben, ist
der Rückgabewert -1 die traditionelle Art, in der Unix-Systemaufrufe (und
auch die Funktionen der C-Standardbibliothek) einen Fehler anzeigen. Um
die genaue Fehlerursache zu ermitteln, muß im Anschluß zusätzlich die globale Variable errno ausgewertet werden. Allerdings hat dieses bereits seit Ur-
zeiten etablierte Verfahren u. a. den Nachteil, daß es keine Möglichkeit gibt,
den Wert -1 auch als regulären Rückgabewert zu liefern, wenn die Funktion
gleichzeitig in der Lage sein soll, Fehler anzuzeigen. Darüber hinaus treten er-
hebliche Probleme auf, wenn ein Prozeß aus mehreren Threads besteht, denn

in diesem Fall stellt das Setzen und Auswerten der globalen `errno`-Variable eine Race Condition dar.

Mit der Einführung der POSIX-Threads hat der POSIX-Standard zum ersten Mal mit dieser traditionellen Art der Fehlerbehandlung gebrochen und ist dazu übergegangen, Fehlersituationen komplett über die Rückgabewerte der (neu in den Standard aufgenommenen) Funktionen abzuwickeln.

Beginnend mit den Pthreads-Funktionen ist der Rückgabewert von Funktionen in der Regel für den Fehlerstatus reserviert, andere Daten werden über eigenständige Parameter aus der Funktion herausgereicht. Bei der neuen Art der Fehlerbehandlung zeigt der Rückgabewert 0 einen fehlerfreien Verlauf der aufgerufenen Funktion an. Andere Rückgabewerte geben direkt Auskunft über den aufgetretenen Fehler, die Werte können über die in der Header-Datei `<errno.h>` vereinbarten Konstanten aufgeschlüsselt werden. Dies haben wir in den Beispielprogrammen dieses Kapitels bereits mehrfach gesehen.

Die Funktionsweise der bereits in den älteren Versionen des POSIX-Standards definierten Systemaufrufe wurde bei diesem Paradigmenwechsel natürlich nicht angetastet. Um Pthreads-Programme aber auch mit dem traditionellen, fest etablierten Rückgabe-Mechanismus der alten Systemaufrufe in Einklang zu bringen, wurde die globale `errno`-Variable, die bislang als `extern`-Variable vorgesehen war, in eine thread-spezifische Variable umgewandelt. Jeder Thread hat laut IEEE Std 1003.1-2001 also seine eigene, private `errno`-Variable und kann damit auch gefahrlos auf Funktionen, die aufgetretene Fehler über `errno` anzeigen, zurückgreifen, ohne Race Conditions zu produzieren.

3.3.3 Signalverarbeitung

Auch die Signalverarbeitung mußte mit der Einführung von POSIX-Threads einer Überarbeitung unterzogen werden. Wird ein Signal für einen Prozeß mit mehreren Pthreads erzeugt, so stellt sich die Frage, ob das Signal entweder an den Prozeß oder aber an einen bestimmten Thread innerhalb des Prozesses geschickt werden soll. Man unterscheidet in diesem Zusammenhang zwei Fälle:

1. *Synchron generierte Signale* sind einem bestimmten Auslöser und damit auch einem bestimmten Thread innerhalb des aktuellen Prozesses zuzuordnen. Synchron generierte Signale, z. B. durch einen Arithmetik-Fehler (`SIGFPE`) oder eine unerlaubte Speicheradressierung (`SIGSEGV`) hervorgerufen, werden in Folge dessen auch an den auslösenden Thread geschickt.

2. *Asynchron generierte Signale* können dagegen keinem bestimmten Thread zugeordnet werden. Beispiele sind Signale, die mit der `kill()`-Funktion für einen Prozeß generiert oder über das Terminal an einen Prozeß geschickt werden. Diese Signale werden demach nicht für einen bestimmten Thread, sondern für den Prozeß als Ganzes generiert.

Darüber hinaus bietet die `pthread_kill()`-Funktion noch die Möglichkeit, ein Signal `sig` für den referenzierten Thread `thread` zu generieren. Man könnte ein solches Signal als *zielgerichtet generiertes Signal* bezeichnen. Auch in diesem Fall wird das Signal selbstverständlich direkt an den referenzierten Thread geschickt.[6] Falls die Operation erfolgreich war, liefert `pthread_kill()` den Rückgabewert 0. Andernfalls wurde kein Signal generiert und der zurückgelieferte Fehlercode gibt Auskunft über die Fehlerursache.

```
#include <pthread.h>
#include <signal.h>

int pthread_kill( pthread_t thread, int sig );
```

Damit ein Thread ein an ihn geschicktes Signal gezielt verarbeiten kann, besitzt jeder Thread seine eigene, threadspezifische Signalmaske. D. h. für jeden Thread kann individuell bestimmt werden, welche Signale er akzeptiert oder blockiert. Die Signalbehandlung findet dann im Kontext eines Threads statt. Im Gegensatz dazu hat aber ein Prozeß nach wie vor nur einen einzigen Satz von Signalbehandlungsroutinen. Die mit einem Signal verbundene Aktion betrifft also immer den gesamten Prozeß. Insbesondere wird durch die Standardaktionen immer noch der ganze Prozeß beendet oder angehalten, falls ein entsprechendes Signal eintrifft. Es ist folglich auch nicht möglich, daß zwei verschiedene Threads zwei unterschiedliche Signalbehandlungsroutinen für ein Signal aktivieren, um damit etwa unterschiedlich auf Arithmetik-Fehler reagieren zu können.

Löst ein Thread z. B. einen Arithmetik-Fehler aus und hat der Thread das `SIGFPE`-Signal nicht blockiert, dann wird dieser Thread durch die prozeßweit festgelegte Signalbehandlungsroutine für das `SIGFPE`-Signal unterbrochen. Hinterlegt ein Thread eine alternative Signalbehandlungsroutine für das `SIGFPE`-Signal, so gilt die neue Signalbehandlung gleichzeitig auch für alle anderen Threads des Prozesses. Schlimmer noch: In Abschnitt 2.4.1 haben wir gelernt, daß beim Eintritt in eine Signalbehandlungsfunktion das zu behandelnde Signal blockiert wird. Nachdem nun jeder Thread seine eigene Signalmaske besitzt, ist das Signal nur für den gerade unterbrochenen Thread blockiert. Ein zweites `SIGFPE`-Signal könnte einen weiteren Thread unterbrechen und damit wären zwei Threads zur selben Zeit in der gleichen Signalbehandlungsroutine aktiv und würden demzufolge auch um gemeinsame Ressourcen konkurrieren.

Aus diesem Grund empfiehlt sich in Pthreads-Programmen eine andere Herangehensweise an die Signalverarbeitung. Anstatt die generierten Signale auf

---

[6] Übrigens können *alle* Signale sowohl synchron als auch asynchron (und natürlich auch zielgerichtet) generiert werden. Die Eigenschaften *synchron, asynchron* und *zielgerichtet* sind also lediglich Eigenschaften der Signalerzeugung und keine Eigenschaften des Signals als solches.

die traditionelle Weise asynchron von einer Signalbehandlungsfunktion verarbeiten zu lassen, behandelt ein dedizierter Thread die Signale synchron.[78] Im Allgemeinen blockiert der `main()`-Thread dazu alle Signale, bevor er den ersten Thread startet. Die `pthread_create()`-Funktion vererbt die Signalmaske des aufrufenden Threads automatisch an alle neu gestarteten Threads. Damit haben auch die neu gestarteten Threads bereits alle die gewünschten Signale in ihrer Signalmaske blockiert. Der für die Signalbehandlung vorgesehene Thread nimmt nun mit `sigwait()` die für den Prozeß generierten Signale an und behandelt sie nach Wunsch. Nachdem dieser Signalbehandlungsthread der einzige Thread ist, der die überall blockierten Signale annimmt, werden anhängige Signale ausschließlich von diesem Thread verarbeitet. Anders als eine asynchron gestartete Signalbehandlungsroutine unterliegt der Thread dabei keinen Einschränkungen und darf zur Behandlung der Signale auch auf Funktionen zurückgreifen, die nicht async-signal-safe sind.

```
#include <pthread.h>
#include <signal.h>

int pthread_sigmask ( int how , const sigset_t *set ,
    sigset_t *oset );
```

In einem Prozeß mit mehreren Threads muß zur Manipulation der Signalmaske anstelle der klassischen `sigprocmask()`-Funktion die Pthreads-Funktion `pthread_sigmask()` eingesetzt werden. `pthread_sigmask()` hat die gleiche Signatur wie `sigprocmask()`, setzt aber anstelle der Signalmaske des Prozesses lediglich die Signalmaske des aufrufenden Threads. Ansonsten ist das Verhalten der beiden Funktionen identisch (vgl. dazu Abschnitt 2.4.2). Wie bereits erwähnt, erben neue Pthreads die Signalmaske des Threads, der sie erzeugt hat.

In den Beispielen 3.8 und 3.9 sehen wir ein Programm, das das Signal SIGINT mit Hilfe eines dedizierten `sigwait()`-Threads synchron annimmt und verarbeitet. Der Hauptthread wartet maximal 15 Sekunden lang darauf, daß dreimal in Folge über das Terminal die Abbruchtaste betätigt wird.

9–11   Zunächst vereinbaren und initialisieren wir zur Synchronisation zwischen Hauptthread und `sigwait()`-Thread einen Zähler `sig_count` samt Mutex und Bedingungsvariable. In `sig_count` wird die Anzahl der behandelten SIGINT-Signale gezählt. Der logische Zusammenhang zwischen Daten, Mutex und Bedingungsvariable wird diesmal nicht durch eine Datenstruktur dokumentiert, sondern lediglich über das gemeinsame Präfix `sig_` hervorgehoben.

---

[7] Ob Signale *synchron* oder *asynchron* behandelt werden, hängt nicht mit der Signalerzeugung zusammen. Beispielsweise können asynchron generierte Signale sowohl synchron als auch asynchron behandelt werden.

[8] Ein Thread, der Signale synchron verarbeitet, verrichtet diese Arbeit natürlich trotzdem asynchron zu den restlichen Threads im selben Prozeß.

19–31 In der Startfunktion des `sigwait()`-Threads wird als erstes die Signalmaske für den `sigwait()`-Aufruf initialisiert. Wir wollen in diesem Thread lediglich SIGINT-Signale behandeln. Danach wartet der `sigwait()`-Thread, der ausschließlich zur Signalverarbeitung abgestellt wurde, auf das Eintreffen eines Signals. Ist momentan kein Signal für den Thread anhängig, so blockiert `sigwait()` den aufrufenden Thread. Der Aufruf von `sigwait()` vertraut im Übrigen darauf, daß das SIGINT-Signal in der Signalmaske des Threads bereits blockiert ist. In unserem Beispiel wird das vor dem Start des `sigwait()`-Threads von der `main()`-Funktion erledigt (siehe unten).

Beispiel 3.8. pthreads-signal.c, Teil 1

```
1   #include <errno.h>
2   #include <pthread.h>
3   #include <signal.h>
4   #include <stdio.h>
5
6   #define INTERRUPTS 3
7   #define TIMEOUT 15
8
9   pthread_mutex_t sig_mutex = PTHREAD_MUTEX_INITIALIZER;
10  pthread_cond_t sig_cond = PTHREAD_COND_INITIALIZER;
11  int sig_count = 0;
12
13  void error_exit( char *message, int status )
14  {
15    printf( "%s: %s\n", message, strerror( status ) );
16    exit( 1 );
17  }
18
19  void *sigcatcher( void *arg )
20  {
21    sigset_t sigset;
22    int status, signal;
23
24    /* Signalmaske initialisieren */
25    sigemptyset( &sigset );
26    sigaddset( &sigset, SIGINT );
27
28    for(;;)
29    {
30      /* eintreffende Signale synchron annehmen */
31      sigwait( &sigset, &signal );
32      if( signal == SIGINT )
33      {
34        printf( "Ctrl-C abgefangen.\n" );
35
36        status = pthread_mutex_lock( &sig_mutex );
```

```
37          if( status != 0 )
38              error_exit( "pthread_mutex_lock()", status );
39
40          sig_count++; /* Signal zählen und Änderung melden */
41
42          status = pthread_cond_signal( &sig_cond );
43          if( status != 0 )
44              error_exit( "pthread_cond_signal()", status );
45
46          status = pthread_mutex_unlock( &sig_mutex );
47          if( status != 0 )
48              error_exit( "pthread_mutex_unlock()", status );
49      }
50  }
51 }
```

32–49 Sobald ein Signal eingetroffen ist, kehrt die sigwait()-Funktion zurück. Sofern es sich um das erwartete SIGINT-Signal handelt, tritt der Signalbehandlungsthread in seinen kritischen Bereich ein und inkrementiert den Signalzähler sig_count. Die Aktualisierung des Zählers wird dem Hauptthread über pthread_cond_signal() mitgeteilt. Abschließend wird der kritische Bereich wieder verlassen und der Thread wartet auf das nächste Signal.

60–67 Auch im Hauptthread wird zunächst eine geeignete Signalmaske für das SIGINT-Signal erstellt. Durch dem Aufruf von pthread_sigmask() wird dieses Signal für den main()-Thread blockiert.

69–77 Erst danach wird der sigwait()-Thread gestartet. Der neue Thread erbt damit die Signalmaske seines Erzeugers und hat das SIGINT-Signal somit ebenfalls blockiert. Er ist der einzige Thread im Prozeß, der das überall blockierte SIGINT-Signal synchron behandelt. Nachdem der sigwait()-Thread nicht aus seiner Endlosschleife ausbrechen kann und sich somit auch nicht beendet, entkoppeln wir den Thread mit pthread_detach().

79–98 Jetzt berechnen wir die Endzeit des beabsichtigten 15-sekündigen Timeouts und geben auf dem Bildschirm eine Aufforderung zur Betätigung der Abbruchtaste aus. Danach betritt der Hauptthread seinen kritischen Bereich, in dem er mit Hilfe der Bedingungsvariablen sig_cond darauf wartet, daß der Anwender drei Mal innerhalb von 15 Sekunden die Abbruchtaste betätigt hat. Während pthread_cond_timedwait() auf das Eintreten der Bedingung (oder einen Timeout) wartet, verläßt der Thread implizit seinen kritischen Bereich. Sofern die Bedingung erfüllt ist, oder pthread_cond_timedwait() durch einen Timeout unterbrochen wurde (Zeile 95), wird die while()-Schleife wieder verlassen.

Beispiel 3.9. pthreads-signal.c, Teil 2

```
53  int main( int argc, char *argv[] )
54  {
55    pthread_t tid;
56    sigset_t sigset;
57    struct timespec timeout;
58    int status;
59
60    /* Signalmaske initialisieren */
61    sigemptyset( &sigset );
62    sigaddset( &sigset, SIGINT );
63
64    /* Signalmaske für den main()-Thread setzen  */
65    status = pthread_sigmask( SIG_BLOCK, &sigset, NULL );
66    if( status != 0 )
67      error_exit( "pthread_sigmask()", status );
68
69    /* Der sigcatcher-Thread erbt die Signalmaske */
70    status = pthread_create( &tid, NULL, sigcatcher, NULL );
71    if( status != 0 )
72      error_exit( "pthread_create()", status );
73
74    /* Thread entkoppeln, es folgt kein pthread_join() mehr */
75    status = pthread_detach( tid );
76    if( status != 0 )
77      error_exit( "pthread_detach()", status );
78
79    /* relativen Timeout in absolute Zeitangabe umwandeln */
80    timeout.tv_sec = time( NULL ) + TIMEOUT;
81    timeout.tv_nsec = 0;
82
83    printf( "Drück %d mal Ctrl-C und alles ist ok.\n",
84      INTERRUPTS );
85
86    status = pthread_mutex_lock( &sig_mutex );
87    if( status != 0 )
88      error_exit( "pthread_mutex_lock()", status );
89
90    /* gewünschte Anzahl von Signalen oder Timeout abwarten */
91    while( sig_count < INTERRUPTS )
92    {
93      status = pthread_cond_timedwait( &sig_cond, &sig_mutex,
94        &timeout );
95      if( status == ETIMEDOUT )
96        break;
97      else if( status != 0 )
98        error_exit( "pthread_cond_timedwait()", status );
99    }
```

```
100
101    if( sig_count < INTERRUPTS )
102      printf( "Timeout!\n" );
103    else
104      printf( "Na gut, dann hören wir halt auf.\n" );
105
106    status = pthread_mutex_unlock( &sig_mutex );
107    if( status != 0 )
108      error_exit( "pthread_mutex_unlock()", status );
109
110    exit( 0 );
111  }
```

101–110 Zum Schluß zeigt eine Kontrollausgabe an, ob, wie gewünscht, drei Mal die Abbruchtaste gedrückt wurde, oder ob zuvor die maximale Wartezeit abgelaufen ist. Diese abschließende Überprüfung der Bedingung ist wichtig, da beim Verlassen der while()-Schleife zunächst noch nicht geklärt ist, ob die Bedingung tatsächlich erfüllt wurde. In jedem Fall verläßt der Hauptthread danach wieder seinen kritischen Bereich und beendet das Programm.

3.3.4 fork() und exec() in Pthreads-Programmen

Wie wir in Abschnitt 2.5.2 sehen konnten, werden unter Unix mit Hilfe der fork()-Funktion neue Prozesse erzeugt. Vor der Einführung der POSIX-Threads war dies die einzige Methode, mit der ein Programm einen neuen Kontrollfluß erzeugen konnte. Für dieses Vorhaben gibt es im Wesentlichen nur zwei Gründe:

1. Es soll tatsächlich ein neuer Kontrollfluß im gleichen Programm (aber im Unterschied zu Pthreads nicht im selben Prozeß) eröffnet werden. Der neue Prozeß führt dann die ihm zugedachten Aufgaben des Programms parallel zum Elternprozeß in einem neuen Prozeß aus. Ein typisches Beispiel ist ein Webserver, der mehrere Kunden gleichzeitig bedienen soll.

2. Der neue Kontrollfluß hat eigentlich nur die Aufgabe, ein ganz anderes Programm zu starten. In diesem Fall folgt dem Aufruf der fork()-Funktion mehr oder weniger umgehend ein exec()-Aufruf, mit dem der Prozeß sein Prozeßabbild komplett mit dem neuen Programm überlagert.

Das Hauptproblem der fork()-Funktion in einem Prozeß mit mehreren Threads ist die Frage, was beim abspalten des neuen Prozesses mit den vorhandenen Threads passieren soll. Anders als in einem Prozeß mit nur einem Kontrollfluß ist hier nicht klar, welchen Gesamtzustand das Programm beim Start des neuen Prozesses gerade hat. Werden alle Threads in den neuen Prozeß übernommen, so muß der Programmierer diverse Sonderfälle behandeln,

denn nur der Thread, der gerade `fork()` aufgerufen hat, weiß über die Prozeß-
verdoppelung Bescheid und kann unterscheiden, ob er sich nach der Rückkehr
aus `fork()` im Eltern- oder Kindprozeß befindet. Für die restlichen Threads
existiert diese Möglichkeit jedoch nicht.

Der POSIX-Standard legt deshalb fest, daß in einem Kindprozeß, der von einem Pthreads-Programm mit `fork()` erzeugt wurde, einzig noch der Thread
existiert, der im Elternprozeß die `fork()`-Funktion aufgerufen hat. Alle Mutexe und Bedingungsvariablen existieren auch im Kindprozeß und haben dort
den selben Zustand, nur die Threads, die zum Zeitpunkt des `fork()`-Aufrufs
auf die Mutexe oder Bedingungsvariablen gewartet haben, sind verschwunden. Auch der `fork()`-Thread hat den gleichen Zustand wie im Elternprozeß
und ist insbesondere Eigentümer der gleichen Mutexe.

Dieser Ansatz behebt zwar das weiter oben geschilderte Problem, hat aber
seinerseits wieder eigene Nachteile: Nachdem die im Elternprozeß parallel ablaufenden Threads einfach verschwunden sind, bleiben die Ressourcen, die von
diesen Threads gerade belegt waren, nach wie vor belegt. Hatte einer der eli-
minierten Threads zum Zeitpunkt des `fork()`-Aufrufs einen Mutex gesperrt,
so bleibt dieser Mutex im Kindprozeß für immer gesperrt.

Aus diesem Grund empfiehlt es sich, die `fork()`-Funktion in Pthreads-
Programmen nur zum Start *neuer* Programme einzusetzen. In diesem Fall
wird der Prozeß unmittelbar nach dem `fork()`-Aufruf mit `exec()` von einem
neuen Prozeßabbild überlagert und Belegung der alten Programmressourcen
spielt damit keine Rolle mehr. Für neue Kontrollflüsse des gleichen Programms
greift man dagegen besser auf die `pthread_create()`-Funktion zurück.

Für Fälle, in denen tatsächlich aus einem Pthreads-Programm ein neuer Kontrollfluß in einem eigenen Prozeß gestartet werden muß, stellt der POSIX-
Standard die Funktion `pthread_atfork()`-Funktion bereit.

```
#include <pthread.h>

int pthread_atfork( void (*prepare)(void),
  void (*parent)(void), void (*child)(void) );
```

`pthread_atfork()` erwartet als Parameter drei Zeiger auf Funktionen, die
als sogenannte *Forkhandler* von der `fork()`-Funktion vor und nach dem Erzeugen des neuen Prozesses ausgeführt werden. Die Forkhandler laufen dabei
im Kontext des Threads ab, der die `fork()`-Funktion aufgerufen hat. Die
`prepare`-Funktion läuft unmittelbar vor der eigentlichen Verdoppelung des
Prozesses ab. Unmittelbar nach der Verdoppelung folgen die `parent`- bzw.
`child`-Funktion im Eltern- bzw. Kindprozeß. Für alle drei Zeiger kann `NULL`
übergeben werden, falls keine Funktion hinterlegt werden soll.

Werden durch mehrfachen Aufruf der `pthread_atfork()`-Funktion mehrere
Forkhandler hinterlegt, so wird bei einem Aufruf der `fork()`-Funktion die

folgende Reihenfolge eingehalten: Die `parent`- und `child`-Forkhandler werden in der Reihenfolge ausgeführt, in der sie hinterlegt wurden. Die `prepare`-Forkhandler werden in der umgekehrten Reihenfolge ausgeführt.

Wie die anderen Pthreads-Funktionen gibt auch `pthread_atfork()` im Erfolgsfall den Wert 0 zurück. Andernfalls gibt der Rückgabewert Aufschluß über die genaue Fehlerursache.

Mit Hilfe solcher Forkhandler kann nun ein Prozeß versuchen, im Verlauf der `fork()`-Funktion einen konsistenten Zustand aller Threads herbeizuführen oder sogar alle Threads geordnet zu beenden, bevor ein neuer Prozeß erzeugt wird. Damit lassen sich unter Umständen, wenn auch nur sehr mühsam, einige der geschilderten Probleme vermeiden.

4

Grundlagen der Socket-Programmierung

Nachdem wir uns ausführlich mit genau den Aspekten der Systemprogrammierung auseinandergesetzt haben, die bei der Entwicklung robuster, leistungsfähiger Netzwerkanwendungen eine wichtige Rolle spielen, sind wir bestens für die ersten Schritte der Netzwerkprogrammierung gerüstet.

Im aktuellen Kapitel konzentrieren wir uns auf TCP- und UDP-Sockets, mit deren Hilfe die meisten Netzwerkanwendungen miteinander kommunizieren. Im Umfeld der Socket-Programmierung kommt es natürlich nicht nur auf den reinen Datenaustausch zwischen den Kommunikationspartnern an. Auch Namens- und Adreßumwandlungen oder die simultane Behandlung gleichzeitiger Netzwerkanforderungen spielen eine wichtige Rolle.

4.1 Erste Schritte mit telnet und inetd

Die einfachste Art und Weise, die ersten Erfahrungen mit netzwerkfähigen Anwendungen zu sammeln, ist der Einsatz des Telnet-Kommandos und des *Internet Dæmons* inetd. Mit Hilfe dieser Bordmittel, mit denen jedes Unix-System ausgestattet ist, lassen sich Netzwerkdienste sehr einfach testen, ohne daß dafür extra eigene Programme entwickelt werden müßten.

4.1.1 Das telnet-Kommando als Netzwerk-Client

Das Telnet-Kommando bietet sicher die einfachste Möglichkeit, mit einem TCP-basierten Netzwerkdienst Kontakt aufzunehmen. Höchstwahrscheinlich haben Sie selbst schon einmal auf dieses Kommando zurückgegriffen. Unter normalen Umständen verbindet Sie telnet mit dem Telnet-Dæmon auf einem entfernten Rechner, welcher sich prompt mit einem Login-Dialog meldet.

```
$ telnet manhattan
Trying...
Connected to manhattan.
Escape character is '^]'.

AIX Version 4
(C) Copyrights by IBM and by others 1982, 1996.
login: zahn
zahn's Password:
zahn@manhattan:/home/zahn(645): exit
Connection closed.
```

Der Telnet-Dæmon fordert den Anwender über den Telnet-Client auf, seinen Benutzernamen und sein Paßwort interaktiv einzugeben. Danach hat sich der User auf dem entfernten System angemeldet und kann in seiner Shell arbeiten.

Beliebige Dienste ansprechen

Das Telnet-Programm ist aber auch in der Lage, mit anderen Diensten Verbindung aufzunehmen. Durch die zusätzliche Angabe eines Ports bzw. eines Servicenamens beim Programmaufruf (z. B. www, ftp, daytime oder pop3) öffnet telnet einen Kommunikationskanal zum angegebenen Dienst. Auf diese Art und Weise lassen sich mit dem Telnet-Kommando nahezu beliebige Dienste testen. Als einführendes Beispiel verbinden wir uns mit dem Daytime-Dienst des Rechners *manhattan,* um uns von diesem Rechner die aktuelle Uhrzeit samt Datum ausgeben zu lassen:[1]

```
$ telnet manhattan daytime
Trying...
Connected to manhattan.
Escape character is '^]'.
Tue Feb 10 10:58:39 2004
Connection closed.
```

Die ersten drei Zeilen im vorangehenden Beispiel sind wieder die typischen Informationsausgaben des Telnet-Programms. Bei der vierten Zeile handelt es sich um die eigentliche, einzeilige Antwort des Daytime-Dienstes und in der

---

[1] Falls Sie dieses und die nachfolgenden Beispiele in Ihrer eigenen Umgebung nachvollziehen wollen, müssen Sie darauf achten, daß der Zielrechner die angesprochenen Dienste auch tasächlich aktiviert hat. Früher gehörte es noch „zum guten Ton", daß ein Unix-System daytime und andere Dienste aktiviert hatte. Heutzutage werden diese Standarddienste meist deaktiviert, um Mißbrauch vorzubeugen oder Schwachstellen in der Implementierung (z. B. Buffer-Overflows) erst gar nicht zur Entfaltung kommen zu lassen.

letzten Zeile teilt uns das Telnet-Programm wieder mit, daß es die Verbindung abgebaut hat.

Um wirklich sinnvoll mit einem Dienst am anderen Ende der Verbindung kommunizieren zu können, muß man freilich dessen Sprache beherrschen. Umgekehrt muß natürlich auch der Dienst mit den Anfragen des Clients etwas anfangen können. Wie bei einem Telefongespräch kann sehr schnell große Verwirrung herrschen, wenn die beiden Parteien nicht der gleichen Landessprache mächtig sind oder wenn sich die Teilnehmer nicht auf gewisse Umgangsformen (Begrüßung, Verabschiedung, Reihenfolge der Wortmeldungen, . . .) einigen können. Auch (oder gerade) in der Welt der Computernetze müssen sich beide Kommunikationspartner beim Datenaustausch über das *Protokoll*[2] der gemeinsamen Sitzung einig sein.

Im Falle des Daytime-Protokolls hatten wir damit keine besonderen Schwierigkeiten. Der Daytime-Dienst sieht laut RFC 867 lediglich vor, daß der Server dem anfragenden Client nach erfolgtem Verbindungsaufbau die aktuelle Uhrzeit samt Datum liefert und danach die Verbindung wieder beendet. Besondere „Höflichkeitsfloskeln", wie z. B. eine freundliche Begrüßung oder Verabschiedung, sind im Daytime-Protokoll nicht vorgesehen.

Kommunikation mit einem Mailserver

Deutlich aufwendiger wird die Angelegenheit beispielsweise beim „Simple Mail Transfer Protocol" (SMTP), welches in RFC 2821 spezifiziert wird. Hier treten zwei Prozesse über das Netzwerk in einen richtigen Dialog. Dieser Dialog folgt dabei einem strengen Ablaufprotokoll. Bei den beiden Prozessen kann es sich z. B. um das Mailprogramm eines Anwenders und den Mailserver seines Internet-Providers handeln oder auch um zwei Mailserver, die gerade eine Mail über das Netzwerk weiterreichen.

Im folgenden Beispiel kontaktieren wir den Mailserver *manhattan* und übergeben diesem per SMTP eine Nachricht von Effendi an Christl. Alle Zeilen, die mit drei Ziffern beginnen, sind Ausgaben des Mailservers, die dieser an den Mailclient übermittelt. Die restlichen Zeilen sind Eingaben, die mit Hilfe des Telnet-Kommandos an den Server übertragen werden:

```
$ telnet manhattan smtp
Trying...
Connected to manhattan.
Escape character is '^T'.
220 manhattan ESMTP Exim 4.30 Tue, 17 Feb 2004 10:45:15 +0100
```

---

[2] In den hier angestellten Überlegungen bezeichnet der Begriff *Protokoll* das Anwendungsprotokoll, also eine Gesprächsablaufvereinbarung zwischen zwei Anwendungsprogrammen. Wir werden im weiteren Verlauf sehen, daß die Bezeichnung *Protokoll* ein, im wahrsten Sinne des Worts, vielschichtiger Begriff ist.

```
HELO indien
250 manhattan Hello indien [192.168.1.1]
MAIL FROM: <effendi@indien>
250 OK
RCPT TO: <christl@manhattan>
250 Accepted
DATA
354 Enter message, ending with "." on a line by itself
Kurze Nachricht: Sind gut angekommen.
Später mehr.
.
250 OK id=1AvZ8c-00073q-4i
QUIT
221 manhattan closing connection
Connection closed.
```

Anders als der Daytime-Dienst beginnt der Mailserver die Konversation umgehend mit einer Begrüßungsformel. Wichtig ist in dieser ersten Zeile vor allem der Statuscode 220, mit dem der Server seine Bereitschaft signalisiert, von seinem Gegenüber Aufgaben anzunehmen.[3] Auf diese Begrüßung reagiert der SMTP-Client seinerseits mit einem „Hallo, ich bin der Client mit dem Namen indien", indem er an den Server HELO, gefolgt von seinem eigenen Rechnernamen schickt.[4] Der Server erwiedert die Begrüßung des Clients durch ein „Hallo indien" mit Statuscode 250. Wichtig ist auch hierbei wieder der Statuscode 250, der so viel bedeutet wie „Deine Anforderung war ok, ich bin fertig".

Nachdem sich die beiden Parteien nun miteinander bekannt gemacht haben, folgt die eigentliche, dreistufige Mail-Transaktion: Die Transaktion beginnt mit dem Kommando MAIL, das eine neue Mail initiiert und gleichzeitige den Absender der Mail an den Server übergibt. Danach folgen eine oder mehrere RCPT-Zeilen, über die die Adressaten der Mail festgelegt werden. Als letztes folgt die eigentlich zu überbringende Nachricht, eingeleitet durch das Kommando DATA und abgeschlossen durch eine Marke, die das Ende der Mail anzeigt. Diese Marke besteht aus einer Textzeile, die als erstes und einziges Zeichen einen Punkt enthält.

Falls die Anforderungen des Clients erfüllt werden können, reagiert der Mailserver jeweils mit dem Statuscode 250. Das DATA-Kommando kann allerdings erst abgeschlossen werden, wenn die Ende-Markierung erreicht ist. Deshalb quittiert der Server die Eingabe DATA zunächst mit der Aufforderung, nun den Nachrichtenteil der Mail zu liefern, was sich im Statuscode 354 ausrückt. Alle jetzt folgenden Textzeilen bilden – ausschließlich der Ende-Marke – den

---

[3] Alternativ könnte der Server auch mit dem Code 554 reagieren, um zu signalisieren, daß er derzeit seine Dienste nicht zur Verfügung stellt.

[4] Neuere SMTP-Clients schicken anstatt HELO die Zeichenkette EHLO an den Server und zeigen damit an, daß sie diverse SMTP-Serviceerweiterungen unterstützen.

eigentlichen Inhalt der Nachricht. Die Ende-Marke selbst quittiert der SMTP-Server wieder mit dem Statuscode 250.

Abschließend wird die Verbindung zum Server vom Client aus abgebaut. Der Client schickt dazu das Kommando QUIT an den Server. Dieser bestätigt mit dem Code 221, daß die Verbindung nun beendet wird und beide Seiten schließen danach im gegenseitigen Einvernehmen den gemeinsam genutzten Kommunikationskanal. Auch bei dieser Verabschiedung lassen sich Parallelen zu einem Telefonat erkennen: Keine der beiden Parteien wird unter normalen Umständen gegen Ende eines Telefongesprächs einfach auflegen, ohne sich zuvor von seinem Gesprächspartner zu verabschieden.

Zusammenfassung

Ohne daß wir es bislang explizit erwähnt haben, sind unter der Motorhaube des Telnet-Kommandos einige wichtige Schritte abgelaufen, die wir später bei der Entwicklung netzwerkfähiger Anwendungen beachten und auch selbst umsetzen müssen:

1. Der beim Aufruf übergebene Rechnername wird intern in eine netzwerktaugliche Notation umgewandelt. Das Programm bedient sich dazu einer Art „Telefonauskunft", die zu einem gegebenen Namen die richtige „Rufnummer" ermittelt. Erst diese Rufnummer – in der Welt der Telefonie eine Telefonnummer, in der Welt der Computer eine „IP-Adresse" – ermöglicht die Kontaktaufnahme mit einem entfernten Rechnersystem.

2. Der übergebene Servicename, in unseren Beispielen waren das daytime bzw. smtp, wird in eine Portnummer gewandelt. Bei unserem Vergleich mit der Telefonie können wir diese Portnummer mit der Durchwahl gleichsetzen: In größeren Firmen gibt es für die verschiedenen Dienstleistungen der Firma verschiedene Ansprechpartner. Die Telefonnummer der Firma reicht damit also u.U. nicht aus, um den richtigen Gesprächspartner ans Telefon zu bekommen. Auch ein Rechnersystem kann gleichzeitig mehrere Dienste anbieten. Die Auswahl des gewünschten Diensts erfolgt deshalb stets über eine sogenannte Portnummer.

3. Das Telnet-Programm baut anschließend eine TCP-Verbindung zu der zuvor ermittelten Kombination aus IP-Adresse und Portnummer auf. Ist der Verbindungsaufbau erfolgreich, d.h. hört auf dem Zielsystem der entsprechende Dienst und nimmt die Verbindung auf dem spezifizierten Port an, dann übermittelt telnet alle Terminaleingaben an die Gegenstelle. Gleichzeitig werden alle von der Gegenseite empfangenen Daten auf dem Terminal ausgegeben. Die Konversation kann so lange fortgesetzt werden, bis eine der beiden Parteien die Verbindung beendet.

4. Am Ende der Sitzung schließt telnet die zuvor geöffnete Netzwerkverbindung und beendet sich.

Wie wir damit gesehen haben, bietet das Telnet-Kommando eine wunderbare Möglichkeit, sowohl die Verfügbarkeit als auch die Funktion von Netzwerkdiensten zu testen. Wir werden deshalb im weiteren Verlauf dieses Buchs noch einige Male auf diese angenehme Eigenschaft des Programms zurückgreifen.

4.1.2 Einfache Netzwerkdienste mit dem inetd

Der *Internet Dæmon* inetd ist das zweite unverzichtbare Werkzeug in unserem „Schnellstarter-Kit" der Unix Netzwerkprogrammierung. Mit der Hilfe dieses Dæmons lassen sich einfache Programme im Handumdrehen in netzwerkfähige Anwendungen verwandeln.

Die Konfigurationsdatei /etc/inetd.conf legt fest, für welche Ports der Internet Dæmon auf eingehende Netzwerverbindungen warten, und wie er auf neue Verbindungen reagieren soll. Trifft eine Verbindungsanfrage für einen, vom inetd verwalteten Port ein, so startet der Dæmon den konfigurierten Dienst. Der Internet Dæmon sorgt außerdem dafür, daß für den neuen Prozeß sowohl dessen Standard Ein- und Ausgabe als auch dessen Fehlerausgabe mit der eben aufgebauten Netzwerkverbindung verknüpft ist.

Der nachfolgende Ausschnitt aus einer solchen Konfiguration zeigt den typischen Aufbau der Datei:

```
# /etc/inetd.conf: Internet server configuration
#
# Internal services
echo      stream  tcp   nowait   root   internal
echo      dgram   udp   wait     root   internal
daytime   stream  tcp   nowait   root   internal
daytime   dgram   udp   wait     root   internal
time      stream  tcp   nowait   root   internal
time      dgram   udp   wait     root   internal
# Standard services
pop3      stream  tcp   nowait   root   /usr/sbin/ipop3d ipop3d
imap4     stream  tcp   nowait   root   /usr/sbin/imapd  imapd
```

Die erste Spalte enthält immer den Namen des angebotenen Diensts. Dem angegeben Namen ist über die Konfigurationsdatei /etc/services jeweils eine Portnummer zugewiesen. Die nächsten beiden Spalten spezifizieren das Netzwerkprotokoll, über das der Dienst angeboten wird. Die vierte Spalte gibt an, ob inetd vor der Annahme neuer Verbindungen warten soll, bis ein vorausgehender Aufruf des gleichen Diensts abgeschlossen wurde. Für TCP-basierte Dienste sollte in dieser Spalte immer der Wert nowait eingetragen werden. Die fünfte Spalte legt fest, unter welcher User-ID der konfigurierte Dienst gestartet wird. Auf diese Art und Weise können auch Prozesse gestartet werden, die nicht mit Systemrechten ablaufen sollen.

Die letzten beiden Spalten legen schließlich fest, welches Programm für eingehende Anfragen gestartet wird. Einige triviale Dienste werden von `inetd` bereits intern unterstützt. In diesem Fall wird in der sechsten Spalte das Schlüsselwort `internal` eingetragen und die siebte Spalte entfällt. In allen anderen Fällen enthält die vorletzte Spalte den vollen Pfad des zu startenden Programms und in die letzte Spalte werden die Argumente für den Programmaufruf eingetragen. Wie von der Familie der `exec()`-Funktionen her bekannt, beginnen die Argumente mit `argv[0]`, d. h. dem Programmnamen selbst. Weitere Argumente können, jeweils durch Leerzeichen getrennt, folgen.

Frei nach dem Motto „learning by doing" versuchen wir, das Quiz-Programm aus Beispiel 2.15 als Netzwerkanwendung umzufunktionieren. Dazu tragen wir als erstes am Ende der Datei `/etc/services` den neuen Quiz-Serviceport mit der Portnummer ein. Der folgende Eintrag legt fest, daß mit dem Servicenamen `quiz` ein TCP-basierter Dienst auf Port 65000 gemeint ist:

```
quiz      65000/tcp      # Quickly Quiz
```

Jetzt können wir einen neuen Eintrag zu `/etc/inetd.conf` hinzufügen, mit dem der „Internet Dæmon" `inetd` angewiesen wird, bei Anfragen auf den quiz-Port 65000 unser Quiz-Programm zu starten:[5]

```
quiz      stream  tcp  nowait  zahn  /home/zahn/quiz2 quiz2
```

Nachdem die Änderungen in den Konfigurationsdateien abgeschlossen sind, müssen wir den Dæmon noch über die Aktualisierung seiner Konfiguration informieren. Die Vorgehensweise ist hier von Betriebssystem zu Betriebssystem unterschiedlich. In den meisten Fällen hilft aber der Befehl `/etc/init.d/inetd reload` oder ein schlichtes `kill -HUP` auf die Prozeß-ID des `inetd`.

Wir testen unser erstes Netzwerkprogramm mit dem Telnet-Programm. Der erste Testlauf bringt allerdings noch nicht das erwartete Ergebnis. Unmittelbar nach Aufruf von `telnet` passiert erst einmal überhaupt nichts. Das Telnet-Programm hat zwar die Verbindung zu unserem Quizprogramm hergestellt, aber die erwartete Quizfrage erscheint nicht auf dem Terminal. Nach 20 Sekunden – so lange ist die einprogrammierte Bedenkzeit – kommen dann aber gleich alle Ausgaben auf einen Schlag:

```
$ telnet localhost quiz
Trying...
Connected to localhost.
Escape character is '^T'.
Sie haben 20 Sekunden für die Antwort:
```

---

[5] Die letzten drei Spalten sind von Ihnen natürlich auf Ihre lokalen Gegebenheiten anzupassen

```
Was ißt Sir Quickly am liebsten?
Ihre Bedenkzeit ist abgelaufen.
Connection closed.
```

Wenn wir uns aus Abschnitt 2.2.3 die Ausführungen zur Datenpufferung der ANSI/ISO C Standard-Bibliothek ins Gedächtnis rufen, ist die Frage nach dem seltsamen Verhalten des Quizprogramms schnell beantwortet. Anders als in den bisherigen Tests kommuniziert der Prozeß jetzt nicht mehr über das Terminal sondern über eine Netzwerkverbindung mit seinem Quiz-Kandidaten. In diesem Fall wird aber für den Datenstrom der Standard-Ausgabe die vollständige Pufferung angewandt. Die Quizfrage landet damit zuerst einmal nur in einem internen Datenpuffer des Quiz-Servers anstatt sofort über das Netzwerk übertragen zu werden. In der Ausgabe des Telnet-Programms erscheint deshalb zunächst keine Quizfrage. Erst am Programmende, d. h. vor allem erst nach der Bedenkzeit von 20 Sekunden, werden im Rahmen der exit()-Funktion alle Datenpuffer geleert und damit auf einen Schlag an den Client übertragen und dort ausgegeben.

21-22 Hat man das Problem erkannt, ist es auch schnell behoben. Über die Funktion setvbuf() stellen wir in Beispiel 4.1 für die beiden Datenströme stdin und stdout einfach die zeilenweise Pufferung ein. Anschließend verhält sich die Ein- und Ausgabe des Programms wie gewünscht. Alternativ ließen sich die Datenpuffer mit der Funktion fflush() auch explizit leeren.

Beispiel 4.1. quiz3.c

```
1  #include <errno.h>
2  #include <signal.h>
3  #include <stdio.h>
4  #include <stdlib.h>
5  #include <string.h>
6  #include <unistd.h>
7
8  void signal_handler( int sig )
9  {
10    printf( "Ihre Bedenkzeit ist abgelaufen.\n" );
11    exit( EXIT_FAILURE );
12  }
13
14  int main( int argc, char *argv[] )
15  {
16    char antwort[] = "Himbeerjoghurt";
17    char eingabe[20];
18    struct sigaction action, old_action;
19    int i;
20
21    setvbuf( stdin, NULL, _IOLBF, 0 );
```

```
22    setvbuf( stdout, NULL, _IOLBF, 0 );
23
24    action.sa_handler = signal_handler;
25    sigemptyset( &action.sa_mask );
26    action.sa_flags = 0;
27
28    if( sigaction( SIGALRM, &action, &old_action ) < 0 )
29    {
30      printf( "Konnte Handler nicht installieren: %s.\n",
31        strerror( errno ) );
32      return( EXIT_FAILURE );
33    }
34
35    printf( "Sie haben 20 Sekunden für die Antwort:\n" );
36    printf( "Was ißt Sir Quickly am liebsten?\n" );
37
38    alarm( 20 );
39
40    fgets( eingabe, sizeof( eingabe ), stdin );
41
42    /* Abschließende Zeilentrenner \n und \r entfernen */
43    for( i = strlen( eingabe ) - 1; i >= 0 &&
44      ( eingabe[i] == '\n' || eingabe[i] == '\r' ); i -- )
45      eingabe[i] = '\0';
46
47    if( strcmp( eingabe, antwort ) == 0 )
48      printf( "Die Antwort ist richtig. Gratulation.\n" );
49    else
50      printf( "Leider falsch, richtig ist %s", antwort );
51
52    exit( EXIT_SUCCESS );
53  }
```

Ein weiterer Testlauf offenbart allerdings schon die nächste Schwäche des Programms. Trotz der Eingabe der richtigen Lösung besteht das Programm darauf, daß die gegebene Antwort falsch sei:

```
$ telnet localhost quiz
Trying...
Connected to localhost.
Escape character is '^T'.
Sie haben 20 Sekunden für die Antwort:
Was ißt Sir Quickly am liebsten?
Himbeerjoghurt
Leider falsch, richtig ist Himbeerjoghurt
Connection closed.
```

Das Fehlverhalten läßt sich darauf zurückführen, daß das Telnet-Programm bei der Datenübertragung jede Eingabezeile mit der Zeichenkombination \r\n (*Carriage-Return* plus *Linefeed*) abschließt. Unser Programm erwartet dagegen lediglich ein einfaches \n am Ende der Eingabe.

42–45 Anstatt jetzt die vorgegebene Lösung in Zeile 16 um das fehlende \r zu ergänzen, haben wir in Beispiel 4.1 einen allgemeineren Ansatz gewählt: Beginnend mit dem letzten Zeichen der eingelesenen Zeichenkette entfernen wir alle *Carriage-Return-* und *Linefeed*-Zeichen. In Zeile 16 haben wir darüber hinaus bei der Antwort das abschließende \n entfernt. Der konsequente Verzicht auf die Zeilentrenner erhöht zudem die Portabilität der Applikation: Die neue Version des Quizprogramms kommt durch diese Ergänzung jetzt sowohl mit Terminaleingaben als auch mit Netzwerkverbindungen zurecht.

Neben diesen beiden kleinen, aber entscheidenden Anpassungen wurde in Beispiel 4.1 noch auf die Behandlung des terminalgenerierten SIGINT-Signals verzichtet. Ansonsten unterscheidet sich das Beispielprogramm nicht von der Ursprungsversion aus Beispiel 2.15. Die diskutierten Probleme haben hoffentlich gezeigt, wie schnell man im Umfeld der Netzwerkprogrammierung mit den Ein- und Ausgabefunktionen aus der Standard-Bibliothek von ANSI/ISO C ins Abseits geraten kann.

Zusammenfassend halten wir dennoch fest, daß der *Internet Dæmon* inetd eine einfache Möglichkeit liefert, Programme netzwerkfähig zu machen und somit Dienste über das Netzwerk anzubieten. Er startet dazu für eingehende Netzwerkverbindungen die zugehörigen Programme. Die gestarteten Prozesse finden ihre Ein- und Ausgabekanäle mit der Netzwerkverbindung verknüpft. Über stdin können Daten vom Netzwerk empfangen, und über stdout (und stderr) können Daten an die Gegenstelle geschickt werden. Der Dæmon übernimmt damit für das Anwendungsprogramm

1. den Verbindungsaufbau über das Netzwerk,

2. die Verknüpfung der Datenströme für die Ein- und Ausgabe (inklusive Fehlerausgabe) mit der Netzwerkverbindung sowie

3. den Start einer neuen, ggf. parallelen Instanz des Netzwerkdiensts über fork() und exec().

In den folgenden Abschnitten werden wir das Heft Zug um Zug selbst in die Hand nehmen und die Funktionalität des inetd in unsere eigenen Programme übertragen.

4.2 IP-Namen und IP-Adressen

IP-Namen sind heutzutage sogar absoluten Computer-Laien ein Begriff. Kaum ein Fernsehsender, eine Zeitung oder ein Sportverband kommt heute noch ohne das obligatorische „weitere Informationen finden Sie im Internet unter ... " aus. Sei es die Tagesschau (*www.tagesschau.de*), die Süddeutsche Zeitung (*www.sueddeutsche.de*) oder der Deutsche Fußball-Bund (*www.dfb.de*), alle versorgen sie uns über das Internet mit aktuellen Informationen.

4.2.1 Das Domain Name System

Bei den gern zitierten, aus Worten und Punkten zusammengesetzten Namen handelt es sich um sogenannte IP-Namen. Jeder IP-Name, etwa *www. tagesschau.de,* steht synonym für eine IP-Adresse, unter der die feilgebotenen Dokumente abgerufen werden können. Ähnlich wie beim Telefonieren bedarf es aber einer Art Telefonbuch, um den für Anwender leicht zu merkenden IP-Namen in die maschinenverwertbare Darstellung als IP-Adresse umzuwandeln. Diese Umwandlung übernimmt in der Regel das *Domain Name System* (DNS), sozusagen die Telefonauskunft für das Internet.

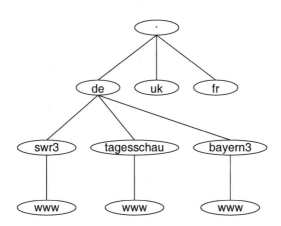

Abb. 4.1. Der hierarchisch strukturierte DNS-Namensraum

Der Namensraum der IP-Namen ist hierarchisch strukturiert. Die Punkte in den IP-Namen trennen die einzelnen Hierarchieebenen voneinander, wobei die Unterteilung der Ebenen von rechts nach links erfolgt. Die einzelnen Hierarchieebenen werden als *DNS-Domains* bzw. *DNS-Subdomains* bezeichnet, die Ebene ganz rechts im Namen wird *DNS-Toplevel-Domain* genannt. Im Beispiel *www.tagesschau.de* ist *de* die Toplevel-Domain, *tagesschau.de* die Domain der Tagesschau und *www.tagesschau.de* ist schließlich der *Fully Qualified Domain Name* (FQDN) bzw. der vollständige Domain-Name des Webservers der Tagesschau. Abbildung 4.1 veranschaulicht diese hierarchische Baumstruktur des DNS-Namensraums.

Für jeden vollständigen Domain-Namen können in der DNS-Datenbank beliebig viele alternative Namen, sogenannte DNS-Aliase, gepflegt werden. Diese Aliase werden meist dazu verwendet, gängige oder kurze Schreibweisen zu etablieren, also etwa um dem (fiktiven) FQDN *server1.tagesschau.de* den gängigen Namen *www.tagesschau.de* zuzuordnen.

Jede DNS-Domain wird von mindestens einem sogenannten DNS-Server[6] verwaltet, für die Toplevel-Domains sind sogenannte *Root-Nameserver* zuständig. Root-Nameserver sind spezielle DNS-Server, deren IP-Adressen allgemein bekannt sind und sich nie ändern. Die Root-Nameserver bilden damit die universellen Einstiegspunkte in den DNS-Namensraum. Die Pflege von hierarchisch untergeordneten Domains (Subdomains) kann an andere DNS-Server delegiert werden. Das DNS wird über diese Aufteilung zu einer riesigen, dezentral verwalteten Datenbank, die über die verschiedenen Hierarchieebenen bzw. Delegierungen miteinander verknüpft ist.

Am Beispiel des IP-Namens *www.tagesschau.de* sehen wir uns nun die einzelnen Schritte der Namensauflösung im DNS an. Wird ein DNS-Server nach der IP-Adresse von *www.tagesschau.de* gefragt, analysiert er den vorgegebenen Namen und konsultiert danach, wie Abb. 4.2 zu entnehmen ist, selbst eine Reihe anderer Nameserver:[7]

1. Die Namensauflösung beginnt ganz rechts bei der Toplevel-Domain. Das letzte Fragment des IP-Namens lautet *de* und steht für Deutschland. Der angefragte DNS-Server muß also einen DNS-Server finden, der zu Auskünften für den Bereich der Toplevel-Domain *de* autorisiert ist.

   Er wendet sich dazu an einen der Root-Nameserver. Der kontaktierte Root-Nameserver liefert dem DNS-Server nun eine Liste von Nameservern, die für den Bereich bzw. die Toplevel-Domain *de* zuständig sind und deshalb weitere Auskunft geben können. Die Liste der Nameserver wird zur Beschleunigung späterer Suchanfragen und zur Entlastung der Root-Nameserver zwischengespeichert.

2. Nun erkundigt sich der angefragte DNS-Server bei einem der Nameserver aus der zuvor ermittelten Liste nach einem DNS-Server, von dem die unterhalb von *de* liegende Domain *tagesschau.de* verwaltet wird. Die auf diesem Weg gewonnenen Informationen werden ebenfalls wieder für spätere Anfragen zwischengespeichert.

3. Jetzt hat unser DNS-Server einen Kollegen ausfindig gemacht, der über die gesuchte Information verfügt. Dieser Server wird nun nach der zum IP-Namen *www.tagesschau.de* gehörenden IP-Adresse gefragt. Die Antwort wird ebenfalls zwischengespeichert.

Erst durch die erfolgreiche Auflösung eines IP-Namens in eine IP-Adresse sind Netzwerkprogramme in der Lage, mit anderen Diensten Kontakt aufzunehmen. Auch für ein Telefongespräch genügt ja nicht allein der Name

---

[6] Die am weitesten verbreitete Implementierung für DNS-Server ist der *Berkeley Internet Name Dæmon* (BIND): http://www.isc.org/bind/

[7] Ist ein DNS-Server bereits im Besitz einzelner Bruchstücke der gesuchten Information, so werden die entsprechenden Teilschritte der Suche übersprungen.

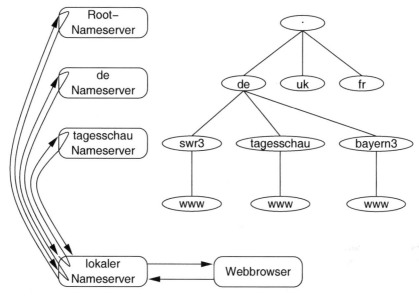

Abb. 4.2. Auflösung von DNS-Namen

des gewünschten Gesprächspartners. Vor einem Verbindungsaufbau zum Gegenüber muß zunächst dessen Telefonnummer ermittelt werden. Dies geschieht entweder über die Telefonauskunft, ein gedrucktes Telefonbuch – d. h. eine lokale Kopie für einen bestimmten Bereich –, ein privates Telefonbuch oder manchmal auch aus dem Gedächtnis (eine Art lokaler Cache). Das Ergebnis ist eine einzige, mehr oder weniger lange Telefonnummer. Diese Nummer gliedert sich in mehrere, zum Teil optionale Komponenten: Die Landesvorwahl, die Ortsvorwahl, die ortslokale Rufnummer und ggf. eine Durchwahl.

Die Namensauflösung in der Welt der Internet-Protokolle ist weitgehend mit diesem Verfahren vergleichbar, wenngleich es zwei verschiedene Typen von IP-Adressen gibt: Die 32-Bit langen IPv4-Adressen sind heute immer noch der Standard. Ganz langsam erlangen allerdings auch die Mitte der 90er Jahre eingeführten IPv6-Adressen, die mit einer Länge von 128 Bit einen deutlich größeren Adreßraum bieten, mehr Bedeutung.

4.2.2 IPv4-Adressen

Die 32-Bit langen IPv4-Adressen werden in der Regel als vier, jeweils durch einen Punkt getrennte Dezimalzahlen geschrieben. Diese Darstellung wird als *gepunktete Dezimalschreibweise* bezeichnet. Jede der vier Zahlen beschreibt dabei acht Bit bzw. ein Byte der IPv4-Adresse. Jede IPv4-Adresse identifiziert weltweit eindeutig genau einen Internet-Teilnehmer, d. h. genau einen Rechner oder eine Netzwerkkomponente. Mit den 32-Bit langen IPv4-Adressen können damit theoretisch 2^{32} verschiedene Systeme adressiert werden.

Einzelne Anwender erhalten ihre IP-Adresse von sogenannten *Internet Service Providern* (ISPs), welche ihrerseits von der *Internet Assigned Numbers Authority* (IANA, http://www.iana.org/) jeweils ganze Adressbereiche reserviert bekommen.[8] Ursprünglich wurde der gesamte Adreßraum von der IANA verwaltet, später wurden Ausschnitte aus dem Adreßraum zur weiteren Verwaltung an regionale Registrierstellen (*Regional Internet Registries*, RIR) delegiert. Inzwischen werden die Aufgaben der IANA, also die Zuteilung von IP-Adressen an die regionalen Registrierstellen, von der *Internet Corporation for Assigned Names and Numbers* (ICANN, http://www.icann.org/) wahrgenommen. Das generelle Vorgehen bei der Zuteilung von Adreßbereichen wird in RFC 2050 geregelt. Derzeit gibt es vier regionale Registrierstellen sowie zahlreiche lokale oder nationale Registrierstellen, die die IANA vertreten. Die vier regionalen Registrierstellen sind

- APNIC (*Asia Pacific Network Information Centre*, http://www.apnic.net/) für Asien und den pazifischen Raum,

- ARIN (*American Registry for Internet Numbers*, http://www.arin.net/) für Nordamerika, und afrikanische Länder südlich des Äquators,

- LACNIC (*Regional Latin-American and Caribbean IP Address Registry*, http://www.lacnic.net/) für Südamerika und die Karibik sowie

- RIPE NCC (*Réseaux IP Européens*, http://www.ripe.net/) für Europa, den Mittleren Osten, Zentralasien und alle afrikanischen Länder nördlich des Äquators.

Die nationale Registrierstelle für Deutschland ist die DENIC eG, ein Non-Profit-Dienstleister mit Sitz in Frankfurt am Main.[9]

Anstatt einzelner IP-Adressen reservieren die IANA und ihre regionalen, lokalen oder nationalen Registrierstellen für ihre Kunden immer gleich ganze Adreßblöcke. Da allerdings bei der Einführung des Internets dessen heutige Bedeutung und vor allem auch dessen heutige Ausdehnung so nicht absehbar war, wurden dazu die 2^{32} Adressen zunächst in die fünf verschiedenen IPv4-Adreßklassen A bis E eingeteilt. Den Kunden wurde dann bei Bedarf jeweils ein passendes Netz aus einer dieser Adreßklassen zugewiesen. Abbildung 4.3 zeigt die unterschiedliche Struktur der IP-Adressen aus diesen fünf Klassen.

Klasse A: Die Adreßklasse A wird durch den Wert 0 für das hochwertigste Bit im ersten (hochwertigsten) Byte der IP-Adresse ausgezeichnet. Damit liegen alle IP-Adressen aus Klasse A im IP-Adreßbereich zwischen 0.0.0.0

---

[8] Die IANA ist keine Organisation im eigentlichen Sinne, sondern „nur" ein Projekt des Information Science Institute der University of Southern California.

[9] http://www.denic.de/

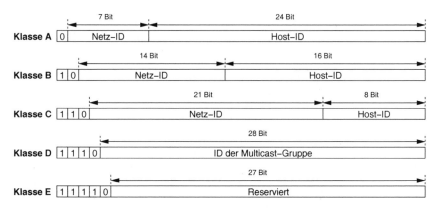

Abb. 4.3. Die fünf IPv4-Adreßklassen

und 127.255.255.255. Nach dem beginnenden 0-Bit folgt in der Adresse ein sieben Bit langer *Netzwerk Identifikator* (Netz-ID). Mit dieser Entscheidung wurde festgelegt, daß es insgesamt maximal $2^7 = 128$ verschiedene Netze der Klasse A geben kann. Die verbleibenden 24 Bit der IP-Adresse dienen als *Host-Identifikator* (Host-ID) und bezeichnen einen bestimmten Teilnehmer (also einen Rechner oder eine Netzwerkkomponente) aus dem Netz. Ein Netz der Klasse A kann damit theoretisch $2^{24} = 16777216$ verschiedene Systeme beherbergen. Deshalb wurden diese Netze nur an besonders große, privilegierte Einrichtungen vergeben.

Klasse B: Alle Adressen aus einem Netz der Klasse B werden mit der Bitfolge 10 eingeleitet. Der Adreßbereich für Netze der Klasse B reicht demnach von 128.0.0.0 bis 191.255.255.255. Die Länge der Netz-ID ist auf 14 Bit festgelegt, was theoretisch $2^{14} = 16384$ verschiedene Netze der Klasse B ergibt. Die verbleibenden 16 Bit ergeben wieder die Host-ID. Ein Netz der Klasse B umfaßt damit maximal $2^{16} = 65536$ unterschiedliche Systeme. Netze dieser Klasse wurden demzufolge vor allem an Einrichtungen mittlerer Größe vergeben.

Klasse C: Die Netze der Klasse C sind an der einleitenden Bitfolge 110 zu erkennen. Dies bedeutet, daß die Adressen dieser Klasse den Bereich 192.0.0.0 bis 223.255.255.255 durchlaufen. Für die Netz-ID stehen in der Klasse C 21 Bit zur Verfügung, es können also insgesamt $2^{21} = 2097152$ verschiedene Netze dieser Klasse gebildet werden. Ein Netz aus der Klasse C umfaßt maximal $2^8 = 256$ verschiedene IP-Adressen. Netze dieser Klasse wurden bevorzugt an sehr kleine Einrichtungen vergeben.

Klasse D: Diese Adreßklasse ist ein Sonderfall, denn in Klasse D wird nicht nach Netz- und Host-ID unterschieden. Adressen aus dieser Klasse identifizieren sogenannte *Multicast-Gruppen*. Die Netze der Klasse D werden durch die Bitkombination 1110 eingeleitet, die restlichen 28 Bit dienen als Identifikator der Multicast-Gruppe. Der Adreßbereich für Multicast-Gruppen reicht demnach von 224.0.0.0 bis 239.255.255.255.

Klasse E: Diese Klasse ist für zukünftige Zwecke reserviert. Alle Adressen beginnen mit der Bitfolge 11110. Der Adreßbereich dieser Klasse geht von 240.0.0.0 bis 255.255.255.255.

CIDR – Classless Inter-Domain Routing

Im Zuge des explosiven Wachstums des Internets hat sich diese statische und deshalb unflexible Aufteilung des 32-Bit Adreßraums als auf Dauer ungeeignet herauskristallisiert. Vor allem die Lücke zwischen den Netzen der Klassen B und C hat sich als zu groß erwiesen. Klasse-C-Netze mit gerade mal 256 IP-Adressen sind für die meisten Zwecke zu klein, während die Netze aus Klasse B mit ihren 65536 IP-Adressen meist deutlich zu groß sind. Dies hat in der Vergangenheit dazu geführt, daß die Netze der Klasse B langsam aber sicher knapp wurden, daß aber gleichzeitig die Eigentümer dieser Netze ihren Bereich an IP-Adressen nur selten ausschöpfen konnten. Schon im Mai 1992 waren laut RFC 1335 bereits 54% aller Klasse-A-Netze, 43% aller Klasse-B-Netze, aber nur 2% aller Netze der Klasse C vergeben.

Seit Mitte der 90er Jahre hat sich deshalb das in RFC 1519 beschriebene *Classless Inter-Domain Routing* (CIDR) als Strategie zur ressourcenschonenden Adreßvergabe durchgesetzt. Bei diesem Verfahren spielt die Netzklasse einer Adresse keine Rolle mehr, weshalb Tabelle 4.1 die drei Adreßklassen gemeinsam in einen Topf wirft und nurmehr zwischen Unicast- und Multicast-Adressen unterscheidet.

Tabelle 4.1. IPv4-Adreßklassen und -Adreßbereiche

Nutzungsart	Adreßklasse(n)	Adreßbereich
Unicast	A, B, C	0.0.0.0 – 223.255.255.255
Multicast	D	224.0.0.0 – 239.255.255.255
reserviert	E	240.0.0.0 – 255.255.255.255

Eine IP-Adresse gliedert sich bei Verwendung des Classless Inter-Domain Routing also nur noch in die beiden Anteile Netz-ID und Host-ID. Der IP-Adreßbereich der Universität Augsburg, ein (ehemaliges) Netz der Klasse B mit IP-Adressen zwischen 137.250.0.0 bis 137.250.255.55, schreibt sich beispielsweise in CIDR-Notation 137.250.0.0/16. Das Suffix „/16" deutet dabei an, daß die ersten 16 Bit der Adresse 137.250.0.0 die Netz-ID bezeichnen.

Ein interessanteres Beispiel ist der IP-Adreßbereich, der für den bekannten deutschen Internet-Dienstleister WEB.DE reserviert ist. Der Bereich umfaßt die Adressen von 217.72.192.0 bis 217.72.207.0 und besteht damit aus acht (ehemaligen) Klasse-C-Netzen. Die CIDR-Schreibweise für das zugewiesene

Netz lautet demzufolge 217.72.192.0/20, d. h. die hochwertigen 20 Bits der Adresse bilden die Netz-ID und die verbleibenden 12 Bits stehen für die Host-ID zur Verfügung. Mit $2^{12} = 4096$ IP-Adressen ist das Netz deutlich größer als ein Klasse-C-Netz, liegt aber noch weit unterhalb der für ein Klasse-B-Netz zu vergebenden Anzahl von IP-Adressen.

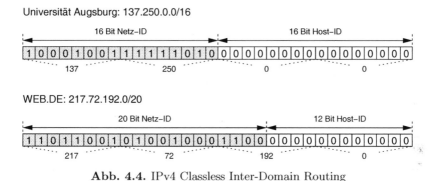

Abb. 4.4. IPv4 Classless Inter-Domain Routing

Abbildung 4.4 veranschaulicht die CIDR-Notation am Beispiel der beiden Netze 137.250.0.0/16 und 217.72.192.0/20.

Private IP-Adressen

Darüber hinaus wurden von der IANA drei Blöcke für *private IP-Adressen* festgelegt, die nicht über das Internet geroutet werden (siehe RFC 1918). Tabelle 4.2 zeigt diese drei privaten Adreßbereiche. Die IP-Adressen aus diesen Adreßblöcken stehen damit *nicht mehr* weltweit eindeutig für einen einzigen Teilnehmer, sondern können von jeder Einrichtung jeweils eigenständig vergeben werden. So könnte es also sowohl an der Universität Augsburg als auch bei WEB.DE einen Rechner mit der IPv4-Adresse 192.168.3.24 geben. Beide Rechner wären bei Verwendung einer solchen privaten IP-Adresse allerdings nur noch von innerhalb ihrer jeweiligen Einrichtung über das Internet-Protokoll erreichbar. Von außerhalb ist eine private Adresse wie 192.168.3.24 nicht adressierbar.

Tabelle 4.2. Private IPv4-Adressen

Adreßbereich	CIDR-Notation
10.0.0.0 − 10.255.255.255	10/8
172.16.0.0 − 172.31.255.255	172.16/12
192.168.0.0 − 192.168.255.255	192.168/16

Denkt man an die Adreßklassen vor der Einführung von CIDR zurück, so ist der „24-Bit-Block" 10/8 nichts anderes, als ein Netz der Klasse A, der „20-Bit-Block" 172.16/12 entspricht 16 aufeinander folgenden Netzen der Klasse B und der „16-Bit-Block" 192.168/16 entspricht 256 aufeinander folgenden Netzen der Klasse C.

4.2.3 IPv6-Adressen

Das Classless Inter-Domain Routing hat den Raubbau an IP-Adressen deutlich reduziert. Dennoch wurde seit Mitte der 90er Jahre zusätzlich an einer Nachfolgeversion von IPv4 gearbeitet. Die neue Variante des Internet-Protokolls heißt IPv6 und bietet 128 Bit lange IP-Adressen. Die Einführung des neuen Protokolls begann bereits 1999. Allerdings geht die Umstellung auch heute noch, immerhin sechs Jahre nach dem Startschuß für IPv6, sehr schleppend voran, so daß IPv4 mit CIDR weiterhin den Defacto-Standard darstellt.

IPv6-Adressen lassen sich zunächst in drei Gruppen unterteilen:

- Unicast-Adressen: Eine *Unicast-Adresse* identifiziert genau ein Netzwerk-Interface. Ein IP-Paket, das an eine Unicast-Adresse geschickt wird, gelangt zu genau zu diesem Interface.

- Multicast-Adressen: Eine *Multicast-Adresse* identifiziert eine Menge oder Gruppe von Netzwerk-Schnittstellen, die im Regelfall zu verschiedenen Teilnehmern gehören. Ein IP-Paket, das an eine Multicast-Adresse geschickt wird, wird an jedes Interface dieser Gruppe ausgeliefert.

- Anycast-Adressen: Wie Multicast-Adressen beschreiben auch *Anycast-Adressen* eine Menge von Netzwerk-Interfaces, die im Regelfall zu verschiedenen Teilnehmern gehören. Allerdings wird ein IP-Paket, das an eine Anycast-Adresse geschickt wird, nur an ein einziges Interface aus dieser Menge von Schnittstellen geschickt. Normalerweise gelangt ein solches IP-Paket an das Interface mit der geringsten Distanz zum Sender.

Wie in RFC 3513 beschrieben, werden die 128 Bit langen IPv6-Adressen im Normalfall als Folge von acht 16 Bit langen Hexadezimalzahlen dargestellt, beispielsweise also FEDC:BA98:7654:3210:FEDC:BA98:7654:3210 oder 1080:0:0:0:8:800:200C:417A. Wie das zweite Beispiel zeigt, können bei den einzelnen Hexadezimalzahlen die führenden Nullen ausgelassen werden.

Da IPv6-Adressen aufgrund ihrer Strukturierung sehr lange Folgen von Nullen enthalten können, existiert eine spezielle Syntax, die es erlaubt, diese Nullfolgen zu komprimieren. Die Zeichenfolge „::" drückt eine Folge von Nullen in beliebiger Länge am Anfang, in der Mitte oder am Ende einer IPv6-Adresse aus. Die Zeichenfolge „::" darf deshalb nur ein einziges Mal in einer IPv6-Adresse auftauchen – ansonsten wäre die Darstellung der Adresse nicht mehr

Tabelle 4.3. Kompaktschreibweise von IPv6-Adressen

IPv6-Adresse	Kompaktschreibweise
1080:0:0:0:8:800:200C:417A	1080::8:800:200C:417A
FF01:0:0:0:0:0:0:101	FF01::101
0:0:0:0:0:0:0:1	::1
0:0:0:0:0:0:0:0	::

eindeutig. Tabelle 4.3 zeigt die verschiedenen Anwendungsmöglichkeiten dieser Kurzschreibweise.

Eine weitere alternative Schreibweise für IPv6-Adressen, die vor allem in einem gemischten IPv4-/IPv6-Umfeld sinnvoll eingesetzt werden kann, hat die Form x:x:x:x:x:x:d.d.d.d. Hier stehen die sechs „x" für die sechs höherwertigen 16-Bit Werte und die vier „d" sind die Dezimalschreibweise der vier niederwertigen 8-Bit Werte der IPv6-Adresse. Beispiele hierfür sind Adressen wie 0:0:0:0:0:0:13.1.68.3 bzw. in Kompaktschreibweise ::13.1.68.3 oder 0:0:0:0:0:FFFF:129.144.52.38 bzw. ::FFFF:129.144.52.38.

Wie IPv4, so kennt auch IPv6 Adreß-Präfixe, die – analog zu IPv4 – ebenfalls in CIDR-Notation geschrieben werden. Das 60-Bit IPv6 Adreß-Präfix 12AB00000000CD3 (in Hexadezimaldarstellung) wird demzufolge in CIDR-Notation als 12AB:0000:0000:CD30:0000:0000:0000:0000/60 ausgeschrieben. Selbstverständlich ist auch hier wieder die oben erläuterte Kompaktschreibweise erlaubt. So beschreiben die folgenden Darstellungen das gleiche Präfix: 12AB::CD30:0:0:0:0/60 bzw. 12AB:0:0:CD30::/60.

Tabelle 4.4. IPv6-Adreßtypen

IPv6-Adreßtyp	Präfix (binär)	IPv6-Notation
unspezifizierte Adresse	00...00 (128 Bit)	::/128
Loopback-Adresse	00...01 (128 Bit)	::1/128
Multicast-Adressen	1111 1111	FF00::/8
Link-lokale Unicast-Adressen	1111 1110 10	FE80::/10
Site-lokale Unicast-Adressen	1111 1110 11	FEC0::/10
globale Unicast-Adressen	alle anderen Präfixe	

Ähnlich der Klassifizierung von IPv4-Adressen gibt es auch bei IPv6 spezielle Adreß-Präfixe an denen die verschiedenen IPv6-Adreßtypen unterschieden werden können. Tabelle 4.4 zeigt die in RFC 3513 vereinbarte Zuordnung zwischen Präfix und Adreßtyp.

Die Adresse 0:0:0:0:0:0:0:0 bzw. :: wird *unspezifizierte Adresse* genannt und bedeutet soviel wie „kein Interface". Diese Spezialadresse darf demnach keinem Interface zugewiesen werden.[10] Die unspezifizierte Adresse wird zum Beispiel als Absenderadresse eines sich gerade initialisierenden Systems eingesetzt, bis das System seine eigene Adresse ermittelt hat.

Die Adresse 0:0:0:0:0:0:0:1 bzw. ::1 fungiert als *Loopback-Adresse* und kann von einem System dazu verwendet werden, sich selbst ein IPv6-Paket zu schicken.[11]

Sämtliche Unicast-Adressen sind aggregierbar, d. h. es lassen sich wie bei IPv4 durch entsprechende Präfixe zusammenhängende Netzblöcke bilden. Neben den globalen Unicast-Adressen unterstützt IPv6 im wesentlichen noch Link-lokale und Site-lokale Unicast-Adressen sowie Unicast-Adressen mit eingebetteter IPv4-Adresse. Aber auch andere Adreßtypen sind zukünftig noch denk- und realisierbar.

IPv6-Adressen mit eingebetteter IPv4-Adresse

Die in RFC 2893 beschriebenen Techniken zum Übergang von IPv4 zu IPv6 sehen ein Verfahren vor, mit dessen Hilfe Router und Endgeräte dynamisch IPv6-Pakete durch IPv4-Netze tunneln können. Dazu wird IPv6-Geräten, die diese Techniken einsetzen, eine sogenannte *IPv4-kompatible IPv6-Adresse* zugewiesen. Die IPv4-kompatiblen Spezialadressen tragen, wie in Abb. 4.5 zu sehen, das Präfix ::/96 und enthalten in den niederwertigen 32-Bit eine globale, d. h. nicht-private IPv4-Unicast-Adresse.

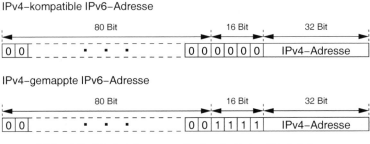

Abb. 4.5. IPv6-Adressen mit eingebetteter IPv4-Adresse

Die *IPv4-gemappten IPv6-Adressen* dienen ebenfalls dem reibungslosen Übergang von IPv4 zu IPv6. Mit ihrer Hilfe können IPv4-Adressen als IPv6-Adressen dargestellt werden. IPv4-gemappte IPv6-Adressen tragen das Präfix

---

[10] Die unspezifizierte Adresse darf nicht als Zieladresse eines IPv6-Pakets auftauchen. Darüber hinaus darf ein IPv6-Paket mit Absenderadresse :: von einem IPv6-Router niemals weitergeleitet werden.

[11] Die Loopback-Adresse darf nicht als Absenderadresse eines Pakets eingetragen sein, welches ein IPv6-System verläßt. Ein IPv6-Paket mit Zieladresse ::1 darf ein System niemals verlassen und darf von einem IPv6-Router niemals weitergeleitet werden.

::FFFF/96 und enthalten in den niederwertigen 32-Bit ebenfalls eine globale IPv4-Unicast-Adresse.

Globale Unicast-Adressen

Die globalen Unicast-Adressen von IPv6 entsprechen in Art und Verwendung den globalen (d. h. nicht-privaten) IPv4-Adressen. Die globalen Unicast-Adressen werden wie üblich von der IANA und ihren regionalen, lokalen oder nationalen Registrierstellen zu zusammenhängenden Adreßbereichen aggregiert und auf Antrag an die anfordernden Einrichtungen vergeben.

Globale IPv6 Unicast–Adresse

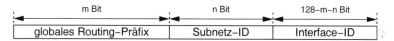

Abb. 4.6. Globale IPv6 Unicast-Adressen

Abbildung 4.6 zeigt die generelle Struktur der globalen Unicast-Adressen, bestehend aus n Bit globalem Routing-Präfix, m Bit Subnetz-ID und den verbleibenden $128 - m - n$ Bit für die Interface-ID. Alle globalen Unicast-Adressen – mit Ausnahme der mit 000 (binär) beginnenden Adressen – tragen laut Vereinbarung eine 64-Bit Interface-ID. Daraus resultiert, daß für das globale Routing-Präfix zusammen mit der Subnetz-ID ebenfalls 64 Bit zur Verfügung stehen, d. h. es gilt $n + m = 64$.

Unicast-Adressen für den lokalen Gebrauch

IPv6 vereinbart zwei weitere Typen von Unicast-Adressen für den lokalen Gebrauch: Link-lokale und Site-lokale Unicast-Adressen. Diese beiden Adreßtypen erlauben es, IP-basierte Dienste innerhalb einer Einrichtung zu nutzen, ohne daß diese überhaupt an das Internet angeschlossen sein muß. Derartige Adressen eignen sich also zum Aufbau sogenannter Intranets und sind mit den privaten IP-Adressen von IPv4 vergleichbar.

Link-lokale Unicast-Adressen kommen bei der Kommunikation auf Linkebene, also z. B. über ein einfaches, ggf. über Hubs zusammengeschlossenes Ethernet, zum tragen. IP-Pakete mit Link-lokalen Adressen werden von keinem Router bearbeitet oder weitergeleitet. Link-lokale Adressen sind damit nicht über die Grenzen eines solchen Netzsegments hinaus adressierbar. Abbildung 4.7 zeigt den Aufbau einer solchen link-lokalen Unicast-Adresse.

Mit Site-lokalen Unicast-Adressen lassen sich IP-Netze aufbauen, die die gesamte Einrichtung umfassen, die aber nicht über den von der IANA und ihren

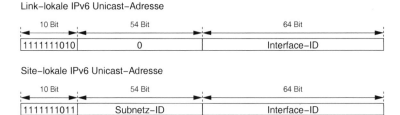

Abb. 4.7. Link-lokale und Site-lokale Unicast-Adressen

regionalen, lokalen oder nationalen Registrierstellen zugewiesenen Adreßbereich hinaus gehen. Dazu leiten die Router niemals IP-Pakete mit Site-lokaler Sender- oder Zieladresse nach außen weiter. Obwohl die Subnetz-ID bei Site-lokalen Unicast-Adressen, wie in Abb. 4.7 zu sehen, 54 Bit umfaßt, werden ans Internet angeschlossene Einrichtungen aus Gründen der Transparenz im Regelfall für diese lokalen Adressen die gleiche Subnetz-Strukturierung wie bei den globalen Unicast-Adressen verwenden.

4.2.4 Netzwerkdarstellung von IP-Adressen

Verständlicherweise ist die für uns lesbare und einigermaßen verständliche Darstellung der IP-Adressen nicht die Darstellung, wie sie von Computersystemen und Netzwerkkomponenten bevorzugt wird. Die in gepunkteter Dezimalschreibweise (IPv4) oder Hexadezimalschreibweise (IPv6) angegebenen Adressen müssen deshalb zur weiteren Verarbeitung in eine netzwerkkompatible Darstellung umgewandelt werden.

Für eine maschinennahe Darstellung einer IPv4-Adresse eignet sich eine vorzeichenlose 32 Bit lange Integerzahl, eine IPv6-Adresse wird dagegen in 16 aufeinanderfolgenden, vorzeichenlosen, 8 Bit langen Integerwerten gespeichert. In der Header-Datei `<netinet/in.h>` werden dafür die beiden Adreßstrukturen `in_addr` und `in6_addr` vereinbart.

```
struct in_addr
{
   in_addr_t  s_addr; /* network byte order */
}                     /* in_addr_t equiv. to uint32_t */

struct in6_addr
{
   uint8_t s6_addr[16]; /* network byte order */
}
```

Als problematisch stellt sich bei der Speicherung heraus, daß sich, je nach Betriebssystem und Prozessor, diese maschinennahe Darstellung von System zu System unterscheiden kann. Man unterscheidet bei gängigen Systemen nämlich zwischen zwei verschiedenen Darstellungsformen für Multibyte-Werte: der Speicherung im *Big-Endian-* und im *Little-Endian-Format*.[12] Die rechnertypische Art der Speicherung wird *Maschinendarstellung* oder *Host Byte Order* genannt.

Damit die maschinennah gespeicherten IP-Adressen von allen Rechnersystemen und Netzwerkkomponenten auf die gleiche Art und Weise interpretiert werden, hat man sich darauf geeinigt, IP-Adressen im Big-Endian-Format zu speichern. Diese Art der Darstellung entspricht demnach exakt unserer Diskussion der IP-Adressen aus den Abschnitten 4.2.2 und 4.2.3. Die maschinennahe Darstellung im Big-Endian-Format wird *Netzwerkdarstellung* oder *Network Byte Order* genannt.

Adreßumwandlungen mit inet_pton() und inet_ntop()

Für die Umwandlung einer in Textdarstellung vorliegenden IP-Adresse steht seit IEEE Std 1003.1-2001 die Funktion `inet_pton()` zur Verfügung. Die Funktion konvertiert die übergebene IPv4- oder IPv6-Adresse in eine 32 Bit bzw. 128 Bit lange IP-Adresse in Netzwerkdarstellung. Als Eselsbrücke kann man sich einprägen, daß die Funktion eine IP-Adresse aus der *Präsentationsdarstellung* („p") in die *Netzwerkdarstellung* („n") transformiert, also „p → n" bzw. „p to n". Das passende Gegenstück bildet die Funktion `inet_ntop()`, welche eine IP-Adresse aus der Netzwerkdarstellung in die Präsentationsdarstellung wandelt.

```
#include <arpa/inet.h>

const char *inet_ntop( int af, const void *src,
  char *dst, socklen_t size );
int inet_pton( int af, const char *src, void *dst );
```

Beide Funktionen erwarten als erstes Argument `af` die Adreßfamilie der zu verarbeitenden Adresse. Die Konstante `AF_INET` steht dabei für eine IPv4-Adresse während `AF_INET6` eine IPv6-Adresse anzeigt.

---

[12] Die Bezeichnung *Big-Endian* weist darauf hin, daß bei der Darstellung von Multibyte-Werten das „dicke Ende" zuerst kommt, d. h. die Speicherung der Daten von den höherwertigen Bytes zu den niederwertigen Bytes erfolgt. Im Gegensatz dazu erfolgt die Speicherung im *Little-Endian-Format* beginnend mit den niederwertigen Bytes hin zu den höherwertigen Bytes.

Mit `inet_ntop()` wird die in Netzwerkdarstellung übergebene Adresse aus `src` in eine lesbare Darstellung konvertiert. Der von `NULL` verschiedene Zeiger `dst` referenziert dabei einen ausreichend großen Puffer, der die resultierende IP-Adresse in Präsentationsdarstellung aufnehmen kann. Der Parameter `size` gibt Auskunft über den zur Verfügung stehenden Platz im Puffer. Die beiden in `<netinet/in.h>` definierten Konstanten `INET_ADDRSTRLEN` und `INET6_ADDRSTRLEN` helfen uns dabei, den Puffer ausreichend zu dimensionieren. War die Konvertierung erfolgreich, liefert `inet_ntop()` die Adresse des gefüllten Puffers zurück. Andernfalls gibt die Funktion `NULL` zurück und `errno` gibt über den aufgetretenen Fehler Auskunft.

Im Gegenzug konvertiert `inet_pton()` eine in `src` übergebene IP-Adresse aus der Textdarstellung in die Netzwerkdarstellung. Das Ergebnis wird im durch `dst` referenzierten Puffer abgelegt. War die Konvertierung erfolgreich, liefert `inet_pton()` den Wert 1 zurück. War die übergebene Zeichenkette nicht in gültiger gepunkteter Dezimaldarstellung (IPv4, `af = AF_INET`) oder korrekter Hexadezimaldarstellung (IPv6, `af = AF_INET6`), liefert die Funktion den Wert 0 zurück. Der Rückgabewert -1 zeigt an, daß für den Parameter `af` ein ungültiger Wert angegeben wurde, die Fehlervariable `errno` hat in diesem Fall den Wert `EAFNOSUPPORT`.

Die Parameter `src` bei `inet_ntop()` bzw. `dst` bei `inet_pton()` sind jeweils vom Typ `void *`, um sowohl IPv4- als auch IPv6-Adreßstrukturen annehmen zu können. Für die Adreßfamilie `AF_INET` erwarten die Funktionen einen Zeiger auf die Struktur `in_addr`, die eine IPv4-Adresse beherbergt. Für die Adreßfamilie `AF_INET6` bzw. IPv6-Adressen wird ein Zeiger auf die Struktur `in6_addr` übergeben.

Zur Veranschaulichung der Adreßumwandlung verwandeln wir in Beispiel 4.2 die an das Programm übergebenen IP-Adressen in ihre Netzwerkdarstellung und geben sie in binärer Schreibweise aus. Bei der Darstellung als Binärzahl kommt uns die Network Byte Order, also die Darstellung im Big-Endian-Format sehr gelegen. Anschließend kehren wir den Vorgang um und wandeln die Netzwerkdarstellung wieder in ihre lesbare Form zurück.

6–11   Nach der Einbindung der benötigten Header-Dateien erstellen wir zunächst eine Hilfsfunktion `is_ipv4()`, mit deren Hilfe wir IPv4-Adressen von IPv6-Adressen unterscheiden können. Die Funktion geht alle Zeichen der in Textdarstellung übergebenen IP-Adresse durch und testet, ob die Zeichenkette ausschließlich aus Zeichen besteht, die in der gepunkteten Dezimaldarstellung zulässig sind.

13–24   Eine zweite Hilfsfunktion erledigt die Ausgabe der IP-Adressen in Binärdarstellung. Der Funktion `print_bitwise()` wird als erstes Argument die Adreßfamilie der auszugebenden IP-Adresse übergeben. Die IP-Adresse selbst wird als Feld von vorzeichenlosen 8-Bit Werten erwartet. Dies funktioniert sowohl für IPv4-Adressen (vier 8-Bit Werte) als auch für IPv6-Adressen (sechzehn 8-Bit Werte).

In einer Schleife iteriert `print_bitwise()` schließlich über die acht bzw. 16
Bytes. Für jedes einzelne Byte wird dabei eine Bitmaske schrittweise von
links nach rechts über das Byte geschoben und jeweils logisch AND-verknüpft.
Damit wird festgestellt, ob in der IP-Adresse an dieser Stelle ein Bit gesetzt ist,
oder nicht. Dementsprechend gibt die `printf()`-Anweisung eine 1 oder eine
0 aus. Die einzelnen Bytes werden bei ihrer Ausgabe durch ein Leerzeichen
oder, nach je vier Bytes, durch einen Zeilenvorschub voneinander getrennt.

Beispiel 4.2. bitwise.c

```
1  #include <ctype.h>
2  #include <stdio.h>
3  #include <arpa/inet.h>
4  #include <netinet/in.h>
5
6  int is_ipv4( const char *ip )
7  {
8    while( ( *ip == '.' ) || isdigit( *ip ) )
9      ip++;
10   return( *ip == '\0' );
11 }
12
13 void print_bitwise( int af, const uint8_t ip[] )
14 {
15   int i;
16   uint8_t j;
17
18   for( i = 0; i < ( af == AF_INET ? 4 : 16 ); i++ )
19   {
20     for( j = ( 1 << 7 ); j > 0; j >>= 1 )
21       printf( "%d", ( ip[i] & j ) ? 1 : 0 );
22     printf( "%s", ( i % 4 ) == 3 ? "\n" : " " );
23   }
24 }
25
26 int main( int argc, char *argv[] )
27 {
28   int i;
29   char ip_address[INET6_ADDRSTRLEN];
30   struct in_addr ipv4;
31   struct in6_addr ipv6;
32
33   for( i = 1; i < argc; i++ )
34   {
35     if( is_ipv4( argv[i] ) )
36     {
37       if( inet_pton( AF_INET, argv[i], &ipv4 ) != 1 )
38       {
```

```
39          printf( "ungültige Adresse: %s\n", argv[i] );
40          continue;
41        }
42        printf( "IPv4 Adresse: %s\n", argv[i] );
43        print_bitwise( AF_INET, (uint8_t *)&ipv4.s_addr );
44        inet_ntop( AF_INET, &ipv4, ip_address,
45          INET6_ADDRSTRLEN );
46        printf( "IPv4 Adresse: %s\n", ip_address );
47      }
48      else
49      {
50        if( inet_pton( AF_INET6, argv[i], &ipv6 ) != 1 )
51        {
52          printf( "ungültige Adresse: %s\n", argv[i] );
53          continue;
54        }
55        printf( "IPv6 Adresse: %s\n", argv[i] );
56        print_bitwise( AF_INET6, ipv6.s6_addr );
57        inet_ntop( AF_INET6, &ipv6, ip_address,
58          INET6_ADDRSTRLEN );
59        printf( "IPv6 Adresse: %s\n", ip_address );
60      }
61    }
62  }
```

26–33 Im Hauptprogramm vereinbaren wir zunächst einige Hilfsvariablen. Die Zeichenkette `ip_address` ist ausreichend groß dimensioniert, um die Textdarstellung sowohl einer IPv4- als auch einer IPv6-Adresse aufzunehmen. In einer Schleife geht das Programm dann über alle Kommandozeilenargumente hinweg und verarbeitet die übergebenen Adressen.

35–47 Falls es sich um eine IPv4-Adresse handelt, füllen wir mit `inet_pton()` die IPv4-Adreßstruktur `in_addr`. Tritt bei der Umwandlung ein Fehler auf, so stoppen wir die Weiterverarbeitung der Adresse mit einer entsprechenden Fehlermeldung. Andernfalls übergeben wir einen Zeiger auf die in der Struktur `in_addr` enthaltene IPv4-Adresse zur Ausgabe an `print_bitwise()`. Anschließend wandelt das Programm die in `ipv4` gespeicherte Netzwerkdarstellung der IPv4-Adresse mit Hilfe von `inet_ntop()` wieder ins Präsentationsformat um und gibt sie zur Kontrolle nochmals aus.

48–60 Im Falle einer IPv6-Adresse wird im wesentlichen das gleiche Verfahren angewandt. Allerdings muß den Funktionen `inet_pton()`, `inet_ntop()` und `print_bitwise()` mittels `AF_INET6` angezeigt werden, daß es sich bei der zu verarbeitenden Adresse um eine IPv6-Adresse handelt. Darüber hinaus liegt die Adresse in der Struktur `in6_addr` nicht als skalarer 32-Bit Wert vor, sondern ist dort in `s6_addr` als Feld von 16 `uint8_t`-Werten gespeichert.

Als erstes testen wir unser Programm mit einer ungültigen Adresse. Die Reaktion ist unmißverständlich, das Programm verweigert wie erwartet seine weitere Arbeit:

```
$ ./bitwise blabla
ungültige Adresse: blabla
```

Als nächstes kommt eine normale IPv4-Adresse an die Reihe. Unser Programm erkennt die Form einer IPv4-Adresse, springt in den entsprechenden Teil der Verarbeitung und stellt die Adresse in Binärdarstellung dar. Die Ausgabe der einzelnen Bytes erfolgt in Network Byte Order, also vom hochwertigsten Byte (ganz links) zum niederwertigsten Byte (ganz rechts):

```
$ ./bitwise 192.168.1.2
IPv4 Adresse: 192.168.1.2
11000000 10101000 00000001 00000010
IPv4 Adresse: 192.168.1.2
```

Auch mit der unspezifizierten IPv6-Adresse gibt es keine Probleme. Überraschend ist bestenfalls, daß die Rückübersetzung aus der Netzwerkdarstellung in die Präsentationsform die kompakte Kurzschreibweise liefert:

```
$ ./bitwise ::
IPv6 Adresse: ::
00000000 00000000 00000000 00000000
00000000 00000000 00000000 00000000
00000000 00000000 00000000 00000000
00000000 00000000 00000000 00000000
IPv6 Adresse: ::
```

Dies gilt selbstverständlich auch für Adressen, die ursprünglich nicht in der für IPv6 typischen Kurzform abgefasst sind. Als Beispiel sehen wir uns die Loopback-Adresse an, die beim Programmaufruf anstatt in der Kurzform (::1) in ausführlicher Notation geschrieben ist:

```
$ ./bitwise 0:0:0:0:0:0:0:1
IPv6 Adresse: 0:0:0:0:0:0:0:1
00000000 00000000 00000000 00000000
00000000 00000000 00000000 00000000
00000000 00000000 00000000 00000000
00000000 00000000 00000000 00000001
IPv6 Adresse: ::1
```

Auch die IPv6-Adressen mit eingebetteter IPv4-Adresse werden ohne weiteres Zutun von `inet_ntop()` erkannt und in der für diese Adressen intuitiven gemischten Schreibweise ausgegeben. Bei der nachfolgend getesteten Adresse `::ffff:c0a8:102` handelt es sich um eine IPv4-gemappte IPv6-Adresse:

```
$ ./bitwise ::ffff:c0a8:102
IPv6 Adresse: ::ffff:c0a8:102
00000000 00000000 00000000 00000000
00000000 00000000 00000000 00000000
00000000 00000000 11111111 11111111
11000000 10101000 00000001 00000010
IPv6 Adresse: ::ffff:192.168.1.2
```

Ältere Funktionen zur Adreßumwandlung

Vor der Verabschiedung von IEEE Std 1003.1-2001 mußte man zur Umwandlung von IP-Adressen zwischen der Text- und Netzwerkdarstellung auf die Funktionen `inet_aton()`, `inet_addr()` und `inet_ntoa()` zurückgreifen. Die drei Funktionen sind allerdings nur in der Lage, IPv4-Adressen zu behandeln, weshalb sie hier nur aus Gründen der Vollständigkeit kurz besprochen werden. In neuen Anwendungen sollten Sie anstatt der alten Funktionen *immer* die neuen Varianten `inet_pton()` und `inet_ntop()` einsetzen.

```
#include <arpa/inet.h>


int inet_aton( const char *cp, struct in_addr *inp );
in_addr_t inet_addr( const char *cp );
char *inet_ntoa( struct in_addr in );
```

Wie schon beim Funktionenpaar `inet_pton()` und `inet_ntop()` lassen sich die Aufgaben der drei Funktionen an ihren Namen ableiten: Mit `inet_aton()` wird eine IPv4-Adresse aus der ASCII-Darstellung in die zugehörige Netzwerkdarstellung transformiert. Die gleiche Aufgabe übernimmt `inet_addr()`. Umgekehrt wandelt `inet_ntoa()` eine in Netzwerkdarstellung vorliegende IPv4-Adresse wieder in ein lesbares ASCII-Format um.

`inet_addr()` erwartet als einziges Argument eine IPv4-Adresse in Textdarstellung, d. h. in der typischen gepunkteten Dezimaldarstellung. Die Funktion liefert im Erfolgsfall eine 32 Bit lange IPv4-Adresse in Netzwerkdarstellung. Andernfalls wird von `inet_addr()` der Wert `(in_addr_t)(-1)` zurückgegeben. Unglücklicherweise entspricht dieser Rückgabewert (alle 32 Bits sind auf 1 gesetzt) gleichzeitig der Netzwerkdarstellung der IPv4-Broadcast-Adresse 255.255.255.255, was eine Behandlung der Broadcast-Adresse mit `inet_addr()` verhindert.

Die Funktion `inet_aton()` umkurvt dieses Problem, indem sie die Übergabe der IP-Adresse vom Rückgabewert der Funktion entkoppelt. In einem zweiten Argument erwartet `inet_aton()` einen Zeiger auf eine `in_addr`-Datenstruktur. Darin wird bei erfolgreicher Bearbeitung die in Netzwerkdarstellung transformierte IPv4-Adresse hinterlegt. Im Erfolgsfall liefert die Umwandlungsfunktion den Wert 1, andernfalls den Wert 0 zurück.

Mit `inet_ntoa()` werden schließlich IPv4-Adressen aus der Netzwerkdarstellung in die Präsentationsdarstellung konvertiert. Die Funktion erwartet als Parameter eine `in_addr`-Datenstruktur und berechnet daraus die Textdarstellung.[13] `inet_ntoa()` liefert einen Zeiger auf eine Zeichenkette in gepunkteter Dezimaldarstellung. Die Funktion ist im Gegensatz zu `inet_ntop()` nicht eintrittsinvariant (vgl. dazu Abschnitt 3.3.1), denn der zurückgelieferte Zeiger auf die Textdarstellung der IPv4-Adresse verweist in aller Regel auf einen statisch angelegten Speicherbereich der `inet_ntoa()`-Funktion – eine typische Race Condition. Nachfolgende Aufrufe von `inet_ntoa()` überschreiben die aus vorausgehenden Aufrufen stammenden Ergebnisse, was wir im nachfolgenden Beispiel veranschaulichen:

4-7 Im Hauptprogramm vereinbaren wir zunächst die benötigten Variablen. Wir verwenden in diesem Beispiel zwei Hilfszeiger und zwei `in_addr`-Strukturen.

Beispiel 4.3. ntoatest.c

```
1  #include <stdio.h>
2  #include <arpa/inet.h>
3
4  int main( int argc, char *argv[] )
5  {
6    char *addr1, *addr2;
7    struct in_addr ia1, ia2;
8
9    /* Initialisierung mit beliebigen 32-Bit Werten */
10   ia1.s_addr = (in_addr_t)16777343;
11   ia2.s_addr = (in_addr_t)33663168;
12
13   /* erste Adresse umwandeln und ausheben */
14   addr1 = inet_ntoa( ia1 );
15   printf( "1. IP-Adresse: %s\n", addr1 );
16
17   /* zweite Adresse umwandeln und ausheben */
18   addr2 = inet_ntoa( ia2 );
19   printf( "2. IP-Adresse: %s\n", addr2 );
20
21   /* ... und nochmal die erste Adresse: Autsch! */
22   printf( "1. IP-Adresse: %s\n", addr1 );
23 }
```

9-11 Als ersten Schritt initialisieren wird die beiden Adreßstrukturen `ia1` und `ia2` mit beliebigen 32-Bit Werten. Zur Erinnerung: Die `in_addr`-Struktur enthält als einziges Element eine 32-Bit IPv4-Adresse in Netzwerkdarstellung.

---

[13] Bitte beachten Sie, daß `inet_ntoa()` als Parameter eine Struktur und nicht, wie sonst gebräuchlich, einen Zeiger auf eine Struktur erwartet.

13–19 Im Anschluß wandeln wir jeweils die IP-Adresse aus der Netzwerkdarstellung in die gepunktete Dezimaldarstellung um und geben diese Präsentationsdarstellung nach der Umwandlung umgehend aus.

21–22 Zum Abschluß wollen wir nochmals auf die Präsentationsdarstellung der ersten IPv4-Adresse zurückgreifen, die wir (vermeintlich) noch mit dem Zeiger `addr1` referenzieren.

Ein Testlauf von Beispiel 4.3 offenbart die Schwäche unseres Programms bzw. die zuvor beschriebene Schwachstelle der `inet_ntoa()`-Funktion sofort:

```
$ ./ntoatest
1. IP-Adresse: 127.0.0.1
2. IP-Adresse: 192.168.1.2
1. IP-Adresse: 192.168.1.2
```

Nachdem die beiden IPv4-Adressen zunächst unmittelbar nach ihrer Umwandlung, d. h. insbesondere vor einem weiteren Aufruf von `inet_ntoa()`, ausgegeben werden, entsprechen die ersten beiden Zeilen des Testlaufs exakt unseren Erwartungen.[14] Allerdings liefert die erneute Ausgabe der ersten IP-Adresse nun ebenfalls das Ergebnis der zweiten Umwandlung. Der zweite Aufruf von `inet_ntoa()` hat das Ergebnis des ersten Aufrufs überschrieben. Beide Hilfszeiger `addr1` und `addr2` aus Beispiel 4.3 referenzieren also offensichtlich den selben statisch angelegten Speicherbereich der `inet_ntoa()`-Funktion und nicht etwa zwei verschiedene Bereiche.

Weitere Umwandlungsfunktionen

Nicht nur IP-Adressen müssen im Rahmen der Netzwerkprogrammierung in ein netzwerktaugliches Format gebracht werden. Auch die Portnummern, denen wir bereits begegnet sind, werden in Network Byte Order gespeichert. Generell: Sollen ganzzahlige Werte in binärer Form über das Netzwerk transportiert werden, so muß in einem heterogenen Rechnerumfeld immer eine systemunabhängige Darstellungsform gewählt werden. Der Unix-Standard hält aus diesem Grund vier Hilfsfunktionen bereit, mit deren Hilfe Ganzzahlen von der maschinentypischen Darstellung (Host Byte Order) in die Netzwerkdarstellung (Network Byte Order) und umgekehrt gewandelt werden können.

---

[14] Sollten bei Ihnen andere IP-Adressen ausgegeben werden, so liegt dies an einer unterschiedlichen Hardwarearchitektur. Der obige Testlauf wurde auf einem Intel-kompatiblen PC mit Linux, also einem Little-Endian-System, durchgeführt. Auf einem Big-Endian-System lauten die entsprechenden Adressen aufgrund der vertauschten Byte-Anordnung `1.0.0.127` und `2.1.168.192`.

```
#include <arpa/inet.h>

uint32_t htonl( uint32_t hostlong );
uint16_t htons( uint16_t hostshort );
uint32_t ntohl( uint32_t netlong );
uint16_t ntohs( uint16_t netshort );
```

Die hton-Funktionen erhalten als Parameter eine Ganzzahl in Maschinendarstellung und wandeln diese in das Big-Endian-Format, also in die Netzwerkdarstellung. htonl() verarbeitet dabei einen vorzeichenlosen 32-Bit Wert, während htons() einen vorzeichenlosen 16-Bit Wert erwartet. Umgekehrt wandeln ntohl() und ntohs() einen 32-Bit bzw. 16-Bit Wert von der Netzwerkdarstellung in die Host Byte Order zurück.

Mit Hilfe dieser Funktionen können wir ein kurzes Testprogramm entwickeln, welches uns über die Architektur des zugrundeliegenden Rechnersystems Auskunft gibt:

6 In Beispiel 4.4 werden zunächst die beiden Hilfsvariablen host_val und net_val vereinbart. Die beiden Variablen bieten Platz für je eine 16 Bit lange vorzeichenlose Ganzzahl.

Beispiel 4.4. byteorder.c

```
1  #include <stdio.h>
2  #include <arpa/inet.h>
3
4  int main( int argc, char *argv[] )
5  {
6    uint16_t host_val, net_val;
7
8    /* Initialisierung in Host Byte Order */
9    host_val = 0x0001;
10   printf( "Host Byte Order: host_val = %04x\n", host_val );
11
12   /* Umwandlung in Network Byte Order */
13   net_val = htons( host_val );
14   printf( "Network Byte Order: net_val = %04x\n", net_val );
15
16   /* Gilt "Host Byte Order = Network Byte Order"? */
17   printf( "Ich bin ein %s-Endian-System.\n",
18     ( host_val == net_val ) ? "Big" : "Little" );
19 }
```

8–10 Danach wird der Variablen host_val der Wert 1 zugewiesen. Zur Verdeutlichung verwenden wir dabei die Hexadezimalschreibweise, aus der wir die beiden Bytewerte 00 und 01 der 16-Bit Ganzzahl einfach ablesen können. Die Speicherung der Zahl 1 erfolgt selbstverständlich in der für das System typischen Byteanordnung (Host Byte Order), je nach Rechnersystem also im Little-Endian- oder Big-Endian-Format. Die Ausgabe zeigt nochmals den 16-Bit Hexadezimalwert von `host_val`.

12–14   Jetzt wandeln wir die in `host_val` gespeicherte, rechnerspezifische Darstellung der Zahl 1 in die Network Byte Order, also ins Big-Endian-Format um und weisen das Ergebnis der Variablen `net_val` zu. Im Anschluß geben wir zur Kontrolle den 16-Bit Hexadezimalwert von `net_val` aus.

Falls es sich bei unserem Rechnersystem um ein Big-Endian-System handelt, bleibt die Darstellung unverändert. Der in `host_val` gespeicherte Wert liegt bereits im Big-Endian-Format und damit in der Netzwerkdarstellung vor. Die Funktion `htons()` hat demnach keine Arbeit zu verrichten.

Auf einem Little-Endian-System muß `htons()` dagegen die beiden Bytes der 16-Bit Ganzzahl vertauschen, um die Darstellung von der Host Byte Order in die Netzwerkdarstellung zu übertragen. In diesem Fall unterscheiden sich also die Werte von `host_val` und `net_val`, was wir nachfolgend ausnutzen.

16–18   Die abschließende `printf()`-Ausgabe bringt die gesammelten Erkenntnisse auf den Punkt: Unterscheidet sich die Darstellung in Host Byte Order von der Darstellung in Network Byte Order, dann läuft das Programm offensichtlich auf einem Little-Endian-System. Sind die beiden Darstellungen identisch, so erkennt das Programm ein Big-Endian-System.

Ein abschließender Test soll uns Aufschluß über die Architektur zweier Rechnersysteme geben. Zunächst ein Testlauf auf einem Intel-kompatiblen Rechner mit Linux-Betriebssystem:

```
$ ./byteorder
Host Byte Order: host_val = 0001
Network Byte Order: net_val = 0100
Ich bin ein Little-Endian-System.
```

Anschließend der gleiche Test auf einem IBM RS/6000-System mit Power3-Prozessor und AIX-Betriebssystem:

```
$ ./byteorder
Host Byte Order: host_val = 0001
Network Byte Order: net_val = 0001
Ich bin ein Big-Endian-System.
```

Die beiden Testsysteme unterscheiden sich also in Ihrer Art, Multibyte-Werte im Hauptspeicher anzuordnen. Während es sich bei der Kombination aus IBM RS/6000 mit AIX um ein Big-Endian-System handelt, werden die Daten auf einem Intel-kompatiblen PC mit Linux im Little-Endian-Format abgelegt.

Das Beispiel zeigt, wie wichtig es bei der Netzwerkprogrammierung ist, daß sich die beteiligten Rechnersysteme auf ein gemeinsames Datenformat für den Datenaustausch geeinigt haben. Im Regelfall wird man dazu auf die Netzwerkdarstellung im Big-Endian-Format zurückgreifen.

4.3 Sockets

Mit den bisher gesammelten Kenntnissen können wir uns nun langsam an unsere ersten Gehversuche mit der Programmierung von Sockets wagen.

Der Begriff *Socket* steht im englischen für Muffe, Rohransatz, Steckdose oder auch Fassung. Mit diesem Wissen läßt sich der Begriff ohne größere Vorstellungskraft in die Welt der Unix Netzwerkprogrammierung übertragen.

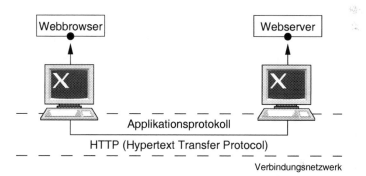

Abb. 4.8. Sockets als Kommunikations-Endpunkte

Sockets bezeichnen in Rechnernetzwerken die Endpunkte einer Kommunikationsstrecke zwischen Prozessen. Die Kommunikationsstrecke wird sozusagen an ihren Enden in den Sockets verankert. Ähnlich wie die in Abschnitt 2.2.1 besprochenen Dateideskriptoren bilden Sockets damit für die Applikation die Zugangspunkte zum Datenaustausch über ein Verbindungsnetzwerk. Der Datenaustausch erfolgt dabei bidirektional, d. h. in beide Richtungen gleichzeitig. Man spricht deshalb auch von einer Vollduplex-Verbindung. Abbildung 4.8 zeigt die beiden Endpunkte einer Netzwerkverbindung zwischen einem Webbrowser und einem Webserver.

Im OSI-Referenzmodell liegt die Socket-Schnittstelle damit genau unterhalb der oberen drei anwendungsnahen Schichten, im TCP/IP-Referenzmodell direkt unterhalb der Anwendungsschicht. Wie in Abb. 4.9 zu sehen, bilden Sockets damit für die Anwendungslogik die Schnittstelle zur Netzwerkkommunikation und stellen gleichzeitig den Übergang vom Anwenderprozeß zum Systemkern dar. Ein Webserver implementiert beispielsweise zum Austausch

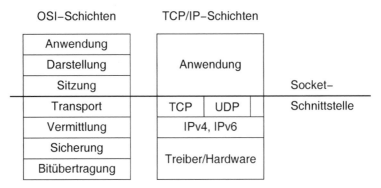

Abb. 4.9. Lage der Socketschnittstelle in den Referenzmodellen

von Dokumenten alle Details des Anwendungsprotokolls HTTP, ohne sich dabei intensiv mit den Details der Datenübertragung über das Netzwerk (Datenpakete versenden, Bestätigungen abwarten, Datenpakete sortieren, Checksummen berechnen und prüfen, ...) auseinanderzusetzen. Die Schichten unterhalb der Socket-Schnittstelle kümmern sich dagegen genau um diese Feinheiten der Datenübertragung über das Verbindungsnetzwerk, ohne im Gegenzug genaueres über die darauf aufbauende Anwendung zu wissen.

Mit Hilfe der Socket-Schnittstelle können Daten sowohl über das verbindungslose *User Datagram Protocol* (UDP) als auch über das verbindungsorientierte *Transmission Control Protocol* (TCP) übertragen werden. Mittels *RAW Sockets* kann sogar direkt, also an der Transportschicht vorbei, auf die Internet-Protokolle IPv4 und IPv6 zugegriffen werden.

4.3.1 Socket anlegen

Beim Anlegen eines Sockets über die `socket()`-Funktion erhält die Applikation einen speziellen Datei- bzw. Socketdeskriptor zurück. Über diesen Deskriptor wird dann im weiteren Verlauf der Anwendung mit den aus Abschnitt 2.2 bekannten Ein- und Ausgabefunktionen des Unix Systemkerns zugegriffen. Ein Socket ist dabei durch seine Adreßfamilie, den Sockettyp und das verwendete Kommunikationsprotokoll charakterisiert.

```
#include <sys/socket.h>

int socket( int domain, int type, int protocol );
```

Der Parameter `domain` spezifiziert die *Socket Domain* oder, mit anderen Worten, die gewünschte Adreßfamilie, mit der der neu angelegte Socket assoziiert wird. Auch hier setzen wir wieder die Konstanten **AF_INET** für die Kommunikation über IPv4 oder **AF_INET6** für die Kommunikation über IPv6 ein.[15] Über den Parameter **type** wird der Sockettyp bestimmt (siehe Tabelle 4.5): Durch Angabe der Konstanten **SOCK_STREAM** wird ein geordneter, zuverlässiger, bidirektioneler, verbindungsorientierter Datenstrom ausgewählt. Die Konstante **SOCK_DGRAM** zeigt alternativ dazu an, daß über den Socket verbindungslos und ohne Zuverlässigkeitsgarantie Datagramme einer fixen Länge ausgetauscht werden sollen.

Tabelle 4.5. IPv4/IPv6-Sockettypen

Sockettyp	Beschreibung
SOCK_STREAM	*Byte-Stream* Socket
SOCK_DGRAM	*Datagram* Socket
SOCK_SEQPACKET	*Sequenced-Packet* Socket
SOCK_RAW	*Raw Protocol* Interface

Der letzte Parameter regelt schließlich, welches Protokoll auf der neuen Kommunikationsstrecke eingesetzt werden soll. Tabelle 4.6 listet die verschiedenen Möglichkeiten auf.

Tabelle 4.6. IPv4/IPv6-Protokolle

IP-Protokoll	Beschreibung
IPPROTO_TCP	*Transmission Control Protocol* (TCP)
IPPROTO_UDP	*User Datagram Protocol* (UDP)
IPPROTO_STCP	*Stream Control Transmission Protocol* (STCP)

Da allerdings alle Kombinationen aus Adreßfamilie und Sockettyp ein Standardprotokoll besitzen, wird für diesen Parameter meist 0 eingesetzt. Der Wert 0 steht für den Standard und selektiert UDP für **SOCK_DGRAM** und TCP für **SOCK_STREAM**. Im Fall von TCP spricht man dann von einem TCP-Socket, für UDP von einem UDP-Socket.

Die **socket()**-Funktion liefert schließlich eine nicht-negative Ganzzahl, den sogenannten Socketdeskriptor, zurück. Mit dem Socketdeskriptor läßt sich im weiteren Verlauf der Anwendung wie mit einem Dateideskriptor arbeiten. Im Fehlerfall gibt **socket()** dagegen den Wert **-1** zurück. Über die Fehlervariable **errno** läßt sich dann der Grund für den Fehlschlag ermitteln.

---

[15] Neben den für die Unix Netzwerkprogrammierung relevanten IP-Adreßfamilien gibt es noch die sogenannten *Unix Domain Sockets,* die über **AF_UNIX** ausgewählt werden. Diese Art von Sockets stellt eine elegante Art der Interprozeßkommunikation innerhalb eines einzelnen Unix-Systems dar.

4.3.2 Socket-Strukturen

Bei der weiteren Arbeit mit Sockets kommen einige spezielle Datenstrukturen, die Socket-Adreßstrukturen, zum Einsatz. Die sogenannte Socket-Adresse beschreibt die Verbindungscharakteristik eines Sockets. In der Netzwerkprogrammierung sind dies im Wesentlichen die IP-Adresse und die Portnummer eines Sockets.

Mit Hilfe der Adreßstrukturen werden die Socket-bezogenen Informationen zwischen Anwendung und Systemkern ausgetauscht. Jedes Protokoll definiert dazu seine eigene, socketspezifische Socket-Adreßstruktur. Wir betrachten im folgenden die für die Netzwerkprogrammierung relevanten Adreßstrukturen von IPv4 und IPv6 und beleuchten deren Einsatz.

IPv4 Socket-Adreßstruktur

Für IPv4 wurde die Socket-Adreßstruktur `sockaddr_in` eingeführt. Wie in IEEE Std 1003.1-2001 festgelegt, enthält die `sockaddr_in`-Struktur mindestens die Elemente `sin_family`, `sin_port` und `sin_addr`:

```
#include <netinet/in.h>

struct sockaddr_in
{
  sa_family_t sin_family;   /* AF_INET */
  in_port_t sin_port;       /* Port number */
  struct in_addr sin_addr;  /* IPv4 address */
}
```

Das Strukturelement `sin_addr` bestimmt die IP-Adresse des Sockets. Die zugehörige `in_addr`-Struktur ist uns bereits aus Abschnitt 4.2.4 bekannt und nimmt die 32-Bit IPv4-Adresse in Netzwerkdarstellung auf. `sin_port` enthält die Portnummer des Sockets. Die Speicherung der Portnummer erfolgt wie bei der IP-Adresse in „Network Byte Order". Über den Inhalt von `sin_family` wird schließlich die Adreßfamilie des Sockets identifiziert. Die Struktur-Komponente `sin_family` kommt in allen Socket-Adreßstrukturen vor und gibt uns eine wertvolle Hilfestellung bei den später beschriebenen Typumwandlungen. Sinnvollerweise hat `sin_family` in einer IPv4 `sockaddr_in`-Struktur immer den Wert `AF_INET`.

IPv6 Socket-Adreßstruktur

Die eben vorgestellte Struktur `sockaddr_in` kann lediglich eine IPv4-Adresse aufnehmen und ist daher für Sockets, über die mit IPv6 kommuniziert werden soll, nicht geeignet. IPv6 definiert deshalb mit `sockaddr_in6` eine Abwandlung dieser Socket-Adreßstruktur:

```
#include <netinet/in.h>

struct sockaddr_in6
{
  sa_family_t sin6_family;    /* AF_INET6 */
  in_port_t sin6_port;        /* Port number */
  uint32_t sin6_flowinfo;     /* flow info */
  struct in6_addr sin6_addr;  /* IPv6 address */
  uint32_t sin6_scope_id;     /* Set of interfaces */
}                             /* for a scope */
```

Die Struktur kann in ihrer Komponente `sin6_addr` eine 128-Bit IPv6-Adresse aufnehmen. Die Speicherung der Adresse und der Portnummer `sin6_port` erfolgt natürlich wieder in Network Byte Order. Der in `sin6_family` gespeicherte Wert dient erneut der Identifikation der Adreßstruktur bei Typumwandlungen. In einer `sockaddr_in6`-Struktur hat `sin6_family` sinnvollerweise immer den Wert `AF_INET6`.

Generische Socket-Adreßstrukturen

Obwohl jede Adreßfamilie ihre eigene Socket-Adreßstruktur festlegt, arbeiten die Socket-Aufrufe des Unix Systemkerns mit allen diesen verschiedenen Strukturen zusammen.[16] Damit dies möglich wird, mußte mit der *generischen Socket-Adreßstruktur* `sockaddr` zunächst eine geeignete Hilfsstruktur definiert werden. Diese Struktur enthält mit `sa_family` ebenfalls wieder eine Komponente, das über die Adreßfamilie Auskunft erteilt.

```
#include <sys/socket.h>

struct sockaddr
{
  sa_family_t sa_family;  /* address family AF_xyz */
  char sa_data[];         /* address data,
                             variable-length */
}
```

Die Socket-Funktionen des Betriebssystems erwarten nun anstatt einer protokollspezifischen Adreßstruktur lediglich einen Zeiger auf die generische

---

[16] Neben `sockaddr_in` und `sockaddr_in6` für IPv4/IPv6 besitzen z. B. auch die *Unix Domain Sockets* eine eigene Socket-Adreßstruktur: `sockaddr_un`.

sockaddr-Hilfsstruktur. Im Anwendungsprogramm wandelt man dazu die Adresse einer protokollspezifischen Adreßstruktur in einen sockaddr-Zeiger um. Mit Hilfe des sa_family-Elements können die Funktionen dann intern wieder den eigentlichen Strukturtyp feststellen und, nach erneuter Typumwandlung, auf die protokollspezifischen Informationen zugreifen.

Allerdings stammt die Definition der sockaddr-Struktur noch aus einer Zeit weit vor dem Entwurf und der Einführung von IPv6. Deshalb wurde für IPv6 mit sockaddr_storage eine zweite generische Socket-Adreßstruktur eingeführt, die groß genug ist, um jede vom System unterstützte Socket-Adreßstruktur darin unterzubringen.

```
#include <sys/socket.h>

struct sockaddr_storage
{
  sa_family_t ss_family; /* address family AF_xyz */
  /*
   * - Large enough to accommodate all supported
   *   protocol-specific address structures.
   * - Aligned at an appropriate boundary.
   */
}
```

Wie für sockaddr gilt auch für die sockaddr_storage-Struktur, daß sie so angeordnet ist, daß ein Zeiger auf sockaddr_storage in einen Zeiger auf sockaddr_in oder sockaddr_in6 umgewandelt werden kann. Insbesondere liegt das Strukturelement ss_family, welches die Adreßfamilie anzeigt, in allen Socket-Adreßstrukturen an der selben Position.

4.3.3 Client-seitiger TCP-Verbindungsaufbau

Als erstes wollen wir nun versuchen, uns mit einem selbstgeschriebenen Clientprogramm zu einem TCP-Server zu verbinden. Beim verbindungsorientierten Transmission Control Protocol stellt der Client vor dem eigentlichen Datenaustausch eine Netzwerkverbindung her. Für diesen Zweck steht die connect()-Funktion zur Verfügung:

```
#include <sys/socket.h>

int connect( int socket, const struct sockaddr *address,
  socklen_t address_len );
```

connect() erwartet als erstes Argument einen Socketdeskriptor, den wir durch einen vorausgehenden Aufruf der socket()-Funktion erhalten. Der Parameter address ist ein Zeiger auf eine sockaddr-Struktur. Je nachdem, ob wir über IPv4 oder IPv6 kommunizieren wollen, übergeben wir hier tatsächlich einen Zeiger auf entweder (IPv4) eine sockaddr_in- oder (IPv6) eine sockaddr_in6-Struktur. Der dritte Parameter spezifiziert die Größe der von address referenzierten Socket-Adreßstruktur. Im Erfolgsfall liefert die Funktion den Wert 0 zurück und die Netzwerkverbindung zur Gegenseite ist erfolgreich hergestellt.

Kann connect() eine TCP-Verbindung nicht sofort herstellen (und ist für den Socketdeskriptor das Flag O_NONBLOCK nicht gesetzt), blockiert der Aufruf solange, bis entweder die Verbindung zustande kommt oder ein Timeout eintritt. Wie lange auf das Zustandekommen einer TCP-Verbindung gewartet wird, ist in IEEE Std 1003.1-2001 nicht festgelegt, typische Werte liegen aber, je nach Betriebssystem, zwischen 60 und 90 Sekunden. Kann keine Verbindung zur Gegenseite hergestellt werden, kehrt connect() mit dem Rückgabewert -1 und entsprechend gesetzter errno-Variable zurück.

Die von address referenzierte Socket-Adreßstruktur muß vor dem Aufruf von connect() anhand der Anforderungen an die neue Verbindung initialisiert werden. Beispiel 4.5 illustriert den Einsatz der connect()-Funktion und zeigt gleichzeitig die Initialisierung der Socket-Adreßstruktur. Das Programm baut eine Client-Verbindung zu einem Timeserver auf. Die IP-Adresse des Rechners, zu dem sich das Beispielprogramm verbinden soll, wird dabei über die Kommandozeile angegeben.

Clientprogramm für das Time-Protokoll

Das Time-Protokoll ist in RFC 868 festgelegt und ähnelt sehr stark dem zuvor beschriebenen Daytime-Protokoll. Der Timeserver wartet an Port 37 auf Client-Anfragen und gibt die Zeit in binärem Format als 32 Bit lange Ganzzahl zurück. Die übermittelte Zahl gibt die seit dem 1.1.1900 um 0.00 Uhr verstrichenen Sekunden an. Nach der Übertragung des Zeitstempels beenden Client und Server umgehend die Netzwerkverbindung.

1–13   Zunächst werden die für das Programm benötigten Header-Dateien eingebunden und die eingesetzten Variablen definiert. Die Variable sd verwenden wir als Socketdeskriptor und die IPv4 Socket-Adreßstruktur sa füllen wir später mit unseren Verbindungsdaten.

15–19   Danach prüfen wir als erstes, ob das Programm mit der richtigen Anzahl von Parametern aufgerufen wurde. Wir erzwingen, daß genau ein Kommandozeilenargument, die IP-Adresse des Timeservers, angegeben werden muß.

21–26   Der erste Schritt zum Verbindungsaufbau ist das Anlegen eines neuen Sockets. Mit den beiden Parametern AF_INET und SOCK_STREAM erzwingen wir, daß vom System ein TCP-Socket für IPv4 bereitgestellt wird. Die socket()-Funktion liefert einen entsprechenden neuen Socketdeskriptor zurück. Ist der Rückgabewert -1, ist also sd kleiner 0, so brechen wir das Programm mit einer entsprechenden Fehlermeldung ab.

Beispiel 4.5. timeclient.c

```
1  #include <errno.h>
2  #include <stdio.h>
3  #include <stdlib.h>
4  #include <time.h>
5  #include <unistd.h>
6  #include <netinet/in.h>
7  #include <sys/socket.h>
8
9  int main( int argc, char *argv[] )
10 {
11    int sd;
12    struct sockaddr_in sa;
13    time_t stime = 0;
14
15    if( argc != 2 )
16    {
17      printf( "Usage: %s ipv4-address\n", argv[0] );
18      exit( EXIT_FAILURE );
19    }
20
21    /* TCP Socket anlegen */
22    if( ( sd = socket( AF_INET, SOCK_STREAM, 0 ) ) < 0 )
23    {
24      printf( "socket() failed: %s\n", strerror( errno ) );
25      exit( EXIT_FAILURE );
26    }
27
28    /* Initialisierung der Socket-Adreßstruktur */
29    memset( &sa, 0, sizeof( sa ) ); /* erst alles auf 0 */
30    sa.sin_family = AF_INET; /* IPv4 */
31    sa.sin_port = htons( 37 ); /* Time Server Port */
32    /* IPv4-Adresse in Netzwerkdarstellung einsetzen */
33    if( inet_pton( AF_INET, argv[1], &sa.sin_addr ) != 1 )
34    {
35      printf( "inet_pton() failed.\n" );
36      close( sd );
37      exit( EXIT_FAILURE );
38    }
39
40    /* Verbindung zum Time Server aufbauen */
41    if( connect( sd, (struct sockaddr *)&sa,
```

```
42          sizeof( sa ) ) < 0 )
43    {
44      printf( "connect() failed: %s\n", strerror( errno ) );
45      close( sd );
46      exit( EXIT_FAILURE );
47    }
48
49    /* Ausgabe des Servers lesen */
50    if( read( sd, &stime, sizeof( stime ) ) < 0 )
51    {
52      printf( "read() failed: %s\n", strerror( errno ) );
53      close( sd );
54      exit( EXIT_FAILURE );
55    }
56
57    /* Sekunden auf Basis 1.1.1970 umrechnen und ausgeben */
58    stime = ntohl( stime ) - 2208988800UL;
59    printf( "%s", ctime( &stime ) );
60
61    /* Socketdeskriptor schließen, Verbindung beenden */
62    close( sd );
63    exit( EXIT_SUCCESS );
64  }
```

28–38   Jetzt gilt es, die IPv4 Socket-Adreßstruktur sa für den geplanten Verbindungsaufbau zu initialisieren. Zunächst füllen wir mit Hilfe der memset()-
Funktion[17] die komplette Datenstruktur mit Nullbytes auf. Anschließend setzten wir einzelne Felder der Struktur entsprechend unseren Anforderungen:

Dem Strukturelement sin_family wird die Konstante AF_INET für eine Verbindung über IPv4 zugewiesen. In sin_port wird die Portnummer des Timeservers (laut RFC Port 37) in Netzwerkdarstellung hinterlegt. In sin_addr
tragen wir schließlich mit inet_pton() die auf der Kommandozeile angegebene IPv4-Adresse ein. Sollte keine gültige IPv4-Adresse angegeben worden
sein, so scheitert inet_pton() mit einem entsprechenden Fehlercode und das
Programm beendet sich.

40–47   Nachdem nun auf der Client-Seite alle Vorbereitungen für einen erfolgreichen Verbindungsaufbau zum Timeserver getroffen wurden, können wir mit
connect() die Verbindung initiieren. Im Erfolgsfall baut connect() für den

---

[17] In den meisten Unix Netzwerkprogrammen werden Sie anstatt der ANSI C Funktion memset() den Unix-Systemaufruf bzero() finden. Allerdings wird bzero()
in IEEE Std 1003.1-2001 ausdrücklich als „Legacy-Funktion" bezeichnet und mit
der Bemerkung versehen, daß diese Funktion in kommenden Überarbeitungen des
Standards zurückgezogen werden könnte. Aus diesem Grund verwenden wir zur
Initialisierung von Datenstrukturen mit Nullbytes immer die Funktion memset().

übergebenen Socket eine TCP-Verbindung zur Gegenseite auf. Die Gegenstelle wird in der per Referenz übergebenen Socket-Adreßstruktur sa spezifiziert. Im Fehlerfall liefert die Funktion den Rückgabewert -1 und unser Programm beendet sich mit einem entsprechenden Hinweis.

49–55   Anschließend können wir Daten über den Socket empfangen. Der Timeserver ignoriert alle Daten, die vom Client zum Server übertragen werden (weswegen wir das erst gar nicht probieren), schickt eine 32 Bit lange Ganzzahl mit den Sekunden seit dem 1.1.1900 um 0.00 Uhr an den Client und schließt danach umgehend die Verbindung. Unser Time-Client liest genau diesen Wert mit der read()-Funktion vom Socket. Genaugenommen sollten wir abschließend prüfen, ob wir tatsächlich die geforderte Anzahl von Bytes, hier im Umfang einer 32 Bit langen Ganzzahl, vom Socket gelesen haben. Wir verzichten in diesem einfachen Beispiel jedoch aus Gründen der Übersichtlichkeit darauf.

57–59   Vor der Ausgabe der aktuellen Uhrzeit müssen wir die erhaltene Zahl konvertieren: Zum einen wurde die 32-Bit Ganzzahl in Netzwerkdarstellung übertragen, sie muß daher in die Host Byte Order zurück übersetzt werden. Zum anderen verwenden sämtliche Zeitfunktionen der C-Bibliothek anstatt dem 1.1.1900 den 1.1.1970 als Basis. Vom empfangenen Wert müssen also noch die Sekunden zwischen 1900 und 1970, das sind 2 208 988 800 Sekunden, subtrahiert werden, um die Anzahl der Sekunden seit dem 1.1.1970, 0.00 Uhr, zu ermitteln. Danach geben wir die Zeit auf der Standardausgabe aus.

61–63   Zum Schluß schließen wir den Socket und beenden das Programm mit einer Erfolgsmeldung als Rückgabewert.

Wir können nun das Time-Programm aus Beispiel 4.5 ausprobieren und mit dem Aufruf von telnet aus Abschnitt 4.1.1 vergleichen. Abgesehen von den flankierenden Ausgaben, die das telnet-Kommando zusätzlich erzeugt, verhält sich der selbst geschriebene Time-Client wie erwartet:

```
$ ./timeclient 192.168.1.1
Mon May 17 17:22:38 2005
```

Das Programm verbindet sich erfolgreich zum angegebenen Timeserver, öffnet also eine Verbindung zu Port Nummer 37 auf dem Rechner mit der IPv4-Adresse 192.168.1.1, und liefert das aktuelle Datum samt Uhrzeit.

Aber auch verschiedene Fehler, die beim Aufruf von connect() auftreten können, lassen sich mit diesem Clientprogramm bereits veranschaulichen. Als erstes versuchen wir, eine Verbindung zu einem Rechnersystem herzustellen, auf dem der Time-Service nicht aktiviert ist:

```
$ ./timeclient 192.168.1.2
connect() failed: Connection refused
```

In diesem Fall kommt selbstverständlich gar keine Netzwerkverbindung mit Port 37 auf dem spezifizierten Zielsystem zustande. Der connect()-Aufruf kehrt umgehend mit dem Rückgabewert -1 zurück und die Fehlervariable errno ist auf ECONNREFUSED gesetzt, d. h. der Verbindungsaufbau wurde vom Zielsystem abgelehnt. Das Beispielprogramm beendet sich folgerichtig mit der Fehlermeldung „Connection refused".

Als zweites versuchen wir, mit dem Clientprogramm eine Verbindung zu einem momentan ausgeschalteten Rechnersystem, hier der Rechner mit der IPv4-Adresse 192.168.1.3, herzustellen:

```
$ ./timeclient 192.168.1.3
connect() failed: Connection timed out
```

Beim Verbindungsversuch zur IP-Adresse 192.168.1.3 schlägt der oben beschriebene „Timeout" zu. Die connect()-Funktion wartet ein system- bzw. implementierungsabhängiges Intervall auf das Zustandekommen einer Netzwerkverbindung. Sobald dieses Zeitintervall erfolglos verstrichen ist, meldet connect() über errno die entsprechende Fehlerursache – hier also ETIMEDOUT bzw. "Connection timed out".

4.3.4 Socket-Adressen zuweisen

Mit der connect()-Funktion können wir eine Socketverbindung zu einem bestimmten Port auf einem entfernten Rechner aufbauen. Die zugehörige Socket-Adresse mit IP-Adresse und Portnummer wird beim connect()-Aufruf angegeben. Bei den bisherigen Betrachtungen blieb allerdings offen, welche Socket-Adresse dabei am lokalen Ende der Netzwerkverbindung verwendet wird.

Ein neuer Socket wird, nachdem er mit der socket()-Funktion angelegt wurde, zunächst als *unbenannter Socket* bezeichnet. Damit soll zum Ausdruck kommen, daß dieser Socket noch nicht mit einer Socket-Adresse verknüpft ist. Erst durch ein späteres explizites oder implizites *Binden* an eine Socket-Adresse wird der Socket vollständig gebrauchsfähig. Zur Netzwerkkommunikation wird dem Socket dabei eine IP-Adresse und eine Portnummer zugewiesen. Anschließend läßt sich die somit festgelegte Verbindungscharakteristik des Sockets, nämlich seine IP-Adresse und seine Portnummer, *benennen* und man spricht folglich von einem *benannten Socket*.

Eine Form der impliziten Zuweisung haben wir bereits kennengelernt: Sofern der übergebene Socket noch nicht *gebunden* ist, bindet die connect()-Funktion eine lokale IP-Adresse und eine freie Portnummer an den Socket.[18]

---

[18] Die von connect() durchgeführte implizite Verknüpfung einer lokalen Socket-Adresse mit dem Socket hat *nichts* mit der an connect() übergebenen Socket-Adreßstruktur zu tun, welche ja den entfernten (und nicht den lokalen) Endpunkt der Kommunikationsstrecke beschreibt.

Diese Zuweisung von IP-Adresse und Portnummer erfolgt implizit und gewährleistet, daß die neue Netzwerkverbindung auf beiden Seiten der Kommunikationsstrecke wohldefiniert ist. Auch die im nächsten Abschnitt beschriebene listen()-Funktion bindet im Bedarfsfall implizit eine Socket-Adresse an
einen noch ungebundenen Socket.

Durch einen Aufruf von bind() kann ein neuer Socket allerdings auch explizit
mit einer Socket-Adresse verknüpft werden. Im Gegensatz zur impliziten Zuweisung ist die Socket-Adresse über bind() bestimmbar. Die Funktion *bindet*
eine Kombination aus IP-Adresse und Portnummer, eben die Socket-Adresse,
an den übergebenen Socket:

```
#include <sys/socket.h>

int bind( int socket, const struct sockaddr *address,
   socklen_t address_len );
```

Die bind()-Funktion erwartet als erstes Argument den Socketdeskriptor des
zu benennenden Sockets. Der zweite Parameter ist ein Zeiger auf eine socketspezifische Socket-Adreßstruktur und der dritte Parameter gibt die Länge dieser Adreßstruktur an. Die Kombination aus sockaddr-Referenz und Längenangabe erlaubt es wieder, sowohl IPv4- als auch IPv6-Sockets (oder auch
Sockets beliebiger anderer Adreßfamilien) mit der bind()-Funktion zu verarbeiten. Das Format und die Länge der übergebenen Socket-Adreßstruktur
hängt dabei von der Adreßfamilie des Sockets ab.

Im Erfolgsfall liefert bind() den Wert 0 zurück, andernfalls −1. Tritt ein Fehler
auf, so wird errno entsprechend der Fehlerursache gesetzt.

Typischerweise wird bind() in den folgenden Situationen eingesetzt:

1. Serverprogramme verwenden bind(), um einen Socket mit einer bestimmten Portnummer zu verknüpfen. Im Gegensatz zu normalen Clientpro-
   grammen warten Server an den für sie typischen Ports auf eingehende
   Datenpakete. Diese service- oder protokollspezifischen Portnummern werden auch gerne als *well known Ports,* also wohlbekannte oder typische
   Ports, bezeichnet. In den vorausgehenden Abschnitten haben wir z. B. gelernt, daß der DayTimeserver an Port 13 auf eintreffende Anfragen wartet.
   Ein Webserver lauert dagegen auf dem für das *Hypertext Transfer Protocol*
   reservierten Port 80 auf Anfragen.

2. Ein Anwendungsprogramm (Client oder Server) verknüpft einen Socket
   mit einer ganz bestimmten IP-Adresse. Dieses Verfahren wird besonders gerne auf Rechnersystemen eingesetzt, die über mehrere verschiedene
   IP-Adressen verfügen. Die an bind() übergebene IP-Adresse muß dabei
   natürlich eine für den lokalen Rechner gültige Adresse sein.

Für ein Clientprogramm bewirkt die Verknüpfung des Sockets mit einer bestimmten IP-Adresse, daß die vom Client verschickten IP-Datagramme mit dieser Absenderadresse versehen werden. Für einen Server bewirkt die Bindung an eine bestimmte IP-Adresse dagegen, daß über den Socket ausschließlich IP-Datagramme empfangen werden, die an genau diese IP-Adresse gerichtet wurden.

Sowohl für die IP-Adresse als auch für die Portnummer kann beim Aufruf der bind()-Funktion eine *Wildcard* bzw. ein *Joker* eingesetzt werden: Wird z. B. in der an bind() übergebenen Socket-Adreßstruktur anstelle einer gültigen Portnummer der Wert 0 eingesetzt, verknüpft der Systemkern den Socket mit einem beliebigen freien Port. Wird der IP-Adresse der Socket-Adreßstruktur die Konstante INADDR_ANY (IPv4) bzw. die Variable in6addr_any (IPv6)[19] zugewiesen, so wählt auch hier der Systemkern eine passende IP-Adresse aus. Im Gegensatz zur Portnummer wird die IP-Adresse allerdings erst in dem Moment festgelegt, in dem die Verbindung zur Gegenseite tatsächlich aufgebaut wird (TCP) bzw. das erste IP-Datagramm über den Socket läuft (UDP). Das nachfolgende Programmfragment illustriert die Initialisierung der Socket-Adreßstrukturen mit Wildcard-Werten:

```
struct sockaddr_in sa;
struct sockaddr_in6 sa6;

/* Initialisierung mit Wildcard-Adresse, IPv4 */
sa.sin_family = AF_INET; /* IPv4 */
sa.sin_port = htons( 0 ); /* beliebiger Port und ... */
sa.sin_addr.s_addr = htonl( INADDR_ANY ); /* Adresse */

/* Initialisierung mit Wildcard-Adresse, IPv6 */
sa6.sin6_family = AF_INET6; /* IPv6 */
sa6.sin6_port = htons( 0 ); /* beliebiger Port */
sa6.sin6_addr = in6addr_any; /* beliebige Adresse */
```

Natürlich dürften wir bei der vorausgehenden Initialisierung der Socket-Adreßstrukturen mit den Wildcard-Werten getrost auf die Umwandlungen von der Host Byte Order in die Netzwerkdarstellung verzichten, da sowohl die Portnummer (0) als auch die Konstante INADDR_ANY (0) in beiden Darstellungen identisch sind. Trotzdem verwenden wir die Hilfsfunktionen htons() und htonl() um zu unterstreichen, daß die Werte auf jeden Fall in der Netzwerkdarstellung abgelegt werden müssen.

---

[19] Anders als eine IPv4-Adresse kann eine 128 Bit lange IPv6-Adresse in C nicht als numerische Konstante dargestellt werden. Die Wildcard-Adresse für IPv6 wird deshalb in einer Struktur bereitgestellt. Die in <netinet/in.h> als extern deklarierte Variable in6addr_any wird vom System intern mit der Konstanten IN6ADDR_ANY_INIT initialisiert.

4.3.5 Annehmende Sockets

Wird mit der `socket()`-Funktion ein neuer Socket erzeugt, so handelt es sich zunächst um einen *aktiven Socket* bzw. *Clientsocket*. Das bedeutet, daß der Socket z. B. dafür gedacht ist, mit `connect()` neue Verbindungen zu einem Server aufzubauen. Mit der `listen()`-Funktion kann man nun einen Socket in einen *passiven Socket* bzw. *Serversocket* umwandeln. Die passiven Sockets werden auf Deutsch auch gerne als *annehmende* oder *horchende Sockets* bezeichnet, da eine Anwendung mit ihrer Hilfe auf neu eingehende TCP-Verbindungen warten kann.

Für jeden annehmenden Socket verwaltet das Betriebssystem eine Warteschlange der eingehenden (aber noch nicht weiter verarbeiteten) Verbindungen, die sogenannte *Listen Queue* des Sockets. Je nach Implementierung können in dieser Warteschlange sowohl fertig aufgebaute Verbindungen als auch solche Verbindungen verwaltet werden, die sich noch im Aufbau befinden. Ist die Warteschlange voll, werden vom System übergangsweise keine neuen Verbindungsanfragen für diesen Socket mehr beantwortet (vgl. dazu Abschnitt 4.3.6).

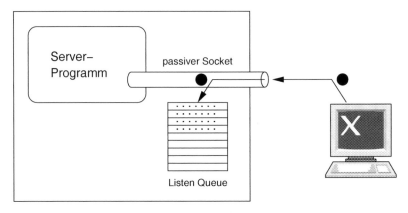

Abb. 4.10. Annehmende Sockets und die Listen-Queue

Abbildubg 4.10 veranschaulicht das Zusammenspiel zwischen eingehenden Verbindungen und der Listen-Queue. Im ersten Schritt stellt ein Clientprogramm eine Verbindungsanfrage an den passiven, horchenden Socket des Servers. Der Systemkern nimmt im zweiten Schritt die Verbindungsanfrage an und erstellt einen entsprechenden Eintrag in der Warteschlange des Serversockets. Ist die Kapazität der Listen-Queue erschöpft, nimmt der Server bzw. der Systemkern so lange keine weiteren Verbindungsanfragen mehr für den Socket an, bis durch das Serverprogramm einige der aufgestauten Verbindungswünsche weiterverarbeitet wurden.

Mit der `listen()`-Funktion läßt sich ein mit `socket()` erstellter, aktiver Socket in einen passiven Socket umwandeln: Die Funktion erwartet als erstes Argument den Socketdeskriptor des in einen horchenden Socket umzuwandelnden Sockets. Ist der übergebene Socket noch nicht mit einer Socket-Adresse verknüpft, dann bindet `listen()` implizit eine Socket-Adresse an den noch nicht gebundenen Socket (vgl. dazu Abschnitt 4.3.4).

Serverseitig ist es allerdings eher unüblich, auf diese implizite Bindung zurückzugreifen. Die Protokollspezifikationen der angebotenen Dienste sehen in der Regel vor, daß die Server auf den festgelegten *well known Ports* auf Anfragen warten. Die Clients versuchen ihrerseits, die Server über diese bekannten Ports zu erreichen.[20]

```
#include <sys/socket.h>

int listen( int socket, int backlog );
```

Über den `backlog`-Parameter der `listen`-Funktion kann die Anwendung Einfluß darauf nehmen, wie lange die Warteschlange für den angegebenen Socket in etwa sein soll. Wie sich die übergebene Zahl konkret auf die tatsächliche Länge der Listen-Queue auswirkt, überläßt IEEE Std 1003.1-2001 der jeweiligen Implementierung. Der Standard legt lediglich fest, daß ein größerer Wert für `backlog` auch in einer längeren (oder mindestens gleich langen) Warteschlange resultieren soll.[21] Der größte Wert, den `backlog` annehmen kann, ist über die in `<sys/socket.h>` vereinbarte Konstante `SOMAXCONN` ersichtlich. Überschreitet `backlog` die maximal mögliche Länge der Listen-Queue, so wird die tatsächliche Länge der Warteschlange auf den Maximalwert zurecht gestutzt.

Sie sollten es dabei grundsätzlich vermeiden, für `backlog` ein Wert kleiner oder gleich 0 zu übergeben. Ein solcher Wert kann von verschiedenen Implementierungen auf ganz unterschiedliche Art und Weise interpretiert werden. Sollen

---

[20] Eine interessante Ausnahme zu dieser Regel bilden die sogenannten *Remote Procedure Calls* (RPCs). Hier verwaltet ein eigener Server, der *Endpoint Mapper,* die lokalen Endpunkte der RPC-Server. Sämtliche lokalen RPC-Server registrieren dazu ihre implizit gebundenen Sockets bei diesem Dienst. Der Endpoint Mapper hat als einziger RPC-Server einen *well known Port.* Die RPC-Clients kontaktieren diesen festen Endpunkt des Endpoint Mappers und erfragen sich von ihm die Socket-Adresse des gewünschten RPC-Servers.

[21] Diese doch recht großen Freiheiten in der Implementierung haben dafür gesorgt, daß Anwendungsentwickler bei der Wahl einer vernünftigen Größe für `backlog` sehr schnell im Regen stehen. In Beispielprogrammen wird für `backlog` immer gerne die Zahl 5 eingesetzt, was wohl auf eine historische Obergrenze bei 4.2 BSD zurück geht. Interessanterweise finden sich deshalb, auch in meinem eigenen Fundus, viele echte Anwendungen, die den Wert 5 offensichtlich immer noch für eine „gute" Wahl halten. Auch Abkupfern will also gelernt sein ...

sich tatsächlich keine Clients zum horchenden Socket verbinden können – das wäre eine naheliegende Interpretation für den Wert 0 –, dann ist es besser, den Socket gleich zu schließen. Prinzipiell ist es einer Implementierung nämlich laut Standard erlaubt, daß der Socket im Fall „`backlog` kleiner oder gleich 0" durchaus Verbindungen annehmen kann und daß die Länge der Warteschlange dann auf ein (implementierungsspezifisches) Minimum gesetzt wird.

Nach einer erfolgreichen Umwandlung des übergebenen Sockets in einen passiven Socket gibt die Funktion den Wert 0 zurück. Andernfalls liefert `listen()` wie üblich den Wert `-1` und die `errno`-Variable gibt danach Aufschluß über die genaue Fehlerursache.

Bleibt als Frage, welche Werte für `backlog` denn nun „geschickt" sind und „gute" Ergebnisse liefern. Leider ist eine allgemeingültige Antwort auf diese Frage nicht möglich, denn die „richtige" Antwort hängt sehr stark von der Aufgabe des Servers sowie der Anzahl und Frequenz neuer Client-Zugriffe ab. Gerade die letzten beiden Faktoren sind aber bei der Entwicklung eines Servers meist noch nicht vorhersehbar, sondern ergeben sich oftmals erst im Laufe des Produktivbetriebs.

Eine gute Idee kann es deshalb sein, die Länge der Listen-Queue frei konfigurierbar zu gestalten, sei es über eine Umgebungsvariable [SFR04], ein Kommandozeilenargument oder über eine Konfigurationsdatei. Der weit verbreitete Apache Webserver[22] löst das Problem genau auf diese Art und Weise: Standardmäßig wird `backlog` auf den Wert `511` gesetzt, der Server-Administrator kann auf diese Einstellung allerdings in der Konfigurationsdatei über die Direktive `ListenBacklog` Einfluß nehmen.

4.3.6 TCP-Verbindungen annehmen

Um nun eine neue Socketverbindung auf Serverseite anzunehmen, stellt der Standard die `accept()`-Funktion zur Verfügung. Diese Funktion nimmt eine fertig aufgebaute Verbindung aus der Listen-Queue eines horchenden Sockets, erstellt einen *neuen* Socket mit dem gleichen Sockettyp, dem gleichen Protokoll und der gleichen Adreßfamilie und legt einen Socketdeskriptor für den neuen Socket an.

Abbildung 4.11 komplettiert die Darstellung aus Abb. 4.10: Mit Hilfe der `accept()`-Funktion wird in Schritt 3 eine Verbindungsanfrage aus der Listen-Queue des Serversockets entnommen. Die `accept()`-Funktion erstellt einen neuen, aktiven Socket, über den schließlich (vierter Schritt) Client und Server miteinander kommunizieren. Deutlich zu erkennen ist dabei, daß der passive Serversocket nach dem Verbindungsaufbau für den Datenaustausch zwischen Client und Server keine Rolle mehr spielt. Der passive Socket dient weiterhin ausschließlich der Annahme neuer Verbindungen.

---

[22] http://www.apache.org/

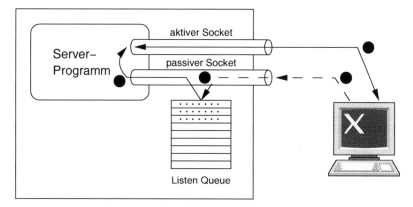

Abb. 4.11. Annahme neuer Netzwerkverbindungen

```
#include <sys/socket.h>

int accept( int socket, struct sockaddr *address,
   socklen_t *address_len );
```

Die accept()-Funktion erwartet als ersten Parameter einen passiven Socket, aus dessen Warteschlange eine fertig aufgebaute Verbindung entnommen werden soll. Ist die Listen-Queue des übergebenen Sockets leer (und ist für den Socketdeskriptor das Flag O_NONBLOCK nicht gesetzt), blockiert der Aufruf von accept() so lange, bis eine neue Verbindung vorliegt.

Der zweite Parameter ist ein Zeiger auf eine sockaddr-Struktur, in die die Socket-Adresse des neu angelegten Sockets kopiert wird. Ist die aufrufende Umgebung nicht an der Socket-Adresse interessiert, kann stattdessen ein Null-Zeiger übergeben werden.

Das Argument address_len transportiert beim Aufruf von accept() Informationen in beide Richtungen, also von der Anwendung zum Systemkern und umgekehrt: Beim Eintritt in die Funktion übergibt die Anwendung dem System in address_len die Größe des durch address referenzierten Speicherbereichs. Bei der Rückkehr aus der Funktion liefert das System der Anwendung Informationen über die Größe der tatsächlich kopierten Socket-Adresse. Ist die Länge der tatsächlich zu kopierenden Socket-Adresse größer als der bereitgestellte Speicherplatz, so wird die Socket-Adresse abgeschnitten. Dies wäre z. B. der Fall, wenn eine IPv6 Socket-Adresse zurückgeliefert werden soll, aber von der Anwendung in der durch sockaddr referenzierten Struktur nur Platz für eine IPv4 Socket-Adresse bereitgestellt wird.

accept() liefert als Ergebnis den (nicht-negativen) Socketdeskriptor des neuen, aktiven Sockets zurück. Der neue Socket findet im weiteren Verlauf bei der Kommunikation mit dem Clientprogramm Verwendung und kann selbst keine neuen Verbindungen mehr annehmen. Der originale, horchende Socket dient weiterhin dazu, eingehende Verbindungen mit `accept()` entgegenzunehmen.

Im Fehlerfall liefert `accept()` den Wert `-1` zurück und `errno` ist entsprechend der Fehlerursache gesetzt.

Serverprogramm für das Time-Protokoll

Das nachfolgende Beispiel illustriert die Anwendung der `accept()`-Funktion. Das Programm aus Beispiel 4.6 bildet das Gegenstück zu Beispiel 4.5 und implementiert die Server-Seite des in RFC 868 beschriebenen Time-Protokolls.

Einzig die Portnummer, an der das Beispiel auf eingehende Verbindungen wartet, weicht von der Spezifikation aus RFC 868 ab: Wir verwenden Port 1037 anstatt Port 37. Durch diese minimale Abwandlung wird es möglich, daß beide Programme, also der original Unix Timeserver und unsere eigene Implementierung, gleichzeitig aktiv sind und von uns getestet werden können.

1–29   Der Anfang von Beispiel 4.6 entspricht weitgehend dem bekannten Programmtext aus Beispiel 4.5. Bemerkenswert ist lediglich, daß das Serverprogramm zwei verschiedene Socketdeskriptoren vereinbart, `sd` für den annehmenden Socket sowie `client` für die Socketverbindung zum Client, und daß die Socket-Adreßstruktur mit einer IPv4-Wildcard-Adresse initialisiert wird. Letzteres bewirkt, daß der Server auf allen lokal verfügbaren IPv4-Adressen auf eingehende Verbindungen wartet. An welche der lokalen IPv4-Adressen der Clientsocket schließlich gebunden wird, entscheidet sich erst beim tatsächlichen Verbindungsaufbau zwischen Client und Server.

31–38   Anschließend wird der angelegte Socket `sd` mittels `bind()` mit der eben gefüllten Socket-Adresse verknüpft. Im konkreten Fall ist dies die Portnummer 1037 in Verbindung mit der IPv4-Wildcard-Adresse. Für den Fall, daß der Socket nicht gebunden werden kann, beendet sich das Programm umgehend mit einer entsprechenden Fehlermeldung.

Beispiel 4.6. timeserver.c

```
1  #include <errno.h>
2  #include <stdio.h>
3  #include <stdlib.h>
4  #include <time.h>
5  #include <unistd.h>
6  #include <netinet/in.h>
7  #include <sys/socket.h>
8
9  #define SRVPORT 1037
10 #define BACKLOG 32
11
```

```
12  int main( int argc, char *argv[] )
13  {
14    int sd, client;
15    struct sockaddr_in sa;
16    time_t stime;
17
18    /* TCP Socket anlegen */
19    if( ( sd = socket( AF_INET, SOCK_STREAM, 0 ) ) < 0 )
20    {
21      printf( "socket() failed: %s\n", strerror( errno ) );
22      exit( EXIT_FAILURE );
23    }
24
25    /* Initialisierung der Socket-Adreßstruktur */
26    memset( &sa, 0, sizeof( sa ) ); /* erst alles auf 0 */
27    sa.sin_family = AF_INET; /* IPv4 */
28    sa.sin_port = htons( SRVPORT ); /* Time Server Port */
29    sa.sin_addr.s_addr = htonl( INADDR_ANY ); /* Wildcard */
30
31    /* Socket an Socket-Adresse binden */
32    if( bind( sd, (struct sockaddr *)&sa,
33        sizeof( sa ) ) < 0 )
34    {
35      printf( "bind() failed: %s\n", strerror( errno ) );
36      close( sd );
37      exit( EXIT_FAILURE );
38    }
39
40    /* aktiven Socket in passiven Socket umwandeln */
41    if( listen( sd, BACKLOG ) < 0 )
42    {
43      printf( "listen() failed: %s\n", strerror( errno ) );
44      close( sd );
45      exit( EXIT_FAILURE );
46    }
47
48    for(;;)
49    {
50      /* Neue Socketverbindung annehmen */
51      if( ( client = accept( sd, NULL, NULL ) ) < 0 )
52      {
53        printf( "accept() failed: %s\n", strerror( errno ) );
54        close( sd );
55        exit( EXIT_FAILURE );
56      }
57
58      /* Sekunden auf Basis 1.1.1900 umrechnen und senden */
59      stime = htonl( (long)time( NULL ) + 2208988800UL );
60      write( client, &stime, sizeof( stime ) );
```

```
61
62     /* Socketdeskriptor schließen, Verbindung beenden */
63     close( client );
64   }
65 }
```

40–46   Danach muß der Socket noch von einem aktiven Socket in einen passiven, annehmenden Serversocket umgewandelt werden. Nur so können über diesen Socket im weiteren Verlauf neue Netzwerkverbindungen angenommen werden. Auch hier beendet sich das Programm im Fehlerfall sofort.

48–56   Nach der erfolgreichen Initialisierung tritt das Serverprogramm in eine Endlosschleife ein. In jedem Durchlauf wartet der Timeserver zunächst mit `accept()` auf eine neue Netzwerkverbindung. Der Aufruf von `accept()` blockiert so lange, bis in der Listen-Queue des Serversockets eine fertig aufgebaute Netzwerkverbindung auftaucht. `accept()` legt daraufhin einen neuen Socket an und liefert den zugehörigen Deskriptor zur weitern Kommunikation mit dem Client. Den Deskriptor weisen wir der Variablen `client` zu. Tritt beim `accept()` ein Fehler auf, so beendet sich das Programm.[23]

58–60   Anschließend wird die aktuelle Zeit in Sekunden seit dem 1. 1. 1970, 0.00 Uhr, ermittelt und in Sekunden seit dem 1. 1. 1900, 0.00 Uhr, umgerechnet. Das Ergebnis wird in die Network Byte Order übersetzt und an den anfragenden Client übermittelt. Die Kommunikation erfolgt dabei über den neuen Socketdeskriptor `client` und nicht über den passiven Serversocket. Auf eine Fehlerbehandlung verzichten wir an dieser Stelle absichtlich. Zum einen kann ein eventueller Fehler in diesem Szenario ohnehin nicht korrigiert werden und zum anderen ist für einen solchen Fall auch ein Programmabbruch nicht angezigt. Allzuleicht könnte ansonsten durch einen provozierten Übertragungsfehler der Timeserver zur Aufgabe gezwungen und dadurch ein *Denial of Service* ausgelöst werden.

62–63   Als letztes wird die Netzwerkverbindung zum Client wieder geschlossen und das Programm taucht in die nächste Iteration der Endlosschleife ein. Der Server wartet also nach getaner Arbeit wieder auf neue Herausforderungen.

Um diesen Timeserver mit unserem Clientprogramm aus Beispiel 4.5 testen zu können, müssen wir dort in Zeile 31 die Initialisierung der Socket-Adreßstruktur leicht abwandeln. Anstelle der Portnummer 37 tragen wir im Clientprogramm die von unserem Timeserver aus Beispiel 4.6 verwndete Portnummer 1037 ein:

```
sa.sin_port = htons( 1037 ); /* Time Server Port */
```

---

[23] Wir werden später noch sehen, daß ein „Fehler" in `accept()` und den anderen Socket-Funktionen nicht immer zu einem Programmabbruch führen muß. In den meisten Fällen lohnt es sich, die Ursache genauer zu inspizieren und nur in ganz bestimmten Fällen das Programm zu beenden.

Nachdem das Clientprogramm neu übersetzt und der eigene Timeserver gestartet wurde, liefert `timeclient` das erwartete Ergebnis:

```
$ ./timeclient 192.168.1.1
Tue May 18 13:24:18 2005
```

Das Beispielprogramm verbindet sich zu unserem selbst gebauten Timeserver auf Port 1037, erhält von dort die aktuelle Zeit als 32 Bit lange Ganzzahl und gibt die übertragene Zeit schließlich in der gewohnten Textdarstellung aus.

4.3.7 Drei-Wege-Handshake und TCP-Zustandsübergänge

Nachdem wir uns bislang nur von der praktischen Seite aus mit dem Auf- und Abbau von TCP-Verbindungen mittels `connect()`, `accept()` und `close()` auseinandergesetzt haben, wollen wir nun auch noch einen Blick hinter die Kulissen der TCP-Verbindungen werfen. Zwar sind die Protokolldetails aus Sicht der Anwendung nicht von größerer Bedeutung, denn die Socket-Schnittstelle bildet ja im TCP/IP-Referenzmodell nicht umsonst eine Abstraktion der netzwerknahen Schichten, doch ein tieferes Verständnis der Vorgänge beim Verbindungsaufbau und -abbau ist für Netzwerkprogrammierer spätestens bei der Fehlersuche von unschätzbarem Vorteil.

TCP-Verbindungsaufbau

Für den zuverlässigen Aufbau einer neuen TCP-Verbindung greift TCP auf ein spezielles Verfahren zurück, das sogenannte *Drei-Wege-Handshake,* welches in Abb. 4.12 veranschaulicht ist.

1. Bevor ein Client überhaupt eine Verbindung zu einem Server aufbauen kann, muß der Server einen annehmenden Socket bereitstellen. Wie wir bereits wissen, erzeugt der Server dazu mit `socket()` einen neuen Socket, bindet ihn mit `bind()` an einen bestimmten Port und verwandelt ihn schließlich mit `listen()` in einen horchenden Socket. Dieser Vorgang wird auch als *passives Öffnen* des Sockets bzw. *passive open* bezeichnet. Anschließend wartet der Server mittels `accept()` auf eine neue Verbindung. Die `accept()`-Funktion blockiert dabei so lange, bis zwischen Client und Server eine vollständig aufgebaute TCP-Verbindung besteht.

2. Im Gegensatz dazu führt der TCP-Client ein *active open,* also ein *aktives Öffnen* des Sockets durch. Dazu legt er, ebenfalls mit `socket()`, einen neuen Socket an und initiiert anschließend mit `connect()` einen Verbindungsaufbau. Die TCP-Schicht des Clients erzeugt in der Folge ein spezielles TCP-Paket zur Synchronisation, in dessen *TCP-Header* das

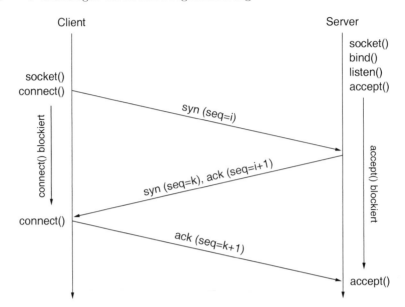

Abb. 4.12. Drei-Wege-Handshake beim TCP-Verbindungsaufbau

SYN-Bit gesetzt ist. Dies ist der erste Schritt des dreistufigen Handshake-Verfahrens. Das Paket erhält die initiale Sequenznummer i des Clients für diese Verbindung. Die initiale Sequenznummer ist beliebig und jedes Betriebssystem hat hier seine eigenen Mechanismen, um diesen Initialwert zu bestimmen. Der `connect()`-Aufruf blockiert so lange, bis der Verbindungsaufbau zwischen Client und Server abgeschlossen ist.

3. Nun folgt der zweite Schritt des Drei-Wege-Handshakes: Der Server bestätigt die Synchronisationsanforderung des Clients, indem er das eintreffende SYN-Paket mit einem *Acknowledge,* also einem TCP-Paket mit gesetztem *ACK-Bit* im TCP-Header quittiert. Die Bestätigungsnummer im ACK-Teil des Headers wird dazu auf $i + 1$ gesetzt. Gleichzeitig setzt der Server das SYN-Bit im TCP-Header und synchronisiert damit im gleichen Paket seine eigene Sequenznummer k mit dem Client. Analog zur Sequenznummer des Clients kann der Initialwert für k vom TCP-Server frei gewählt werden.

4. In einem abschließenden Schritt bestätigt der Client dem Server den Erhalt des SYN/ACK-Pakets. Er verschickt dazu ein TCP-Paket mit gesetztem ACK-Bit, wobei die Bestätigungsnummer im ACK-Teil des Headers auf $k + 1$ gesetzt wird. Die Sequenznummer des vom Client verschickten ACK-Pakets ist $i + 1$.

Im Anschluß an das Drei-Wege-Handshake ist die Verbindung zwischen Client und Server aufgebaut und die beiden Parteien können mit dem Datenaustausch beginnen. Die Sequenz- und Bestätigungsnummern in den TCP-Headern der ausgetauschten Pakete werden dabei auf TCP-Ebene entsprechend der in der jeweiligen Richtung erfolgreich übertragenen bzw. empfangenen Pakete weiter kontinuierlich inkrementiert. Die beiden Parteien behalten so den Überblick darüber, vieviele Daten erfolgreich übertragen wurden und ob ggf. fehlende Pakete nachgefordert werden müssen. Ausführliche Informationen zu den Details beim TCP-Datenfluß finden sich z. B. in [Ste93].

TCP-Verbindungsabbau

Ist die Datenübertragung zwischen Client- und Server beendet, beginnt eine der Parteien mit dem Abbau der TCP-Verbindung. In der Regel übernimmt der Client hier den aktiven Part, also das *aktive Schließen* bzw. *active close* der bestehenden Verbindung. Bei einigen Anwendungsprotokollen wird diese Rolle aber auch vom Server ausgefüllt.[24] Wie in Abb. 4.13 zu sehen ist, ähnelt der geregelte TCP-Verbindungsabbau dem Verbindungsaufbau, allerdings kommt anstatt des SYN-Bits das *FIN-Bit* zum Einsatz:

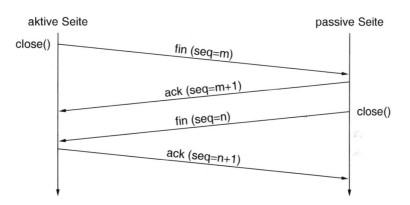

Abb. 4.13. Handshakeverfahren beim TCP-Verbindungsabbau

1. Die Anwendung, die zuerst die `close()`-Funktion auf den Socket der bestehenden Verbindung anwendet, übernimmt den aktiven Part beim TCP-Verbindungsabbau. Die TCP-Schicht überträgt in der Folge ein *FIN-Paket* an die Gegenstelle. Die Sequenznummer m entspricht dabei der aktuellen Sequenznummer beim Datenaustausch über diese Verbindung.

2. Die TCP-Schicht der Gegenseite reagiert auf das eintreffende FIN-Paket mit dem *passiven Schließen* der Verbindung, dem *passive close*, und

---

[24] Bekannte Beispiele für Anwendungsprotokolle, bei denen der Server den Abbau der TCP-Verbindung initiiert, sind das bereits besprochene Time-Protokoll (RFC 868) oder HTTP/1.0 (RFC 1945).

bestätigt den Vorgang mit einem entsprechenden *ACK-Paket,* bei dem im ACK-Teil des TCP-Headers die Sequenznummer auf $m + 1$ gesetzt ist. Außerdem wird der zugehörigen Anwendung, sobald diese alle zwischengespeicherten Daten aus dem Socket gelesen hat, das FIN als *Dateiendemarke* weitergereicht. Nach einem FIN-Paket können also über die Verbindung keine weiteren Daten mehr für die Anwendung eintreffen.[25]

3. Sobald die Anwendung auf der passiven Seite beim Eintreffen der Dateiendemarke den bislang einseitigen Verbindungsabbau bemerkt hat, wird sie ihrerseits die `close()`-Funktion zum vollständigen Abbau der Verbindung aufrufen. Die TCP-Schicht überträgt in der Folge ein FIN-Paket mit der aktuellen Sequenznummer n an die Gegenstelle.

4. Die TCP-Schicht der Partei, die dieses finale FIN-Paket erhält, reagiert wieder mit der üblichen Bestätigung auf das FIN. Der ACK-Teil des TCP-Headers trägt dazu die Sequenznummer $n + 1$. Auch hier wird der Anwendung das Eintreffen des FIN-Pakets durch eine Dateiendemarke mitgeteilt und es ist nun auch von der passiven zur aktiven Seite kein weiterer Datenfluß mehr möglich.

Obwohl wir für den Abbau einer TCP-Verbindung vier Schritte aufgezählt haben, spricht man auch hier von einem Drei-Wege-Handshake. Die aufeinanderfolgende Übertragung des ACK- und des FIN-Pakets wird hier lediglich als ein Weg gewertet, die beiden Operationen können in der Praxis sogar sehr häufig in einem einzigen TCP-Paket zusammengefaßt werden.

TCP-Zustände und -Zustandsübergänge

Abbildung 4.14 zeigt nun die elf verschiedenen Zustände, die vom *Transmission Control Protocol* beim Verbindungsaufbau und -abbau durchlaufen werden. Den Ausgangs- und Endpunkt bildet dabei stets der geschlossene TCP-Zustand *CLOSED*, der in diesem Diagramm ganz oben zu finden ist. Abhängig vom Verhalten der Anwendung werden von der TCP-Schicht z. B. die zuvor besprochenen SYN- und FIN-Aktionen initiiert. Je nach client- oder serverseitig durchgeführter Aktion und den damit verschickten bzw. empfangenen TCP-Paketen werden dann die durch TCP vorgegebenen Zustandsübergänge durchgeführt. Zudem werden von der TCP-Schicht ggf. weitere TCP-Pakete (etwa ein ACK) verschickt.

Der mit der gestrichelten Linie markierte Pfad durch Abb. 4.14 ist der typische Weg eines Servers: Ausgehend von einem geschlossen Socket führt der Server ein *passives Öffnen* des Sockets durch. Der Aufruf von `listen()`

---

[25] In die andere Richtung, also von der passiven Seite zur aktiven Seite können in dieser Phase des Verbindungsabbaus sehr wohl noch Daten über die Socketverbindung übertragen werden. Die Verbindung wird in diesem Zustand deshalb oft als *halb geschlossen* bzw. *half-closed* beschrieben.

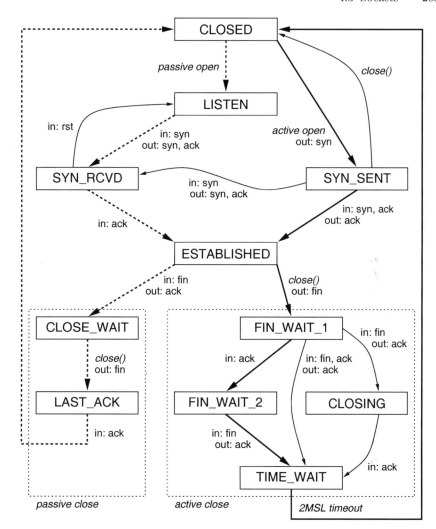

Abb. 4.14. TCP-Zustandsübergangsdiagramm

bringt den Socket in den horchenden Zustand *LISTEN* und der Server wartet schließlich mit `accept()` auf eingehende Verbindungsanfragen. Der Client durchläuft dagegen den mit der durchgezogenen Linie markierten aktiven Pfad. Während des *aktiven Öffnens* mittels `connect()` durchlaufen Client und Server auf ihren jeweiligen Pfaden die Zustände *SYN_SENT* (Client) bzw. *SYN_RCVD* (Server) und tauschen dabei die im Rahmen des Drei-Wege-Handshakes notwendigen SYN- und ACK-Pakete aus. Wenn die beiden Parteien schließlich den TCP-Zustand *ESTABLISHED* erreicht haben, besteht zwischen ihnen eine komplett aufgebaute TCP-Verbindung. In diesem Zustand tauschen die Kommunikationspartner dann auf der Anwendungsebene ihre Daten aus.

Ist der Datenaustausch abgeschlossen, so beginnt eine Partei mit dem Abbau der TCP-Verbindung. Der Aufruf von `close()` initiiert das *aktive Schließen* der Verbindung, ein FIN-Paket wird verschickt und der Zustand *FIN_WAIT_1* wird erreicht. Die Gegenseite reagiert im Normalfall mit einer Bestätigung und erreicht ihrerseits den Zustand *CLOSE_WAIT*. Die TCP-Verbindung hat nun den halb geschlossenen Zustand erreicht, in dem nur noch in eine Richtung, nämlich von der passiven zur aktiven Seite Daten übertragen werden können. Sobald die passive Seite ihrerseits für den Socket die `close()`-Funktion aufruft, wird die Verbindung über die finalen TCP-Zustände *FIN_WAIT_2* sowie *TIME_WAIT* (aktive Seite) bzw. *LAST_ACK* (passive Seite) komplett abgebaut und es ist kein weiterer Datenaustausch mehr möglich. Reagiert die passive Seite sehr schnell mit einem Aufruf von `close()`, so kann das ACK mit dem FIN-Paket zusammengefaßt und als ein einziges Paket verschickt werden. In diesem Fall wird der TCP-Zustand *FIN_WAIT_2* auf der aktiven Seite einfach übersprungen.

Je nach Timing zwischen den Kommunikationspartnern ist es darüber hinaus durchaus möglich, daß beide Parteien ein *active close* auf den Socket ausführen. Von beiden Seiten wird in diesem Fall zunächst (mehr oder weniger gleichzeitig) die `close()`-Funktion aufgerufen. Der Vorgang wird in der Literatur als *gleichzeitiges Schließen* bzw. *simultaneous close* bezeichnet. Das dadurch initiierte FIN-Paket erreicht die Gegenseite jeweils vor der Bestätigung für das FIN-Paket der Gegenseite. In diesem Fall wird von der Gegenseite anstelle von *FIN_WAIT_2* der TCP-Zustand *CLOSING* durchlaufen.

Analog zum gleichzeitigen Schließen eines Sockets kennt das *Transmission Control Protocol* auch noch das *gleichzeitige Öffnen* bzw. *simultaneous open* einer TCP-Verbindung. In diesem in der Praxis untypischen Szenario verschicken beide Parteien ein SYN-Paket an die Gegenseite und wechseln dann bei Erhalt des SYN-Pakets der Gegenseite vom Zustand *SYN_SENT* in den Zustand *SYN_RCVD*. Ausführliche Hintergrundinformationen zu den Spezialfällen des simultanen Öffnens und Schließens finden Sie z. B. in [Ste93].

In jedem Fall wird von der aktiven Seite (oder den aktiven Seiten) abschließend der Zustand *TIME_WAIT* erreicht. Dieser Zustand wird dann für die Zeitdauer von *2 MSL* aufrecht erhalten. Die Abkürzung *MSL* steht dabei für *maximum segment lifetime,* also die maximale Zeitspanne, die ein IP-Datagramm im Datennetz existieren kann. RFC 1122 schlägt für die MSL-Zeitspanne einen Wert von zwei Minuten vor, der Zustand *TIME_WAIT* würde demnach beim aktiven Verbindungsabbau für insgesamt vier Minuten aufrechterhalten werden. Allerdings ist die Wahl eines geeigneten MSL-Werts implementierungsabhängig, typischerweise haben z. B. BSD-Systeme eine *maximum segment lifetime* von 30 Sekunden, die *TIME_WAIT*-Phase dauert demnach auf derartigen Systemen lediglich eine Minute an.

Während die Verbindung im Zustand *TIME_WAIT* verharrt, hält das System noch Informationen zu dieser Netzwerkverbindung parat. Erst dadurch wird z. B. der sichere Verbindungsabbau, wie er in Abb. 4.13 dargestellt ist, möglich. Falls nämlich das letzte ACK-Paket von der aktiven zur passiven Seite verloren geht und die passive Seite deshalb ihr FIN-Paket wiederholt, so weiß die aktive Seite dank *TIME_WAIT* noch von der Verbindung bzw. dem gerade stattfindenden Verbindungsabbau und kann erneut mit einem ACK-Paket darauf reagieren. Ohne diese Kenntnis würde die TCP-Schicht mit einem RST-Paket antworten, was die Gegenseite als Fehler interpretieren würde. Darüber hinaus kann es durch den Zustand *TIME_WAIT* verhindert werden, daß vermeintlich verlorengegangene IP-Pakete einer alten, inzwischen geschlossenen Netzwerkverbindung einer identischen neuen Verbindung zugerechnet werden. Die Wartezeit von $2\,MSL$ garantiert in diesem Fall schlicht, daß keine IP-Pakete der vorherigen Verbindung mehr existieren können.

4.3.8 Kommunikation über UDP

Im Gegensatz zum *Transmission Control Protocol* (TCP), auf dem im bisherigen Verlauf von Abschnitt 4.3 der Fokus lag, arbeitet das *User Datagram Protocol* (UDP) verbindungslos. Verbindungslos bedeutet bei UDP, daß zwischen je zwei Kommunikationspartnern keine Netzwerkverbindung mit kontrolliertem Datenfluß besteht, sondern daß stattdessen einzelne Nachrichten, sogenannte *Datagramme,* ausgetauscht werden. Insbesondere findet demnach vor Beginn der Kommunikation zweier Anwendungen der zuvor in Abschnitt 4.3.7 für TCP beschriebene, gesicherte Verbindungsaufbau *nicht* statt und der gesicherte Verbindungsabbau entfällt natürlich ebenfalls. Nachdem die Sockets vereinbart und initialisiert wurden, beginnen die Kommunikationspartner stattdessen einfach mit dem Austausch von Datagrammen über das Verbindungsnetzwerk.

Da UDP keine Flußkontrolle wie TCP bietet, kann UDP für sich genommen auch nicht feststellen, ob und wenn ja welche der verschickten Datagramme tatsächlich die Gegenseite erreicht haben. Eine per UDP verschickte Nachricht kann beim Adressaten ankommen oder kann genausogut verloren gehen. Einerseits bringt UDP durch diese Eigenschaft nur einen niedrigen protokolleigenen Overhead mit, auf der anderen Seite bleibt demnach aber die Behandlung von Übertragungsfehlern[26] der Anwendungslogik überlassen. Die meisten Anwendungen setzen heute auf TCP auf, aber trotzdem gibt es durchaus auch Fälle, in denen UDP genau die richtige Wahl ist.

---

[26] Unzuverlässig bedeutet im Zusammenhang mit UDP wirklich nur, daß das Protokoll keine Mechanismen aufweist, die garantieren, daß die Daten beim Empfänger ankommen. Hat der Empfänger allerdings Daten erhalten, so sind diese auch unverfälscht übertragen worden.

Aus den unterschiedlichen Protokolleigenschaften von TCP und UDP leiten sich also für die Programmierung von Anwendungen, die anstelle von TCP auf das *User Datagram Protocol* setzen, einige prinzipielle Unterschiede ab.

Ein UDP-Server legt zunächst mittels `socket()` einen neuen Socket an, als Sockettyp (vgl. Abschnitt 4.3.1) gibt er dabei `SOCK_DGRAM` für einen Datagramm- bzw. UDP-Socket an. Als Standardprotokoll für den neuen Socket wird dadurch automatisch `SOCK_DGRAM` ausgewählt. Danach bindet sich der Server wie gewohnt über `bind()` an einen festen, den Clients bekannten Port. Anstatt nun, wie bei TCP üblich, den Socket mit `listen()` in einen horchenden Socket umzuwandeln und danach mit `accept()` auf neue Verbindungen zu warten, ruft der Server nun direkt die `recvfrom()`-Funktion auf. Der Aufruf von `recvfrom()` blockiert nun solange, bis Daten am Socket bereitstehen. Seine Antwort schickt der UDP-Server schließlich mit `sendto()` an den Client zurück.

Für einen UDP-Client sieht der Fall bis auf den fehlenden `bind()`-Aufruf ähnlich aus: Auch der Client legt zunächst mittels `socket()` einen neuen UDP-Socket an. Gleich anschließend kann er dann mittels `sendto()` eine Anfrage an einen UDP-Server schicken und danach mit `recvfrom()` auf die Antwort der Gegenseite warten.

Datenübertragung mit UDP

Anstatt der Funktionen `read()` und `write()` verwendet man mit UDP-Sockets das Funktionenpaar `recvfrom()` und `sendto()` zum Nachrichtenaustausch. Analog zu `read()` und `write()` erwarten auch diese beiden Funktionen in ihren ersten drei Argumenten einen Socket-Fildeskriptor `socket`, die Adresse `buffer` eines Speicherbereichs, in dem die empfangenen Daten abgelegt werden sollen bzw. in dem die zu verschickenden Daten liegen, sowie die Anzahl `length` der zu empfangenden oder zu verschickenden Bytes.

```
#include <sys/socket.h>

ssize_t recvfrom(int socket, void *buffer, size_t length,
    int flags, struct sockaddr *address,
    socklen_t *address_len);
ssize_t sendto( int socket, const void *message,
    size_t length, int flags,
    const struct sockaddr *dest_addr, socklen_t dest_len );
```

Darüber hinaus erwartet das Funktionenpaar noch drei weitere Argumente: Der Parameter `flags` spezifiziert die Art der Datenübertragung und wird in den vorliegenden Beispielen immer mit dem Wert 0 (Standardeinstellung) initialisiert. Die `recvfrom()`-Funktion erwartet in `address` einen Zeiger auf eine Socket-Adreßstruktur, in welche vom Systemkern die Socket-Adresse des Senders der Nachricht eingetragen wird. Falls der Absender der Nachricht nicht von Interesse ist, kann beim Aufruf für `address` der Wert `NULL` übergeben werden. Die Größe der bereitstehenden Socket-Adreßstruktur wird in `address_len` übergeben, die `recvfrom()`-Funktion setzt dann ihrerseits die Größe der tatsächlich zurückgelieferten Adreßstruktur. (Vergleiche hierzu die letzten beiden Argumente von `accept()` in Abschnitt 4.3.6.) Bei der `sendto()`-Funktion referenziert das Argument `address` eine zuvor ausgefüllte Socket-Adreßstruktur, die über den Empfänger der Nachricht Auskunft gibt und `address_len` spezifiert die Größe dieser Adreßstruktur. (Vergleiche hierzu die letzten beiden Argumente von `connect()` in Abschnitt 4.3.3.) Mit beiden Funktionen können über den selben UDP-Socket abwechselnd Daten an verschiedene Adressaten verschickt (`sendto()`) bzw. Daten von unterschiedlichen Absendern empfangen (`recvfrom()`) werden. Ein UDP-Socket ist also, anders als man es von TCP-Sockets gewohnt ist, nicht an einen einzigen Kommunikationspartner gebunden.

Beide Funktionen liefern die Anzahl der tatsächlich über den Socket empfangenen bzw. verschickten Bytes zurück. Im Fehlerfall liefern beide Funktionen den Rückgabewert `-1` und die Fehlervariable `errno` gibt Auskunft über die genaue Fehlerursache. Zu beachten ist bei der `sendto()`-Funktion, daß ein Rückgabewert ungleich `-1` lediglich anzeigt, daß es auf dem lokalen System keine Fehler gab. Ob das verschickte Datagramm dem Empfänger auch tatsächlich ausgeliefert wurde, kann bei UDP aufgrund der Protokolleigenschaften so nicht festgestellt werden.

Es ist übrigens erlaubt, die `sendto()`-Funktion mit dem Wert 0 für `length` aufzurufen und damit ein leeres Datagramm zu verschicken. In diesem Fall wird ein Datagramm erzeugt, welches lediglich die IP- und UDP-Header enthält, aber keine Nutzdaten transportiert. In der Folge kann es durchaus auch vorkommen, daß die `recvfrom()`-Funktion den Rückgabewert 0 liefert, ohne daß dies eine Sondersituation darstellt. Wir sehen dies im nachfolgenden Beispiel 4.7, das die UDP-Variante von Beispiel 4.5 zeigt. Da die beiden Beispielprogramme nahezu identisch sind, besprechen wir hier nur die für die UDP-Kommunikation relevanten Codeteile:

Beispiel 4.7. timeclientudp.c

```
21    /* UDP Socket anlegen */
22    if( ( sd = socket( AF_INET, SOCK_DGRAM, 0 ) ) < 0 )
23    {
24      printf( "socket() failed: %s\n", strerror( errno ) );
25      exit( EXIT_FAILURE );
26    }
27
28    /* Initialisierung der Socket-Adreßstruktur */
29    memset( &sa, 0, sizeof( sa ) ); /* erst alles auf 0 */
```

```
30    sa.sin_family = AF_INET; /* IPv4 */
31    sa.sin_port = htons( 37 ); /* Time Server Port */
32    /* IPv4-Adresse in Netzwerkdarstellung einsetzen */
33    if( inet_pton( AF_INET, argv[1], &sa.sin_addr ) != 1 )
34    {
35      printf( "inet_pton() failed.\n" );
36      close( sd );
37      exit( EXIT_FAILURE );
38    }
39
40    /* Leeres Datagramm als Anforderung an Server schicken */
41    if( sendto( sd, NULL, 0, 0, (struct sockaddr *)&sa,
42        sizeof( sa ) ) < 0 )
43    {
44      printf( "sendto() failed: %s\n", strerror( errno ) );
45      close( sd );
46      exit( EXIT_FAILURE );
47    }
48    printf( "Anfrage an %s verschickt.\n", argv[1] );
49
50    /* Ausgabe des Servers lesen */
51    if( recvfrom( sd, &stime, sizeof( stime ), 0, NULL,
52        NULL ) < 0 )
53    {
54      printf( "recvfrom() failed: %s\n", strerror( errno ) );
55      close( sd );
56      exit( EXIT_FAILURE );
57    }
58    printf( "Antwort von %s erhalten.\n", argv[1] );
```

21–38 Als erstes wird ein UDP-Socket erzeugt. Der socket()-Funktion wird dazu SOCK_DGRAM als gewünschter Sockettyp übergeben. Anschließend wird die Socket-Adreßstruktur sa mit der IP-Adresse und Portnummer des Zielsystems initialisiert. Diese Initialisierung unterscheidet sich nicht von Beispiel 4.5.

40–48 Um den Server per UDP zur Bekanntgabe der Uhrzeit aufzufordern, sieht RFC 868 ein leeres Datagramm vor. Der Client erzeugt also ein leeres UDP-Datagramm und schickt dieses mittels sendto() an die zuvor festgelegte Socket-Adresse. Falls sendto() einen Fehler festellt, bricht das Programm mit einer entsprechenden Fehlermeldung ab. Andernfalls wird der erfolgreiche Versand der Nachricht mit einer passenden Textausgabe dokumentiert.

Kehrt die sendto()-Funktion ohne Fehler zurück, so bedeutet dies allerdings *nicht*, daß die Daten auch erfolgreich zum Zielsystem übertragen wurden. Die sendto()-Funktion gibt lediglich Auskunft darüber, ob die Daten erfolgreich auf die Reise geschickt wurden. Wir werden die Konsequenzen weiter unten noch diskutieren.

50–58 Die Antwort des Timeservers empfangen wir mit der `recvfrom()`-Funktion.
An der Socket-Adresse des absendenden Diensts sind wir in diesem Beispiel
nicht interessiert, weshalb wir für die letzten beiden Argumente jeweils einen
Nullzeiger übergeben. Sollte `recvfrom()` einen Fehler anzeigen, bricht das
Programm ebenfalls ab. Andernfalls wird der erfolgreiche Versand der Nach-
richt mit einer passenden Textausgabe angezeigt.

Ein Testlauf des UDP-basierten Clientprogramms liefert auch hier das erwartete Ergebnis. Der Server antwortet auf das leere UDP-Datagramm mit
dem aktuellen Zeitstempel, den der Client mittels `recvfrom()`-Funktion.
empfängt, in ein lesbares Format wandelt und auf der Kommandozeile aus-
giebt:

```
$ ./timeclientudp 192.168.1.1
Anfrage an 192.168.1.1 verschickt.
Antwort von 192.168.1.1 erhalten.
Sat Jun 11 10:44:21 2005
```

Beachten Sie vor einem Testlauf natürlich wieder unbedingt, daß der Zeitdienst in der Konfiguration des *Internet Dæmons* aktiviert ist und daß der
Dæmon selbst ebenfalls läuft. Auf den ersten Blick verhält sich das Beispielprogramm damit so wie die TCP-Variante aus Beispiel 4.5. Der erste wesentliche Unterschied zeigt sich, sobald der Timeserver nicht läuft (z. B. indem wir
den *Internet Dæmon* anhalten, den Zeitdienst in der Konfigurationsdatei des
Dæmons deaktivieren oder ein ausgeschaltetes Rechnersystem adressieren):

```
$ ./timeclientudp 192.168.1.1
Anfrage an 192.168.1.1 verschickt.
```

Obwohl die adressierte Gegenstelle nicht auf Anfragen wartet, kann der UDP-
Client offensichtlich trotzdem erfolgreich Daten an den Zeitdienst *verschicken*.
Das leere UDP-Datagramm wird von der `sendto()`-Funktion. erfolgreich auf
die Reise geschickt, kommt beim adressierten Dienst auf dem Rechner mit der
IP-Adresse 192.168.1.1 auf Port 37 allerdings mangels Abnehmer nie an. Der
sich anschließende `recvfrom()`-Aufruf wartet deshalb auch vergeblich (und
für immer) auf eine Antwort des Zeitservers. In dieser Situation hilft nur noch
ein externer Programmabbruch mit der Abbruchtaste.

Die TCP-Variante des Clients aus Beispiel 4.5 im Abschnitt 4.3.3 verhält sich
hier anders: Das TCP-basierte Clientprogramm entdeckt bereits während des
gesicherten Verbindungsaufbaus, daß die Serverseite nicht antwortet.

Verbundene UDP-Sockets

Um auch für UDP-Sockets zu gewährleisten, daß offensichtliche Fehlersituationen, etwa eine nicht erreichbare Gegenstelle, erkannt und mitgeteilt werden,

können wir auch hier auf die `connect()`-Funktion zurückgreifen. Der Einsatz von `connect()` für UDP-Sockets führt natürlich keinesfalls zu einer Netzwerkverbindung wie bei TCP und damit selbstverständlich auch nicht zu einem gesicherten Datenaustausch, aber der Systemkern ordnet dem Socket eine Ziel-IP-Adresse samt Portnummer zu, kümmert sich um offensichtliche Fehler und gibt diese direkt an die Anwendung zurück. Wird die `connect()`-Funktion für einen UDP-Socket aufgerufen, dann sprechen wir von einem *verbundenen UDP-Socket,* für den im weiteren Verlauf des Programms die folgenden Punkte zu beachten sind:

1. Durch die `connect()`-Funktion wurde für den Socket die Socket-Adresse des Kommunikationspartners, also dessen IP-Adresse und Portnummer, festgeschrieben. Diese Daten können deshalb nicht mehr beim Versand der Daten angegeben werden. Entweder ersetzen wir deshalb die Funktion `sendto()` wieder durch ihr Äquivalent `write()`, oder wir müssen beim Aufruf von `sendto()` einen Nullzeiger als Socket-Adresse `dest_addr` angeben und für `dest_len` den Wert 0 übergeben.

2. Die `recvfrom()`-Funktion wird für einen verbundenen UDP-Socket auf ausschließlich den Empfang von Daten des festgelegten Kommunikationspartners eingeschränkt. Treffen UDP-Datagramme von Absendern mit einer anderen Socket-Adresse ein, werden diese nicht an den verbundenen UDP-Socket weitergeleitet. Dieses Verhalten wird im Allgemeinen für ein Serverprogramm eine inakzeptable Einschränkung bedeuten, denn ein Server kommuniziert im Normalfall mit vielen Clients. Für ein Clientprogramm ist die Restriktion dagegen in aller Regel nicht weiter dramatisch.

3. Im Gegensatz zu „normalen", nicht verbundenen UDP-Sockets werden asynchron zum Datenaustausch auftretende Fehler nachfolgend an die Anwendung zurückgeliefert.

4. Je nach Implementierung kann ein `sendto()` über einen verbundenen Socket schneller sein als über einen nicht verbundenen Socket. Um über einen nicht verbundenen Socket Daten zu verschicken verbinden BSD-Systeme z.B. den Socket kurzfristig mit der übergebenen Socket-Adresse, verschicken die Daten und heben dann die Verbindung wieder auf. Ist der Socket bereits mittels `connect()` verbunden, so entfällt dieser Vorgang.

Über einen erneuten Aufruf von `connect()` kann übrigens die Verknüpfung zwischen Socket und Socket-Adresse geändert oder wieder aufgehoben werden.[27] Um eine Assoziation zwischen Socket und Socket-Adresse aufzuheben, wird das `sin_family`- bzw. `sin6_family`-Element der übergebenen Socket-Adreßstruktur auf den Wert `AF_UNSPEC` gesetzt. Der eventuell von `connect()` zurückgelieferter Fehlercode `EAFNOSUPPORT` ist dabei durchaus in Ordnung.

---

[27] Im Gegensatz dazu kann die `connect()`-Funktion für TCP-Sockets lediglich ein einziges Mal pro Socket aufgerufen werden.

Wir modifizieren unseren UDP-Client für das Time-Protokoll nun so, daß er über einen verbundenen UDP-Socket mit dem Server kommuniziert. Beispiel 4.8 zeigt die relevante Passage der angepaßten Version:

Beispiel 4.8. timeclientudpconn.c

```
40    /* UDP-Socket "verbinden" */
41    if( connect( sd, (struct sockaddr *)&sa,
42        sizeof( sa ) ) < 0 )
43    {
44      printf( "connect() failed: %s\n", strerror( errno ) );
45      close( sd );
46      exit( EXIT_FAILURE );
47    }
48
49    /* Leeres Datagramm als Anforderung an Server schicken */
50    if( sendto( sd, NULL, 0, 0, NULL, 0 ) < 0 )
51    {
52      printf( "sendto() failed: %s\n", strerror( errno ) );
53      close( sd );
54      exit( EXIT_FAILURE );
55    }
56    printf( "Anfrage an %s verschickt.\n", argv[1] );
57
58    /* Ausgabe des Servers lesen */
59    if( recvfrom( sd, &stime, sizeof( stime ), 0, NULL,
60        NULL ) < 0 )
61    {
62      printf( "recvfrom() failed: %s\n", strerror( errno ) );
63      close( sd );
64      exit( EXIT_FAILURE );
65    }
66    printf( "Antwort von %s erhalten.\n", argv[1] );
```

Ein Testlauf zeigt sofort das geänderte Verhalten des Programms. Sofern der Zeitdienst auf dem adressierten Rechnersystem inaktiv ist, beendet sich das Testprogramm mit einer Fehlermeldung:

```
$ ./timeclientudp 192.168.1.1
Anfrage an 192.168.1.1 verschickt.
recvfrom() failed: Connection refused
```

Interessant ist, daß nicht die sendto()-Funktion den Fehler meldet, sondern daß erst recvfrom() mit einem Fehlercode zurückkehrt. Dies zeigt, daß der Versand der Daten aus Sicht des lokalen Systems zunächst nach wie vor in Ordnung ist, daß also die UDP-Schicht das entsprechende UDP-Datagramm

auf die Reise schicken konnte. Sofern das UDP-Datagramm auf dem Weg
zum Zielrechner nicht verloren geht, reagiert das Zielsystem mit einer ICMP-
Nachricht *port unreachable,* weil auf dem adressierten Port kein Prozeß auf
eingehende Nachrichten hört. Diese ICMP-Nachricht trifft beim Client etwas
später asynchron ein und erst danach wird der Fehlercode im Rahmen der
nächsten Schreib- oder Leseoperation auf diesem Socket zurückgeliefert.

Sollte das Zielsystem ausgeschaltet sein oder das UDP-Datagramm der Anfrage oder Antwort verloren gehen, so bleibt es in diesem Beispiel immer noch
beim ursprünglichen Verhalten: Auch im Programm aus Beispiel 4.8 blockiert
der Aufruf von `recvfrom()` und der Testlauf kann nur noch mit der Abbruchtaste beendet werden.

4.3.9 Standardeingabe und -ausgabe über Sockets

Neben den Unixfunktionen `read()`, `write()`, `recvfrom()`, und `sendto()`,
kann auch mit den Funktionen der C-Standardbibliothek über Sockets kommuniziert werden. Mit dem Funktionenpaar `fdopen()` und `fileno()` lassen
sich hierfür zu Socketdeskriptoren die passenden FILE-Strukturen konstruieren bzw. Socketdeskriptoren aus FILE-Strukturen extrahieren. Allerdings
bringt der Einsatz der portablen Funktionen aus dem ANSI/ISO C Standard
u. a. auch die bereits in Abschnitt 2.2.3 ausführlich diskutierten Probleme der
Datenpufferung mit sich. Zur Erinnerung nochmals die Regeln für die Datenpufferung, wie sie sich auf allen gängigen Unix-Systemen etabliert haben:

- Der Datenstrom `stderr` für die Fehlerausgabe ist stets ungepuffert.

- Die Datenströme `stdin` und `stdout` für die Standardeingabe und -ausgabe
  sind zeilenweise gepuffert, sofern sie mit einem Terminal verbunden sind.
  Andernfalls sind `stdin` und `stdout` stets vollständig gepuffert.

- Alle anderen Datenströme sind vollständig gepuffert.

Dies heißt mit anderen Worten, daß Datenströme, die mit Sockets verknüpft
sind, in aller Regel vollständig gepuffert sind. Damit treten dann bei Netzwerkanwendungen die selben Probleme auf, wie wir sie in Abschnitt 2.2.3
für Beispiel 2.4 erkannt haben. Die Auswirkungen lassen sich entweder durch
Änderung des Pufferverhaltens über `setvbuf()` oder durch explizites Leeren
des Puffers mittels `fflush()` abmildern, was sich in der Praxis meist als nicht
sehr bequem und vor allem auch als recht fehleranfällig herausstellt.

Ein weiteres Problem im Zusammenspiel von Sockets mit Datenströmen
der Standardeingabe und -ausgabe besteht darin, daß es sich bei Sockets
um waschechte Vollduplex-Verbindungen handelt. Zwar können auch Datenströme im Vollduplex-Betrieb arbeiten, also gleichzeitig Daten empfangen
und senden, sie unterliegen dabei aber einer kleinen Einschränkung: Bei den

Ein- und Ausgabefunktionen der C-Standardbibliothek kann auf eine Ausgabefunktion nicht direkt eine Eingabefunktion folgen, ohne zuvor `fflush()`,
`fseek()`, `fsetpos()` oder `rewind()` aufgreufen zu haben. Ähnliches gilt,
falls von einer Eingabefunktion auf eine Ausgabefunktion gewechselt werden
soll. `fseek()`, `fsetpos()` und `rewind()` basieren allerdings auf der `lseek()`-
Funktion, welche für Sockets fehlschlägt. Diese Probleme vermeidet man am
besten, indem man für einen Socket mittels `fdopen()` zwei verschiedene FILE-
Strukturen ableitet: Ein Datenstrom dient dann exklusiv der Eingabe und der
andere Datenstrom ausschließlich der Ausgabe über den selben Socket.

Zusammenfassend läßt sich allerdings festhalten, daß für die Programmierung
mit Sockets anstatt der Funktionen der C-Standardbibliothek besser auf die
elementaren Ein- und Ausgabefunktionen des POSIX-Standards zurückgegriffen werden sollte.

4.3.10 Socket-Adressen ermitteln

In etlichen Situationen kann es notwendig sein, zu einem vorhandenen Socket
die Socket-Adresse zu bestimmen. Beispielsweise binden die Socket-Funktionen
`connect()` und `listen()` im Bedarfsfall implizit eine Socket-Adresse an den
übergebenen Socket. Hier stellt sich unter Umständen die Frage, mit welcher
lokalen IP-Adresse oder mit welchem lokalen Port der betreffende Socket von
diesen Funktionen assoziiert worden ist. Ein weiteres Beispiel: Bei Servern, die
über den `inetd` gestartet wurden, sind die Standard Ein- und Ausgabe sowie die Fehlerausgabe mit einem Socket verknüpft. Diese Verknüpfung wurde
noch vom Internet Dæmon hergestellt, bevor dieser das eigentliche Serverprogramm gestartet hat. Demzufolge sind dem Server die Socket-Adressen der
bestehenden Verbindung zunächst nicht bekannt. Auch hier stellt sich für den
Server also in aller Regel die Frage, von welcher IP-Adresse aus die Anfrage
gestellt wurde und dazu muß er die Socket-Adresse bestimmen.

Mit den beiden Funktionen `getpeername()` und `getsockname()` stellt der
POSIX-Standard die passenden Werkzeuge zur Verfügung, um diese Fragen
zu beantworten. `getsockname()` analysiert dabei den lokalen Endpunkt des
übergebenen Sockets, während `getpeername()` Informationen über den entfernten Endpunkt liefert.

```
#include <sys/socket.h>

int getpeername( int socket, struct sockaddr *address,
    socklen_t *address_len );
int getsockname( int socket, struct sockaddr *address,
    socklen_t *address_len );
```

Die beiden Funktionen besitzen exakt die gleiche Signatur wie die `accept()`-Funktion: Der erste Parameter bezeichnet den Socket, für den die Socket-Adresse ermittelt werden soll. Der Parameter `address` ist ein Zeiger auf eine Socket-Adreßstruktur, in der die ermittelte Socket-Adresse vom System hinterlegt wird. Das dritte Argument `address_len` enthält beim Aufruf der Funktion die Länge des Speicherbereichs, der durch den Parameter `address` referenziert wird. Bei der Rückkehr aus der Funktion übergibt das System in `address_len` die Anzahl der Bytes, die in die Socket-Adreßstruktur übertragen wurden. Der Parameter dient also wieder der Datenübergabe in beide Richtungen. Wie schon bei `accept()` wird die Struktur auch von `getpeername()` und `getsockname()` abgeschnitten, falls der durch `address` referenzierte Bereich für die zu liefernde Datenstruktur zu klein ist.

Beide Funktionen geben bei erfolgreicher Ausführung den Wert 0 zurück. Ein aufgetretener Fehler wird durch den Rückgabewert `-1` angezeigt, `errno` gibt in diesem Fall Auskunft über die Fehlerursache.

Quiz-Server ermittelt Verbindungsdaten

Um den Gebrauch der beiden Funktionen zu veranschaulichen, überarbeiten wir nochmals das per `inetd` gestartete Quiz-Programm aus Abschnitt 4.1.2. Der Quiz-Server soll zum Test sowohl die Daten des lokalen Endpunkts als auch die des entfernten Endpunkts der Kommunikationsstrecke zwischen Server und Client ausgeben.

Prinzipiell sind vom Quiz-Server dazu drei Dinge zu leisten:

1. Das Programm wird vom `inetd` so gestartet, daß sowohl die Standardeingabe und -ausgabe als auch die Fehlerausgabe mit dem selben Socket verknüpft sind. Der Server muß den zur Netzwerkverbindung gehörenden Socketdeskriptor über einen dieser drei Datenströme herausfinden.

2. Mit Hilfe der beiden Funktionen `getpeername()` und `getsockname()` lassen sich dann die Socket-Adressen für den lokalen und entfernten Endpunkt ermitteln.

3. Ein über den `inetd` gestarteter Server kann allerdings nicht davon ausgehen, daß der vom Internet Dæmon hergestellten Netzwerkverbindung IPv4 zugrunde liegt. Das Programm sollte deshalb protokollunabhängig ausgelegt sein und sowohl mit IPv4 als auch IPv6 Socket-Adressen umgehen können.

Im Wesentlichen wurde das Programm aus Beispiel 4.1 dazu um die Funktion `print_sockaddr()` und die beiden Aufrufe von `getpeername()` und `getsockname()` erweitert.

1–15 Nach der obligatorischen Einbindung der Header-Dateien folgt zunächst die bekannte Signalbehandlungsroutine `signal_handler()`.

17–18 Neu ist im Vergleich zu Beispiel 4.1 die Funktion `print_sockaddr()`, die die übergebene Socket-Adresse in die Präsentationsdarstellung umwandelt und ausgibt. Die Funktion erwartet dazu einen Zeiger auf die protokollunabhängige Datenstruktur `sockaddr_storage`. Diese Datenstruktur ist groß genug, um sowohl eine IPv4- als auch eine IPv6-Adresse zu beherbergen.

19–22 Für die weitere Arbeit werden von der Funktion zunächst vier lokale Hilfsvariablen vereinbart. Die beiden Zeiger `sa4` und `sa6` werden so vereinbart, daß sie die selbe Socket-Adreßstruktur referenzieren – nämlich die übergebene Socket-Adresse – und sich nur in ihrem Datentyp unterscheiden. Je nach Adreßfamilie der übergebenen Socket-Adresse werten wir die Datenstruktur dann über `sa4` oder `sa6` aus. In `port` speichern wir die Portnummer des Sockets und in `ip_address` hinterlegen wir die IP-Adresse in Textdarstellung.

Beispiel 4.9. quiz4.c

```
1  #include <errno.h>
2  #include <signal.h>
3  #include <stdio.h>
4  #include <stdlib.h>
5  #include <string.h>
6  #include <unistd.h>
7  #include <arpa/inet.h>
8  #include <netinet/in.h>
9  #include <sys/socket.h>
10
11 void signal_handler( int sig )
12 {
13   printf( "Ihre Bedenkzeit ist abgelaufen.\n" );
14   exit( EXIT_FAILURE );
15 }
16
17 void print_sockaddr( struct sockaddr_storage *sa )
18 {
19   struct sockaddr_in *sa4 = (struct sockaddr_in *)sa;
20   struct sockaddr_in6 *sa6 = (struct sockaddr_in6 *)sa;
21   int port;
22   char ip_address[INET6_ADDRSTRLEN];
23
24   if( sa->ss_family == AF_INET )
25   {
26     inet_ntop( AF_INET, (struct sockaddr *)&sa4->sin_addr,
27       ip_address, INET6_ADDRSTRLEN );
28     port = ntohs( sa4->sin_port );
29   }
30   else
31   {
32     inet_ntop( AF_INET6, (struct sockaddr *)&sa6->sin6_addr,
```

```
33        ip_address, INET6_ADDRSTRLEN );
34      port = ntohs( sa6->sin6_port );
35    }
36
37    printf( "IP %s, Port %d\n", ip_address, port );
38  }
39
40  int main( int argc, char *argv[] )
41  {
42    char antwort[] = "Himbeerjoghurt";
43    char eingabe[20];
44    struct sigaction action, old_action;
45    int size, i;
46    struct sockaddr_storage sa;
47
48    setvbuf( stdin, NULL, _IOLBF, 0 );
49    setvbuf( stdout, NULL, _IOLBF, 0 );
50
51    /* Socket-Adresse des lokalen Endpunkts ermitteln */
52    size = sizeof( sa );
53    if( getsockname( fileno( stdin ),
54        (struct sockaddr *)&sa, &size ) == 0 )
55    {
56      printf( "Quizserver hört auf " );
57      print_sockaddr( &sa );
58    }
59
60    /* Socket-Adresse des entfernten Endpunkts ermitteln */
61    size = sizeof( sa );
62    if( getpeername( fileno( stdin ),
63        (struct sockaddr *)&sa, &size ) == 0 )
64    {
65      printf( "Quizclient kommt von " );
66      print_sockaddr( &sa );
67    }
68
69    action.sa_handler = signal_handler;
70    sigemptyset( &action.sa_mask );
71    action.sa_flags = 0;
72
73    if( sigaction( SIGALRM, &action, &old_action ) < 0 )
74    {
75      printf( "Konnte Handler nicht installieren: %s.\n",
76        strerror( errno ) );
77      return( EXIT_FAILURE );
78    }
79
80    printf( "Sie haben 20 Sekunden für die Antwort:\n" );
81    printf( "Was ißt Sir Quickly am liebsten?\n" );
```

```
82
83     alarm( 20 );
84
85     fgets( eingabe, sizeof( eingabe ), stdin );
86
87     /* Abschließende Zeilentrenner \n und \r entfernen */
88     for( i = strlen( eingabe ) - 1; i >= 0 &&
89        ( eingabe[i] == '\n' || eingabe[i] == '\r' ); i -- )
90        eingabe[i] = '\0';
91
92     if( strcmp( eingabe, antwort ) == 0 )
93        printf( "Die Antwort ist richtig. Gratulation.\n" );
94     else
95        printf( "Leider falsch, richtig ist %s\n", antwort );
96
97     exit( EXIT_SUCCESS );
98  }
```

24–35 Über die Adreßfamilie läßt sich entscheiden, ob es sich bei der Socket-Adresse um eine IPv4- oder IPv6-Adresse dreht: Für IPv4 handelt es sich bei der übergebenen Datenstruktur in Wahrheit um eine `sockaddr_in`-Struktur, weshalb wir in diesem Zweig der Fallunterscheidung den Zeiger `sa4` dereferenzieren. Ein Aufruf von `inet_ntop()` wandelt die darin enthaltene IPv4-Adresse in die gepunktete Dezimaldarstellung um. Auch die Portnummer muß durch einen Aufruf von `ntohs()` erst von der Netzwerkdarstellung in die „Host Byte Order" umgewandelt werden. Im zweiten Zweig der Fallunterscheidung behandeln wir die IPv6 Socket-Adresse analog.

37 Abschließend überträgt die Funktion `print_sockaddr()` die ermittelten Daten über die Standardausgabe an das Clientprogramm.

46–67 Das Hauptprogramm wurde im Vergleich zu Beispiel 4.1 lediglich um die beiden Aufrufe von `getsockname()` bzw. `getpeername()` mit anschließender Ausgabe erweitert. Für die vereinbarte Socket-Adreßstruktur `sa` wurde dabei der Typ `sockaddr_storage` ausgewählt. So können vom Programm sowohl IPv4- als auch IPv6-Adressen verarbeitet werden. Den benötigten Socketdeskriptor extrahieren wir mittels `fileno()` aus dem Datenstrom `stdin`. Anstelle von `stdin` hätten wir in diesem Beispiel natürlich auch `stdout` oder `stderr` verwenden können, da der `inetd` bekanntlich alle drei Datenströme mit dem selben Socket verknüpft.

Ein Test des neuen Serverprogramms listet nun die Verbindungsdaten zu den Endpunkten der Netzwerkverbindung auf. Wir verbinden uns für diesen Probelauf mit `192.168.1.1`, einer IP-Adresse des lokalen Rechners. Das Quizprogramm ermittelt die Adreßinformationen des eigenen und des entfernten Sockets, gibt die Socket-Adressen aus und stellt danach die Quizfrage. Während der Quizserver bzw. der `inetd`, wie über `/etc/inetd.conf` und

/etc/services festgelegt, immer an Port 65000 auf eingehende Verbindungen wartet, erhält der Client eine vorübergehende Portnummer zugewiesen. Diese Portnummer, hier 32772, wechselt im Allgemeinen von Aufruf zu Aufruf.

```
$ telnet 192.168.1.1 quiz
Trying 192.168.1.1...
Connected to 192.168.1.1.
Escape character is '^]'.
Quizserver hört auf IP 192.168.1.1, Port 65000
Quizclient kommt von IP 192.168.1.1, Port 32772
Sie haben 20 Sekunden für die Antwort:
Was ißt Sir Quickly am liebsten?
Bratwurst
Leider falsch, richtig ist Himbeerjoghurt
Connection closed by foreign host.
```

Anstatt über die IP-Adresse 192.168.1.1 können wir auch versuchen, uns über die Loopback-Adresse 127.0.0.1 mit unserem Server zu verbinden:

```
$ telnet 127.0.0.1 quiz
Trying 127.0.0.1...
Connected to 127.0.0.1.
Escape character is '^]'.
Quizserver hört auf IP 127.0.0.1, Port 65000
Quizclient kommt von IP 127.0.0.1, Port 32773
Sie haben 20 Sekunden für die Antwort:
Was ißt Sir Quickly am liebsten?
Himbeerjoghurt
Die Antwort ist richtig. Gratulation.
Connection closed by foreign host.
```

Daß die Verbindung tatsächlich zustande kommt, liegt daran, daß der Internet Dæmon seine lokale IP-Adresse mit einer Wildcard an den Socket gebunden hat. Wie in Abschnitt 4.3.4 beschrieben, weist das Betriebssystem den Socket erst beim Zustandekommen einer Netzwerkverbindung eine passende IP-Adresse zu, in diesem Falle die Loopback-Adresse.

4.3.11 Multiplexing von Netzwerkverbindungen

In der Praxis kommt es häufig vor, daß ein Programm, meist ein Server, zur gleichen Zeit mehrere Sockets bedienen soll. Als bekannte Beispiele können moderne, SSL-fähige Webserver dienen, die gleichzeitig an Port 80 (http) und Port 443 (https) auf eingehende Verbindungen warten. Würde der Webserver nun in einem accept()-Aufruf für Port 80 blockieren, so könnte er natürlich auf gleichzeitig eintreffende Verbindungsanfragen an Port 443 nicht reagieren. Ein möglicher Ausweg wäre es, für jeden Port, auf dem der Server hören soll, einen eigenständigen Prozeß oder Thread zu starten.

Mit den beiden Funktionen `select()` und `pselect()` eröffnet Unix aber auch einem einzigen Prozeß bzw. Thread die Möglichkeit, mehrere Sockets zur gleichen Zeit zu bedienen. Diese Methode, die im übrigen auch genausogut für andere Ein-/Ausgabekanäle funktioniert, wird Multiplexing von Netzwerkverbindungen genannt. Mit Hilfe der beiden `select()`-Funktionen kann ein Thread auf das Eintreffen eines bestimmten Ein-/Ausgabe-Ereignisses warten. Die Funktionen bieten darüber hinaus noch einen Timeout und brechen nach dem Verstreichen des angegebenen Zeitintervalls den Wartevorgang ab.

```
#include <sys/select.h>

int select( int nfds, fd_set *readfds, fd_set *writefds,
    fd_set *errorfds, struct timeval *timeout );
int pselect( int nfds, fd_set *readfds, fd_set *writefds,
    fd_set *errorfds, const struct timespec *timeout,
    const sigset_t *sigmask );

void FD_ZERO( fd_set *fdset );
void FD_SET( int fd, fd_set *fdset );
void FD_CLR( int fd, fd_set *fdset );
int FD_ISSET( int fd, fd_set *fdset );
```

Die beiden Funktionen erwarten in den Parametern `readfds`, `writefds` und `errorfds` drei Zeiger auf Datei- bzw. Socketdeskriptormengen, für welche auf Ein-/Ausgabe-Ereignisse gewartet werden soll. Bei der Rückkehr aus `select()` bzw. `pselect()` werden über die drei Parameter dann diejenigen Socketdeskriptoren bekanntgegeben, für die ein Ein-/Ausgabe-Ereignis vorliegt. Haben einer oder gleich mehrere der drei Zeiger beim Aufruf den Wert `NULL`, so warten die Funktionen weder auf diese Art von Ereignissen noch geben sie Information über das Eintreffen der zugehörigen Ereignisse zurück.

Beim Funktionsaufruf spezifiziert die Deskriptormenge `readfds` die Menge der Socketdeskriptoren, für die auf den Empfang weiterer Daten gewartet werden soll. Sobald für mindestens einen der Sockets Daten empfangen wurden, kehrt die Funktion zurück und liefert in `readfds` die Menge der Socketdeskriptoren, für die Daten zum Lesen vorliegen. Analog spezifiert `writefds` die Deskriptormenge, für die Daten geschrieben werden sollen. Sobald mindestens einer der angegebenen Sockets bereit ist, neue Daten aufzunehmen, kehrt die Funktion zurück und liefert die Menge der bereiten Socketdeskriptoren in `writefds` zurück. Über den gleichen Mechanismus transportiert `errorfds` die Deskriptormenge, für die Exceptions vorliegen. Auf Exceptions gehen wir allerdings in diesem Buch nicht weiter ein und geben stattdessen immer einen Nullzeiger für `errorfds` an.

Über den Parameter `nfds` wird auf eine spezielle Weise die Größe der übergebenen Deskriptormengen angegeben: `select()` bzw. `pselect()` prüft lediglich für die ersten `nfds` Socketdeskriptoren, also für die Deskriptoren 0 bis `nfds-1`, ob sie in den jeweiligen Deskriptormengen enthalten sind.[28] Beim Aufruf von `select()` oder `pselect()` muß also der höchste Socketdeskriptor, der in einer der Deskriptormengen enthalten ist, im Parameter `nfds` übergeben werden.

In `timeout` wird schließlich das Zeitintervall angegeben, für das die `select()`-Funktionen maximal auf das Eintreffen der Ein-/Ausgabe-Ereignisse warten sollen. Ist `timeout` ein Nullzeiger, so wartet die Funktion beliebig lange auf das Eintreffen mindestens eines der spezifizierten Ereignisse. Ist der Timeout dagegen mit Nullwerten initialisiert, so kehrt die Funktion umgehend mit den entsprechenden Informationen zurück. In jedem Fall zeigt der Rückgabewert im Erfolgsfall an, wieviele Socketdeskriptoren in den angegebenen Deskriptormengen gesetzt wurden, d. h. wieviele Ein-/Ausgabe-Ereignisse für die ursprünglich angegebenen Sockets vorliegen. Beendet ein Timeout den Wartevorgang vorzeitig, so ist der Rückgabewert unter Umständen 0 (kein Ein-/Ausgabe-Ereignis). Im Fehlerfall liefern die beiden Funktionen den Rückgabewert `-1` und `errno` gibt Auskunft über die genaue Fehlerursache.

Die historische `select()`-Funktion und die später von POSIX neu eingeführte `pselect()`-Funktion unterscheiden sich an zwei Stellen:

1. Anstatt der `timeval`-Struktur verwendet die neuere `pselect()`-Funktion für die Angabe des Timeouts eine `timespec`-Struktur. Während die `timeval`-Struktur die Angabe des Timeouts in Sekunden und Mikrosekunden erwartet, wird das Zeitintervall in der `timespec`-Struktur als Sekunden und Nanosekunden gespeichert.[29]

2. Die `pselect()`-Funktion besitzt darüber hinaus einen weiteren Parameter `sigmask`, über den der Funktion eine Signalmaske übergeben werden kann. `pselect()` ersetzt dann beim Funktionsstart als erstes die Signalmaske des aufrufenden Threads (oder Prozeß') mit der spezifizierten Signalmaske und stellt vor der Rückkehr aus der Funktion die originale Signalmaske wieder her. Ist `sigmask` ein Nullzeiger, so entspricht der Aufruf von `pselect()` bezüglich der Signalbehandlung einem Aufruf der `select()`-Funktion.

Abschließend bleibt noch die Frage zu klären, wie die jeweiligen Deskriptormengen vor dem Aufruf der `select()`-Funktionen aufgebaut und nach der

---

[28] Zur Erinnerung: Datei- bzw. Socketdeskriptoren sind nichts anderes, als prozeßweit eindeutige, nicht-negative Integer-Werte (vgl. dazu Abschnitt 2.2.1)y.

[29] Unabhängig davon ist die Auflösung, in der Unix-Systeme auf `select()`-Timeouts reagieren können, ohnehin deutlich grober als Mikro- oder gar Nanosekunden. Der Schwenk von der `timeval`- zur `timespec`-Struktur begründet sich vielmehr dadurch, daß letztere die Sekunden als `time_t` und nicht als `long` speichert.

Rückkehr aus den Funktionen interpretiert werden können. Für diese Aufgaben stellt uns der POSIX-Standard glücklicherweise einen Satz nützlicher Makros zur Verfügung: FD_ZERO() leert die übergebene Deskriptormenge, FD_SET() nimmt einen Socketdeskriptor in die übergebene Deskriptormenge auf, FD_CLR() entfernt einen Socketdeskriptor aus der angegebenen Menge und der Rückgabewert von FD_ISSET() zeigt an, ob der angegebene Deskriptor in der Deskriptormenge enthalten ist.

1–4 Beispiel 4.10 zeigt die Anwendung der select()-Funktion. Die Beispielfunktion select_input() skizziert die Socketbehandlung eines SSL-fähigen Webservers, der gleichzeitig die beiden Ports 80 und 443 bedienen soll. Die Funktion erwartet dazu beim Aufruf die beiden Deskriptoren http und hhtps der beiden passiven Serversockets.

6–7 Als erstes werden in der Funktion die Datenstrukturen read und timeout für die Deskriptormenge und das maximal zu wartende Zeitintervall vereinbart.

9–12 Anschließend wird die für den select()-Aufruf benötigte Deskriptormenge aufgebaut. Die Menge wird zunächst mittels FD_ZERO() mit der leeren Menge initialisiert, danach werden mit FD_SET() nacheinander die beiden Socketdeskriptoren für normale und SSL-verschlüsselte Netzwerkverbindungen in die Menge aufgenommen. Den höchsten Socketdeskriptor nfds bestimmen wir, da es sich lediglich um zwei Deskriptoren handeltm, direkt beim Aufruf der select()-Funktion. Sollten viele Datei- oder Socketdeskriptoren in die Deskriptormengen einfließen, so wird der höchste Deskriptor meist mit Hilfe einer Schleife bestimmt.

14–16 Bevor select() gestartet werden kann, muß noch der gewünschte Timeout vorbereitet werden: Wir setzen die maximale Wartezeit auf 120 Sekunden.

Beispiel 4.10. select.c

```
1  #include <stdlib.h>
2  #include <sys/select.h>
3
4  int select_input( int http, int https )
5  {
6    fd_set read;
7    struct timeval timeout;
8
9    /* Deskriptormenge für die beiden Sockets vorbereiten */
10   FD_ZERO( &read );
11   FD_SET( http, &read );
12   FD_SET( https, &read );
13
14   /* Timeout auf zwei Minuten festlegen */
15   timeout.tv_sec = 120;
16   timeout.tv_usec = 0;
17
```

```
18    /* Auf neue Daten warten, egal ob http oder https */
19    select( MAX( http, https ), &read, NULL, NULL, &timeout );
20
21    /* Zurückgegebene Socketdeskriptormenge interpretieren */
22    if( FD_ISSET( http, &read ) ) /* Neue Daten über http */
23      return( http ); /* http-Socket zurückgeben */
24    if( FD_ISSET( https, &read ) ) /* Neue Daten über https */
25      return( https ); /* https-Socket zurückgeben */
26
27    return( -1 ); /* Timeout oder Fehler: keine neuen Daten */
28  }
```

18–19 Als nächstes folgt der Aufruf der select()-Funktion: Der höchste Socket-deskriptor nfds wird mit dem Makro MAX als Maximum der beiden in read enthaltenen Deskriptoren http und hhtps bestimmt. select() wartet nun maximal 120 Sekunden, ob von einem der beiden Sockets Daten gelesen werden können. Für die anderen beiden beiden Deskriptormengen writefds und errorfds übergeben wir jeweils einen Nullzeiger und zeigen damit an, daß wir an den entsprechenden Ein-/Ausgabe-Ereignissen kein Interesse haben.

21–25 Im Anschluß untersucht die select_input()-Funktion die von select() gelieferte Socketdeskriptormenge read, die jetzt diejenigen Socketdeskriptoren enthält, für die Daten zum Lesen bereit stehen. Zeigt FD_ISSET() an, daß über den http-Socket Daten gelesen werden können, so liefert die Funktion diesen Socketdeskriptor an den Aufrufer zurück. Andernfalls wird mit dem https-Socket analog verfahren.

27 Sollten an keinem der beiden Sockets neue Daten bereitstehen, dann wurde entweder das Timeout-Intervall überschritten oder es ist ein Fehler aufgetreten. Auf eine genaue Analyse der Ursache haben wir an dieser Stelle verzichtet, die Funktion gibt stattdessen einfach den Wert -1 zurück und zeigt damit an, daß von keinen der beiden Sockets neue Eingaben gelesen werden können.

Die select_input()-Funktion aus Beispiel 4.10 illustriert den Einsatz der select()-Funktion im Rahmen des Multiplexings von Netzwerkverbindungen. Beim genaueren Studium des Quelltexts wird allerdings auch schnell klar, daß die Implementierung keinesfalls als optimale Lösung des geschilderten Problems bezeichnet werden darf. Neben der fehlenden Fehlerbehandlung ist vor allem die mangelnde Fairness der Funktion zu bemängeln: Sobald nämlich an beiden Sockets neue Daten anliegen, wird von der Funktion immer der zuerst geprüfte http-Socket bevorzugt. Auf einem stark frequentierten Webserver würden damit die verschlüsselten SSL-Verbindungen permanent ins Hintertreffen geraten und u. U. sogar überhaupt nicht bedient werden. In der Praxis empfiehlt es sich deshalb, vor einem weiteren Aufruf von select() zunächst *alle* Socketdeskriptoren aus den zurückgelieferten Deskriptormengen abzuarbeiten. Dies gewährleistet eine faire Behandlung der von select() als bereit markierten Sockets.

4.3.12 Socket-Optionen

Mit der im vorausgehenden Abschnitt beschriebenen `select()`-Funktion ist
ein Programm in der Lage, Timeouts auf Schreib-/Lese-Operationen einzuführen. Soll z. B. an einem Socket für eine bestimmte Maximalzeit mittels `read()` auf das Eintreffen weiterer Daten gewartet werden, so kann dies
dadurch erreicht werden, daß der `read()`-Funktion ein passender `select()`-
Aufruf mit dem gewünschten Timeout-Wert vorgeschalten wird.

Timeouts für Netzwerkverbindungen lassen sich aber auf den meisten Unix-
Systemen, neben einer Menge anderer nützlicher Einstellungen, auch über
spezielle Socket-Optionen realisieren. Die gewünschten Socket-Einstellungen
können mit Hilfe der Funktion `setsockopt()` für jeden Socket individuell festgelegt werden. Die verschiedenen Socket-Optionen lassen sich dabei in Einstellungen auf der Ebene der Socket-API und Einstellungen für tieferliegende
Ebenen (z. B. IPv4 oder IPv6) untergliedern. Wir besprechen an dieser Stelle lediglich die für die Socket-API relevanten Optionen, die tiefer greifenden
Einstellungen werden u. a. in [SFR04] ausführlich besprochen.

```
#include <sys/socket.h>

int setsockopt( int socket, int level, int option_name,
    const void *option_value, socklen_t option_len );
```

Die `setsockopt()`-Funktion erwartet im ersten Parameter `socket` den Socketdeskriptor des zu konfigurierenden Sockets. Das Argument `level` spezifiziert die Ebene, auf der die einzustellende Socket-Option wirkt. Wie bereits
erwähnt, schränken wir unsere Betrachtungen auf die Ebene der Socket-API,
auszuwählen durch die Konstante `SOL_SOCKET`, ein. Über die abschließenden drei Parameter `option_name`, `option_value` und `option_len` wird die
gewünschte Socket-Option ausgewählt und entsprechend parametrisiert.

Tabelle 4.7 listet sämtliche Socket-Optionen, die vom POSIX-Standard für die
`SOL_SOCKET`-Ebene vereinbart wurden, auf. Die Tabelle gibt Auskunft über
den Verwendungszeck der jeweiligen Option sowie die zur Parametrisierung
der Socket-Option genutzte Datenstruktur. Aus dieser Menge verschiedener
Optionen picken wir uns mit `SO_KEEPALIVE`, `SO_REUSEADDR`, `SO_RCVTIMEO` und
`SO_SNDTIMEO` die vier interessantesten Einstellungsmöglichkeiten zur weiteren
Besprechung heraus.

Zu jeder Socket-Optionen, die der `setsockopt()`-Funktion in `option_name`
übergeben wird, müssen zusätzlich die gewünschten Parameter der Option
angegeben werden. Die Übergabe dieser Zusatzinformationen erfolgt im Argument `option_value` als Referenz, wobei `option_len` die Größe der referenzierten Datenstruktur angibt. Wie aus Tabelle 4.7 ersichtlich, handelt es

Tabelle 4.7. Die Socket-Optionen der `SOL_SOCKET`-Ebene

Name	Beschreibung	assoz. Datenstruktur
SO_BROADCAST	Broadcast-Datagramme zulassen	int (boolsch)
SO_DEBUG	Debug-Tracing einschalten	int (boolsch)
SO_DONTROUTE	systemeigene Routing-Rabelle umgehen	int (boolsch)
SO_KEEPALIVE	TCP-Verbindungen periodisch testen	int (boolsch)
SO_LINGER	Verhalten der close()-Funktion anpassen	struct linger
SO_OOBINLINE	Out-Of-Band-Daten nicht bevorzugen	int (boolsch)
SO_RCVBUF	Größe des Empfangspuffers bestimmen	int
SO_RCVLOWAT	Empfangspuffer-Niedrigwassermarke setzen	int
SO_RCVTIMEO	Timeout für Datenempfang bestimmen	struct timeval
SO_REUSEADDR	Wiederverwendung lokaler Socket-Adressen	int (boolsch)
SO_SNDBUF	Größe des Sendepuffers bestimmen	int
SO_SNDLOWAT	Sendepuffer-Niedrigwassermarke setzen	int
SO_SNDTIMEO	Timeout für Datenversand bestimmen	struct timeval

sich dabei in der Mehrzahl der Fälle um einfache Integer-Werte, in denen ein boolscher Wert gespeichert wird.

War der Aufruf von `setsockopt()` erfolgreich, so liefert die Funktion den Rückgabewert 0. Der Rückgabewert -1 zeigt das Auftreten eines Fehlers an, die genaue Fehlerursache läßt sich dann über die `errno`-Variable ermitteln.

Die Socket-Optionen `SO_RCVTIMEO` und `SO_SNDTIMEO`

Mit Hilfe der beiden Socket-Optionen `SO_RCVTIMEO` und `SO_SNDTIMEO` kann das Senden und Empfangen von Daten mit einem Timeout verknüpft werden. Die Optionen werden von den meisten POSIX-konformen Unix-Systemen unterstützt und das gewünschte Timeout-Intervall wird dabei wie bei `select()` in der Form einer `timeval`-Struktur übergeben.[30] Ist die `timeval`-Struktur mit Nullwerten initialisiert, so wird die Timeout-Funktionalität für den betreffenden Socket deaktiviert.

Das nachfolgende Programmfragment zeigt den Einsatz der `setsockopt()`-Funktion am Beispiel eines Timeouts für den Datenempfang. Selbstverständlich ist es ausreichend, die Socketoption ein einziges Mal pro Socket zu setzen. Der angegebene Timeout-Wert wirkt nachfolgend auf alle Empfangsoperationen, die mit dem modifizierten Socket arbeiten.

---

[30] Die Wahl der `timeval`-Struktur ist wie bei `select()` dadurch begründet, daß die beiden Socket-Optionen auf einigen Systemen bereits vor Einführung der `timespec`-Struktur unterstützt wurde. Aus Gründen der Rückwärtskompatibilität wurde die Datenstruktut im POSIX-Standard beibehalten.

```
 1  int socket;
 2  struct timeval timeout;
 3
 4  ...
 5
 6  /* Timeout auf zwei Minuten festlegen */
 7  timeout.tv_sec = 120;
 8  timeout.tv_usec = 0;
 9
10  if( setsockopt( socket, SOL_SOCKET, SO_RCVTIMEO, &timeout,
11      sizeof( struct timeval ) ) < 0 )
12  {
13    printf( "Fehler in setsockopt(): %s\n",
14      strerror( errno ) );
15    exit( EXIT_FAILURE );
16  }
```

6–11   Im obigen Beispiel wird für den Socket `socket` ein Timeout-Intervall von zwei Minuten vereinbart. Dazu wird die zuvor passend initialisierte `timeval`-Struktur der `setsockopt()`-Funktion zusammen mit einer Größenangabe und der Socket-Option `SO_RCVTIMEO` für den gewünschten Socket `socket` übergeben. Eine nachfolgend aufgerufene Empfangsfunktion (z. B. `read()`), wuürde dann maximal für das angegebene Intervall von zwei Minuten blockieren, wenn sie dabei über den Socket keine weiteren Daten mehr empfängt. Falls überhaupt keine Daten gelesen werden konnten, liefert die Funktion bei ihrer Rückkehr einen Fehler und setzt die Fehlervariable `errno` auf einen der beiden Werte `EAGAIN` oder `EWOULDBLOCK`. Wurden vor Ablauf des Timeouts von der Funktion noch Daten empfangen, so kehrt sie mit weniger Zeichen als ursprünglich angefordert zurück.

Das Verhalten einer Sendefunktion (wie z. B. `write()`) bei zuvor aktiviertem Timeout-Intervall ist analog definiert.

Die Socket-Option SO_REUSEADDR

Die Socket-Option `SO_REUSEADDR` ist die wohl bekannteste und wichtigste Socket-Option und erlaubt unter bestimmten Bedingungen die Mehrfach- oder Wiederverwendung lokaler Socket-Adressen. Im Zusammenspiel mit TCP-basierten Servern dient die Option im Wesentlichen den folgenden beiden Zwecken:

1. Die `SO_REUSEADDR`-Option erlaubt den Neustart eines Servers, selbst wenn die lokale Socket-Adresse noch in Gebrauch ist. Dies ist z. B. dann der Fall, wenn sich der Hauptprozeß eines nebenläufigen Servers bereits beendet hat, aber einer seiner Kindprozesse noch eine Clientanfrage bis zum Ende

abarbeitet. In diesem Fall kann der Server im Normalfall nicht erfolgreich neu gestartet werden, da der horchende Socket nicht mittels `bind()` an die gewohnte lokale Socket-Adresse gebunden werden kann, bevor der verbliebene Client seine Verbindung zum Client geschlossen hat. Die Socket-Adresse ist zuvor ja noch Teil einer existierenden Netzwerkverbindung. Gleiches gilt übrigens für einen Serversocket, dessen TCP-Verbindung, die sich gerade im Verbindungsabbau befindet (Status `FIN_WAIT_2` oder `TIME_WAIT`, vgl. dazu Abschnitt 4.3.7): Auch hier schlägt das Binden der lokalen Socket-Adresse in einer neuen Serverinstanz fehl, sofern dort die Socket-Option `SO_REUSEADDR` nicht gesetzt ist. Aus diesem Grund empfiehlt es sich für *alle* TCP/IP-Server, die `SO_REUSEADDR`-Option zu setzen.

2. Mit Hilfe der Socket-Option `SO_REUSEADDR` können mehrere Serverinstanzen am selben Port hören, sofern sie dabei verschiedene lokale IP-Adressen binden. Ein typisches Beispiel hierfür sind moderne Webserver, die für die verschiedenen lokalen IP-Adressen des Unix-Systems sogenannte *virtuelle Hosts* bilden können. Der Server bindet sich dazu zunächst mit der Wildcard-Adresse an den Serverport. Danach bindet er für jeden virtuellen Host je einen weiteren Socket mit der hostspezifischen IP-Adresse an den Serverport. Treffen nun neue Verbindungsanfragen auf dem Serverport ein, so wird von TCP/IP immer der am besten passende passive Socket für die neue Verbindung ausgewählt. Existiert kein virtueller Host für die Ziel-IP-Adresse der Verbindungsanfrage, so wird die Anfrage dem Socket mit der Wildcard-Adresse übergeben.

Das nachfolgende Programmfragment zeigt, wie die `SO_REUSEADDR`-Option für den Socket `socket` aktiviert wird:

```
 1  int socket, reuse = 1;
 2
 3  ...
 4
 5  if( setsockopt( socket, SOL_SOCKET, SO_REUSEADDR, &reuse,
 6      sizeof( int ) ) < 0 )
 7  {
 8    printf( "Fehler in setsockopt(): %s\n",
 9      strerror( errno ) );
10    exit( EXIT_FAILURE );
11  }
```

5–6 Die zur Socket-Option `SO_REUSEADDR` assoziierte Datenstruktur ist ein simpler Integer-Wert (vgl. dazu Tabelle 4.7). Um die Option zu aktivieren, wird im vorausgehenden Beispiel die Variable `reuse` auf den Wert 1 gesetzt und per Referenz an die `setsockopt()`-Funktion übergeben. Setzt man `reuse` stattdessen vor dem Aufruf auf 0, wird die Socket-Option für den betreffenden Socket deaktiviert.

Die Socket-Option SO_KEEPALIVE

Ist die SO_KEEPALIVE-Option für eine Socketverbindung aktiviert, so wird die
bestehende Verbindung durch den periodischen Austausch von *Keep-Alive-
Nachrichten* permanent aufrechterhalten. Werden die Keep-Alive-Nachrichten
vom Gegenüber nicht mehr beantwortet, kann die Verbindung geordnet abgebaut werden.

Die SO_KEEPALIVE-Option wird meist von Servern eingesetzt, um festzustellen, ob ihr aktueller Kommunikationspartner noch aktiv ist: Wartet ein Server z. B. mittels read() auf einen neuen Auftrag des Clients, so wird ihm
ein clientseitiger Verbindungsabbau (egal ob absichtlich durch close() her-
beigeführt oder durch einen Absturz des Clientprogramms ausgelöst) über
ein FIN-Paket mitgeteilt. Der Server wird in der Folge ebenfalls seine Socketverbindung zum Client schließen. Wird dagegen die komplette Verbindung
zum Clientrechner unterbrochen, so kann dem Server, obwohl der Kommunikationspartner abhanden gekommen ist, natürlich kein FIN-Paket zugestellt
werden. Der Serverprozeß würde also für immer in seinem Aufruf der read()-
Funktion blockieren. Hat der Server für diese Netzwerkverbindung allerdings
die SO_KEEPALIVE-Option aktiviert, so erlauben die ausbleibenden Antworten
auf die periodeisch verschickten Keep-Alive-Nachrichten den Rückschluß auf
eine unterbrochene TCP-Verbindung. Somit wird auch unter diesen erschwer-
ten Bedingungen ein geordneter Verbindungsabbau und damit eine Rückkehr
aus der read()-Funktion ermöglicht.

Die SO_KEEPALIVE-Option wird analog zu der weiter oben besprochenen
SO_REUSEADDR-Option aktiviert, weshalb wir an dieser Stelle auf ein weiteres Programmbeispiel verzichten.

4.4 Namensauflösung

Bereits in Abschnitt 4.2 haben wir das *Domain Name System* (DNS) kennengelernt, mit dessen Hilfe den schwer zu merkenden IP-Adressen ein intuitiver Name zugeordnet werden kann. Im weiteren Verlauf des aktuellen
Kapitels haben wir in den vorgestellten Programmbeispielen dann aber ausschließlich mit IP-Adressen gearbeitet. Abschließend kehren wir nun wieder
zur Namensauslösung, also der Überführung von IP-Namen in die zugehörigen IP-Adressen und umgekehrt, zurück und werfen einen Blick auf die dazu
notwendigen Arbeitsschritte. Traditionell wurde diese Aufgabe unter Unix
immer durch das Funktionenpaar gethostbyname() und gethostbyaddr()
erledigt. Beide Funktionen unterstützen allerdings nur IPv4-Adressen, was sie
in IPv6-Umgebungen unbrauchbar macht.

Seit IEEE Std 1003.1-2001 spielt deshalb die dort neu eingeführte Funktion getaddrinfo() bei der Namensauflösung die erste Geige. Im Gegensatz zu den beiden älteren Funktionen beherrscht getaddrinfo() gleichermaßen den Umgang mit IPv4- und IPv6-Adressen. Die beiden Funktionen

gethostbyname() und gethostbyaddr() aus den älteren Standards sind zwar nach wie vor im POSIX-Standard enthalten, sollten in neuen Anwendungen allerdings laut Beschreibung nicht mehr eingesetzt werden.

Neben der Unterstützung von IPv6-Adressen hat getaddrinfo() einige weitere Vorzüge aufzuweisen: Die Funktion bietet neben der Adreßumwandlung gleichzeitig noch die Auflösung von Servicenamen an, also die Zuordnung einer Portnummer zum namentlich angegebenen Service. Vor der Einführung von getaddrinfo() mußte man dazu auf die beiden Funktionen getservbyname() und getservbyport() zurückgreifen. Außerdem ist getaddrinfo() im Gegensatz zu seinen Vorläufern thread-safe ausgelegt und kann daher auch gefahrlos aus mehreren Threads gleichzeitig genutzt werden.

Die getaddrinfo()-Funktion erwartet einen IP-Namen und/oder einen Servicenamen und liefert ihr Ergebnis in einer verkettete Liste von addrinfo-Strukturen zurück. Die addrinfo-Struktur ist so aufgebaut, das die darin enthaltenen Werte unverändert für den Aufbau einer Socket-Verbindung eingesetzt werden können. Die protokollspezifischen Details werden damit elegant hinter der Schnittstelle der getaddrinfo()-Funktion verborgen.

```
#include <sys/socket.h>
#include <netdb.h>

int getaddrinfo( const char *nodename,
  const char *servname, const struct addrinfo *hints,
  struct addrinfo **res );
void freeaddrinfo( struct addrinfo *ai );
const char *gai_strerror( int ecode );
```

Beim Aufruf erwartet getaddrinfo(), daß mindestens einer der beiden Parameter nodename oder servname auf eine Null-terminierte Zeichenkette verweist. In nodename wird entweder ein IP-Name oder eine IP-Adresse übergeben. IPv4-Adressen werden dabei in der typischen gepunkteten Dezimalschreibweise angegeben, IPv6-Adressen in der in Abschnitt 4.2.3 vorgestellten Hexadezimalnotation. Für servname wird entweder der Servicename, wie z. B. http, oder eine dezimale Portnummer als Zeichenkette angegeben.[31]

Mit dem Rückgabewert 0 zeigt getaddrinfo() an, daß die Funktion erfolgreich ausgeführt wurde. Für den Fall, daß bei der Umwandlung etwas schief gegangen ist, ist der Rückgabewert ungleich Null und gibt direkt Auskunft über den aufgetretenen Fehler. In diesem Fall kann die Funktion gai_strerror() genutzt werden, um zusätzlich eine Textdarstellung des aufgetretenen Fehlers zu erhalten. Der spezielle Rückgabewert EAI_SYSTEM zeigt an, daß ein Systemfehler aufgetreten ist, welcher über errno abgefragt werden kann. Sofern der

---

[31] Die Zuordnung von Servicenamen zu Portnummern (und umgekehrt) findet unter Unix üblicherweise über die Datei /etc/services statt.

Aufruf erfolgreich war, liefert `getaddrinfo()` in `res` eine verkettete Liste von `addrinfo`-Strukturen mit den Ergebnissen der Umwandlung zurück. Nachdem diese Ergebnisliste abgearbeitet wurde, muß sie schließlich über einen Aufruf der Funktion `freeaddrinfo()` wieder freigegeben werden.

Über den Parameter `hints` wird beim Funktionsaufruf gesteuert, welche Art von Informationen `getaddrinfo()` zurück liefern soll. Für `hints` wird dazu entweder ein Null-Zeiger oder ein Zeiger auf eine entsprechend ausgefüllte `addrinfo`-Struktur übergeben. Je nachdem, welche Werte dann für die vier Elemente `ai_flags`, `ai_family`, `ai_socktype` und `ai_protocol` der `addrinfo`-Struktur eingetragen werden, ändert sich das Verhalten der Funktion. Alle anderen Felder des `hints`-Parameters müssen beim Aufruf von `getaddrinfo()` auf Null gesetzt sein, weshalb man die `addrinfo`-Struktur am besten vorab mit Nullbytes initialisiert.

```
struct addrinfo
{
  int ai_flags;            /* Input flags */
  int ai_family;           /* Address family */
  int ai_socktype;         /* Socket type */
  int ai_protocol;         /* Protocol of socket */
  socklen_t ai_addrlen;    /* Socket address length */
  struct sockaddr *ai_addr; /* Socket address */
  char *ai_canonname;      /* Canonical location name */
  struct addrinfo *ai_next; /* Pointer to next in list */
}
```

Hat `ai_family` den Wert `AF_UNSPEC`, so liefert `getaddrinfo()` sowohl IPv4- als auch IPv6-Adressen zurück. Mit den Werten `AF_INET` und `AF_INET6` wird die Namensauflösung dagegen auf IPv4- bzw. IPv6-Adressen eingeschränkt. Über das Strukturelement `ai_socktype` kann mit Blick auf z. B. einen späteren Aufruf von `connect()` der gewünschte Sockettyp festgelegt werden, wobei der Wert 0 für einen beliebigen Sockettyp steht. Genauso kann über `ai_protocol` das gewünschte IP-Protokoll ausgewählt werden. Auch hier steht der Wert 0 für einen beliebiges IP-Protokoll.

Mit dem Strukturelement `ai_flags` können schließlich noch weitere Details der Ergebnisliste gesteuert werden. Der Wert setzt sich durch bitweise Oder-Verknüpfung der folgenden Konstanten zusammen: `AI_PASSIVE`, `AI_CANONNAME`, `AI_NUMERICHOST`, `AI_NUMERICSERV`, `AI_V4MAPPED`, `AI_ALL`, und `AI_ADDRCONFIG`. Tabelle 4.8 gibt einen Überblick über die nachfolgend beschrieben Flags für das `ai_flags`-Element der `hints`-Struktur.

Ist in `ai_flags` das Flag `AI_PASSIVE` gesetzt und hat der Parameter `nodename` den Wert `NULL`, so soll die zurückgelieferte Adreßinformation für ein passives Öffnen des Sockets, also einen späteren Aufruf der `bind()`-Funktion passend sein und die gelieferte IP-Adresse ist auf den Wert `INADDR_ANY` (für IPv4)

Tabelle 4.8. getaddrinfo(): Das `ai_flags`-Element der `hints`-Struktur

AI_PASSIVE	Die Funktion soll Adreßinformationen für ein *passive open* liefern.
AI_CANONNAME	Der kanonische Rechnername soll ermittelt werden.
AI_NUMERICHOST	Unterdrückt die Namensauflösung für den Rechnernamen.
AI_NUMERICSERV	Unterdrückt die Namensauflösung für den Servicenamen.
AI_V4MAPPED	Liefert IPv4-gemappte IPv6-Adressen, falls AF_INET6 ausgewählt ist und *keine* IPv6-Adressen existieren.
AI_ALL	zusätzlich zu AI_V4MAPPED; Liefert IPv4-gemappte IPv6-Adressen zusätzlich zu IPv6-Adressen, falls AF_INET6 ausgewählt ist.
AI_ADDRCONFIG	Liefert IPv4/IPv6-Adressen abhängig davon, ob lokal ein konfiguriertes IPv4/IPv6-Interface existiert

bzw. IN6ADDR_ANY_INIT (für IPv6) gesetzt. Hat der Parameter `nodename` einen Wert ungleich NULL, so wird das AI_PASSIVE-Flag ignoriert. Ist dagegen das AI_PASSIVE-Flag nicht gesetzt, so soll die zurückgelieferte Adreßinformation für einen späteren Aufruf der Funktionen `connect()`, `sendto()`, oder `sendmsg()` ausgelegt sein. Aus diesem Grund wird, sofern `nodename` den Wert NULL hat, in der `addrinfo`-Struktur die Loopback-Adresse zurückgegeben.

Ist im `ai_flags`-Element des `hints`-Parameters das Flag AI_NUMERICHOST gesetzt, so umgeht die getaddrinfo()-Funktion für Rechnernamen jede Form der Namensauflösung. Dies bedeutet gleichzeitig, daß der Parameter `nodename` eine gültige IP-Adresse (und keinen IP-Namen!) enthalten muß. Analog unterbindet das Flag AI_NUMERICSERV, die Namensauflösung für Servicenamen, so daß hier der Parameter `servname` beim Aufruf eine Portnummer (und keinen Servicenamen!) enthalten muß.

Die Flags AI_V4MAPPED, AI_ALL, und AI_ADDRCONFIG bestimmen das Verhalten der getaddrinfo()-Funktion in IPv4/IPv6-Umgebungen. Ist für das Strukturelement `ai_family` der Wert AF_INET6 gesetzt und enthält `ai_flags` das Flag AI_V4MAPPED und kann nur eine IPv4-Adresse und keine „echte" IPv6-Adresse gefunden werden, so liefert getaddrinfo() eine IPv4-gemappte IPv6-Adresse. Sind die beiden Flags AI_V4MAPPED und AI_ALL gesetzt und ist AF_INET6 für `ai_family` ausgewählt, so enthält die Ergebnisliste `res` alle gefundenen IPv6-Adressen und darüber hinaus auch alle gefundenen IPv4-Adressen als IPv4-gemappte IPv6-Adressen.[32] Ist das AI_ADDRCONFIG-Flag gesetzt, dann werden IPv4-Adressen nur dann zurückgeliefert, wenn auf dem lokalen System auch ein Netzwerk-Interface mit IPv4-Adresse konfiguriert ist. Analog werden IPv6-Adressen nur dann zurückgeliefert, wenn ein Netzwerk-Interface mit IPv6-Adresse konfiguriert ist.

Ist im `ai_flags`-Element des `hints`-Parameters schließlich das AI_CANONNAME-Flag gesetzt, so ist im ersten Element der Ergebnisliste das Strukturelement

---

[32] Falls AI_ALL in `ai_flags` gesetzt ist, aber das AI_V4MAPPED-Flag nicht gesetzt ist, wird das AI_ALL-Flag ignoriert.

`ai_canonname` der kanonische Rechnername des angefragten IP-Namens bzw. der angefragten IP-Adresse eingetragen. Im Zusammenspiel mit dem Domain Name System entspricht dieser kanonische Rechnername in aller Regel dem Fully Qualified Domain Name (FQDN) des Systems.

Nachdem wir nun alle Facetten der `getaddrinfo()`-Funktion besprochen haben, wollen wir nun einen Teil davon in einem Beispielprogramm testen. Beispiel 4.11 erwartet als Kommandozeilenargumente einen oder mehrere IP-Namen oder IP-Adressen. Für jedes Argument ermittelt das Programm dann den kanonischen Rechnernamen sowie die Socket-Adresse des Timeservers auf diesem System um schließlich über das Time-Protokoll die Uhrzeit der verschiedenen Systeme abzufragen.

1–17   Nachdem die benötigten Header-Dateien eingebunden wurden, werden zu Beginn des Hauptprogramms die benötigten Variablen vereinbart.

Beispiel 4.11. hostaddr.c

```
1  #include <errno.h>
2  #include <netdb.h>
3  #include <stdio.h>
4  #include <stdlib.h>
5  #include <unistd.h>
6  #include <arpa/inet.h>
7  #include <netinet/in.h>
8  #include <sys/socket.h>
9
10 int main( int argc, char *argv[] )
11 {
12   int sd, i, status;
13   struct addrinfo hints, *ai, *aptr;
14   char ip_address[INET6_ADDRSTRLEN];
15   struct sockaddr_in *ipv4addr;
16   struct sockaddr_in6 *ipv6addr;
17   time_t stime = 0;
18
19   memset( &hints, 0, sizeof( struct addrinfo ) );
20   hints.ai_flags = AI_CANONNAME;
21   hints.ai_family = AF_UNSPEC;
22   hints.ai_socktype = SOCK_STREAM;
23
24   for( i = 1; i < argc; i++ )
25   {
26     status = getaddrinfo( argv[i], "time", &hints, &ai );
27     if( status == 0 )
28     {
29       printf( "Rechner %s (%s) ...\n", argv[i],
30         ai->ai_canonname );
31
```

```
32      for( aptr = ai; aptr != NULL; aptr = aptr->ai_next )
33      {
34        if( aptr->ai_family == AF_INET )
35        {
36          ipv4addr = (struct sockaddr_in *)aptr->ai_addr;
37          inet_ntop( aptr->ai_family, &ipv4addr->sin_addr,
38            ip_address, INET6_ADDRSTRLEN );
39        }
40        else
41        {
42          ipv6addr = (struct sockaddr_in6 *)aptr->ai_addr;
43          inet_ntop( aptr->ai_family, &ipv6addr->sin6_addr,
44            ip_address, INET6_ADDRSTRLEN );
45        }
46
47        /* TCP Socket anlegen */
48        if( ( sd = socket( AF_INET, SOCK_STREAM, 0 ) ) < 0 )
49        {
50          printf( "  %s -> socket(): %s\n", ip_address,
51            strerror( errno ) );
52          continue;
53        }
54
55        /* Verbindung zum Time Server aufbauen */
56        if( connect( sd, ai->ai_addr,
57          sizeof( *ai->ai_addr ) ) < 0 )
58        {
59          printf( "  %s -> connect(): %s\n", ip_address,
60            strerror( errno ) );
61          close( sd );
62          continue;
63        }
64
65        /* Ausgabe des Servers lesen */
66        if( read( sd, &stime, sizeof( stime ) ) < 0 )
67        {
68          printf( "  %s -> read(): %s\n", ip_address,
69            strerror( errno ) );
70          close( sd );
71          continue;
72        }
73
74        /* Sekunden auf Basis 1.1.1970 umrechnen sowie
75           IP-Adresse und Zeit ausgeben */
76        stime = ntohl( stime ) - 2208988800UL;
77        printf( "  %s -> Zeit: %s", ip_address,
78          ctime( &stime ) );
79
80        /* Socketdeskriptor schließen, Verbindung beenden */
```

faireres Antwortsverhalten und sind darüber hinaus in der Lage, die Ressourcen des Serversystem (etwa mehrere Prozessoren) besser auszuschöpfen.

Die einfachste Art, einen nebenläufig arbeitenden Server aufzusetzen, bietet der bereits vorgestellte Internet Dæmon `inetd`. Kommt der `inetd` zum Einsatz, so wartet dieser auf eingehende TCP- oder UDP-Verbindungen und startet bei Bedarf ein zuvor für diese Verbindungen festgelegtes Serverprogramm. Das Serverprogramm muß sich dann nicht mehr um die Handhabung der Netzwerkverbindung kümmern, sondern kann sich ausschließlich auf die inhaltlichen Aspekte der Anfrage konzentrieren. Die Arbeit mit dem Internet Dæmon haben wir bereits in Abschnitt 4.1.2 kennengelernt und mit Hilfe von Beispiel 4.1 getestet. Zu den Nachteilen des Internet Dæmons zählt das starre und aus Systemsicht gleichzeitig recht aufwendige `fork()`-/`exec()`-Verfahren: Für jede eingehende Netzwerkverbindung erzeugt der `inetd` zuerst via `fork()` einen neuen Kindprozeß und überlagert diesen dann mittels `exec()` mit einem neuen Programm.

Wir wollen uns deshalb im weiteren Verlauf dieses Kapitels nicht mehr auf die Dienste des `inetd` verlassen, sondern mit der Entwicklung „echter" nebenläufiger Server beginnen. Wir werden dabei auf zwei grundsätzlich verschiedene Techniken zurückgreifen: Nebenläufigkeit durch mehrere Prozesse und Nebenläufigkeit durch mehrere Threads. Beiden Ansätzen ist gemein, daß sich jeweils eine Serverinstanz um jeweils einen Client kümmert. Im ersten Fall ist diese Serverinstanz ein Prozeß, im zweiten Fall ein Thread.[1]

Schließlich unterscheidet man die nebenläufigen Server noch dahingehend, ob die Serverinstanzen für jeden Client erst zum Zeitpunkt des Verbindungsaufbaus neu gebildet werden, oder ob die Instanzen bereits vorab, gewissermaßen auf Vorrat erzeugt werden. Die Techniken, bei denen bereits im Vorfeld eine gewisse Anzahl Prozesse oder Threads gestartet werden, nennt man *Preforking* bzw. *Prethreading*. Auch Server mit Preforking- oder Prethreading-Technik werden wir in diesem Kapitel noch kennenlernen.

5.1 Aufbau der Testumgebung

Unser Testszenario soll ein typisches Client-/Server-Umfeld simulieren: Ein Server bietet eine Dienstleistung an, die von einer Menge von Clients mehr oder weniger gleichzeitig abgerufen wird. Abhängig von der Anfrage des Clients kann die Aufgabe für den Server unterschiedlich anspruchsvoll sein: Die angefragte Leistung benötigt viel oder wenig Rechenzeit zur Berechnung und es werden unterschiedlich viele Daten als Ergebnis an den Client übertragen. Aus diesen Überlegungen heraus legen wir den im folgenden Abschnitt beschriebenen Funktionsumfang für unsere Client-/Server-Umgebung fest.

---

[1] Darüber hinaus gibt es natürlich auch noch die Möglichkeit, die beiden Techniken miteinander zu kombinieren um damit verschiedene hybride Prozeß-/Thread-Modelle zu entwerfen.

```
81          close( sd );
82      }
83
84      freeaddrinfo( ai );
85    }
86    else
87    {
88      fprintf( stderr, "Fehler in getaddrinfo(%s): %s\n",
89        argv[i], gai_strerror( status ) );
90    }
91  }
92
93  exit( EXIT_SUCCESS );
94 }
```

19–22 Danach initialisieren wird die `hints`-Struktur. Mit Hilfe von `memset()` füllen wir zunächst die komplette Struktur mit Null-Bytes, damit alle Strukturelemente, denen nicht explizit ein Wert zugewiesen wird, auf Null gesetzt sind. Anschließend setzen wir das `AI_CANONNAME`-Flag, damit `getaddrinfo()` als Ergebnis auch das Strukturelement `ai_canonname` mit dem kanonischen Rechnername füllt. Als Antwort wollen wir sowohl IPv4- als auch IPv6-Adressen akzeptieren und der ausgewählte Dienst soll über TCP angesprochen werden. Deshalb setzen wir das Element `ai_family` der `hints`-Struktur auf den Wert `AF_UNSPEC` und belegen `ai_socktype` mit dem Wert `SOCK_STREAM`.

24–30 Für jede der übergebenen IP-Namen und IP-Adressen wird nun die Funktion `getaddrinfo()` aufgerufen. Gesucht werden dabei (laut `hints`-Struktur) sowohl der kanonische Rechnername als auch passende `sockaddr`-Strukturen, welche geeignet sind, eine Socket-Verbindung zum Timeserver auf dem Zielsystem aufzubauen. Sofern der Aufruf von `getaddrinfo()` erfolgreich war, also der Rückgabewert gleich Null ist, wird nachfolgend die zurückgelieferte Ergebnisliste `ai` ausgewertet.

32–33 Mit dem Hilfszeiger aptr— iterieren wir dazu durch die mit einem Nullzeiger terminierte Ergebnisliste aus `addrinfo`-Strukturen.

34–45 Um die ermittelte IP-Adresse auch in Textform ausgeben zu können, ermitteln wir zunächst die zurückgelieferte Adreßfamilie. Je nachdem, ob es sich um eine IPv4- oder IPv6-Adresse handelt, setzen wir zur Umwandlung eine `sockaddr_in`- oder `sockaddr_in6`-Hilfsvariable ein. In jedem Fall erhalten wir in `ip_address` die Textdarstellung der IP-Adresse.

47–63 Jetzt versuchen wir, eine TCP-Verbindung zum jeweiligen Timeserver aufzubauen. Als erstes legen wir dazu einen TCP-Socket an und verwenden dann die Socket-Adresse aus der aktuellen `addrinfo`-Struktur beim Aufruf von `connect()`. Sollte beim Verbindungsaufbau etwas schief laufen, so geben wir eine entsprechende Fehlermeldung aus und setzten die Iteration mit dem nächsten Element der Ergebnisliste fort.

65–82 Sobald die gewünschte TCP-Verbindung steht, lesen wir die aktuelle Zeit vom Timeserver und geben sie auf der Konsole aus. Danach schließen wir den Socket wieder und treten in den nächsten Schleifendurchgang ein.

84 Sobald alle Elemente der Ergebnisliste abgearbeitet sind, geben wir mit `freeaddrinfo()` die von `getaddrinfo()` allozierte Liste wieder frei.

Wir testen nun unser Programm an den beiden Rechnersystemen *www. uni-augsburg.de* und *www.nasa.gov*:

```
$ ./hostaddr www.uni-augsburg.de www.nasa.gov
Rechner www.uni-augsburg.de (srv01.rz.uni-augsburg.de) ...
   137.250.121.221 -> Zeit: Sat Jun 18 17:08:57 2005
Rechner www.nasa.gov (www.nasa.gov) ...
   213.200.94.68 -> connect(): Connection refused
   212.162.1.196 -> connect(): Connection refused
```

Zunächst fällt auf, daß dem IP-Namen *www.nasa.gov*, vermutlich aus Gründen der Redundanz, zwei unterschiedlich IP-Adressen zugeordnet sind. Die beiden Adressen können beide zum selben Rechnersystem gehören (etwa durch zwei Netzwerkkarten), wahrscheinlicher ist aber, daß die NASA die angebotenen Informationen zur Erhöhung der Ausfallsicherheit auf zwei verschiedenen Servern identisch vorhält. Die `getaddrinfo()`-Funktion liefert also in einem solchen Fall tatsächlich eine Liste von Ergebnissen, die von unserem Testprogramm dann der Reihe nach abgearbeitet werden. Auf den beiden Servern der NASA ist allerdings der Timeservice deaktiviert. Aber immerhin liefert der Webserver der Universität Augsburg über das Time-Protokoll die aktuelle Uhrzeit zurück. Bei diesem Webserver unterscheidet sich jedoch der über die Kommandozeile angegebene IP-Name *www.uni-augsburg.de* vom kanonischen Rechnername *srv01.rz.uni-augsburg.de* des Systems. Beim Namen *www.uni-augsburg.de* handelt es sich also lediglich um einen DNS-Alias für den tatsächlichen FQDN *srv01.rz.uni-augsburg.de*.

5

Netzwerkprogrammierung in der Praxis

In den ersten vier Kapiteln dieses Buchs haben wir uns das Rüstzeug für die Unix-Netzwerkprogrammierung angeeignet. Jetzt wollen wir uns um die Praxis der Netzwerkprogrammierung kümmern und dabei unsere Kenntnisse vertiefen. Zu diesem Zweck beschäftigen wir uns im folgenden vorwiegend mit dem Entwurf und der Implementierung robuster Serverprogramme. Zwar sind auch Clientprogramme nicht frei von Komplexität, die Musik spielt im Bereich der Netzwerkprogrammierung aber meist auf der Seite der Server. Das Kapitel beschreibt fünf verschiedene Implementierungsmuster für Serverprogramme und wiegt deren Vor- und Nachteile gegeneinander ab.

Das einzige bislang vorgestellte „echte" Serverprogramm, der Timeserver aus Beispiel 4.6, war bewußt sehr einfach strukturiert. Nach dem Programmstart legt der Server einen neuen Socket an und öffnet diesen passiv. Auf neu eingehende Verbindungsanfragen reagiert der Server, indem er sequentiell jeweils eine Verbindung annimmt und dem Clientprogramm, mit dem er nun verbunden ist, die aktuelle Uhrzeit übermittelt. Danach schließt der Server die Verbindung und wartet auf bzw. bedient die nächste Clientanfrage. In der Literatur wird ein derartiger Server oft als iterativer Server bezeichnet. Iterativ arbeitende Server haben den Nachteil, daß, während von ihnen eine Clientanfrage bearbeitet wird, andere Clients zunächst vom Dienst ausgeschlossen bleiben. Erst wenn eine Anfrage komplett abgearbeitet und die Verbindung terminiert ist, kommt der nächste Client zum Zug. Iterative Server werden deshalb meist dann eingesetzt, wenn der Server die einzelnen Anfragen der Clients sehr schnell und ohne größeren Aufwand beantworten kann und die Verbindung zum Client danach sofort wieder beendet wird. Dies ist z. B. beim Timeserver aus Beispiel 4.6 der Fall, weshalb dort die sequentielle Behandlung der Clients durchaus in Ordnung geht.

Neben der iterativen Verarbeitung der Verbindungen gibt es aber auch die Möglichkeit, die eingehenden Anfragen nebenläufig zu beantworten. Nebenläufige Server bieten den anfragenden Clients in der Regel ein besseres, weil

5.1.1 Funktionsumfang der Testumgebung

Unser Beispiel-Server berechnet als „Dienstleistung" eine Menge von Primzahlen bis zu einer durch den Client bestimmbaren maximalen Größe und transferiert dann als Ergebnis der Anfrage eine ebenfalls vom Client festgelegte Menge an Zufallsdaten an den anfragenden Client. Eine Clientanfrage besteht daher lediglich aus zwei Zahlen: Die Obergrenze der zu berechnenden Primzahlen sowie die Größe des zurückzuliefernden Datenblocks.

Abbildung 5.1 zeigt das Anwendungsprotokoll der Kommunikation im Überblick: Unimittelbar nach dem Verbindungsaufbau meldet sich der Server mit einer einzeiligen Begrüßungsformel beim Client. Sobald er diese Nachricht empfangen hat, sendet der Client seinerseits eine Anfrage, nämlich die Obergrenze der zu berechnenden Primzahlen sowie die Größe des angeforderten Datenblocks, an den Server. Diese Daten werden als einzeiliger Text zur Gegenseite übertragen. Dies verschwendet zwar u. U. einige Bytes beim Datentransfer, hat aber auch den Vorteil, daß wir uns nicht um die Umwandlung der Zahlenwerte in ein Netzwerkformat kümmern müssen. Nachdem der Server seine Rechenaufgabe abgearbeitet hat, antwortet er dem Client mit der gewünschten Menge an Zufallsdaten. Danach bauen beide Seiten die bestehende Verbindung sofort wieder ab.

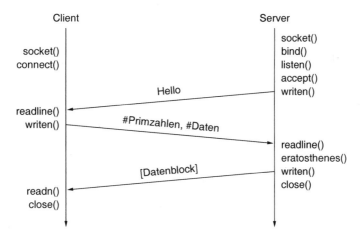

Abb. 5.1. Anwendungsprotokoll der Testumgebung

Auch wenn dieser Beispiel-Server keinen praktischen Nutzen hat, so kann man anhand dieser Testumgebung doch sehr schön die im Rahmen der praktischen Netzwerkprogrammierung anfallenden Routineaufgaben illustrieren und mit geeigneten Tests einiges über das Verhalten der verschiedenen Serverausprägungen lernen.

5.1.2 Hilfsfunktionen für die Socket-Kommunikation

Bevor wir uns nun endgültig auf die Implementierung der verschieden Server-varianten konzentrieren können, legen wir uns noch einen Satz von Hilfsfunktionen zurecht, mit deren Hilfe wir typische, bei der Netzwerkprogrammierung immer wiederkehrende Aufgaben elegant erledigen können. Die Hilfsfunktionen werden den anderen Programmmodulen über die Header-Datei "server.h" aus Beispiel 5.1 bekannt gemacht.

8–11   Zunächst legen wir einige Konstanten für unsere Client-/Server-Applikation fest: Der Server soll am Port 1038 auf eingehende Anfragen lauschen und für den backlog-Parameter der listen()-Funktion geben wir den Wert 32 vor.[2] Die Konstante MAXLINE gibt die maximale Länge der internen Zeichenpuffer zur Verarbeitung von Eingabezeilen an und über PIDFILE spezifizieren wir den Pfad der PID-Datei an, also der Datei in der der in den Hintergrund gestartete Server seine eigene Prozeß-ID (PID) schreibt.

13–16   Die beiden Konstanten NUM_PROCS und NUM_THREADS legen für die Preforking- bzw. Prethreading-Varianten der Server die Anzahl gleichzeitiger Verarbeitungsinstanzen fest. Außerdem wird in HELLO ein Begrüßungstext festgelegt, den der Server unmittelbar nach der Annahme einer neuen Clientverbindung an seinen Kommunikationpartner überträgt.

Beispiel 5.1. server.h

```
1  #ifndef SERVER_EXAMPLE_H
2  #define SERVER_EXAMPLE_H
3
4  #include <stdlib.h>
5
6  /* Allgemeine Definitionen */
7
8  #define SRVPORT "12345" /* Port, auf dem der Server hört */
9  #define BACKLOG 32 /* Länge der Listen-Queue */
10 #define MAXLINE 512 /* Maximale Zeilenlänge */
11 #define PIDFILE "/var/run/testsrv.pid"
12
13 #define NUM_PROCS 8 /* Anzahl Prozesse für Preforking */
14 #define NUM_THREADS 8 /* Anzahl Threads für Prethreading */
15
16 #define HELLO "Sir Quickly sagt Servus!\n"
17
18 /* Deklaration der externen Funktionen */
```

---

[2] Wie wir bereits in Abschnitt 4.3.5 festgestellt haben, wird backlog am besten entsprechend des Einsatzgebiets des Diensts festgelegt. Für echte Server empfiehlt es sich also, den Parameter und damit die Länger der Listen-Queue über eine Konfigurationsdatei frei wählbar zu gestalten.

```
19
20  void daemon_init( const char *program, const char *pid_file,
21    int facility );
22
23  int tcp_connect( const char *nodename,
24    const char *servname );
25  int tcp_listen( const char *nodename,
26    const char *servname, int backlog );
27
28  ssize_t readline( int fildes, void *buf, size_t nbyte,
29    void **help );
30  ssize_t readn( int fildes, void *buf, size_t nbyte );
31  ssize_t writen( int fildes, const void *buf, size_t nbyte );
32
33  void handle_client( int client );
34  void init_srv_stats( void );
35  void print_srv_stats( void );
36
37  #endif
```

20–21 Anschließend folgen die Prototypen der Hilfsfunktionen: `daemon_init()` ist die Dæmon-Initialisierungsroutine, die wir in Abschnitt 2.6 entwickelt haben.

23–26 Die beiden Funktionen `tcp_connect()` und `tcp_listen()`, die wir gleich besprechen werden, helfen dabei, vom Client eine Netzwerkverbindung zum Server aufzubauen bzw. einen Server an einem bestimmten Port auf eingehende Anfragen hören zu lassen.

28–31 Danach vereinbaren wir drei Hilfsfunktionen für das Verschicken und Empfangen der Daten. Die beiden Funktionen `readn()` und `writen()` sind die bereits aus Abschnitt 2.2.2 bekannten Funktionen zur Ein- und Ausgabe. Die `readline()`-Funktion ergänzt dieses Funktionenpaar um eine Spezialfunktion, welche pro Aufruf eine komplette, durch einen Zeilenumbruch terminierte Eingabezeile zurückliefert.

33–35 Die Funktion `handle_client()` dient schließlich dazu, die Anfrage eines Clients zu bearbeiten. Über die beiden Funktionen `init_srv_stats()` und `print_srv_stats()` wird vom Server eine minimale Laufzeitstatistik erstellt und ausgegeben. Die drei Funktionen werden in den Abschnitten 5.2.2 und 5.2.3 beschrieben.

Die `tcp_listen()`-Funktion

In der `tcp_listen()`-Funktion aus Beispiel 5.2 sind die wichtigsten Schritte für das passive Öffnen eines Sockets zusammengefaßt. Diese Arbeitsschritte durchläuft ein Server beim Programmstart typischerweise in immer der gleichen Anordnung um einen annehmenden Socket zu erstellen. Die Funktion ist mit Hilfe der `getaddrinfo()`-Funktion protokollunabhängig implementiert. `tcp_listen()` kann deshalb sowohl im IPv4- als auch im IPv6-Umfeld (und damit selbstverständlich auch in einem gemischten IPv4-/IPv6-Umfeld) eingesetzt werden.

9–10 Die Funktion erwartet beim Aufruf drei Argumente: In `nodename` wird der IP-Name oder die IP-Adresse, an die der annehmende Socket gebunden werden soll, übergeben. Der IP-Name bzw. die IP-Adresse ist in der Regel nur auf Serversystemen mit mehreren IP-Adressen von Interesse. In diesem Fall kann über `nodename` gesteuert werden, auf welcher Adresse der Server eingehende Verbindungen annehmen soll. Hat das Serversystemen nur eine einzige IP-Adresse oder soll der Dienst auf allen IP-Adressen Verbindungen annehmen, so wird für `nodename` der Wert `NULL` übergeben. Der zweite Parameter `servname` transportiert den Servicenamen oder den Port, auf dem der Socket hören soll und über `backlog` wird die Länge der Listen-Queue beeinflußt. Die Funktion gibt bei Erfolg den Socketdeskriptor des neu erstellten annehmenden IPv4- oder IPv6-Sockets zurück. Im Fehlerfall liefert `tcp_listen()` den Wert -1.

15–19 Als erstes initialisiert `tcp_listen()` eine Hints-Adreßstruktur, mit deren Hilfe der nachfolgende Aufruf von `getaddrinfo()` in die richtigen Bahnen gelenkt wird. Das `AI_PASSIVE`-Flag zeigt an, daß es sich bei dem neuen Socket um einen annehmenden Socket handeln soll. Über die beiden Flags `AF_UNSPEC` und `SOCK_STREAM` legen wir schließlich fest, daß wir mit den ermittelten Daten später einen TCP-Socket für wahlweise IPv4 oder IPv6 anlegen wollen.

21–26 Die `getaddrinfo()`-Funktion liefert nun eine Liste von einer oder mehreren `addrinfo`-Strukturen zurück, deren Elemente direkt zum Aufbau einer Netzwerkverbiundung eingesetzt werden können. Aus diesem Grund iteriert `tcp_listen()` anschließend über diese Ergebnisliste und versucht, mit Hilfe der ermittelten Adreßinformationen einen passiven Socket zu öffnen.

27–29 Hierzu wird als erstes ein neuer Socket erstellt. Für `domain`, `type` und `protocol` (vgl. dazu Abschnitt 4.3.1) werden der `socket()`-Funktion die über `getaddrinfo()` ermittelten Werte übergeben. Falls der Aufruf der `socket()`-Funktion fehlschlägt, wird sofort der nächste Schleifendurchlauf begonnen und damit die nächste `addrinfo`-Struktur aus der Ergebnisliste von `getaddrinfo()` probiert.

31–34 Für den neuen Socket wird nun als erstes die Socketoption `SO_REUSEADDR` mittels `setsockopt()` gesetzt. Dies erlaubt einen Neustart des Servers auch dann, wenn noch Kindprozesse der alten Serverinstanz aktiv sind oder sich noch Netzwerkverbindungen einer alten Instanz im Verbindungsabbau befinden (etwa im TCP-Zustand `TIME_WAIT`).

36–45 Anschließend wird der Socket mit `bind()` an den spezifizierten Port gebunden und durch `listen()` in einen horchenden umgewandelt. Auch die Werte für die Parameter `address` und `address_len` der `bind()`-Funktion (vgl. dazu Abschnitt 4.3.4) werden einfach der aktuellen `addrinfo`-Struktur entnommen.

Im Erfolgsfall wird die Schleife danach durch die **break**-Anweisung verlassen.
Schlagen **bind()** oder **listen()** fehl, so wird der zugehörige Socket geschlossen und die Arbeit mit der nächsten **addrinfo**-Struktur fortgesetzt.

Beispiel 5.2. tcp-listen.c

```
 1  #include <errno.h>
 2  #include <netdb.h>
 3  #include <stdio.h>
 4  #include <string.h>
 5  #include <sys/socket.h>
 6
 7  #include "server.h"
 8
 9  int tcp_listen( const char *nodename,
10    const char *servname, int backlog )
11  {
12    int sd, reuseaddr, status;
13    struct addrinfo hints, *ai, *aptr;
14
15    /* Initialisierung der Hints-Adreßstruktur */
16    memset( &hints, 0, sizeof( hints ) ); /* alles auf Null */
17    hints.ai_flags = AI_PASSIVE; /* passives Öffnen */
18    hints.ai_family = AF_UNSPEC; /* IPv4 oder IPv6 */
19    hints.ai_socktype = SOCK_STREAM; /* TCP-Socket */
20
21    /* Adreßstruktur(en) für passiven Socket ermitteln */
22    if( ( status = getaddrinfo( nodename, servname, &hints,
23        &ai ) ) == 0 )
24    {
25      for( aptr = ai; aptr != NULL; aptr = aptr->ai_next )
26      {
27        if( ( sd = socket( aptr->ai_family,
28            aptr->ai_socktype, aptr->ai_protocol ) ) < 0 )
29          continue; /* Im Fehlerfall: nächste Adreßstruktur */
30
31        /* "address already in use" soweit möglich umgehen */
32        reuseaddr = 1;
33        setsockopt( sd, SOL_SOCKET, SO_REUSEADDR, &reuseaddr,
34          sizeof( int ) );
35
36        /* Socket an Socket-Adresse binden und ... */
37        if( bind( sd, aptr->ai_addr,
38            aptr->ai_addrlen ) == 0 )
39          /* aktiven Socket in passiven Socket umwandeln */
40          if( listen( sd, backlog ) >= 0 )
41            /* Wenn alles geklappt hat: Schleife beenden */
42            break;
```

```
43
44        /* Im Fehlerfall: Socket schließen ... */
45        close( sd );
46      }
47
48      /* Ergebnisliste wieder freigeben */
49      freeaddrinfo( ai );
50
51      /*
52       * Wurde die Liste der Adreßstrukturen erfolglos
53       * verarbeitet, gilt aptr == NULL und errno zeigt den
54       * Fehler des letzten Aufrufs von socket(), bind() oder
55       * listen() an.
56       */
57
58      if( aptr == NULL )
59      {
60        fprintf( stderr, "Can't listen on port %s: %s\n",
61          servname, strerror( errno ) );
62        return( -1 );
63      }
64    }
65    else
66    {
67      fprintf( stderr, "getaddrinfo() failed: %s\n",
68        gai_strerror( status ) );
69      return( -1 );
70    }
71
72    return( sd );
73  }
```

48–49   Sobald die Schleife abgearbeitet ist, egal ob erfolgreich oder erfolglos, kann die von getaddrinfo() gelieferte Liste der Adreßstrukturen wieder freigegeben werden. Die darin gespeicherten Informationen werden von tcp_listen() ab jetzt nicht mehr benötigt.

51–63   Hat nach dem Austritt aus der Schleife der Hilfszeiger aptr den Wert NULL, so wurde die Liste der addrinfo-Strukturen erfolglos abgearbeitet. Das heißt, daß die Liste keinen Datensatz enthalten hat, mit dessen Hilfe ein passiver Socket erstellt werden konnte. Dies kann durchaus der Fall sein, z. B. wenn der spezifizierte Port auf dem System schon an einen anderen Socket gebunden und damit bereits belegt ist. In diesem Fall gibt tcp_listen() neben einer Fehlermeldung den Wert -1 zurück.

65–70   Sollte der Aufruf der getaddrinfo()-Funktion (siehe oben) fehlgeschlagen sein, so wird ebenfalls eine Fehlermeldung ausgegeben und -1 zurückgeliefert.

72 In allen anderen Fällen konnte ein neuer passiver Socket geöffnet werden und die `tcp_listen()`-Funktion gibt demzufolge den Socketdeskriptor des horchenden Sockets zurück.

Die `tcp_connect()`-Funktion

Die `tcp_connect()`-Funktion aus Beispiel 5.3 stellt das Gegenstück zur oben vorgestellten `tcp_listen()`-Funktion dar und bildet die typischen Arbeitsschritte beim aktiven Öffnen einer TCP-Verbindung in einer kompakten Funktion ab. Mit ihrer Hilfe kann ein Client eine neue Netzwerkverbindung zum angegebenen Server aufbauen. Auch `tcp_connect()` basiert im Kern auf der `getaddrinfo()`-Funktion und ist protokollunabhängig implementiert.

9–10 Die `tcp_connect()`-Funktion erwartet als Parameter den IP-Namen oder die IP-Adresse des zu kontaktierenden Servers sowie dessen Portnummer bzw. den zugehörigen Servicenamen. Die Funktion gibt bei Erfolg den Socketdeskriptor des neu erstellten aktiven IPv4- oder IPv6-Sockets zurück. Im Fehlerfall liefert `tcp_connect()` dagegen den Wert -1.

Beispiel 5.3. tcp-connect.c

```
1   #include <errno.h>
2   #include <netdb.h>
3   #include <stdio.h>
4   #include <string.h>
5   #include <sys/socket.h>
6
7   #include "server.h"
8
9   int tcp_connect( const char *nodename,
10    const char *servname )
11  {
12    int sd, status;
13    struct addrinfo hints, *ai, *aptr;
14
15    /* Initialisierung der Hints-Adreßstruktur */
16    memset( &hints, 0, sizeof( hints ) ); /* alles auf Null */
17    hints.ai_family = AF_UNSPEC; /* IPv4 oder IPv6 */
18    hints.ai_socktype = SOCK_STREAM; /* TCP-Socket */
19
20    /* Adreßstruktur(en) für aktiven Socket ermitteln */
21    if( ( status = getaddrinfo( nodename, servname, &hints,
22        &ai ) ) == 0 )
23    {
24      for( aptr = ai; aptr != NULL; aptr = aptr->ai_next )
```

```
25    {
26      if( ( sd = socket( aptr->ai_family,
27          aptr->ai_socktype, aptr->ai_protocol ) ) < 0 )
28        continue; /* Im Fehlerfall: nächste Adreßstruktur */
29
30      /* Socket mit Socketadresse verbinden */
31      if( connect( sd, aptr->ai_addr,
32          aptr->ai_addrlen ) < 0 )
33      {
34        /* Im Fehlerfall: nächste Adreßstruktur */
35        close( sd );
36        continue;
37      }
38
39      /* Wenn alles geklappt hat: Schleife beenden */
40      break;
41    }
42
43    /* Ergebnisliste wieder freigeben */
44    freeaddrinfo( ai );
45
46    /*
47     * Wurde die Liste der Adreßstrukturen erfolglos
48     * verarbeitet, gilt aptr == NULL und errno zeigt den
49     * Fehler des letzten Aufrufs von socket() oder
50     * connect() an.
51     */
52
53    if( aptr == NULL )
54    {
55      fprintf( stderr, "Can't connect to %s, port %s: %s\n",
56        nodename, servname, strerror( errno ) );
57      return( -1 );
58    }
59  }
60  else
61  {
62    fprintf( stderr, "getaddrinfo() failed: %s\n",
63      gai_strerror( status ) );
64    return( -1 );
65  }
66
67  return( sd );
68 }
```

15–18   Als erstes initialisiert tcp_connect() eine Hints-Adreßstruktur, um damit
das Verhalten des nachfolgenden getaddrinfo()-Aufrufs zu kontrollieren.

Für Adreßfamilie und Protokolltyp werden dabei wieder AF_UNSPEC und SOCK_STREAM eingesetzt, die getaddrinfo()-Funktion soll also IPv4- oder IPv6-Adreßinformationen für TCP-Verbindungen liefern. Nachdem im Strukturelement ai_flags das Flag AI_PASSIVE-Flag nicht gesetzt ist, dienen die ermittelten Adreßinformationen zum aktiven Öffnen einer TCP-Verbindung.

20–25   Anschließend iteriert die tcp_connect()-Funktion solange über die Liste der von getaddrinfo() gelieferten addrinfo-Strukturen, bis entweder eine TCP-Verbindung zum spezifizierten Dienst aufgebaut wurde, oder keine weiteren Adreßinformationen mehr vorliegen.

26–41   Im Schleifenrumpf wird zunächst ein neuer Socket angelegt. Danach wird der Socket mittels connect() zum Server verbunden. Die Parameter address und address_len (vgl. dazu Abschnitt 4.3.3) werden dabei entsprechend der von getaddrinfo() ermittelten Adreßinformationen befüllt. Sollte der Verbindungsaufbau fehlschlagen, so wird der Socket geschlossen und der nächste Schleifendurchlauf gestartet. Andernfalls wird die Schleife über eine break-Anweisung verlassen.

43–44   Sobald die Schleife abgearbeitet ist, egal ob erfolgreich oder erfolglos, kann die von getaddrinfo() gelieferte Liste der Adreßstrukturen wieder freigegeben werden. Die darin gespeicherten Informationen werden von tcp_connect() ab jetzt nicht mehr benötigt.

46–58   Hat nach dem Austritt aus der Schleife der Hilfszeiger aptr den Wert NULL, so wurde die Liste der addrinfo-Strukturen erfolglos abgearbeitet. Das heißt, daß die Liste keinen Datensatz enthalten hat, mit dessen Hilfe eine TCP-Verbindung zum gewünschten Server hergestellt werden konnte. In diesem Fall gibt tcp_connect() eine Fehlermeldung aus und den Wert −1 zurück.

60–65   Sollte der Aufruf der getaddrinfo()-Funktion (siehe oben) fehlgeschlagen sein, so wird ebenfalls eine Fehlermeldung ausgegeben und −1 zurückgeliefert.

67   In allen anderen Fällen konnte eine neue TCP-Verbindung zum gewünschten Server hergestellt werden und die tcp_connect()-Funktion gibt demzufolge den Socketdeskriptor des neuen Sockets zurück.

Die readline()-Funktion

Die dritte und letzte neue Hilfsfunktion im Bunde ist die readline()-Funktion aus Beispiel 5.4 und 5.5. Sie ergänzt die beiden in Abschnitt 2.2.2 vorgestellten Ein- und Ausgabefunktionen readn() und writen() und liest vom angegebenen Deskriptor immer komplette Eingabezeilen einschließlich des terminierenden Zeilenumbruchs ein.

6–15   Um unabhängig vom Umfang und der Struktur der gelesenen Daten immer komplette Eingabezeilen liefern zu können, greift readline() intern auf die Hilfsfunktion readcbuf() aus Beispiel 5.5 zu. Die readcbuf()-Funktion liest

die Eingabedaten ihrerseits Blockweise in einen Datenpuffer ein und extrahiert daraus die einzelnen Eingabezeilen (siehe unten). Zur Zwischenspeicherung der Datenblöcke verwaltet readcbuf() eine Datenstruktur vom Typ
readline_t. Die Struktur enthält neben dem Zähler count und dem Hilfszeiger current vor allem den Datenpuffer buf, in dem READCBUF Zeichen
zwischengespeichert werden können.

Beispiel 5.4. readwrite.c, Teil 1

```
1  #include <errno.h>
2  #include <unistd.h>
3
4  #include "server.h"
5
6  #define READCBUF 512
7
8  typedef struct
9  {
10   int count;
11   char *current;
12   char buf[READCBUF];
13 } readline_t;
14
15 ssize_t readcbuf( int fildes, char *buf, readline_t *rl );
16
17 ssize_t readline( int fildes, void *buf, size_t nbyte,
18   void **help )
19 {
20   size_t n;
21   ssize_t br;
22   char c, *ptr = buf;
23   readline_t *rl = *help;
24
25   /* Beim ersten Aufruf von readline(): Puffer anlegen */
26   if( rl == NULL )
27   {
28     if( ( rl = malloc( sizeof( readline_t ) ) ) == NULL )
29       return( -1 );
30     rl->count = 0; /* Der Puffer enthält noch keine Daten */
31     rl->current = rl->buf; /* Hilfzeiger auf Pufferanfang */
32     *help = rl; /* Adresse für Aufrufer hinterlegen */
33   }
34
35   for( n = 1; n < nbyte; n++ ) /* max. nbyte-1 Zeichen */
36   {
37     if( ( br = readcbuf( fildes, &c, rl ) ) < 0 )
38       return( -1 ); /* Fehler */
```

```
39
40      *ptr++ = c; /* Zeichen im Puffer hinterlegen */
41
42      /* Bei EOF oder Zeilenumbruch: Schleife verlassen */
43      if( ( br == 0 ) || ( c == '\n' ) )
44        break;
45    }
46
47    /* Noch gar nichts gelesen und schon EOF? */
48    if( ( br == 0 ) && ( n == 1 ) )
49      return( 0 ); /* EOF zurückgeben */
50
51    *ptr = 0; /* Ergebnis mit Nullbyte terminieren ... */
52    return( n ); /* ... und Anzahl der Zeichen zurückgeben */
53  }
```

17–18   Die readline()-Funktion erwartet insgesamt vier Parameter, die ersten drei Parameter sind mit den Parametern der read()-Funktion identisch. Die Funktion liest eine Zeichenkette von maximal nbyte-1 Zeichen vom Dateideskriptor fildes in den Puffer buf ein und terminiert diese Zeichenkette in jedem Fall mit einem Nullbyte. Der Zeilentrenner wird ebenfalls mit in der Zeichenkette abgelegt. readline() liest weniger als nbyte-1 Zeichen, sofern zuvor ein Zeilentrenner erkannt wird. Taucht innerhalb der nbyte-1 Zeichen kein Zeilentrenner auf, so werden die bislang gelesenen nbyte-1 Zeichen als null-terminierte Zeichenkette zurückgeliefert.

Der vierte Parameter help, über welchen die readline()-Funktion threadsicher gemacht wird, verlangt die Adresse eines void-Zeigers. Wird readline() für einen Dateideskriptor zum ersten Mal aufgerufen, so wird der Funktion die Adresse eines mit NULL initialisierten void-Zeigers übergeben. Die readline()-Funktion weist dem Zeiger dann die Adresse einer Datenstruktur vom Typ readline_t zu, welche bei nachfolgenden Aufrufen der readline()-Funktion für diesen Dateideskriptor wieder verwendet wird. Die Aufsicht über den Zwischenspeicher und folglich auch der Schutz vor konkurrierendem Zugriff aus verschiedenen Threads wird damit an die aufrufende Umgebung delegiert. Sobald die Eingabe über den Dateideskriptor abgeschlossen ist, muß die Anwendung den von readline() implizit angelegten Zwischenpuffer mittels free() wieder freigeben.

23–33   Als erstes wird dem Hilfszeiger rl die Adresse der eventuell bereits in einem vorhergehenden Aufruf angelegten Hilfsstruktur zugewiesen. Wird readline() für den angegebenen Dateideskriptor zum ersten Mal aufgerufen, so hat rl nun den Wert NULL. In diesem Fall fordert die readline()-Funktion vom System Speicher für eine neue readline_t-Datenstruktur an und initialisiert die neue Struktur.

35–45 Anschließend werden mit der `readcbuf()`-Funktion in einer Schleife maximal `nbyte-1` Zeichen vom Dateideskriptor gelesen und im Datenpuffer des Aufrufers abgelegt. Die `readcbuf()`-Funktion liefert dabei pro Aufruf jeweils ein Zeichen zurück, welches anschließend inspiziert wird. Sofern dabei das Dateiende[3] erreicht oder im Datenstrom ein Zeilenumbruch erkannt wird, wird die Schleife umgehend verlassen.

47–49 Danach überprüft `readline()`, ob vor einem eventuell erkannten Ende des Datenstroms überhaupt noch Zeichen vom Dateideskriptor gelesen wurden. Falls dies nicht der Fall ist, falls also unmittelbar das Dateiende erkannt wurde, gibt die Funktion auch das `EOF` bzw. den Wert 0 zurück. Die leere Zeichenkette wird in diesem Fall auch *nicht* mit einem Nullzeichen terminiert.

51–53 Andernfalls wird an die Zeichenkette noch ein Nullzeichen angehängt und die Länge der Zeichenkette (inklusive Nullzeichen) wird schließlich an den Aufrufer zurückgegeben.

Als nächstes werfen wir einen Blick auf Beispiel 5.5, welches die von der `readline()`-Funktion verwendete Hilfsfunktion `readcbuf()` zeigt:

55 Die `readcbuf()`-Funktion legt jeweils ein Zeichen aus dem Dateideskriptor `fildes` an dem durch `buf` referenzierten Speicherort ab. Zur Steigerung der Effizienz liest die Funktion intern allerdings bei Bedarf immer gleich einen ganzen Datenblock ein und legt diesen in einem Zwischenpuffer ab. Der Zwischenpuffer sowie sein aktueller Füll- und Verarbeitungsstand wird über den Parameter `rl` referenziert. Im Normalfall liefert `readcbuf()` die Anzahl der zurückgegeben Zeichen (also 1) als Rückgabewert. Im Fehlerfall retourniert die Funktion der Wert `-1`. Alternativ zeigt der Rückgabewert 0 das Dateiende bzw. das Ende der Socketverbindung an.

Beispiel 5.5. readwrite.c, Teil 2

```
55  ssize_t readcbuf( int fildes, char *buf, readline_t *rl )
56  {
57    while( rl->count < 1 )
58    {
59      if( ( rl->count = read( fildes, rl->buf,
60          sizeof( rl->buf ) ) ) < 0 )
61      {
62        if( errno == EINTR ) /* Unterbrechung */
63          rl->count = 0;
64        else
65          return( -1 ); /* Fehler */
66      }
67      else if( rl->count == 0 ) /* EOF */
68        return( 0 );
```

---

[3] Das Dateiende bzw. EOF bedeutet in diesem Fall, daß die Gegenstelle den Socket geschlossen und damit den Abbau der TCP-Verbindung eingeleitet hat.

```
69
70     rl->current = rl->buf;
71   }
72
73   *buf = *rl->current++;
74   rl->count--;
75
76   return( 1 );
77 }
```

57–71 Sofern sich im Zwischenpuffer kein Zeichen mehr befindet, liest `readcbuf()` wieder Zeichen aus dem Dateideskriptor ein (maximal bis zur Größe des Zwischenpuffers). Der Zählvariablen `rl->count` wird dabei die Anzahl der Zeichen im Puffer zugewiesen. Ein Lesefehler oder eine `EOF`-Situation werden dabei an die aufrufende Umgebung zurückgeliefert. Der Hilfszeiger `rl->current`, der das nächste zurückzuliefernde Zeichen anzeigt, wird entsprechend wieder auf den Anfang des Zwischenpuffers gestellt.

73–77 Anschließend wird das nächste zurückzuliefernde Zeichen an den durch `buf` referenzierten Speicherort kopiert und der Hilfszeiger `rl->current` im Zwischenpuffer um ein Zeichen weitergestellt. Außerdem wird die Anzahl der Zeichen im Puffer um eins dekrementiert. Abschließend wird von `readcbuf()` die Anzahl der übermittelten Zeichen (also 1) zurückgegeben.

5.1.3 Der Test-Client

Ausgestattet mit diesen Hilfsfunktionen für die Socketkommunikation können wir uns nun endlich an die Implementierung eines Clientprogramms für das in Abschnitt 5.1.1 festgelegte Kommunikationsprotokoll wagen. Um den Server ordentlich mit Arbeit einzudecken zu können, arbeitet der Client aus Beispiel 5.6, 5.7 und 5.8 mit mehreren Threads, welche nebenläufig Anfragen an den Server übermitteln und die zugehörigen Antworten empfangen.

12–13 Das Programm erwartet fünf Kommandozeilenargumente, von denen vier Stück der Einfachheit halber in den globalen Variablen `srv_host`, `num_reqs`, `num_work` und `num_bytes` gespeichert werden:

1. die IP-Adresse bzw. den IP-Namen des zu kontaktierenden Servers,

2. die Anzahl der zu startenden Threads,

3. die Anzahl der Anfragen, die jeder Thread an den Server stellen soll,

4. obere Schranke für Primzahlen, die vom Server pro Anfrage berechnet werden sollen sowie

5. die Datenmenge, die der Server auf eine Anfrage zurücksenden soll.

14   Wir vereinbaren zusätzlich eine Variable vom Typ `barrier_t`, um die verschiedenen Threads miteinander zu synchronisieren (siehe unten). Bei einer *Barriere* oder *Sperre* handelt es sich um eine weitere Synchronisationsprimitive für nebenläufige Handlungsabläufe. Wir verwenden die Barriere um u. a. sicherzustellen, daß alle beteiligten Threads gleichzeitig mit ihren Anfragen an den Server beginnen. Eine Implementierung der Barrieren-Funktionen finden Sie mitsamt einer ausführlichen Besprechung in Abschnitt A.2 (Beispiele A.1 und A.2).

Beispiel 5.6. test-cli.c, Teil 1

```
1   #include <errno.h>
2   #include <pthread.h>
3   #include <stdio.h>
4   #include <stdlib.h>
5   #include <string.h>
6   #include <sys/times.h>
7   #include <time.h>
8
9   #include "server.h"
10  #include "barrier.h"
11
12  char *srv_host;
13  int num_reqs, num_work, num_bytes;
14  barrier_t barrier;
15
16  void *worker( void *arg )
17  {
18    int srv, i, status, tid = (int)arg;
19    char req[MAXLINE], hello[MAXLINE], *buffer;
20    struct tms acct;
21    clock_t *rtime, t;
22    void *rl = NULL;
23
24    /* Anfrage an den Server vorbereiten */
25    snprintf( req, MAXLINE - 1, "%d %d\n", num_work,
26      num_bytes );
27
28    /* Speicherplatz für das Ergebnis anfordern */
29    buffer = malloc( num_bytes );
30
31    /* zusätzlicher Speicherplatz für Zeitstempel */
32    rtime = calloc( num_reqs, sizeof( clock_t ) );
33
34    /* Bei Speichermangel: Programmende */
35    if( ( buffer == NULL ) || ( rtime == NULL ) )
36    {
```

```
37        printf( "Thread %02d: malloc() failed.\n", tid );
38        exit( EXIT_FAILURE );
39    }
```

16–39 Das Lasttier des Test-Clients ist die `worker`()-Funktion, welche die Pthreads-Startfunktion darstellt. Nach dem Threadstart bereitet die Funktion zunächst die Anfrage an den Server vor. Die erstellte Textzeile enthält die Obergrenze der zu berechnenden Primzahlen, die zu liefernde Datenmenge sowie einen Zeilenumbruch. Nachdem von den Threads ohnehin `num_reqs` Mal die gleiche Anfrage gestellt wird, kann das Zusammensetzen der Eingabezeile bereits im Vorfeld erfolgen. Anschließend wird vom System noch Speicherplatz für die Antwort des Servers angefordert und zudem noch ein Feld für die Zeitmessungen angelegt. Sofern die Speicheranforderungen nicht erfüllt werden können, beendet sich das gesamte Testprogramm.

41–46 Danach wartet der Thread mit `barrier_wait`() zunächst solange, bis alle beteiligten Threads gestartet wurden und ebenfalls die Barriere `barrier` erreicht haben. In diesem Moment starten dann alle Threads gleichzeitig in einer Schleife mit ihren jeweils `num_reqs` Anfragen an den Server.

Beispiel 5.7. test-cli.c, Teil 2

```
41    /* Warten, bis alle Threads gestartet wurden */
42    status = barrier_wait( &barrier );
43
44    /* Die geforderte Anzahl Anfragen an den Server stellen */
45    for( i = 0; i < num_reqs; i++ )
46    {
47        /* Startzeit für Verbindungsaufbau bestimmen */
48        t = times( &acct );
49
50        /* Neue TCP-Verbindung zum Server aufbauen */
51        if( ( srv = tcp_connect( srv_host, SRVPORT ) ) < 0 )
52        {
53            /* Falls der Versuch fehlschlägt, nicht abbrechen */
54            printf( "Thread %02d: tcp_connect() failed.\n", tid );
55            exit( EXIT_FAILURE );
56        }
57
58        /* Begrüßungsformel des Servers einlesen */
59        if( readline( srv, hello, MAXLINE, &rl ) < 1 )
60        {
61            /* Falls der Versuch fehlschlägt, nicht abbrechen */
62            printf( "Thread %02d: No server greeting.\n", tid );
63            exit( EXIT_FAILURE );
```

```
64     }
65
66     /* Gesamtzeit für Verbindungsaufbau berechnen */
67     rtime[i] = times( &acct ) - t;
68
69     /* Anfrage an den Server stellen und ... */
70     if( writen( srv, req, strlen( req ) ) != strlen( req ) )
71     {
72       /* Falls die Kommunikation fehlschlägt, stur weiter */
73       printf( "Thread %02d: writen() failed.\n", tid );
74       exit( EXIT_FAILURE );
75     }
76
77     /* ... Antwort des Servers abwarten */
78     if( readn( srv, buffer, num_bytes ) != num_bytes )
79     {
80       printf( "Thread %02d: readn() failed.\n", tid );
81       exit( EXIT_FAILURE );
82     }
83
84     /* Readline-Puffer freigeben und Verbindung abbauen */
85     free( rl );
86     rl = NULL;
87     close( srv );
88   }
89
90   /* Statistik ausgeben */
91   for( i = 0; i < num_reqs; i++ )
92     printf( "Thread %02d: %d Clockticks\n", tid, rtime[i] );
93
94   /* Warten, bis alle Threads fertig sind */
95   status = barrier_wait( &barrier );
96
97   return( NULL );
98 }
```

47–67   Vor dem Verbindungsaufbau zum Server wird mit times() die Startzeit in
Clock-Ticks, einer systeminternen Zeiteinheit, festgehalten. Dann wird mittels der zuvor entwickelten Funktion tcp_connect() eine TCP-Verbindung
zum Server aufgebaut. Sollte der Aufbau der TCP-Verbindung fehlschlagen,
wird das Programm abgebrochen. Nachdem die Netzwerkverbindung erfolgreich hergestellt wurde, wartet der Client auf die einzeilige Begrüßungsfloskel
der Servers. Sobald die erwartete Nachricht eingetroffen ist, berechnet das
Testprogramm die während des Verbindungsaufbaus verstrichene Zeit. Der
ermittelte Wert wird zur spätern Auswertung im Feld rtime hinterlegt.

69–75   Danach schickt der Client mit der writen()-Funktion die vorab konstruier-
te Eingabezeile als Anfrage an den Server. Sollte die Datenübertragung an

den Server fehlschlagen, wird der Serversocket geschlossen, der Fehlerzähler inkrementiert und mit dem nächsten Schleifendurchgang begonnen.

77–82 Anschließend wird die Antwort des Server abgewartet, die übermittelte (zufällige) Bytefolge wird im vorab bereitgestellten Puffer `buffer` abgespeichert. Auch hier wird im Fehlerfall lediglich der Fehlerzähler um eins erhöht.

84–88 Abschließend wird die Verbindung zum Server wieder abgebaut[4] und nebenbei der von `readline()` angelegte Puffer `rl` freigegeben und auf `NULL` zurückgesetzt. Damit kann `rl` in der nächsten Iteration wieder von neuem mit `readline()` eingesetzt werden.

90–98 Bevor sich der Thread nach erfolgreich durchlaufener Schleife beendet, gibt er die Ergebnisse der Laufzeitmessungen aus und wartet danach ein weiteres Mal an der Barriere `barrier`, bis alle Threads ihre Anfragen an den Server komplett abgeschlossen haben. Dieser Synchronisationspunkt ist nochmals von besonderer Bedeutung, denn ohne diese Sperre könnte der Haupthread den Prozeß u. U. schon beenden, während andere Threads noch mit Anfragen an den Server beschäftigt sind. Die Fehlersuche nach einer solchen Race Condition erweist sich dann im Allgemeinen als schwierig.

100–136 Das Hauptprogramm aus Beispiel 5.8 ist als erstes damit beschäftigt, die Kommandozeilenargumente auszuwerten und die ermittelten Parameter den entsprechenden Variablen zuzuweisen.

Beispiel 5.8. test-cli.c, Teil 3

```
100  int main ( int argc , char *argv [] )
101  {
102    int num_threads , i , status;
103    pthread_t id;
104
105    if ( argc != 6 )
106    {
107      printf ( "Usage: %s dest-host num-threads num-reqs "
108        "num-work num-bytes\n", argv [0] );
109      exit ( EXIT_FAILURE );
110    }
111
112    srv_host = argv [1];
113
114    if ( ( num_threads = atoi ( argv [2] ) ) <= 0 )
115    {
```

---

[4] Unter normalen Umständen würde ein Client, der in einer Schleife viele Anfragen an einen Server stellt, natürlich nicht nach jedem Schleifendurchlauf die Netzwerkverbindung zum Server abbauen, nur um sie in der nächsten Iteration wieder aufs Neue zu etablieren. Für unser Testszenario ist dieses Verhalten allerdings durchaus beabsichtigt.

```
116     printf( "num-threads invalid: %s\n", argv[2] );
117     exit( EXIT_FAILURE );
118   }
119
120   if( ( num_reqs = atoi( argv[3] ) ) <= 0 )
121   {
122     printf( "num-reqs invalid: %s\n", argv[3] );
123     exit( EXIT_FAILURE );
124   }
125
126   if( ( num_work = atoi( argv[4] ) ) <= 0 )
127   {
128     printf( "num-work invalid: %s\n", argv[4] );
129     exit( EXIT_FAILURE );
130   }
131
132   if( ( num_bytes = atoi( argv[5] ) ) <= 0 )
133   {
134     printf( "num-bytes invalid: %s\n", argv[5] );
135     exit( EXIT_FAILURE );
136   }
137
138   /* Barrier für num_threads initialisieren */
139   status = barrier_init( &barrier, num_threads );
140   if( status != 0 )
141   {
142     printf( "barrier_init() failed: %s\n",
143       strerror( status ) );
144     exit( EXIT_FAILURE );
145   }
146
147   /* Threads starten: num_threads - 1 Stück */
148   for( i = 1; i < num_threads; i++ )
149   {
150     status = pthread_create( &id, NULL, worker, (void *)i );
151     if( status != 0 )
152     {
153       printf( "pthread_create() failed: %s\n",
154         strerror( status ) );
155       exit( EXIT_FAILURE );
156     }
157     pthread_detach( id );
158   }
159
160   /* Der Main-Thread arbeitet selbst mit */
161   worker( (void *)0 );
162
163   /* Die Barrier hat ihre Dienst geleistet, weg damit */
164   barrier_destroy( &barrier );
```

```
165
166    exit( EXIT_SUCCESS );
167 }
```

138–145 Als nächstes wird die Barriere `barrier` mittels `barrier_init()` initialisiert. Es müssen beim späteren Aufruf von `barrier_wait()` genau `num_threads` an der Sperre eingetroffen sein, bevor die wartenden Threads allesamt die Barriere überwinden dürfen. Dies gewährleistet, daß an den durch `barrier_wait()` gekennzeichneten Synchronisationspunkten der `worker()`-Funktion aus Beispiel 5.7 immer erst alle beteiligten Threads angekommen sein müssen, bevor die Threads den Synchronisationspunkt wieder verlassen dürfen.

147–161 Jetzt startet der Hauptthread des Test-Clients insgesamt `num_threads-1` neue Threads mit der `worker()`-Funktion und tritt dann schließlich als letzter fehlender Thread selbst in die `worker()`-Funktion ein. Alle neuen Threads werden mittels `pthread_detach()` entkoppelt, da wir im weiteren Programmverlauf kein `pthread_join()` auf die einzelnen Threads ausführen wollen.

163–167 Nach vollbrachter Arbeit kann die Barriere schließlich wieder aufgeräumt und das Programm verlassen werden.

Wir werden den in diesem Abschnitt entwickelten Test-Client später heranziehen, um die Leistungsfähigkeit der verschiedenen Server-Varianten aus der Sicht des Clients zu messen und zu vergleichen. Dabei interessiert uns sowohl die Gesamtlaufzeit des Programms sowie das Zeitintervall, daß pro Anfrage für den Verbindungsaufbau benötigt wird.

5.2 Iterative Server

Als erste Servervariante wollen wir uns nun einen klassischen iterativen Server für das in Abschnitt 5.1.1 festgelegte Kommunikationsprotokoll ansehen. Iterative Server bearbeiten die an sie gestellten Anfragen streng sequentiell, arbeiten also eine Anfrage nach der anderen ab. Abbildung 5.2 zeigt die prinzipielle Struktur eines iterativen Servers: Nach einem erfolgreichen `accept()` kommuniziert der Server mittels `read()` und `write()` mit dem frisch verbundenen Client. Sobald die Clientanfrage komplett abgearbeitet wurde, schließt der Serverprozeß die Verbindung zum Client und nimmt erst danach wieder neue Netzwerkverbindungen an.

Wir kennen diesen Servertyp bereits seit Beispiel 4.6. Im Vergleich zu diesem einfachen Server für das Time-Protokoll soll der Server aus Beispiel 5.9 aber auch alle servertypischen Elemente wie das Starten als Dæmon im Hintergrund sowie eine ordentliche Signalverarbeitung besitzen. Selbstverständlich greift das Programm zur Kommunikation auf die eben in Abschnitt 5.1.2 entwickelten, protokollunabhängigen Hilfsfunktionen zurück.

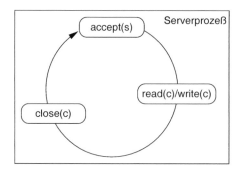

Abb. 5.2. Ablaufdiagramm eines iterativen Servers

5.2.1 Sequentielle Verarbeitung der Anfragen

12–18   Um den Server später durch ein SIGTERM-Signal geordnet beenden zu können, wird als erstes die Signalbehandlungsroutine sig_handler() implementiert. Die Funktion kommt zum Zug, sobald dem Dæmon ein SIGTERM-Signal zugestellt wird. Die sig_handler()-Funktion unternimmt nichts weiter, als die globale Variable daemon_exit auf den Wert 1 zu setzen, sodaß das Hauptprogramm im Anschluß erkennt, daß sich der Dæmon beenden soll (siehe unten).

20–29   Im Hauptprogramm wird zunächst mittels tcp_listen() ein passiver Socket auf dem in "server.h" festgelegten Port geöffnet. Nachdem der Hilfsfunktion im Argument nodename ein Nullzeiger übergeben wird, wird der neue Socket an die Wildcard-Adresse gebunden. Der neue Socket hört damit auf allen konfigurierten IP-Adressen.

31–45   Danach wird die sig_handler()-Funktion als Signalbehandlungsroutine für das SIGTERM-Signal festgelegt und der Prozeß in einen Dæmon umgewandelt. Die passende Hilfsfunktion daemon_init() haben wir in Abschnitt 2.6 entwickelt. Sie stellt die Signalbehandlung für terminalgenerierte Signale auf ignorieren, legt den Server in den Hintergrund, löst die Assoziation zwischen Prozeß und kontrollierendem Terminal, schließt unbenötigte Dateideskriptoren, öffnet den Syslog-Dienst, wechselt das Arbeitsverzeichnis, ändert die Dateimodusmaske und legt zuguterletzt eine PID-Datei für den Dæmon an.

Bis einschließlich der Dæmon-Initialisierung führen Fehler immer zu einer Fehlermeldung mit sofortigem Programmabbruch. Im weiteren Verlauf des Programms, sobald der Dienst also läuft, muß mit Fehlersituationen diffiziler umgegangen werden. Eine Fehlersituation, etwa ein Kommunikationsfehler zwischen dem Server und einem (einzigen) Client soll ja im Allgemeinen nicht mehr gleich zum Abbruch des kompletten Servers führen.

Beispiel 5.9. iter-srv.c

```
 1 #include <errno.h>
 2 #include <signal.h>
 3 #include <stdio.h>
 4 #include <stdlib.h>
 5 #include <string.h>
 6 #include <sys/socket.h>
 7 #include <syslog.h>
 8 #include <unistd.h>
 9
10 #include "server.h"
11
12 int daemon_exit = 0;
13
14 void sig_handler( int sig )
15 {
16   daemon_exit = 1;
17   return;
18 }
19
20 int main( int argc, char *argv[] )
21 {
22   int sd, client;
23   socklen_t slen;
24   struct sockaddr_storage sa;
25   struct sigaction action;
26
27   /* horchenden Socket öffnen (passive open) */
28   if( ( sd = tcp_listen( NULL, SRVPORT, BACKLOG ) ) < 0 )
29     exit( EXIT_FAILURE );
30
31   /* Signalbehandlungsroutine für SIGTERM installieren */
32   action.sa_handler = sig_handler;
33   sigemptyset( &action.sa_mask );
34   action.sa_flags = 0;
35
36   if( sigaction( SIGTERM, &action, NULL ) < 0 )
37   {
38     fprintf( stderr, "sigaction() failed: %s",
39       strerror( errno ) );
40     close( sd ); /* passiven Socket schließen */
41     exit( EXIT_FAILURE );
42   }
43
44   /* Prozeß in einen Daemon umwandeln */
45   daemon_init( argv[0], PIDFILE, LOG_DAEMON );
46
47   init_srv_stats(); /* CPU-Statistik initialisieren */
```

```
48
49    /*
50     * In einer Endlosschleife verarbeitet der Server nun die
51     * eingehenden Clientverbindungen. Da es sich um ein
52     * Beispiel für einen inkrementellen Server handelt,
53     * erfolgt die Bearbeitung strikt sequentiell.
54     */
55
56    for(;;)
57    {
58      slen = sizeof( sa );
59
60      /* Neue Socketverbindung annehmen */
61      if( ( client = accept( sd, (struct sockaddr *)&sa,
62        &slen ) ) < 0 )
63      {
64        if( daemon_exit ) /* Falls ein SIGTERM kam: Ende */
65          break;
66
67        /* accept() wurde nicht durch SIGTERM unterbrochen */
68        syslog( LOG_ERR, "accept() failed: %s",
69          strerror( errno ) );
70
71        /* Trotz Fehler brechen wir nicht ab! */
72        continue;
73      }
74
75      /* Clientverbindung sequentiell behandeln */
76      handle_client( client );
77
78      /* Socketdeskriptor schließen, Verbindung beenden */
79      close( client );
80    }
81
82    /* Falls die Schleife durch SIGTERM beendet wurde */
83    print_srv_stats(); /* CPU-Statistik ausgeben */
84
85    unlink( PIDFILE ); /* PID-Datei entfernen */
86    exit( EXIT_SUCCESS ); /* Daemon beenden */
87  }
```

47 Bevor es nun mit der Verarbeitung der ersten Anfragen los geht, werden von
init_srv_stats() noch die aktuellen CPU-Statistiken gespeichert. Am Programmende können dann die hier festgehaltenen Werte zur Berechnung der
Zeitdifferenz und damit der für die Anfragen aufgewendeten Rechenzeit herangezogen werden (vgl. dazu Beispiel 5.11).

49–62 Jetzt beginnt die Verarbeitungsschleife für die Clientanfragen: Der Server wartet als erstes mit `accept()` auf eine neue Verbindung. Auch beim Aufruf der `accept()`-Funktion arbeitet der Server durch den Einsatz der generischen Socket-Adreßstruktur `struct sockaddr_storage` übrigens protokollunabhängig (vgl. dazu Abschnit 4.3.2). Der Server kann also sowohl mit IPv4- als auch mit IPv6-basierten TCP-Verbindungen umgehen.

64–72 Sollte `accept()` mit einem Rückgabewert kleiner 0 zurückkehren, so kann dies daran liegen, daß die Funktion vom `SIGTERM`-Signal unterbrochen wurde. In diesem Fall wurde die globale Variable `daemon_exit` von der Signalbehandlungsroutine `sig_term()` auf den Wert 1 gesetzt und das Programm bricht mit `break` aus der Verarbeitungsschleife aus. In allen anderen Fällen wird der aufgetretene Fehler über den Syslog-Dienst protokolliert und das Programm springt zum nächsten `accept()`.[5]

75–80 Sobald eine TCP-Verbindung besteht, kümmert sich die in Abschnitt 5.2.2 besprochene Funktion `handle_client()` um die weitere Verarbeitung. Beim Aufruf wird der Funktion als einziges Argument der Socketdeskriptor für die frisch etablierte Clientverbindung übergeben. Nach der Rückkehr aus `handle_client()` wird die Verbindung zum Client wieder abgebaut.

82–87 Am Programmende gibt der Dæmon noch die ermittelten CPU-Statistiken aus, entfernt die PID-Datei und beendet sich schließlich durch `exit()`.

5.2.2 Clientbehandlung

Die `handle_client()`-Funktion aus Beispiel 5.10 ist für alle in den kommenden Abschnitten vorgestellten Servervarianten identisch. Sie wurde deshalb in eine eigenständige Programmdatei ausgelagert.

10–31 Die vom Server verursachte Nutzlast besteht darin, nach dem Prinzip *Sieb des Eratosthenes* die vom Client geforderte Menge an Primzahlen zu bestimmen. Die Hilfsfunktion `eratosthenes()` übernimmt diese Aufgabe und berechnet alle Primzahlen bis zur maximalen Größe `num`. Das Ergebnis der Berechnungen wird am Ende der Funktion sofort wieder verworfen.

33–55 Die Funktion `handle_client()` erwartet als einzigen Parameter den Socketdeskriptor der bereits aufgebauten TCP-Verbindung zum anfragenden Client. `handle_client()` schickt zunächst mittels `writen()` einen Grußtext an den

---

[5] In den meisten Beispielprogrammen aus der Literatur wird stattdessen bei einem `accept()`-Fehler der Dienst beendet. Dies kann fatale Auswirkungen haben, denn `accept()` kann durchaus auch aus nicht-abbruchwürdigen Gründen mit einem Rückgabewert kleiner Null zurückkehren. So liefert `accept()` u. U. den „Fehler" `ECONNABORTED`, wenn eine frisch aufgebaute Verbindung von Clientseite bereits wieder beendet wurde, noch bevor beim Server der `accept()`-Aufruf zurückgekehrt ist. Ein geschickt programmierter Client könnte damit einen Server ohne Not zum Abbruch und damit zur Aufgabe seines Dienstes bewegen.

Client und liest dann in einer Endlosschleife per `readline()` jeweils eine Zeile vom `client`-Socket, verarbeitet diese Zeile und fährt dann mit der nächsten Eingabezeile fort. Die Verarbeitung wird erst dann abgebrochen, wenn entweder das Ende der Socketverbindung angezeigt wird (`br` hat den Wert 0) oder ein Lesefehler auftritt (`br` hat den Wert -1). Der von `readline()` implizit angeforderte Speicher muß später wieder freigegeben werden.

57–67   Die Clientanfrage wird dann mit Hilfe der `strtok_r()`-Funktion[6] in ihre beiden Bestandteile zerlegt:

1. eine obere Schranke für das Sieb des Eratosthenes und

2. die Datenmenge, die der Server zum Client zurücksenden soll.

Ist eine der beiden Zahlen nicht angegeben oder nicht im geforderten Bereich, so wird die Bearbeitungsschleife nach einer Fehlermeldung an den Syslog-Dienst mittels `break`-Anweisung verlassen und damit die Clientverbindung umgehend terminiert.

Beispiel 5.10. handle-client.c

```
1  #include <errno.h>
2  #include <stdlib.h>
3  #include <string.h>
4  #include <syslog.h>
5  #include <time.h>
6  #include <unistd.h>
7
8  #include "server.h"
9
10 void eratosthenes( int num )
11 {
12   int i, j;
13   char *np;
14
15   /* Hilfsfeld anlegen und mit 0 initialisieren */
16   if( ( np = calloc( num + 1, sizeof( char ) ) ) == NULL )
17   {
18     syslog( LOG_ERR, "calloc() failed: %s",
19       strerror( errno ) );
20     return;
21   }
22
23   /* Alle Zahlen streichen, die keine Primzahlen sind */
24   for( i = 2; i <= num / 2; i++ )
25     for( j = 2; j <= num / i; j++ )
26       np[i*j] = 1; /* gestrichen, d.h. keine Primzahl */
```

---

[6] `strtok_r()` ist die threadsichere Schwesterfunktion von `strtok()`.

```
27
28    /* Berechnung war nur Zeitvertreib, Ergebnis verwerfen */
29    free( np );
30    return;
31 }
32
33 void handle_client( int client )
34 {
35    int br, bs, num_work, num_bytes;
36    void *rl = NULL;
37    char req[MAXLINE], *st, *data;
38
39    /* Begrüßung an den Client schicken */
40    num_bytes = strlen( HELLO );
41    if( writen( client, HELLO, num_bytes ) != num_bytes )
42    {
43      syslog( LOG_ERR, "writen() failed: %s",
44        strerror( errno ) );
45      return;
46    }
47
48    for(;;)
49    {
50      /* Anfrage des Clients einlesen */
51      if( ( br = readline( client, req, MAXLINE, &rl ) ) < 1 )
52      {
53        /* Bei EOF oder Fehler: Clientbehandlung beenden */
54        break;
55      }
56
57      num_work = num_bytes = 0;
58      if( ( data = strtok_r( req, " ", &st ) ) != NULL )
59        num_work = atoi( data );
60      if( ( data = strtok_r( NULL, " \r\n", &st ) ) != NULL )
61        num_bytes = atoi( data );
62
63      if( ( num_work <= 0 ) || ( num_bytes <= 0 ) )
64      {
65        syslog( LOG_ERR, "Ungültige oder falsche Parameter" );
66        break; /* Bei Parameterfehler: Ende */
67      }
68
69      /* Speicherplatz für das Ergebnis anfordern */
70      if( ( data = malloc( num_bytes ) ) == NULL )
71      {
72        syslog( LOG_ERR, "malloc() failed: %s",
73          strerror( errno ) );
74        break; /* Bei Speichermangel: Ende */
75      }
```

```
76
77    /* Arbeit ausführen */
78    eratosthenes( num_work );
79
80    /* Daten an Client schicken ... */
81    bs = writen( client, data, num_bytes );
82
83    /* ... und Speicherplatz wieder freigeben */
84    free( data );
85
86    /* Nachgezogene Behandlung von writen()-Fehlern */
87    if( bs != num_bytes )
88    {
89      syslog( LOG_ERR, "writen() failed: %s",
90        strerror( errno ) );
91      break;
92    }
93  }
94
95  free( rl );
96  return;
97 }
```

69–75 Danach fordert der Dæmon vom System Speicher für die zurückzuliefernde Datenmenge an. Auch hier wird nach einer Fehlermeldung die Verbindung zum Client abgebrochen, sofern die Speicheranforderung vom System nicht erfüllt werden konnte.

77–93 Jetzt kann der Server mit der geforderten Primzahlberechnung beginnen. Anschließend wird der zuvor angeforderte Speicherbereich (mit mehr oder weniger zufälligem Inhalt) durch die `writen()`-Funktion an den Client übertragen und danach wieder freigegeben. Ist bei der Datenübertragung ein Fehler aufgetreten, ist also der Rückgabewert von `writen()` ungleich der Anzahl der zu übertragenden Bytes, wird die Verbindung zum Client abgebrochen.

95–97 Am Ende der Funktion wird der von `readline()` implizit angeforderte Speicher wieder freigegeben.

5.2.3 Hilfsfunktionen zur Laufzeitmessung

Die beiden Funktionen `init_srv_stats()` und `print_srv_stats()` aus Beispiel 5.11 helfen dabei, auf Serverseite die für die gesamten Clientanfragen aufgebrachte CPU-Zeit zu bestimmen. Die Funktionen greifen intern auf die POSIX-Funktion `times()` zurück, mit deren Hilfe die von einem Prozeß (und

ggf. seinen beendeten Kindprozessen) verbrauchte CPU-Zeit in Erfahrung gebracht werden kann.

Beispiel 5.11. srv-stats.c

```
1  #include <syslog.h>
2  #include <sys/times.h>
3
4  struct tms start_acct;
5
6  void init_srv_stats( void )
7  {
8    times( &start_acct ); /* Start-CPU-Zeiten festhalten */
9    return;
10 }
11
12 void print_srv_stats( void )
13 {
14   struct tms end_acct;
15
16   times( &end_acct ); /* End-CPU-Zeiten ermitteln */
17
18   /* Zeitdifferenzen berechnen und ausgeben */
19   syslog( LOG_INFO, "CPU-Info: %d\n",
20     /* CPU-Zeit im Anwendungsprozeß (User) */
21     (int)( end_acct.tms_utime - start_acct.tms_utime ) +
22     /* CPU-Zeit im Systemkern (System) */
23     (int)( end_acct.tms_stime - start_acct.tms_stime ) +
24     /* CPU-Zeit im Anwendungsprozeß (User) für die Kinder */
25     (int)( end_acct.tms_cutime - start_acct.tms_cutime ) +
26     /* CPU-Zeit im Systemkern (System) für die Kinder */
27     (int)( end_acct.tms_cstime - start_acct.tms_cstime ) );
28   return;
29 }
```

4-10   Mit init_srv_stats() werden dazu vor der ersten Clientanfrage die aktuel-
len Startwerte ermittelt und in der globalen Variable start_acct hinterlegt.
Der Einsatz einer globalen Variablen ohne entsprechende Schutzmechanismen
bedeutet, daß die Funktion nicht threadsicher ist. Dies spielt aber in diesem
Fall keine weitere Rolle, da init_srv_stats() auch in einem mehrfädigen
Programm nur ein einziges Mal aufgerufen werden sollte.

12-29 Nach der letzten Clientanfrage werden dann mittels print_srv_stats() die
aktuellen Endwerte ausgelesen. Die times()-Funktion liefert getrennt die
CPU-Zeiten, die für Anweisungen im Anwendungsprozeß und im Systemkern

verbraucht wurden und berücksichtigt dabei sogar den CPU-Verbrauch aller Nachfahren, also auch aller Kind- und Kindeskindprozesse, was uns später bei den Serverimplementierungen mit mehreren Prozessen sehr gelegen kommt. Da wir lediglich an einer Gesamtzeit interessiert sind, addieren wir die Zeitdifferenzen der User- und Systemzeiten aller Prozesse.

5.2.4 Eigenschaften und Einsatzgebiete

Wir testen den iterativen Server nun mit dem in Abschnitt 5.1 entwickelten Clientprogramm. Als Serversystem kommt ein älterer IBM RS/6000 Server, Modell 270, mit zwei Power3-CPUs (je 375 MHz) und Betriebssystem AIX 5.3 zum Einsatz. Der Test-Client läuft auf einem handelsüblichen PC mit Debian-Linux 3.1, der mit 3,0 GHz schnell genug ist, um den Server mit Anfragen zu sättigen. Die beiden Systeme befinden sich im selben Subnetz und sind über einen Switch mit 100 Mb/s miteinander verbunden. Die Gesamtlaufzeit des Clients wird mit dem Unix-Systemkommando `time` gemessen.

Laufzeitmessungen

In einem Testlauf stellt der Client insgesamt 30 Anfragen an den Server, wobei das Sieb des Eratosthenes Primzahlen bis zu einer Größe von maximal 250 000 berechnen und der Server abschließend 500 kB an Daten zum Client transferieren muß. Die 30 Anfragen werden einmal sequentiell (1 Thread stellt nacheinander 30 Anfragen) und einmal nebenläufig (30 Threads stellen nebenläufig je eine Anfrage) an den Server gestellt.

Tabelle 5.1. Laufzeitmessungen für den iterativen Server

	Laufzeit Client	CPU-Zeit Server
30 Anfragen, sequentiell	10,84 s	910 Clockticks
30 Anfragen, nebenläufig	10,54 s	909 Clockticks

Die in Tabelle 5.1 zusammengestellten Laufzeitmessungen zeigen, daß serverseitig in beiden Fällen die gleiche CPU-Zeit zur Beantwortung der Client-Anfrage benötigt wurde. Dies ist nicht weiter überraschend, da der Server die 30 Anfragen in jedem Fall, d. h. insbesondere unabhängig vom Client, sequentiell beantwortet. Aus Sicht des Clients ist die Gesamtlaufzeit des nebenläufigen Clients dabei nur geringfügig kürzer als die des sequentiellen Clients. Der iterative Server kann offensichtlich keinen Vorteil aus dem vorhandenen zweiten Prozessor schlagen. Der marginale Zeitvorteil läßt sich folgendermaßen begründen: Stellt der Client nacheinander 30 einzelne Anfragen, ergibt sich

zwischen je zwei Anfragen eine minimale Verzögerung durch den clientseitigen Verbindungsabbau und Wiederaufbau. Arbeitet der Client nebenläufig,
so kann sich dort bereits das 3-Wege-Handshake der verschiedenen Threads
überlagern. Für den Server entfallen so einige kleine Verschnaufspausen (welche aber in der CPU-Zeit des Servers ohnehin nicht mit eingerechnet sind).

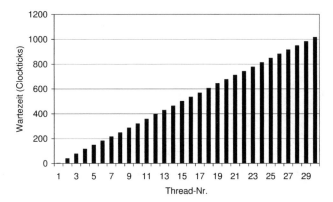

Abb. 5.3. Wartezeiten nebenläufiger Anfragen bei iterativen Servern

Durch die streng sequentielle Abarbeitung der Anfragen behandelt der iterative Server die Clients nicht fair, d. h. gerade bei langen Bearbeitungszeiten verzögert sich die Annahme und Beantwortung sämtlicher nachfolgenden
Client-Anfragen über Gebühr. In Abb. 5.3 sind die Wartezeiten der einzelnen
Threads dargestellt. Während der erste Thread sofort vom Server bedient
wird, muß der zweite Thread auf das Ende der Berechnungen für den ersten
Thread warten, bevor er selbst an die Reihe kommt. Der dritte Thread muß
schon die Anfragen der zwei vorausgehenden Threads abwarten, bis sich der
iterative Server um ihn kümmert, u. s. w. Nachdem in unserem Beispiel jeder
Thread dem Server die gleiche Last aufbürdet, ergibt sich die in Abb. 5.3 zu
beobachtende lineare Steigerung der Wartezeiten.

Besonderheiten und Einsatzgebiete

Aus der streng sequentiellen Abarbeitung der einzelnen Anfragen ergibt sich
insbesondere, daß schon ein einziger bösartiger Client dazu in der Lage ist,
den iterativen Server aus diesem Abschnitt zum vollständigen Stillstand zu
bringen. Der Client baut dazu einfach eine TCP-Verbindung zum Server auf
und kommuniziert dann bei aufgebauter Verbindung nicht mehr weiter mit
dem Server. Hierdurch bleiben nachfolgende Client-Anfragen für immer ausgeschlossen, was einer *Denial-of-Service-Attacke* gleich kommt. Iterative Server sollten folglich immer mit Timeouts auf den sequentiell angenommenen

Netzwerkverbindungen arbeiten. Geeignete Timeout-Werte können entweder unter Zuhilfenahme der `select()`-Funktion oder mit den Socket-Optionen `SO_RCVTIMEO` und `SO_SNDTIMEO` in das Programm eingebracht werden.

Aufgrund ihrer einfachen Programmstruktur sind iterative Server ausgezeichnet dazu geeignet, kurze, schnell zu erledigende Aufgaben zu bearbeiten. Die sequentielle Struktur bewirkt zugleich eine strikte Limitierung des Ressourcenverbrauchs, was die Anzahl nebenläufiger Aktivitäten auf der Serverseite betrifft. Unabhängig von der Anzahl der Clients bleibt die Anzahl der Prozesse und damit der Speicher- und CPU-Verbrauch kontrollierbar.

5.3 Nebenläufige Server mit mehreren Threads

Als ersten nebenläufigen Server entwickeln wir im folgenden einen threadbasierten Server, der die Clientverbindungen mit Hilfe von POSIX-Threads nebenläufig behandelt. Durch die nebenläufige Verarbeitung der Anfragen werden die Ressourcen des Server-Systems besser ausgeschöpft und ganz nebenbei verbessert sich das Anwortsverhalten gegenüber den Clients. Die auffälligsten Unterschiede zum iterativen Server aus Beispiel 5.9 bestehen in der abgewandelten Signalbehandlung sowie natürlich der veränderten Verarbeitung der eingehenden Verbindungen. Anstatt die einzelnen Clients sequentiell zu bedienen, kümmert sich der Server in separaten, jeweils neu gestarteten Threads um seine Kundschaft.

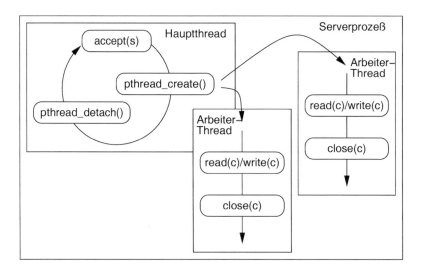

Abb. 5.4. Ablaufdiagramm eines nebenläufigen Servers mit Threads

Abbildung 5.4 zeigt die prinzipielle Vorgehensweise eines threadbasierten, nebenläufigen Servers: Nachdem mit `accept()` eine neue Netzwerkverbindung

angenommen wurde, startet der Server mittels `pthread_create()` einen neu-
en Thread zur weiteren Bearbeitung der Verbindung. Bevor der Server in
seiner `accept()`-Schleife auf die nächste TCP-Verbindung wartet, wird der
neue Thread noch durch `pthread_detach()` entkoppelt. Der nebenläufig arbeitende Verarbeitungsthread kommuniziert nun seinerseits mittels `read()`
und `write()` mit dem frisch verbundenen Client. Sobald die Clientanfrage
abgearbeitet wurde, schließt der Thread die Verbindung zum Client und beendet sich abschließend selbst.

5.3.1 Abgewandelte Signalbehandlung

13–31   Die für die Behandlung des `SIGTERM`-Signals notwendigen Arbeitsschritte sind
in Beispiel 5.12 in der parameterlosen Funktion `sigcatcher()` zusammengefaßt. Diese Funktion wird später (siehe Beispiel 5.14) vom Hauptthread aufgerufen, der damit die Aufgabe der Signalbehandlung übernimmt. Die Signalverarbeitung wird damit, wie generell für mehrfädige Programme empfohlen, von
einem dedizierten Thread wahrgenommen (vgl. dazu auch Abschnitt 3.3.3).
In einer Endlosschleife wartet der Hauptthread also mittels `sigwait()` auf
das Eintreffen des `SIGTERM`-Signals. Sobald der Thread das erwartete Signal
empfängt, verläßt er mit der `break`-Anweisung die Schleife sowie anschließend
die Signalbehandlungsfunktion und kann danach das Programmende einleiten.

Beispiel 5.12. thread-srv.c, Teil 1

```
 1  #include <errno.h>
 2  #include <pthread.h>
 3  #include <signal.h>
 4  #include <stdio.h>
 5  #include <stdlib.h>
 6  #include <string.h>
 7  #include <sys/socket.h>
 8  #include <syslog.h>
 9  #include <unistd.h>
10
11  #include "server.h"
12
13  void sigcatcher( void )
14  {
15    int status, signal;
16    sigset_t sigset;
17
18    /* Signalmaske initialisieren */
19    sigemptyset( &sigset );
20    sigaddset( &sigset, SIGTERM );
```

```
21
22   for( ; ; )
23   {
24     /* eintreffende Signale synchron annehmen */
25     sigwait( &sigset, &signal );
26     if( signal == SIGTERM )
27       break;
28   }
29
30   return;
31 }
```

5.3.2 Ein neuer Thread pro Client

33–43 Für jede Clientanfrage startet der nebenläufige Server einen neuen Thread, der sich dann um die Beantwortung der Anfrage kümmert. Die worker()-Funktion aus Beispiel 5.13 bildet die Startfunktion dieser dynamisch erzeugten Threads und erhält als einzigen Parameter den Socketdeskriptor für den aktuellen Client. Die Startfunktion fungiert lediglich als Mantelfunktion für handle_client(), übergibt also die Aufgabe sofort an handle_client() und beendet abschließend die Verbindung zum Client.[7]

45–47 Nachdem sich der Hauptthread nach dem Dæmonstart ausschließlich um die Signalbehandlung kümmert, wird die Bearbeitung der eingehenden Clientverbindungen ebenfalls in einen eigenständigen Thread ausgelagert. Die Startfunktion dieses Accept-Handlers erhält vom Hauptthread als einziges Argument den Socketdeskriptor des zuvor geöffneten, horchenden Sockets.

53–75 Der Accept-Handler verarbeitet dann in einer Endlosschleife die neuen Clientanfragen. Der Beginn der accept()-Schleife verläuft analog zum iterativen Server: Der Thread wartet mit accept() auf eingehende Verbindungen und protokolliert eventuell auftretende Fehler an den Syslog-Dienst.[8] Anders als in Beispiel 5.9 kann die accept()-Funktion übrigens nicht von einem SIGTERM-Signal unterbrochen werden, weshalb wir an dieser Stelle auf die sonst übliche Sonderbehandlung verzichten können. Das Signal ist im Dæmonprozeß für alle Threads blockiert und wird vom Hauptthread in der sigcatcher()-Funktion explizit behandelt.

---

[7] Anstatt eine neue Startfunktion einzuführen, hätten wir selbstverständlich auch die handle_client()-Funktion als Startfunktion umgestalten können. Die neue Mantelfunktion worker() hilft uns jedoch dabei, die handle_client()-Funktion unverändert in allen Beispielprogrammen einsetzen zu können.

[8] Wie schon beim iterativen Server führt auch hier ein Fehler in accept() nicht zum Abbruch des Dæmons (vgl. dazu die Begründung aus Abschnitt 5.2.1).

Beispiel 5.13. thread-srv.c, Teil 2

```
33  void *worker( void *arg )
34  {
35    int client = (int)arg; /* Socketdeskriptor ermitteln */
36
37    /* Clientverbindung behandeln */
38    handle_client( client );
39
40    /* Socketdeskriptor schließen und Thread beenden */
41    close( client );
42    return( NULL );
43  }
44
45  void *accept_handler( void *arg )
46  {
47    int sd = (int)arg; /* passiven Socket ermitteln */
48    socklen_t slen;
49    struct sockaddr_storage sa;
50    pthread_t tid;
51    int client, status;
52
53    /*
54     * In einer Endlosschleife verarbeitet der Server die
55     * eingehenden Clientverbindungen. Da es sich um ein
56     * Beispiel für einen nebenläufigen Server mit Threads
57     * handelt, wird für jede Clientverbindung ein neuer
58     * Thread erzeugt.
59     */
60
61    for(;;)
62    {
63      slen = sizeof( sa );
64
65      /* Neue Socketverbindung annehmen */
66      if( ( client = accept( sd, (struct sockaddr *)&sa,
67          &slen ) ) < 0 )
68      {
69        /* Fehler protokollieren */
70        syslog( LOG_ERR, "accept() failed: %s",
71          strerror( errno ) );
72
73        /* Trotz Fehler brechen wir nicht ab! */
74        continue;
75      }
76
77      /* Neuen Thread zur Behandlun der Verbindung starten */
78      status = pthread_create( &tid, NULL, worker,
79        (void *)client ); /* Socketdeskriptor als Argument */
```

```
80    if( status != 0 )
81    {
82      syslog( LOG_ERR, "pthread_create() failed: %s\n",
83        strerror( status ) );
84      close( client );
85
86      /* Trotz Fehler brechen wir nicht ab! */
87      continue;
88    }
89    pthread_detach( tid );
90  }
91
92  return; /* Dummy, ... wird nie erreicht */
93 }
```

77–90 Nachdem der nebenläufige Server jede Clientverbindung in einem eigenen
Thread behandeln soll, wird für jede erfolgreich angenommene Netzwerkverbindung ein neuer Thread gestartet. Der Startfunktion worker() wird als
einziges Argument der Socketdeskriptor der neuen Verbindung übergeben.
Danach wird der neue Thread entkoppelt und der Accept-Handler kümmert
sich um die nächste eingehende TCP-Verbindung.

5.3.3 Das Hauptprogramm als Signalverarbeiter

95–103 Wie in Beispiel 5.14 zu sehen, öffnet auch der threadbasierte Server als erstes
einen passiven Socket, um neue TCP-Verbindungen annehmen zu können.

105–117 Anders als der iterative Server aus Beispiel 5.9, setzt der nebenläufige Server
keine Signalbehandlungsroutine für das SIGTERM-Signal. Stattdessen blockiert
der Hauptthread dieses Signal für den gesamten Prozeß. Die für den Hauptthread installierte Signalmaske wird im Anschluß über daemon_init() an
den in den Hintergrund verlagerten Serverprozeß und später dann an die von
diesem gestarteten Threads vererbt.

Beispiel 5.14. thread-srv.c, Teil 3

```
95 int main( int argc, char *argv[] )
96 {
97   int sd, status;
98   sigset_t sigset;
99   pthread_t tid;
100
101   /* horchenden Socket öffnen (passive open) */
102   if( ( sd = tcp_listen( NULL, SRVPORT, BACKLOG ) ) < 0 )
103     exit( EXIT_FAILURE );
```

```
104
105    /* Signalmaske initialisieren */
106    sigemptyset( &sigset );
107    sigaddset( &sigset, SIGTERM );
108
109    /* Signalmaske für den main()-Thread setzen  */
110    status = pthread_sigmask( SIG_BLOCK, &sigset, NULL );
111    if( status != 0 )
112    {
113      fprintf( stderr, "pthread_sigmask() failed: %s",
114        strerror( status ) );
115      close( sd ); /* passiven Socket schließen */
116      exit( EXIT_FAILURE );
117    }
118
119    /* Prozeß in einen Daemon umwandeln */
120    daemon_init( argv[0], PIDFILE, LOG_DAEMON );
121
122    init_srv_stats(); /* CPU-Statistik initialisieren */
123
124    /* Accept-Handler starten */
125    status = pthread_create( &tid, NULL, accept_handler,
126      (void *)sd );
127    if( status != 0 )
128    {
129      syslog( LOG_ERR, "pthread_create()",
130        strerror( status ) );
131      exit( EXIT_FAILURE );
132    }
133    pthread_detach( tid );
134
135    sigcatcher(); /* Der Hauptthread behandelt die Signale */
136
137    /* Falls der Prozeß durch SIGTERM beendet wird */
138    print_srv_stats(); /* CPU-Statistik ausgeben */
139
140    unlink( PIDFILE ); /* PID-Datei entfernen */
141    exit( EXIT_SUCCESS ); /* Daemon beenden */
142  }
```

119–133 Nachdem sich der Prozeß in einen Dæmonprozeß gewandelt hat, wird zunächst die CPU-Statistik initialisiert. Danach wird der Accept-Handler als separater Thread gestartet und mittels pthread_detach() entkoppelt. Der Startfunktion accept_handler() wird als einziges Argument der Socketdeskriptor des horchenden Serversockets sd übergeben.

135–142 Im Anschluß übernimmt der Hauptthread, wie bereits besprochen, dediziert die Behandlung des SIGTERM-Signals. Sobald dem Prozeß ein SIGTERM zuge-

stellt wurde, kehrt die `sigcatcher()`-Funktion wieder zurück. Der Hauptthread gibt dann die verbrauchte CPU-Zeit aus, löscht die PID-Datei und
beendet den Dæmon schließlich.

5.3.4 Eigenschaften und Einsatzgebiete

Wir beleuchten nun die Eigenschaften threadbasierter Server in der aus Abschnitt 5.2.4 bekannten Umgebung und vergleichen dabei die Messungen für
30 sequentielle und 30 parallele Anfragen mit den weiter oben besprochenen
Ergebnissen des iterativen Servers.

Laufzeitmessungen

Tabelle 5.5 zeigt, daß der threadbasierte Server im Falle sequentieller Anfragen etwas mehr CPU-Zeit verbraucht, als sein iteratives Pendant. Diesen ge-
ringfügigen Mehraufwand von zehn Clockticks haben wir bereits während der
Implementierung zu spüren bekommen: Die Programmstruktur des mehrfädigen Servers ist bereits um einiges komplexer als die Struktur der iterativen
Variante. Insbesondere muß nun während des Programmlaufs vom Server für
jede Client-Anfrage ein neuer Thread gestartet werden, der sich dann um die
Bearbeitung der Anfrage kümmert.

Erheblich umfangreicher gestaltet sich der Mehraufwand im Fall paralleler
Anfragen. Prasseln auf den Server die 30 Anfragen mehr oder weniger gleichzeitig ein, so bearbeitet der threadbasierte Server auch alle 30 Anfragen nebenläufig. Zu den nach wie vor anfallenden Thread-Starts kommt dadurch
noch die CPU-Zeit für das Scheduling der nebenläufig arbeitenden Threads
hinzu. Damit liegt diese nebenläufige Server-Variante bereits um 240 Clockticks (das sind immerhin rund 26%) über der CPU-Zeit des iterativen Servers.

Tabelle 5.2. Laufzeitmessungen für den threadbasierten Server

	Laufzeit Client	CPU-Zeit Server
30 Anfragen, sequentiell	0,93 s	920 Clockticks
30 Anfragen, nebenläufig	6,28 s	1150 Clockticks

Daß sich der serverseitig betriebene Aufwand dennoch lohnt, beweist ein
Blick auf die Gesamtlaufzeit des nebenläufigen Client-Programms, das mit
6,28 Sekunden rund 43% unter der Laufzeit des sequentiellen Programms und
damit immerhin rund 41% unterhalb des Vergleichswerts für einen iterativen
Server (10,54 Sekunden) liegt. Der vielfädige Server ist also in der Lage, die
Ressourcen des Server-Systems, hier v. a. die beiden Prozessoren, besser auszuschöpfen, bezahlt diese Fähigkeit jedoch serverseitig mit erhöhten Laufzeit-
kosten und, damit verbunden, mit einem erhöhten Implementierungsaufwand.

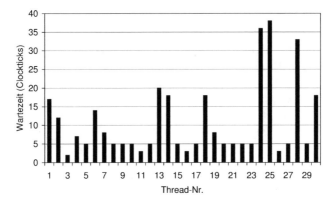

Abb. 5.5. Wartezeiten nebenläufiger Anfragen bei threadbasierten Servern

Für die Clients ergibt sich durch die nebenläufige Server-Architektur noch ein weiterer Vorteil: Wie Abb. 5.5 zeigt, sinkt die durchschnittliche Wartezeit eines Clients im direkten Vergleich zum iterativen Server deutlich. Die meisten Clients erhalten innerhalb der ersten fünf Clockticks nach Verbindungsaufbau bereits eine Antwort des Servers. Erst nachdem der Server durch die nebenläufige Bearbeitung der ersten Anfragen unter Last steht, verzögert sich die Antwortszeit für einige Nachzügler etwas. Trotzdem liegt die durchschnittliche Reaktionszeit des threadbasierten Servers um Längen unter der Antwortszeit der iterativen Variante. Durch dieses fairere Verhalten gegenüber allen miteinander konkurrierenden Client-Anfragen erscheint dem Client die Arbeit mit einem nebenläufigen Server deutlich flüssiger.

Besonderheiten und Einsatzgebiete

Anders als beim iterativen Server kann ein einziger bösartiger Client den vielfädigen Server *nicht* zum Stillstand bringen. Blockiert ein Client wie in Abschnitt 5.2.4 beschrieben eine TCP-Verbindung zum Server, so nimmt letzterer nach wie vor neue Anfragen an. Der Server startet dazu einfach neue Threads. Allerdings empfiehlt es sich auch im Fall nebenläufiger Server, eine geeignete obere Zeitschranke für die Dauer einer Client-Verbindung vorzugeben. Andernfalls könnten böswillige Clients zumindest einige Ressourcen auf dem Server-System dauerhaft blockieren. Der Timeout-Wert wird wie üblich über `select()` oder die Socket-Optionen `SO_RCVTIMEO` und `SO_SNDTIMEO` in das Programm eingebracht. Darüber hinaus besitzt der nebenläufige Server die Möglichkeit, die maximale Laufzeit eines Threads zu überwachen und damit ebenfalls einen Timeout für die Verbindung zum Client einzuführen.

Nachdem vom Server für jede Client-Anfrage ein neuer Thread gestartet wird und dabei keine Begrenzung in Bezug auf die Anzahl gleichzeitiger Client-Verbindungen stattfindet, sind dem Ressourcenverbrauch des Servers keine

Grenzen gesetzt. Je mehr Clients der Server nebenläufig versorgt, desto mehr Betriebsmittel sind auf der Server-Seite gebunden. An den Laufzeitmessungen aus Tabelle 5.2 konnten wir darüber hinaus ablesen, daß ein nicht unerheblicher Aufwand für das Scheduling der einzelnen Threads betrieben werden muß. Insofern stellt sich die Frage, wie sich die von den Clients beanspruchten Betriebsmittel serverseitig sinnvoll begrenzen lassen. Eine Möglichkeit wäre es, die Anzahl der gestarteten Threads zu zählen und keine neuen Verbindungen mehr anzunehmen, sobald ein bestimmter Grenzwert überschritten ist. Eine weit verbreitete Alternative sind nebenläufige Server mit Prethreading, die wir in Abschnitt 5.4 diskutieren.

Alle Threads besitzen im Übrigen die selben *Credentials,* teilen sich also insbesondere die Prozeß-ID sowie die verschiedenen User- und Group-IDs (UID, GID, EUID, EGID; vgl. dazu Abschnitt 2.5.1). Sollte ein Thread mittels `seteuid()` oder `seteuid()` die effektive User- oder Group-ID wechseln, so ändern sich diese prozeßweiten Attribute damit gleichzeitig für alle anderen Threads. Rein threadbasierte Server sollten deshalb nicht zum Einsatz kommen, wenn es darum geht, die Privilegien des Servers entsprechend der Client-Anfrage zu variieren. In diesem Fall stellen nebenläufige Server mit mehreren Prozessen die passende Alternative dar.

5.4 Nebenläufige Server mit Prethreading

In Abschnitt 5.3.4 mußten wir feststellen, daß nebenläufige Server die Flexibilität der nebenläufigen Behandlung der Clientanfragen mit einem erhöhten Aufwand für die Verwaltung der einzelnen Threads bezahlen. Außerdem sind dem threadbasierten Server aus Abschnitt 5.3 bezüglich der maximalen Anzahl von Verarbeitungsthreads keinerlei Ressourcenlimits auferlegt. Diese beiden Schönheitsfehler korrigiert der im folgenden vorgestellte nebenläufige Server mit Prethreading.

Abbildung 5.6 zeigt die grundlegende Struktur eines Prethreading-Servers: Der Server startet bereits vorab mit `pthread_create()` eine festgelegte Anzahl von entkoppelten Threads für die Bearbeitung der Clientanfragen. Diese Threads arbeiten für sich genommen wie ein kleiner iterativer Server, d. h. sie verarbeiten die eingehenden Anfragen jeweils sequentiell. Neue Verbindungen werden mit `accept()` entgegengenommen, danach wird die Kommunikation mit dem Client abgewickelt und anschließend die Verbindung wieder beendet bevor der Verarbeitungsthread schließlich wieder auf neue Verbindungen wartet. Die erwünschte Nebenläufigkeit wird durch mehrere solcher Verarbeitungsthreads erzielt. Ein Prethreading-Server stellt somit also im gewissen Sinne eine geschickte Kombination aus nebenläufigen und iterativen Serverelementen dar.

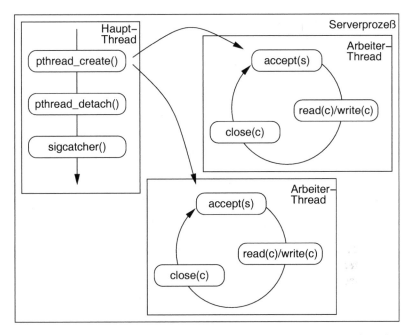

Abb. 5.6. Ablaufdiagramm eines nebenläufigen Servers mit Prethreading

5.4.1 Clientbehandlung mittels paralleler Accept-Handler

Für den nebenläufigen Server mit Prethreading kann die Art der Signalbehandlung aus Beispiel 5.12 unverändert übernommen werden. Auch in diesem Fall zeichnet der Hauptthread nach der erfolgreichen Initialisierung des Dæmons für die Signalverarbeitung verantwortlich und wartet auf das SIGTERM-Signal, um den Server im Anschluß zu beenden.

Beispiel 5.15. prethread-srv.c, Teil 1

```
33  void *accept_handler ( void *arg )
34  {
35    int client, sd = (int)arg; /* passiven Socket ermitteln */
36    socklen_t slen;
37    struct sockaddr_storage sa;
38
39    for (;;)
40    {
41      slen = sizeof( sa );
42
43      /* Neue Socketverbindung annehmen */
```

```
44    if( ( client = accept( sd, (struct sockaddr *)&sa,
45        &slen ) ) < 0 )
46    {
47        /* Fehler protokollieren */
48        syslog( LOG_ERR, "accept() failed: %s",
49            strerror( errno ) );
50
51        /* Trotz Fehler brechen wir nicht ab! */
52        continue;
53    }
54
55    /* Clientverbindung behandeln */
56    handle_client( client );
57
58    /* Socketdeskriptor schließen, Verbindung beenden */
59    close( client );
60    }
61
62    return( NULL ); /* Dummy, ... wird nie erreicht */
63 }
```

33–56 Der Accept-Handler aus Beispiel 5.15 erfährt im Vergleich zu Beispiel 5.13 allerdings eine signifikante Veränderung: Der Prethreading-Server besitzt im Gegensatz zum normalen threadbasierten Server nicht nur einen, sondern gleich eine ganze Menge von Accept-Handlern, welche gleichzeitig auf neue Clientverbindungen warten und diese dann nebenläufig abarbeiten. Ein Accept-Handler aus Beispiel 5.15 startet demnach keine weiteren Threads, die Nebenläufigkeit findet ja bereits auf der Ebene der Accept-Handler statt, sondern kümmert sich durch Aufruf von `handle_client()` selbständig um die weitere Behandlung der aktuellen Verbindung.[9]

58–63 Nach der Rückkehr aus `handle_client()` wird die Clientverbindung beendet und der Accept-Handler wartet im nächsten Schleifendurchlauf von neuem auf eintreffende Netzwerkverbindungen. Im Endeffekt entspricht die `accept_handler()`-Funktion damit der `accept()`-Schleife aus dem Hauptprogramm des iterativen Servers aus Beispiel 5.9.[10] Jeder Accept-Handler für sich genommen bearbeitet die eingehenden TCP-Verbindungen damit also sequentiell. Die Nebenläufigkeit entsteht erst durch mehrere Accept-Handler.

Daß wir die `accept()`-Funktion überhaupt, wie in Beispiel 5.15 zu sehen, in mehreren Threads gleichzeitig mit dem selben Socketdeskriptor aufrufen

---

[9] Auch hier soll ein Fehler in `accept()` nicht zum Abbruch des Dæmons führen (vgl. dazu Abschnitt 5.2.1).

[10] Abweichend von Beispiel 5.9 kann die `accept()`-Funktion hier nicht von einem `SIGTERM`-Signal unterbrochen werden, weshalb wir an dieser Stelle auf die Behandlung verzichten können (vgl. dazu Abschnitt 5.3.2).

dürfen, haben wir der durch IEEE Std 1003.1-2001 geforderten Threadsicherheit der Funktion zu verdanken. Es gibt allerdings auch ältere Implementierungen, die offensichtlich nicht völlig zu IEEE Std 1003.1-2001 konform sind und bei denen der nebenläufige Aufruf von `accept()` zu einem Fehler führen kann (meist `EPROTO`). In diesem Fall empfiehlt es sich, den `accept()`-Aufruf in einen Mutex zu packen und damit vor der gleichzeitigen Verwendung in mehreren Threads zu schützen:

```
pthread_mutex_lock( &accept_mutex );
client = accept( sd, (struct sockaddr *)&sa, &slen );
pthread_mutex_unlock( &accept_mutex );

if( client < 0 )
{
   ...
}
```

Mit dieser Schutzvorrichtung kann dann in keinem Fall mehr etwas schieflaufen. Die Mutex-Variante des nebenläufigen Accept-Handlers verhindert auch noch einen weiteren unschönen Nebeneffekt, der auf manchen (meist älteren) Unix-Systemen bei nebenläufigen `accept()`-Aufrufen zum tragen kommt: Wurde das Drei-Wege-Handshake für eine neue TCP-Verbindung abgeschlossen und warten mehrere Threads mittels `accept()` auf eingehende Verbindungen, so kann es sein, daß vom System alle wartenden Threads aufgeweckt werden.[11] Natürlich kommt letztendlich nur ein einziger Thread zum Zug und die anderen Threads kehren folglich auch nicht aus ihrem `accept()`-Aufruf zurück, aber der CPU-Aufwand, der durch das (sinnlose) Aufwecken verursacht wird, wirkt sich negativ auf das Laufzeitverhalten des Dæmons aus.

5.4.2 Das Hauptprogramm als Signalverarbeiter

65–94 Der erste Teil des Hauptprogramms aus Beispiel 5.16 ist identisch zu Beispiel 5.14. Als erstes wird ein horchender Socket erstellt, danach die Signalmaske des Hauptthreads angepaßt, der Prozeß in einen Dæmon umgewandelt und zuletzt werden noch die CPU-Statistiken initialisiert.

---

[11] Dieses Phänomen wird in der Literatur oft als *thundering herd problem,* also als das Aufschrecken einer Herde (von Threads oder Prozessen) bezeichnet.

Beispiel 5.16. prethread-srv.c, Teil 2

```
65  int main( int argc, char *argv[] )
66  {
67    int i, sd, status, signal;
68    socklen_t slen;
69    struct sockaddr_storage sa;
70    sigset_t sigset;
71    pthread_t tid;
72
73    /* horchenden Socket öffnen (passive open) */
74    if( ( sd = tcp_listen( NULL, SRVPORT, BACKLOG ) ) < 0 )
75      exit( EXIT_FAILURE );
76
77    /* Signalmaske initialisieren */
78    sigemptyset( &sigset );
79    sigaddset( &sigset, SIGTERM );
80
81    /* Signalmaske für den main()-Thread setzen  */
82    status = pthread_sigmask( SIG_BLOCK, &sigset, NULL );
83    if( status != 0 )
84    {
85      fprintf( stderr, "pthread_sigmask() failed: %s",
86        strerror( status ) );
87      close( sd ); /* passiven Socket schließen */
88      exit( EXIT_FAILURE );
89    }
90
91    /* Prozeß in einen Daemon umwandeln */
92    daemon_init( argv[0], PIDFILE, LOG_DAEMON );
93
94    init_srv_stats(); /* CPU-Statistik initialisieren */
95
96    /*
97     * Da es sich um ein Beispiel für einen nebenläufigen
98     * Server mit Prethreading handelt, wird ein Pool von
99     * Threads erzeugt, die dann die Clientverbindungen
100    * annehmen und behandeln.
101    */
102
103   for( i = 0; i < NUM_THREADS; i++ )
104   {
105     /* Neuen Accept-Handler starten (SIGTERM geblockt) */
106     status = pthread_create( &tid, NULL, accept_handler,
107       (void *)sd ); /* passiven Socket übergeben */
108     if( status != 0 )
109     {
110       syslog( LOG_ERR, "pthread_create() failed: %s\n",
111         strerror( status ) );
```

```
112        close( sd );  /* passiven Socket schließen */
113        unlink( PIDFILE );  /* PID-Datei entfernen */
114        exit( EXIT_FAILURE );
115      }
116      pthread_detach( tid );
117    }
118
119    sigcatcher();  /* Der Hauptthread behandelt die Signale */
120
121    /* Falls der Prozeß durch SIGTERM beendet wird */
122    print_srv_stats();  /* CPU-Statistik ausgeben */
123
124    unlink( PIDFILE );  /* PID-Datei entfernen */
125    exit( EXIT_SUCCESS );  /* Daemon beenden */
126  }
```

96–117   Als nächstes wird die geforderte Anzahl an Accept-Handlern als eigenständige Threads gestartet. Der Startroutine `accept_handler()` wird jeweils als einziges Argument der Socketdeskriptor des horchenden Serversockets `sd` übergeben. Die Threads der Accept-Handler werden allesamt sofort mit `pthread_detach()` entkoppelt. Sofern nicht die geforderte Anzahl an neuen Threads gestartet werden kann, beendet sich der Dæmon mit einer entsprechenden Fehlermeldung.

119   Im Anschluß widmet sich der Hauptthread ausschließlich dem Warten auf das `SIGTERM`-Signal.

121–126   Sobald das `SIGTERM`-Signal eingetroffen ist, kehrt der Thread aus der Signalbehandlungsfunktion `sigcatcher()` zurück, gibt die verbrauchte CPU-Zeit aus und löscht die PID-Datei. Danach beendet sich Dæmon selbst.

5.4.3 Eigenschaften und Einsatzgebiete

Ereneut untersuchen wir die Eigenschaften der aktuellen Server-Variante mit Hilfe der aus Abschnitt 5.2.4 bekannten Testumgebung und vergleichen dabei die Messungen für 30 sequentielle und 30 parallele Anfragen mit den bisher erzielten Meßergebnissen.

Laufzeitmessungen

Wie aus Tabelle 5.3 ersichtlich ist, muß auch der Prethreading-Server offensichtlich in beiden Fällen mehr CPU-Zeit aufbringen als sein iterativer Kollege. Der Mehraufwand fällt aber sowohl für die sequentielle Folge von Anfragen als auch für die parallel eintreffenden Anfragen geringer aus als es noch beim threadbasierten Server aus Abschnitt 5.3 der Fall war. Für diesen Effekt lassen sich die folgenden beiden Gründe ausmachen:

1. Der Server muß nicht mehr für jede Client-Anfrage einen neuen Thread erstellen. Die Arbeiter-Threads wurden im Rahmen des Prethreading bereits im Voraus gestartet und können die eintreffenden Anfragen direkt entgegennehmen.

2. Die Anzahl der gleichzeitig arbeitenden Accept-Handler ist per Definition (vgl. dazu die Datei `server.h` aus Beispiel 5.1) auf `NUM_THREADS` Threads beschränkt. Durch diese Maßnahme wird die Anzahl der Threads und damit gleichzeitig der durch das Thread-Scheduling verursachte Mehraufwand beschränkt.

Tabelle 5.7 zeigt gleichzeitig, daß durch diese ressourcenbegrenzenden Maßnahmen der Mehraufwand gegenüber dem iterativen Server bei 30 nebenläufigen Anfragen auf nur noch 69 Clockticks sinkt, das sind nur noch knapp 8% Overhead (gegenüber den rund 26% Mehraufwand des normalen threadbasierten Servers).

Tabelle 5.3. Laufzeitmessungen für den Prethreading-Server

	Laufzeit Client	CPU-Zeit Server
30 Anfragen, sequentiell	10,67 s	918 Clockticks
30 Anfragen, nebenläufig	5,40 s	979 Clockticks

Auch aus der Sicht des Clients macht sich diese Ressourcenersparnis durchaus bemerkbar, die 30 nebenläufigen Anfragen werden vom Prethreading-Server nochmals um 14% schneller beantwortet als vom normalen threadbasierten Server aus Abschnitt 5.3.

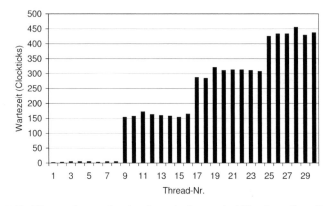

Abb. 5.7. Wartezeiten nebenläufiger Anfragen bei Prethreading-Servern

Natürlich geht diese Limitierung der Ressourcen zulasten der Fairness gegenüber den anfragenden Clients. Abbildung 5.7 zeigt, daß der Server immer nur `NUM_THREADS` Client-Verbindungen (hier: acht Verbindungen) nebenläufig bearbeiten kann. Für die nachfolgenden Client-Anfragen erhöht sich die Wartezeit stufenweise. Dennoch ist das Verhalten des Prethreading-Servers aus der Sicht der Clients noch erheblich flüssiger als das Antwortsverhalten des iterativen Servers aus Abschnitt 5.2.

Besonderheiten und Einsatzgebiete

Die Eigenschaften eines nebenläufigen Servers mit Prethreading decken sich weitgehend mit den Eigenschaften der normalen threadbasierten Variante. Der kontrollierte Ressourcenverbrauch, der ganz automatisch über die maximale Anzahl von Threads und damit die maximale Anzahl gleichzeitiger Verbindungen eingeführt wird, macht die Prethreading-Variante dabei noch etwas robuster als ihren Vorgänger. Aufgrund der nebenläufigen Abarbeitung der eintreffenden Anfragen ist auch hier ein einziger böswilliger Client *nicht* dazu in der Lage, den Server zu blockieren. Verhalten sich aber gleich eine ganze Menge von Clients derart böswillig, so ist bei dieser Server-Variante durchaus ein *Denial of Service* möglich. Deshalb kann auch hier bei wichtigen Diensten ein Timeout mit `select()`, über die die Socket-Optionen `SO_RCVTIMEO` und `SO_SNDTIMEO` oder mit Pthreads-Bordmitteln durchaus sinnvoll sein.

Wie alle rein threadbasierten Server besitzen auch alle Threads des nebenläufigen Servers mit Prethreading die selben *Credentials,* teilen sich also insbesondere die Prozeß-ID sowie die verschiedenen User- und Group-IDs (UID, GID, EUID, EGID; vgl. dazu Abschnitt 2.5.1). Soll der Server für verschiedene Anfragen (oder in speziellen Abschnitten der Bearbeitungsphase) andere Privilegien besitzen, so muß hierfür auf eines der in den nächsten Abschnitten vorgestellten prozeßbasierten Verfahren zurückgegriffen werden.

5.5 Nebenläufige Server mit mehreren Prozessen

Neben POSIX-Threads bieten Unix-Prozesse eine zweite, schwergewichtigere Möglichkeit, nebenläufige Handlungen zu initiieren. Bei nebenläufigen Servern die auf Basis mehrerer Prozesse arbeiten, werden Clientverbindungen anstatt von eigenständigen Threads von separaten Prozessen bearbeitet.

Abbildung 5.8 zeigt die prinzipielle Struktur eines prozeßbasierten, nebenläufigen Servers: Ausgehend von einem Serverprozeß, der, analog zum iterativen Server aus Beispiel 5.9, in einer Schleife neue TCP-Verbindungen mittels `accept()` annimmt, wird bei diesem Servertyp für jede neue Netzwerkverbindung ein neuer Prozeß gestartet. Dieser Kindprozeß kümmert sich dann im weitern Verlauf um die Kommunikation mit dem Client. Nachdem der neue Prozeß mittels `fork()` gestartet wurde, schließt der Serverprozeß umgehend die Verbindung zum Client. Im Gegensatz dazu schließt der neue Arbeiterprozeß als erstes den passiven Serversocket, den er bei der Kommunikation mit dem Client nicht mehr benötigt. Anschließend beantwortet der Arbeiterprozeß die Clientanfrage, schließt danach die Netzwerkverbindung zum Client und beendet sich abschließend selbst.

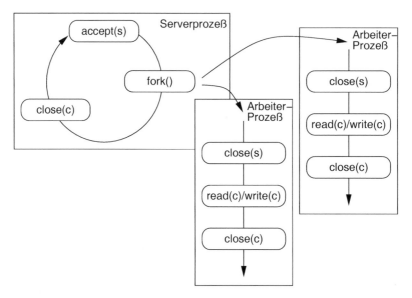

Abb. 5.8. Ablaufdiagramm eines nebenläufigen Servers mit Prozessen

Im Gegensatz zu Pthreads sorgt die Kapselung der Verarbeitungsinstanzen in einen separaten Prozeß für eine strikte Entkopplung der Ressourcen. Verschiedene Clientanfragen werden in getrennten Prozessen und damit in verschiedenen Adreßräumen isoliert behandelt. Dies macht die nebenläufigen Server mit mehreren Prozessen etwas robuster als die auf Pthreads basierenden Servervarianten. Insbesondere können die einzelnen Serverinstanzen ohne weitere Vorkehrungen ihre Credentials wechseln, also etwa mit `seteuid()` in eine andere effektive User-ID schlüpfen, ohne dabei die anderen Instanzen zu beeinflussen.

5.5.1 Anpassung der Signalbehandlung

Im Vergleich zum iterativen Server aus Beispiel 5.9 muß für den nebenläufigen Server mit mehreren Prozessen die Signalbehandlungsroutine erweitert werden: Der neue Server startet für jede Netzwerkverbindung einen neuen Prozeß, der die weitere Verarbeitung übernimmt. Sobald sich ein solcher Kindprozeß nach erledigter Arbeit wieder beendet, wir dem Elternprozeß ein SIGCHLD-Signal zugestellt. Der Elternprozeß muß folglich das Signal bearbeiten und damit die Aufräumarbeiten für den Kindprozeß übernehmen.

13–32   Die Signalbehandlungsroutine sig_handler() aus Beispiel 5.17 kümmert sich demnach nicht nur um das SIGTERM-Signal, sondern verarbeitet auch die eintreffenden SIGCHLD-Signale: Für ein SIGTERM-Signal wird auch in diesem Beispiel die globale Variable daemon_exit auf den Wert 1 gesetzt, worauf das Hauptprogramm später mit dem Programmende reagiert. Wird der Programmfluß dagegen durch ein SIGCHLD-Signal unterprochen, so hat sich einer der Kindprozesse beendet. Die sig_handler()-Funktion „entsorgt" dann in einer Schleife die Rückgabewerte aller beendeten Kindprozesse und sorgt damit dafür, daß der Systemkern diese Prozeßinformationen nicht mehr länger in Form von Zombie-Prozessen aufbewahren muß. Da wir nicht wirklich an den Rückgabewerten interessiert sind, übergeben wir der sigwait()-Funktion als zweites Argument einen Nullzeiger.

Anders als in den threadbasierten Servervarianten erfolgt die Behandlung der Signale hier übrigens wieder in einer echten Signalbehandlungsroutine und nicht in einem dedizierten Signalbehandlungsthread. Die Signalbehandlungsroutine sig_handler() wird später im Hauptprogramm mittels sigaction() gesetzt (siehe unten).

Beispiel 5.17. fork-srv.c, Teil 1

```
 1  #include <errno.h>
 2  #include <signal.h>
 3  #include <stdio.h>
 4  #include <stdlib.h>
 5  #include <string.h>
 6  #include <sys/socket.h>
 7  #include <sys/wait.h>
 8  #include <syslog.h>
 9  #include <unistd.h>
10
11  #include "server.h"
12
13  int daemon_exit = 0;
14
15  void sig_handler( int sig )
16  {
17    pid_t pid;
18
19    switch( sig )
20    {
21      case SIGTERM:
22        daemon_exit = 1;
```

```
23      break;
24    case SIGCHLD:
25      while( ( pid = waitpid( -1, NULL, WNOHANG ) ) > 0 )
26        ; /* leere Schleife, nur Statuswerte entsorgen */
27      break;
28    default:
29      break;
30    }
31    return;
32  }
```

5.5.2 Ein neuer Prozeß pro Client

34-66 Wie bei den beiden threadbasierten Servern (vgl. dazu die Abschnitte 5.3.2
und 5.4.1) sind auch beim prozeßbasierten Server die Operationen zur Annahme neuer Netzwerkverbindungen in der Funktion `accept_handler()` zusammengefaßt. Die Funktion erhält als einziges Argument den Socketdeskriptor des horchenden Serversockets. Nachdem für die Signalbehandlung kein
dedizierter Thread benötigt wird, wird der Accept-Handler diesmal direkt
vom Hauptprogramm aufgerufen und nicht als eigenständiger Thread gestartet. `accept_handler()` verarbeitet dann die eingehenden TCP-Verbindungen
in der bereits gewohnten `accept()`-Schleife. Die Schleife wird wieder verlassen, sobald die globale Variable `daemon_exit` anzeigt, daß für den Prozeß ein
SIGTERM-Signal eingetroffen ist.[12]

Beispiel 5.18. fork-srv.c, Teil 2

```
34  void accept_handler( int sd )
35  {
36    int client, pid;
37    socklen_t slen;
38    struct sockaddr_storage sa;
39
40    /*
41     * In einer Endlosschleife verarbeiten der Server nun die
42     * eingehenden Clientverbindungen. Da es sich um ein
43     * Beispiel für einen nebenläufigen Server mit Prozessen
44     * handelt, wird für jede Clientverbindung ein neuer
45     * Prozeß erzeugt.
46     */
47
```

---

[12] Sonstige Fehler in der `accept()`-Funktion führen auch in diesem Beispiel nicht
zum Abbruch des Dæmons (vgl. dazu Abschnitt 5.2.1).

```
48    for(;;)
49    {
50      slen = sizeof( sa );
51
52      /* Neue Socketverbindung annehmen */
53      if( ( client = accept( sd, (struct sockaddr *)&sa,
54          &slen ) ) < 0 )
55      {
56        if( daemon_exit ) /* Falls ein SIGTERM kam: Ende */
57          break;
58        if( errno != EINTR )
59        {
60          /* accept() wurde durch kein Signal unterbrochen */
61          syslog( LOG_ERR, "accept() failed: %s",
62            strerror( errno ) );
63          /* Trotz Fehler brechen wir nicht ab! */
64        }
65        continue;
66      }
67
68      switch( pid = fork() )
69      {
70        case -1: /* Fehler */
71          syslog( LOG_ERR, "fork() failed: %s",
72            strerror( errno ) );
73          /* Trotz Fehler brechen wir nicht ab! */
74          break;
75        case 0: /* Kindprozeß übernimmt Clientverbindung */
76          close( sd ); /* passiven Socket schließen */
77          handle_client( client ); /* Client behandeln */
78          close( client ); /* Clientverbindung schließen */
79          exit( EXIT_SUCCESS ); /* Kindprozeß beenden */
80          break;
81        default: /* Elternprozeß: weiter mit accept() */
82          break;
83      }
84
85      /* Elternprozeß schließt die Clientverbindung */
86      close( client );
87    }
88  }
```

68–83 Für jede neue Netzwerkverbindung erzeugt der Accept-Handler mittels fork()
einen neuen Kindprozeß und dieser Kindprozeß übernimmt dann als neue Serverinstanz die weitere Verarbeitung der Clientverbindung. Nachdem sich die
Instanz ausschließlich um den verbundenen Clienten kümmert und daher keinen Zugriff auf den passiven Serversocket benötigt, wird als erstes der Socket-

deskriptor sd geschlossen. Im Anschluß wird die aus Beispiel 5.10 bekannte
handle_client()-Funktion aufgerufen, die ihrerseits die Anfrage des neuen
Clients entgegennimmt und beantwortet. Abschließend wird der Socket zum
Client geschlossen und die Serverinstanz beendet sich durch einen Aufruf der
exit()-Funktion.

85–88   Die letzte Anweisung der accept()-Schleife wird nur noch vom Elternprozeß erreicht, der als letztes noch die zuvor geöffnete und nun im Kindprozeß
abgearbeitete Verbindung zum Client schließen muß, bevor es für den Server
danach in den nächsten Schleifendurchlauf geht.

5.5.3 Das Hauptprogramm

90–118   Im Hauptprogramm des Servers (siehe Beispiel 5.19) wird zunächst ein passiver Serversocket geöffnet und im Anschluß die sig_handler()-Funktion
als Signalbehandlungsroutine für sowohl das SIGTERM-Signal als auch das
SIGCHLD-Signal installiert.

Beispiel 5.19. fork-srv.c, Teil 3

```
90   int main( int argc, char *argv[] )
91   {
92     int sd;
93     struct sigaction action;
94
95     /* horchenden Socket öffnen (passive open) */
96     if( ( sd = tcp_listen( NULL, SRVPORT, BACKLOG ) ) < 0 )
97       exit( EXIT_FAILURE );
98
99     /* Signalbehandlung für SIGTERM u. SIGCHLD installieren */
100    action.sa_handler = sig_handler;
101    sigemptyset( &action.sa_mask );
102    action.sa_flags = 0;
103
104    if( sigaction( SIGTERM, &action, NULL ) < 0 )
105    {
106      fprintf( stderr, "sigaction(SIGTERM) failed: %s",
107        strerror( errno ) );
108      close( sd ); /* passiven Socket schließen */
109      exit( EXIT_FAILURE );
110    }
111
112    if( sigaction( SIGCHLD, &action, NULL ) < 0 )
113    {
114      fprintf( stderr, "sigaction(SIGCHLD) failed: %s",
115        strerror( errno ) );
116      close( sd ); /* passiven Socket schließen */
```

```
117      exit( EXIT_FAILURE );
118    }
119
120    /* Prozeß in einen Daemon umwandeln */
121    daemon_init( argv[0], PIDFILE, LOG_DAEMON );
122
123    init_srv_stats(); /* CPU-Statistik initialisieren */
124
125    accept_handler( sd ); /* Accept-Handler aufrufen */
126
127    /* Falls die Schleife durch SIGTERM beendet wurde */
128    print_srv_stats(); /* CPU-Statistik ausgeben */
129
130    unlink( PIDFILE ); /* PID-Datei entfernen */
131    exit( EXIT_SUCCESS ); /* Daemon beenden */
132  }
```

120–125 Bevor der Aufruf des Accept-Handlers die Verarbeitung der eingehenden Netzwerkverbindungen startet, werden noch die CPU-Statistiken initialisiert und der Serverprozeß wird in einen Dæmonprozeß umgewandelt.

Sobald dem Prozeß ein SIGTERM zugestellt wurde, hat daemon_exit den Wert 1 und die accept_handler()-Funktion kehrt folglich zurück. Das Hauptprogramm gibt dann die verbrauchte CPU-Zeit aus, löscht die PID-Datei und beendet den Dæmon schließlich.

5.5.4 Eigenschaften und Einsatzgebiete

Natürlich wollen wir auch den prozeßbasierten nebenläufigen Server in der schon gewohnten Testumgebung (vgl. Abschnitt 5.2.4) untersuchen. Wieder strapazieren wir den Server dazu mit 30 sequentiellen und 30 parallelen Anfragen und vergleichen die Messungen mit den bisher erzielten Meßergebnissen.

Laufzeitmessungen

Im direkten Vergleich mit der threadbasierten Variante aus Abschnitt 5.3 gibt sich die Version mit mehreren Prozessen nur geringfügig behäbiger. Auch hier zeigt sich jedoch, daß im Falle vieler gleichzeitiger Anfragen der Mehraufwand gegenüber dem iterativen Server deutlich ansteigt. Mit einem CPU-Aufwand von 1157 Clockticks liegt der Mehrprozeß-Server bei 30 parallelen Anfragen immerhin um rund 27% über dem Meßergebnis für den iterativen Server. Hier macht sich der deutlich erhöhte Scheduling-Aufwand für 30 Prozesse bei nur zwei Prozessoren bemerkbar.

Tabelle 5.4. Laufzeitmessungen für den Mehrprozeß-Server

	Laufzeit Client	CPU-Zeit Server
30 Anfragen, sequentiell	10,96 s	924 Clockticks
30 Anfragen, nebenläufig	6,34 s	1157 Clockticks

Aus Sicht des Clients ist deutlich sichtbar, daß auch der Mehrprozeß-Server die vorhandenen Ressourcen des Systems, hier also insbesondere die beiden Prozessoren, ausschöpft und damit die Laufzeit im Vergleich zur iterativen Variante nahezu halbiert. Trotzdem kann der Mehrprozeß-Server nicht ganz mit dem leichtgewichtigeren threadbasierten Server aus Abschnitt 5.3 mithalten. Mit der Gesamtlaufzeit von 6,34 Sekunden bleibt der Testlauf um hauchdünne 2% hinter dem gleichen Test für den vielfädigen Server zurück.

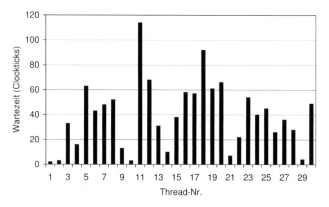

Abb. 5.9. Wartezeiten nebenläufiger Anfragen bei Mehrprozeß-Servern

Insbesondere liegen auch die aus Abb. 5.9 ersichtlichen Antwortszeiten des Mehrprozeß-Servers deutlich erkennbar über den Antwortzeiten der vielfädigen Server-Variante (siehe Abb. 5.5). Auf die Mehrzahl der Client-Anfragen reagiert der Server erst nach 20 bis 60 Clockticks während die Clients des Multithreading-Servers meist schon nach fünf Clockticks eine erste Reaktion ihres Kommunikationspartners erhalten.

Besonderheiten und Einsatzgebiete

Abgesehen vom etwas weniger flüssigen Anwortsverhalten hat ein nebenläufiger Server mit mehreren Prozessen aus der Sicht der Clients prinzipiell die gleichen Eigenschaften wie sein threadbasiertes Pendant. Nachdem der Server die Anfragen nebenläufig bearbeitet, kann ein einziger hängender Client den vielfädigen Server *nicht* zum Stillstand bringen. Blockiert ein Client wie in Abschnitt 5.2.4 beschrieben seine TCP-Verbindung zum Server, so nimmt letzterer nach wie vor neue Anfragen an. Der Server startet dazu einfach weitere Kindprozesse, die dann die Aufträge der Clients bearbeiten.

Wie schon der threadbasierte Server aus Abschnitt 5.3 ist auch der hier vorgestellte Mehrprozeß-Server nicht in der Lage, seinen Ressourcenverbrauch zu kontrollieren. Der Server startet, der Anzahl seiner gleichzeitigen Clients entsprechend, prinzipiell beliebig viele Kindprozesse. Je mehr Clients der Server nebenläufig versorgt, desto mehr Betriebsmittel sind auf der Server-Seite durch die beteiligten Kindprozesse gebunden. An den Laufzeitmessungen aus Tabelle 5.4 konnten wir ablesen, daß im Falle vieler Clients ein nicht unerheblicher Aufwand auf das Scheduling der einzelnen Prozesse entfällt. Ein probates Mittel, die gebundenen Ressourcen zu limitieren, ist es wieder, die Anzahl der gestarteten Kindprozesse zu zählen und keine neuen Verbindungen mehr anzunehmen, sobald ein bestimmter Grenzwert überschritten ist. Eine weit verbreitete Alternative sind nebenläufige Server mit Preforking, die wir in Abschnitt 5.6 diskutieren.

Im Unterschied zu den threadbasierten Server-Versionen aus den Abschnitten 5.3 und 5.4 können die einzelnen Kindprozesse eines prozeßbasierten Servers durchaus mit unterschiedlichen Privilegien laufen. Beim Start erben die Kinder zwar jeweils die *Credentials* und damit die Privilegien des Elternprozeß', doch nachfolgende Änderungen an z. B. der effektiven User- oder Group-ID wirken sich dann nur noch auf den jeweiligen Kindprozeß aus. Insofern kann ein Accept-Handler bei Bedarf mittels `seteuid()` oder `seteuid()` die effektive User- oder Group-ID wechseln, ohne dabei ungewollt die Privilegien der anderen Accept-Handler zu beeinflussen.

5.6 Nebenläufige Server mit Preforking

Der Mehraufwand, den der nebenläufige Server aus Abschnitt 5.5 für die ständige Erzeugung neuer Prozesse leisten muß, läßt sich auch hier wieder durch das vorzeitige Erzeugen dieser Prozesse vermindern. Analog zum Prethreading-Server aus Abschnitt 5.4.2 wird beim Preforking-Server eine gewisse Anzahl von Kindprozessen im Voraus generiert, die später in ihrer Funktion als Accept-Handler die eingehenden Netzwerkverbindungen eigenständig verarbeiten. Dieses Vorgehen wird in Abb. 5.10 illustriert.

Ganz nebenbei wird dadurch die Maximalzahl der Kindprozesse bestimmt und in der Folge auch der vom Server verursachte Ressourcenverbrauch limitiert. Der Elternprozeß beteiligt sich selbst überhaupt nicht an der Behandlung der Verbindungen, sondern kümmert sich lediglich um den Serverstart, die Verwaltung der Kindprozesse, sowie schließlich um die Terminierung der beteiligten Serverprozesse.

Auch beim Preforking-Server können die einzelnen Serverinstanzen alle gleichzeitig mittels `accept()` am gleichen passiven Serversocket auf eingehende

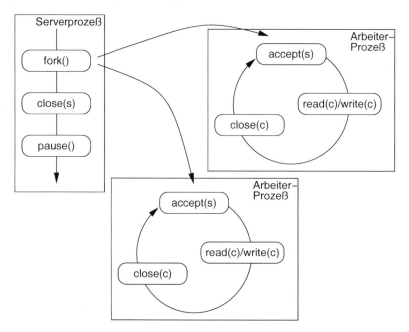

Abb. 5.10. Ablaufdiagramm eines nebenläufigen Servers mit Preforking

TCP-Verbindungen warten. Daß dies für mehrere Threads innerhalb eines einzigen Prozesses funktioniert, haben wir in Beispiel 5.15 bereits gesehen. Dieses Verfahren funktioniert aber aufgrund der speziellen Implementierung der Dateideskriptoren (vgl. dazu die Abschnitte 2.2.1 und 2.5.2) ebenfalls für Eltern- und Kindprozesse. Wir wir bereits in Abb. 2.9 sehen konnten, verweisen die Datei- bzw. Socketdeskriptoren in den Kindprozessen auf dieselben, vom Systemkern gepflegten Beschreibungen offener Dateien. Insofern haben selbstverständlich auch die Kindprozesse im weiteren Verlauf noch Zugriff auf diese gemeinsamen Ressourcen.[13]

5.6.1 Buchführende Signalbehandlung

13 Neben der bereits bekannten Variablen `daemon_exit` wird in Beispiel 5.20 eine weitere globale Variable vereinbart: Im Feld `child` verwaltet der Dæmonprozeß die Prozeß-IDs seiner Kindprozesse.

---

[13] Von dieser für unixtypischen Implementierung der Dateideskriptoren haben wir, ohne darüber ein Wort zu verlieren, bereits in Beispiel 5.18 Gebrauch gemacht, als z. B. der Kindprozeß die vom Elternprozeß erzeugte Clientverbindung nach dem Aufruf von `fork()` bearbeitet hat.

Beispiel 5.20. prefork-srv.c, Teil 1

```
 1  #include <errno.h>
 2  #include <signal.h>
 3  #include <stdio.h>
 4  #include <stdlib.h>
 5  #include <string.h>
 6  #include <sys/socket.h>
 7  #include <sys/wait.h>
 8  #include <syslog.h>
 9  #include <unistd.h>
10
11  #include "server.h"
12
13  int daemon_exit = 0, child[NUM_PROCS];
14
15  void sig_handler( int sig )
16  {
17    pid_t pid;
18    int i;
19
20    switch( sig )
21    {
22      case SIGTERM:
23        daemon_exit = 1;
24        break;
25      case SIGCHLD:
26        while( ( pid = waitpid( -1, NULL, WNOHANG ) ) ) > 0 )
27          for( i = 0; i < NUM_PROCS; i++ )
28            if( pid == child[i] )
29              child[i] = 0; /* Prozeß-ID austragen */
30        break;
31      default:
32        break;
33    }
34    return;
35  }
```

15–35 Wie schon in Beispiel 5.17 kümmert sich die `sig_handler()`-Funktion um die
Verarbeitung der beiden Signale SIGTERM und SIGCHLD. Die Behandlung des
SIGCHLD-Signals wurde im Vergleich zum vorigen Signal insofern verändert,
als daß die Signalbehandlungsroutine im Feld `child` über die aktiven Prozes-
se Buch führt. Sobald sich ein Kindprozeß beendet hat, wird die zugehörige
Prozeß-ID aus dem Feld entfernt.

5.6.2 Parallele Accept-Handler in mehreren Prozessen

37–70 Der Accept-Handler aus Beispiel 5.21 verarbeitet in einer `accept()`-Schleife
eine Netzwerkverbindung nach der anderen. Die Schleife entspricht exakt der
`accept()`-Schleife im Hauptprogramm des iterativen Servers aus Beispiel 5.9.
Die Serverinstanz wartet dabei gleichzeitig zu anderen Instanzen am gemeinsamen passiven Serversocket auf neue TCP-Verbindungen.

Beispiel 5.21. prefork-srv.c, Teil 2

```
37  void accept_handler( int sd )
38  {
39    int client;
40    socklen_t slen;
41    struct sockaddr_storage sa;
42
43    for(;;)
44    {
45      slen = sizeof( sa );
46
47      /* Neue Socketverbindung annehmen */
48      if( ( client = accept( sd, (struct sockaddr *)&sa,
49          &slen ) ) < 0 )
50      {
51        if( daemon_exit ) /* Falls ein SIGTERM kam: Ende */
52          break;
53
54        /* accept() wurde nicht durch SIGTERM unterbrochen */
55        syslog( LOG_ERR, "accept() failed: %s",
56            strerror( errno ) );
57
58        /* Trotz Fehler brechen wir nicht ab! */
59        continue;
60      }
61
62      /* Clientverbindung behandeln */
63      handle_client( client );
64
65      /* Socketdeskriptor schließen, Verbindung beenden */
66      close( client );
67    }
68
69    return;
70  }
```

Sollte der Serverinstanz ein SIGTERM-Signal zugestellt werden, so setzt die Signalbehandlungsroutine die globale Variable daemon_exit auf den Wert 1 und

der Accept-Handler wird verlassen. Ein eventueller Fehlercode von `accept()` wird über den Syslog-Dienst protokolliert.[14] Die neue Netzwerkverbindung wird anschließend an die Funktion `handle_client()` zur weiteren Bearbeitung übergeben. Anschließend wird die Verbindung zum Client beendet und der Accept-Handler wartet auf die nächste eingehende TCP-Verbindung.

Genauso wie beim threadbasierten Server aus Abschnitt 5.4.1 kann es auch für den prozeßbasierten Server beim nebenläufigen Aufruf von `accept()` auf manchen älteren, nicht völlig zu IEEE Std 1003.1-2001 konformen Unix-Systemen zu Problemen kommen. Auch hier hilft dann eine Sequentialisierung der `accept()`-Aufrufe weiter, wobei wir diesmal nicht auf Pthreads-Mutexe zurückgreifen können.[15] Als portable Lösung für diesen Fall empfiehlt es sich, den `accept()`-Aufruf über eine Lock-Datei vor einer Race Condition zu schützen:

```
/* accept_fd referenziert die geöffnete Lock-Datei */
while( fcntl( accept_fd, F_SETLKW, &accept_lock ) < 0 )
   if( errno == EINTR ) /* Signal eingetroffen? */
      continue; /* weiter, falls nur Unterbrochen */
client = accept( sd, (struct sockaddr *)&sa, &slen );
fcntl( accept_fd, F_SETLKW, &accept_unlock );

if( client < 0 )
{
   ...
}
```

Der erste Aufruf von `fcntl()` blockiert so lange, bis die durch `accept_fd` referenzierte Lock-Datei exklusiv für den Prozeß gesperrt wurde. Danach wartet die aktuelle Serverinstanz als einziger Accept-Handler mit `accept()` auf eine neue Netzwerkverbindung, alle anderen Instanzen werden bereits beim Sperren der Lock-Datei ausgebremst.

Mit dem sequentialisierten `accept()`-Zugriff auf den passiven Serversocket wird gleichzeitig das ebenfalls schon in Abschnitt 5.4.1 angesprochene *thundering herd problem*, also das auf manchen Systemen auftretende, CPU-Zeit

---

[14] Erneut ignorieren wir ansonsten alle Fehler in `accept()`, da diese keinesgalls zum Abbruch des Dæmons führen sollen (vgl. dazu Abschnitt 5.2.1).

[15] Die Pthreads-Synchronisationsmechanismen wirken per Definition nur zwischen den verschieden Threads des selben Prozesses und eignen sich daher prinzipiell nicht als Synchronisationswerkzeug zwischen verschieden Prozessen. Manche Unix-Implementierungen erlauben es aber davon abweichend, Pthreads-Mutexe auch in einem von mehreren Prozessen gemeinsam genutzten Speicherbereich zu plazieren. In diesem besonderen, aber momentan nicht sehr portablen Fall eignen sich Mutexe dann sogar als effizienter Synchronisationsmechanismus zwischen mehreren Prozessen.

verschwendende Aufschrecken aller mit `accept()` am selben Socket wartenden Prozesse vermieden.

5.6.3 Preforking im Hauptprogramm

72–105 Der erste Teil des Hauptprogramms aus Beispiel 5.22 ist identisch mit dem nebenläufigen Server aus Beispiel 5.19. Als erstes wird der Serversocket erstellt und die Signalbehandlungsroutine initialisiert. Dann wird der Prozeß in einen Dæmon umgewandelt und schließlich werden noch die CPU-Statistiken vorbereitet.

107–132 Als nächstes wird die durch `NUM_PROCS` bestimmte Anzahl von Serverinstanzen erzeugt. Die Prozeß-IDs der neuen Prozesse werden für den späteren Gebrauch im Feld `child` hinterlegt. Die Kindprozesse tauchen ihrerseits alle in die `accept_handler()`-Funktion ein. Die Funktion kehrt erst dann zurück, wenn dem Prozeß ein `SIGTERM`-Signal zugestellt wurde, worauf sich der Kindprozeß umgehend beendet.

Beispiel 5.22. prefork-srv.c, Teil 3

```
72  int main( int argc, char *argv[] )
73  {
74    int i, sd;
75    struct sigaction action;
76
77    /* horchenden Socket öffnen (passive open) */
78    if( ( sd = tcp_listen( NULL, SRVPORT, BACKLOG ) ) < 0 )
79      exit( EXIT_FAILURE );
80
81    /* Signalbehandlung für SIGTERM u. SIGCHLD installieren */
82    action.sa_handler = sig_handler;
83    sigemptyset( &action.sa_mask );
84    action.sa_flags = 0;
85
86    if( sigaction( SIGTERM, &action, NULL ) < 0 )
87    {
88      fprintf( stderr, "sigaction(SIGTERM) failed: %s",
89        strerror( errno ) );
90      close( sd ); /* passiven Socket schließen */
91      exit( EXIT_FAILURE );
92    }
93
94    if( sigaction( SIGCHLD, &action, NULL ) < 0 )
95    {
96      fprintf( stderr, "sigaction(SIGCHLD) failed: %s",
97        strerror( errno ) );
98      close( sd ); /* passiven Socket schließen */
```

```
 99        exit( EXIT_FAILURE );
100      }
101
102      /* Prozeß in einen Daemon umwandeln */
103      daemon_init( argv[0], PIDFILE, LOG_DAEMON );
104
105      init_srv_stats(); /* CPU-Statistik initialisieren */
106
107      /*
108       * Da es sich um ein Beispiel für einen nebenläufigen
109       * Server mit Preforking handelt, wird ein Pool von
110       * Prozessen erzeugt, die dann die Clientverbindungen
111       * annehmen und behandeln.
112       */
113
114      for( i = 0; i < NUM_PROCS; i++ )
115      {
116        switch( child[i] = fork() )
117        {
118          case -1: /* Fehler */
119            syslog( LOG_ERR, "fork() failed: %s",
120              strerror( errno ) );
121            /* Trotz Fehler brechen wir nicht ab! */
122            break;
123          case 0: /* Kindprozeß übernimmt Accept-Handling */
124            accept_handler( sd ); /* Accept-Handler starten */
125            exit( EXIT_SUCCESS ); /* Kindprozeß beenden */
126            break;
127          default: /* Elternprozeß: weiter mit accept() */
128            break;
129        }
130      }
131
132      close( sd ); /* passiven Socket schließen */
133
134      for(;;)
135      {
136        pause(); /* Nur noch auf SIGTERM warten */
137        if( daemon_exit ) /* Falls ein SIGTERM kam: Ende */
138          break;
139      }
140
141      /* Alle Kinder beenden und auf deren Ende warten */
142      for( i = 0; i < NUM_PROCS; i++ )
143        if( child[i] > 0 )
144          kill( child[i], SIGTERM );
145      while( wait( NULL ) > 0 )
146        ;
147
```

```
148    print_srv_stats(); /* CPU-Statistik ausgeben */
149
150    unlink( PIDFILE ); /* PID-Datei entfernen */
151    exit( EXIT_SUCCESS ); /* Dummy, ... wird nie erreicht */
152 }
```

132–139 Der Elternprozeß schließt, nachdem er die geforderte Anzahl von Serverinstanzen gestartet hat, den passiven Serversocket sd. Der Socket wird nicht weiter benötigt, da sich nun ausschließlich die Kindprozesse um die Annahme neuer Netzwerkverbindungen kümmern. Der Elternprozeß warten fortan nur noch auf das Eintreffen eines SIGTERM-Signals, das den Server beenden soll. Dazu greift der Dæmon in einer Schleife auf die pause()-Funktion zurück, die den Prozeß solange unterbricht, bis ein Signal eintrifft. Im Falle des SIGTERM-Signals verläßt das Hauptprogramm die Warteschleife

141–146 Vor dem Programmende terminiert der Dæmon zunächst seine ganzen Kindprozesse. Er schickt dazu jeder von ihm gestarteten Serverinstanz per kill() ein SIGTERM-Signal. Die Prozeß-IDs der Kinder wurden hierfür beim Start im Feld child hinterlegt. Solange noch Kindprozesse aktiv sind, wartet der Server dann in einer Schleife per wait() auf das Ende der Serverinstanzen.

148–152 Abschließend gibt der Dæmon noch die ermittelten CPU-Statistiken aus, löscht die PID-Datei und beendet sich schließlich selbst.

5.6.4 Eigenschaften und Einsatzgebiete

Zum Abschluß vergleichen wir auch den Preforking-Server noch in unserer Testumgebung mit den anderen Server-Varianten. Auf 30 sequentielle und 30 nebenläufige Anfragen hin muß der Server wieder Primzahlen bis zu einer Größe von maximal 250 000 berechnen und abschließend 500 kB an Daten zum Client transferieren.

Laufzeitmessungen

Sowohl für die sequentiellen als auch für die nebenläufigen Anfragen ist der Preforking-Server nur geringfügig langsamer als der vergleichbare threadbasierte Server aus Abschnitt 5.4. Wie Tabelle 5.5 zeigt, zahlt sich die Ressourcenbeschränkung vor allem bei vielen gleichzeitigen Client-Verbindungen sichtbar aus. Der für den Preforking-Server erforderliche Rechenaufwand bleibt hier gerade mal um vier Clockticks hinter dem Prethreading-Server zurück und liegt somit um nur 8% über dem CPU-Bedarf des inkrementellen Servers (im Vergleich zu den 27% Mehraufwand des normalen prozeßbasierten Servers aus Abschnitt 5.5).

Tabelle 5.5. Laufzeitmessungen für den Preforking-Server

	Laufzeit Client	CPU-Zeit Server
30 Anfragen, sequentiell	10,81 s	920 Clockticks
30 Anfragen, nebenläufig	5,53 s	983 Clockticks

Auch aus der Sicht des Clients zahlt sich der ressourcenfreundlichere Umgang des Servers aus. Mit einer Gesamtlaufzeit von 5,53 Sekunden werden die 30 nebenläufigen Client-Anfragen nur minimal langsamer als vom Prethreading-Server beantwortet. Der Preforking-Server schöpft die Ressourcen des ServerSystems damit fast ebenso gut aus, wie sein threadbasiertes Pendant.

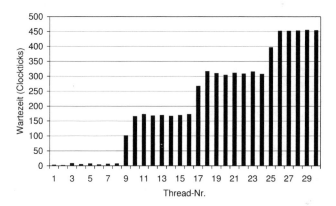

Abb. 5.11. Wartezeiten nebenläufiger Anfragen bei Preforking-Servern

Bei den Reaktionszeiten des Servers setzt sich dieser Trend fort. Die Linitierung der gleichzeitig aktiven Prozesse auf `NUM_PROCS` Stück (in unserem Beispiel also acht Kindprozesse, siehe `server.h` aus Beispiel 5.1) geht zwar zulasten der Fairness, das Antwortverhalten des Servers ist aber im Vergleich immer noch sehr flüssig. Abbildung 5.11 zeigt die sich stufenweise erhöhenden Antwortszeiten des Servers, dieses Verhalten ist bereits vom Prethreading-Server her bekannt. Die Reaktionszeiten liegen dabei durchwegs knapp über den gemessenen Werten für das threadbasierte Server-Äquivalent.

Besonderheiten und Einsatzgebiete

Genau wie die anderen nebenläufigen Server-Varianten kann der Preforking-Server nicht durch eine einzige blockierende Anfrage außer Gefecht gesetzt werden, auch lange Bearbeitungszeiten für einzelne Clients führen in der Regel nicht zum Ausschluß nachfolgender Client-Anfragen. Durch das Vorzeitige abspalten neuer Bearbeitungsprozesse entfällt das Starten eines neuen Prozeß' für jede Clientverbindung. Gleichzeitig behält der Server damit die Kontrolle über seinen Ressourcenverbrauch, insbesondere über die maximale Anzahl der Prozesse und damit der gleichzeitigen Client-Verbindungen.

Durch die Aufteilung in einen separaten Prozeß pro Client können die einzelnen Accept-Handler des Preforking-Servers bei Bedarf mittels `seteuid()` oder `seteuid()` die effektive User- oder Group-ID wechseln und damit mit besonderen Privilegien arbeiten, ohne die Funktionalität oder die Sicherheitsbedürfnisse der anderen Accept-Handler zu beeinflussen.

5.7 Zusammenfassung

In den zurückliegenden Abschnitten dieses Kapitels haben wir fünf verschiedene Implementierungsmuster für Serverprogramme kennengelernt und dabei ihre Stärken und Schwächen beleuchtet. Der von seiner Struktur und seinem Verhalten her einfachste Server ist der iterative Server, der die eingehenden Client-Verbindungen streng sequentiell beantwortet. Iterative Server sind für alle Einsatzgebiete ausgezeichnet geeignet, in denen nur wenig gleichzeitige Netzwerkverbindungen auftreten und die zugehörigen Anfragen schnell beantwortet werden können.

Falls ein Server viele gleichzeitige Netzwerkverbindungen handhaben soll und darüber hinaus für die Beantwortung der Client-Anfragen durchaus auch längere Bearbeitungszeiten anfallen können, stellen die nebenläufigen Server-Arten eine besser geeignete Alternative dar. Nebenläufige Server auf Thread- oder Prozeßbasis garantieren ihren Clients in der Regel ein faireres, flüssigeres Antwortsverhalten. Durch die nebenläufige Verarbeitung der Verbindungen sind diese Server zudem in der Lage, die verschiedenen Prozessoren eines Mehrprozessorsystems optimal zu nutzen. Die gewünschte Nebenläufigkeit kann dabei durch mehrere Prozesse, durch mehrere Threads oder auch durch hybride Mischformen eingebracht werden. Werden die Server-Instanzen der nebenläufigen Server nicht erst zum Zeitpunkt der Anfrage sondern bereits vorab gestartet, spricht man von Prethreading- oder Preforking-Servern.

Tabelle 5.6. Laufzeitmessungen der Server-Varianten im Überblick

Server-Variante	Laufzeit Client	CPU-Zeit Server
Iterativer Server	10,54 s (10,84 s)	909 Clockticks
Nebenläufiger Server mit mehreren Prozessen	6,34 s (10,96 s)	1157 Clockticks
Nebenläufiger Server mit mehreren Threads	6,28 s (10,93 s)	1150 Clockticks
Nebenläufige Server mit Preforking	5,53 s (10,81 s)	983 Clockticks
Nebenläufige Server mit Prethreading	5,40 s (10,67 s)	979 Clockticks

In den Tabellen 5.6 und 5.7 sind die Laufzeitmessungen für 30 nebenläufige Client-Anfragen nochmals kompakt zusammengefaßt. Die eingeklammerten

Zeiten aus Tabelle 5.6 zeigen als Kontrast die für 30 sequentielle Anfragen ermittelten Meßwerte. Mit Blick auf die serverseitig verbrauchte CPU-Zeit zeigt sich, daß die nebenläufigen Server die zusätzliche Flexibilität bei der Bearbeitung der Aufträge mit erhöhtem Rechenaufwand bezahlen. Ganz nebenbei hat sich natürlich auch die Komplexität des Quellcodes erhöht. Besonders deutlich ist dieser Anstieg des CPU-Verbrauchs bei den Varianten zu beobachten, die pro Anfrage eine neue Server-Instanz starten und dabei den Ressourcenverbrauch nicht limitieren.

Die Clients der nebenläufigen Server profitieren direkt von Server-Systemen mit mehreren Prozessoren, da die nebenläufigen Server-Varianten im Gegensatz zu iterativen Servern in der Lage sind, die vorhandenen Ressourcen mittels mehrerer Prozesse oder Threads auszuschöpfen. Dabei war es wenig überraschend, daß die nebenläufigen Server mit Prethreading oder Preforking bei unseren Messungen klar im Vorteil waren.

Tabelle 5.7. Durchschnittliche Antwortszeiten der Server-Varianten

Server-Variante	Durchnittliche Antwortszeit
Iterativer Server	514,83 Clockticks
Nebenläufiger Server mit mehreren Prozessen	39,40 Clockticks
Nebenläufiger Server mit mehreren Threads	10,77 Clockticks
Nebenläufige Server mit Preforking	214,10 Clockticks
Nebenläufige Server mit Prethreading	212,53 Clockticks

Die in Tabelle 5.7 aufgeführten durchschnittlichen Antwortszeiten zeigen, daß sich die strikte Ressourcenkontrolle der Preforking- bzw. Prethreading-Server auch auf die Reaktionszeiten der Server auswirkt. Im Gegensatz zu den einfachen nebenläufigen Servern ist das Antwortsverhalten dieser beiden Server-Varianten bei acht Server-Instanzen und 30 nebenläufigen Anfragen etwas weniger flüssig.

In der Praxis wird deshalb oftmals auf eine dynamische Form des Preforking oder Prethreading zurückgegriffen: Der Server darf bei Bedarf (d. h. in Stoßzeiten) in einem bestimmten Rahmen neue Server-Instanzen starten und inaktive Instanzen zu einem späteren Zeitpunkt wieder beenden. Die Konstante NUM_THREADS des Prethreading-Servers würde in diesem Fall durch zwei Konstanten MIN_THREADS und MAX_THREADS abgelöst, welche die Minimal- und Maximalzahl der vorab zu startenden Accept-Handler festlegt. Für prozeßbasierte Server wird analog verfahren.

Ob nun prozeß- oder threadbasierte Server für eine konkrete Anwendung die bessere Wahl sind, hängt u. a. davon ab, ob von den Accept-Handlern auf gemeinsame Daten zugegriffen werden soll, ob der Server bestimmte Aktionen zwischen den Accept-Handlern synchronisieren muß oder ob bestimmte Arbeiten des Servers mit erweiterten oder reduzierten Privilegien ablaufen müssen.

Muß eine Abstufung der Server-Privilegien erfolgen, so muß die Modifikation der *Credentials* auf Prozeßebene erfolgen und es kommen nur nebenläufige Server mit mehreren Prozessen oder hybdride Server-Formen in Frage. In fast allen anderen Fällen, insbesondere natürlich, wenn die einzelnen Anfragen synchronisiert werden sollen, sind threadbasierte Server ein gute Wahl.

6

Netzwerkprogrammierung mit SSL

Die Entwicklung der Unix-Betriebssysteme ist eng mit der Entwicklung des Internets verknüpft: Die schier unendlichen Möglichkeiten, die sich aus der Unix-Netzwerkprogrammierung ergaben, bereiteten im Zusammenspiel mit den Anfängen des Internets den Weg für eine Vielzahl von Netzwerkdiensten und darauf aufbauenden Dienstleistungen. Mit der Einführung des am Europäischen Kernforschungszentrum CERN entwickelten Netzwerkdiensts *World Wide Web* (WWW) schaffte das Internet schließlich den Sprung heraus aus der Welt der Forschung und der Wissenschaft. Über das WWW wurde von Internetnutzern aus der ganzen Welt binnen relativ kurzer Zeit eine bis dahin unvorstellbare Menge an Informationen bereitgestellt und miteinander verwoben, weshalb der Begriff „Internet" seitdem umgangssprachlich häufig mit dem World Wide Web gleichgesetzt wird.

Aufgrund seiner Informationsvielfalt verzeichnete das Internet ab Mitte der Neunziger Jahre ein rasantes Wachstum von damals gut 1,3 Millionen angeschlossen Rechnern (Januar 1993) zu nunmehr knapp 400 Millionen miteinander vernetzten Systemen (Januar 2006).[1] Immer mehr Privatanwender, insbesondere auch Computerlaien, machen seither von dieser weltumspannenden Informationsquelle Gebrauch, was Zug um Zug auch zu immer mehr kommerziellen Angeboten im Netz führte (und immer noch führt).

Das Internet ist damit inzwischen von einem Netz für Universitäten und Forschungseinrichtungen zum ubiquitären Informations- und Kommunikationsmedium avanciert. Viele neue Dienste wie etwa die elektronische Post (E-Mail), das Telefonieren über das Internet (IP-Telefonie, VoIP), das Einkaufen über das Internet (Online-Shopping), der elektronische Zahlungsverkehr (Online-Banking), die elektronische Steuererklärung (ELSTER)[2] oder auch das sogenannte E-Government[3] verlangen eine Personalisierung ihrer Dienst-

---

[1] Quelle: Internet Systems Consortium (ISC), siehe http://www.isc.org/ds/.
[2] http://www.elster.de/
[3] http://www.wmsbundonline.de/

leistungen. Niemand soll schließlich unberechtigten Zugriff auf das Konto Dritter haben, unter einer falschen Identität Waren einkaufen oder gar eine Steuererklärung abgeben können. Die Benutzer müssen sich also gegenüber den angesprochenen Diensten ausweisen können und dabei müssen dann letztendlich auch sensible Daten verwaltet und über das (unsichere) Netzwerk übertragen werden. Die IT-Sicherheit spielt damit in solchen Systemen eine zentrale Rolle. Im weiteren Verlauf dieses Kapitels wollen wir deshalb aus dem weiten Themenfeld der IT-Sicherheit einen für die Unix-Netzwerkprogrammierung relevanten Baustein herausgreifen: die sichere Datenübertragung über ein IP-basiertes Netzwerk.

6.1 Strategien zur Absicherung des Datenverkehrs

Die Absicherung des Datenverkehrs zwischen zwei Kommunikationspartnern dreht sich, anders als gemeinhin angenommen, in der Regel nicht nur um die reine Verschlüsselung der zu übertragenden Daten. Die Herausforderungen, die bei der sicheren Datenübetragung zu meistern sind, sind gleichzeitig die vier Hauptziele der modernen Kryptographie und werden Schutzziele der IT-Sicherheit genannt:

Vertraulichkeit: Nur der gewünschte Empfänger einer vertraulichen Nachricht soll in der Lage sein, den Inhalt der Nachricht zu lesen. Um die Vertraulichkeit zu gewährleisten, muß also sichergestellt werden, daß der Inhalt einer Mitteilung nur von der Person bzw. dem System gelesen werden kann, für die bzw. für das der Absender seine Mitteilung bestimmt hat. Darüber hinaus sollte es für Unbefugte nicht einmal möglich sein, abgeleitete Informationen über den eigentlichen Nachrichteninhalt (etwa eine statistische Verteilung bestimmter Zeichen) zu erlangen.

Beispiel: Die online vom Webserver eines Telekommunikationsanbieters abgerufene Telefonrechnung soll so an den Kunden übertragen werden, daß die Rechnung auf dem Übertragungsweg nicht von Dritten eingesehen werden kann.

In der klassischen Kryptographie stellte allein der geheime Verschlüsselungsalgorithmus die Vertraulichkeit sicher (Verschleierung des eingesetzten Verfahrens, *security by obscurity*). In der modernen Kryptographie reicht dies nicht mehr aus und man ist dazu übergegangen, die Verschlüsselungsverfahren offenzulegen. Im Gegenzug hängt die Sicherheit eines kryptographischen Verfahrens nun von der Geheimhaltung der zur Ver- und Entschlüsselung benötigten Schlüssel ab (Kerckhoffs-Prinzip).

Integrität: Der Empfänger einer Mitteilung soll in der Lage sein zu kontrollieren, ob die empfangene Nachricht im Laufe ihrer Übertragung verändert wurde. Um die Integrität zu gewährleisten, muß also sichergestellt werden, daß eine Nachricht auf dem Übertragungsweg nicht unbemerkt verändert werden kann.

Beispiel: Die vom Webserver eines Telekommunikationsanbieters abgerufene Online-Rechnung soll unversehrt beim Kunden ankommen, es darf z. B. nicht möglich sein, daß Dritte auf dem Übertragungsweg unbemerkt die zur Begleichung der Rechnung angegebene Kontonummer austauschen.

Authentizität: Der Empfänger einer Mitteilung soll in der Lage sein zu kontrollieren, ob die empfangene Nachricht wirklich von genau dem Absender stammt, der sich als Absender der Mitteilung ausgibt bzw. der als Absender der Mitteilung angenommen wird.

Beispiel: Bevor der Kunde zur Begleichung seiner Telefonrechnung schreitet, muß er sicher sein, daß er die Telefonrechnung auch tatsächlich vom Webserver seines Telekommunikationsanbieters abgerufen hat und nicht etwa von Dritten eine gefälschte Rechnung erhalten hat.

Verbindlichkeit: Der Absender einer Mitteilung soll *nicht* in der Lage sein zu bestreiten, daß er die fragliche Nachricht gesendet hat.

Beispiel: Erstellt der Kunde zur Begleichung einer Rechnung bei seiner Bank einen Überweisungsauftrag, so muß er eindeutig als Urheber dieses Auftrags feststehen und darf hinterher nicht in der Lage sein, die Erteilung des Auftrags abzustreiten.

Diese Forderung geht über die hier vorgestellten Strategien zur Absicherung des IP-basierten Datenverkehrs hinaus, läßt sich aber durch den Einsatz digitaler Signaturen relativ unkompliziert erfüllen.

Mit Hilfe dieser Schutzziele lassen sich bereits eine ganze Menge gängiger Angriffe auf die Datenübertragung erfolgreich adressieren. Unter diese Angriffe fallen u. a. das passive Abhören einer Netzwerkverbindung *(snooping, eavesdropping)*, das Aufzeichnen und erneute Abspielen einer Netzwerkverbindung *(capture/replay)*, das gezielte Manipulieren von Daten auf dem Übertragungsweg *(data tampering)*, das Vortäuschen einer anderen Absenderadresse *(IP spoofing)* oder das unrechtmäßige Übernehmen einer aufgebauten Netzwerkverbindung *(session hijacking)*.[4] Derartige Versuche, die Netzwerkkommunikation zu kompromittieren, sind heutzutage leider alles andere als selten. Dank einer Vielzahl frei verfügbarer und leicht zu verwendender Werkzeuge sind mitunter sogar Computerlaien in der Lage, zumindest einige dieser Angriffe ohne größeren Aufwand durchzuführen.

Aufgrund der Entwicklungsgeschichte des Internets als Verbindungsnetzwerk für Universitäten und Forschungseinrichtungen, das im Wesentlichen zum

---

[4] Nicht jeder kryptographische Algorithmus ist allerdings in der Lage, alle der vier oben genannten Ziele zu erreichen. Dies ist aber nicht weiter tragisch, denn je nach Aufgabenstellung ist es u. U. auch gar nicht notwendig, die gesamten Forderungen (wie z. B. Verbindlichkeit) abzudecken.

Austausch von Lehr- und Forschungsinformationen genutzt wurde, hat das Thema IT-Sicherheit und insbesondere die sichere Datenübertragung zunächst keine hervorgehobene Rolle gespielt. Bei den klassischen Netzwerkprotokollen aus der Internet-Protokoll-Familie waren denn auch keine besonderen Sicherheitsmechanismen vorgesehen, weder bei Protokollen aus der Anwendungsschicht (z. B. HTTP, SMTP, Telnet, FTP, DNS; OSI-Schichten 5–7) noch bei den Protokollen aus den darunter liegenden Schichten (z. B. TCP, UDP, IP, ICMP, PPP; OSI-Schichten 1–4). Erst die zunehmende Kommerzialisierung des Netzes lenkte den Blick zunehmend auf die Absicherung des über das Netzwerk stattfindenden Datenaustauschs.

Trotzdem muß klar sein, daß sich auch mit Hilfe der oben genannten Schutzziele keine perfekte, allumfassende Sicherheit erreichen läßt. So läßt sich z. B. immer noch nachvollziehen, daß zwei Parteien überhaupt miteinander Daten austauschen, wenngleich der Kommunikationsinhalt nicht einsehbar ist. Darüber hinaus ergeben sich für potentielle Angreifer noch ganz andere Möglichkeiten, die etwa auf die Unwissenheit, die Bequemlichkeit oder auch die Leichtsinnigkeit des Anwenders abzielen oder an eventuellen Schwachstellen des zugrundeliegenden Betriebssystems ansetzen.

6.1.1 Datenverschlüsselung

Die Verschlüsselung einer Nachricht ist der natürliche Ansatz, um die Vertraulichkeit einer Mitteilung zu gewährleisten. Bei der Datenverschlüsselung wird mit Hilfe eines Verschlüsselungsalgorithmus' aus einer lesbaren bzw. verständlichen Nachricht („Klartext") eine chiffrierte bzw. unverständliche Nachricht („Geheimtext") erzeugt. Der ursprüngliche Inhalt der Nachricht wird dabei nicht durch ein geheimes Verschlüsselungsverfahren sondern durch einen oder mehrere Schlüssel geschützt.

Der bei der Entschlüsselung eingesetzte Algorithmus muß nicht mit dem zuvor bei der Verschlüsselung eingesetzten Verfahren identisch sein und auch der zur Entschlüsselung eingesetzte Schlüssel kann je nach Verfahren vom bei der Verschlüsselung eingesetzten Schlüssel abweichen.

Man unterscheidet bei den verschiedenen Verschlüsselungsverfahren grob zwischen symmetrischen und asymmetrischen Verfahren:

Symmetrische Datenverschlüsselung

Bei den symmetrischen Verfahren zur Datenverschlüsselung erfolgen Ver- und Entschlüsselung der Nachrichten (im Wesentlichen) mit dem selben Schlüssel. Der Schlüssel wird beim Verschlüsseln der Nachricht an den Verschlüsselungsalgorithmus übergeben, der dann mit Hilfe dieses Schlüssels die Nachricht chiffriert. Dieser Geheimtext kann nun gefahrlos auf dem üblichen Weg über ein unsicheres Medium wie das Internet transportiert werden. Nur der Empfänger, der natürlich ebenfalls im Besitz des geheimen Schlüssels sein muß, kann die Nachricht wieder dechiffrieren. Dazu übergibt er den Schlüssel an den Entschlüsselungsalgorithmus, welcher dann mit Hilfe des Schlüssels die Nachricht wieder in Klartext zurück übersetzt.

Ein symmetrisches Verschlüsselungsverfahren steht und fällt natürlich mit der Geheimhaltung des Schlüssels durch *alle* Kommunikationspartner. Ist der Schlüssel einem Angreifer bekannt, so ist er aufgrund des symmetrischen Verfahrens in der Lage, sowohl an die verschlüsselte Information zu gelangen als auch die Originalnachricht zu verändern und weiter zu verbreiten. Das symmetrische Verfahren mit seiner unbedingten Geheimhaltung des Schlüssels bringt zwei Herausforderungen mit sich:

1. Wie soll der Schlüssel initial zwischen den Kommunikationspartnern bekannt gemacht werden? Diese Fragestellung ist auch als Schlüsselverteilungsproblem bekannt. Die Übertragung des Schlüssels im Klartext über den selben unsicheren Weg wie später die Nachrichten scheidet aus. Ein potentieller Angreifer könnte bereits den Schlüsselaustausch mitschneiden und würde damit in den Besitz der vollständigen Informationen gelangen. Üblicherweise setzt man deshalb zum Schlüsselaustausch auf die nachfolgend beschriebenen asymmetrischen Verfahren.

2. Das symmetrische Verfahren erfordert, daß für jede Kommunikationsbeziehung ein eigener geheimer Schlüssel erforderlich ist. Die Anzahl der zu verwaltenden Schlüssel wächst damit quadratisch mit der Anzahl der Kommunikationsbeziehungen.

Auf der anderen Seite sind die symmetrischen Verfahren in der Regel um ein Vielfaches schneller als die nachfolgend beschriebenen asymmetrischen kryptographischen Algorithmen.

Bekannte Vertreter der symmetrischen Verschlüsselungsverfahren sind z. B. AES (Advanced Encryption Standard), DES (Data Encryption Standard), 3DES (Triple-DES, eine DES-Weiterentwicklung) und RC4.

Asymmetrische Datenverschlüsselung

Bei den asymmetrischen Verfahren zur Datenverschlüsselung erfolgen Ver- und Entschlüsselung einer Nachricht mit zwei unterschiedlichen Schlüsseln. Jeder Kommunikationspartner verfügt dabei über ein eigenes, eng miteinander zusammenhängendes Schlüsselpaar, bei dem ein Schlüssel praktisch nicht aus dem anderen berechnet werden kann. Ein Schlüssel jedes Schlüsselpaars bleibt geheim *(private key)*, der jeweils andere Schlüssel wird dagegen veröffentlicht *(public key)*, weshalb derartige Verfahren auch als Public-Key-Verfahren bezeichnet werden. Die Asymmetrie des Verfahrens ergibt sich aus der unterschiedlichen Einsatzrichtung der beiden Schlüssel: Wurde der eine Schlüssel eines Schlüsselpaars zum Verschlüsseln einer Nachricht verwendet, so kann man einzig mit dem jeweiligen Gegenstück die Mitteilung wieder entschlüsseln. Der ursprünglich für die Verschlüsselung eingesetzte Schlüssel kann die chiffrierte Nachricht *nicht mehr* aufsperren.

Die asymmetrischen Verschlüsselungsverfahren haben den enormen Vorteil, daß jeder Kommunikationspartner nur seinen eigenen, privaten Schlüssel geheim halten muß und nicht, wie bei den symmetrischen Verfahren notwendig, *jeder* Kommunikationsteilnehmer *alle* Kommunikationsschlüssel unter Verschluß halten muß.

Auch das Schlüsselverteilungsproblem existiert in dieser Form nicht mehr, die öffentlichen Schlüssel sind ja frei zugänglich. Allerdings muß nun gewährleistet sein, daß der veröffentlichte Schlüssel auch tatsächlich der öffentliche Schlüssel des gewünschten Kommunikationspartners ist und nicht von einem Dritten nur als der gesuchte öffentliche Schlüssel vorgetäuscht wird. Dieses Echtheitsproblem wird in der Regel durch digitale Zertifikate gelöst.

Im direkten Vergleich mit den symmetrischen Algorithmen arbeiten die asymmetrischen Verfahren allerdings auf größeren Datenmengen extrem langsam. In der Praxis setzt man deshalb auf hybride Verfahren, die zunächst über ein asymmetrisches Verfahren geschützt einen symmetrischen Kommunikationsschlüssel aushandeln und die eigentliche Kommunikation dann mit einem symmetrischen Verfahren absichern.

Der bekannteste Vertreter der asymmetrischen Verschlüsselungsverfahren ist das RSA-Verfahren, benannt nach seinen Entwicklern Ronald L. Rivest, Adi Shamir und Leonard M. Adleman. Das RSA-Verfahren gilt als sicheres Public-Key-Verfahren und kann im Gegensatz zu anderen asymmetrischen Verfahren sowohl zur Verschlüsselung von Daten als auch zur digitalen Signatur (siehe unten) eingesetzt werden.

Zufallszahlen

Zufallszahlen spielen eine gewichtige Rolle in der modernen Kryptographie, alleine schon für die Schlüsselerzeugung im Rahmen der symmetrischen und asymmetrischen Verschlüsselungsverfahren. Ohne Zufallszahlen wären die erzeugten Schlüssel vorhersehbar und es ließen sich von den kryptographischen Algorithmen praktisch keine Geheimnisse erzeugen. Allerdings stellt die auf den ersten Blick recht trivial erscheinende Aufgabe, mittels eines Computers Zufallszahlen zu erzeugen, eine durchaus ernstzunehmende Aufgabe dar, denn Computer arbeiten deterministisch, damit also vorhersehbar und eben gerade *nicht* zufällig. Computer können Zufallsfolgen also lediglich berechnen und der Zufall spielt bei diesen Rechenaufgaben eigentlich keine Rolle.[5]

Zur Berechnung von Zufallszahlen füttert man den (deterministischen) Zufallszahlengenerator mit einem oder mehreren Startwerten *(Seed)* und erhält

---

[5] Einige moderne Prozessoren bzw. Chipsätze bieten deshalb Zufallszahlengeneratoren in Hardware an, die dann auf echtem physikalischem Zufall beruhen.

als Ergebnis eine Folge von Zahlen. Da diese Zahlen nicht wirklich zufällig sein können,[6] nennt man einen derartigen Generator auch *Pseudozufallszahlengenerator* bzw. *Pseudo Random Number Generator (PRNG)* und die Zufallszahlen heißen folglich auch *Pseudozufallszahlen.*

Die Güte eines Pseudozufallszahlengenerators hat direkten Einfluß auf die Wirksamkeit der kryptographischen Verfahren, in denen er verwendet wird (vgl. dazu auch RFC 1750 [ECS94]). Das Maß für die Menge an Zufallsinformation in einer Folge von Zufallszahlen wird Entropie genannt. Wie einige Beispiele aus der Vergangenheit zeigen, etwa eine Schwäche im PRNG des Netscape-Webbrowsers,[7] ermöglicht der Einsatz naiver Zufallszahlengeneratoren in kryptographischen Algorithmen, diese mit relativ geringem Aufwand zu brechen. Schwache Generatoren, also Pseudozufallszahlengeneratoren mit geringer Entropie, stellen somit eine echte Gefährdung der Sicherheit von kryptographischen Verfahren dar.

6.1.2 Hashfunktionen und Message Authentication Codes

Mit der Hilfe kryptographischer Hashfunktionen lassen sich sogenannte „Fingerabdrücke" elektronischer Dokumente berechnen. Eine solche Funktion h ist eine Einwegfunktion, die eine Nachricht m beliebiger (endlicher) Länge auf einen Datenblock fester Länge (z. B. eine Länge von 128 oder 160 Bit) abbildet. Der ermittelte Hashwert $h(m)$ wird auch als *message digest* oder Fingerabdruck der Nachricht bezeichnet und läßt keine Rückschlüsse auf die ursprünglich verarbeitete Nachricht zu.

Für kryptographische Hashfunktionen soll es praktisch unmöglich sein, zu einer gegebenen Nachricht m eine davon abweichende zweite Nachricht m' zu konstruieren, deren Hashwerte $h(m)$ und $h(m')$ identisch sind. Ist es sogar praktisch unmöglich, überhaupt zwei unterschiedliche Nachrichten m und m' mit $h(m) = h(m')$ zu finden, dann bezeichnet man die kryptographische Hashfunktion als kollisionsresistent. Bekannte Hashfunktionen mit derartigen Eigenschaften sind z. B. MD5 (128 Bit Fingerabdruck), RIPEMD-160 oder SHA-1 (jeweils mit 160 Bit Fingerabdruck).

Aufgrund ihrer Eigenschaften lassen sich kryptographische Hashfunktionen ausgezeichnet zu Zwecken der Integritätssicherung einsetzen. Ist z. B. der Fingerabdruck einer Datei bekannt, so kann man nach einer Übertragung der Datei erneut den Hashwert berechnen und mit dem bekannten Wert vergleichen. Stimmen die beiden Werte überein, so wurde die Datei fehlerfrei übertragen. Allerdings impliziert dieser Ansatz, daß der vorab bekannte Fingerabdruck korrekt ist. Ist ein Angreifer in der Lage, sowohl die Datei als auch den zur

---

[6] Bei jedem neuen Start der Berechnung mit gleichem Startwert wird durch den deterministischen Algorithmus natürlich wieder die gleiche Zahlenfolge erzeugt.

[7] http://www.heise.de/ct/95/11/026/, http://www.cs.berkeley.edu/~daw/papers/ddj-netscape.html

Kontrolle hinterlegten Hashwert zu modifizieren, so kann er dieses Verfahren aushebeln.[8] Genau an dieser Stelle setzen die sogenannten *Message Authentication Codes* (MAC) an:

Wie der Name schon suggeriert, wird durch einen MAC sowohl die Integrität als auch die Authentizität von Nachrichten gewährleistet. Der Schutz wird dadurch erreicht, daß in die Berechnung des MACs neben der eigentlichen Nachricht auch ein geheimer, nur den beiden Kommunikationspartnern bekannter Schlüssel mit einbezogen wird. Der MAC wird anschließend einfach zusammen mit der Nachricht übertragen. Der Empfänger kann seinerseits den zum Vergleich benötigten MAC nur dann berechnen, wenn auch er den geheimen Schlüssel kennt. Der Besitz des geheimen Schlüssels bzw. die korrekte Berechnung des MACs dient gleichzeitig als Authentizitätsnachweis. Am weitesten verbreitet ist der sogenannte HMAC, ein Message Authentication Code, für dessen Berechnung eine (beliebige) kryptographische Hashfunktion herangezogen wird.

6.1.3 Digitale Signaturen

In vielen Fällen ist die gemeinsame Anwendung eines zuvor auszuhandelnden geheimen Schlüssels immer noch nicht praktikabel. Viel praktischer wäre es, die Authentizität einer Nachricht auch ohne ein gemeinsam geteiltes Geheimnis festellen zu können. Der Rückgriff auf asymmetrische Verschlüsselungsverfahren liefert hier eine passende Lösung.

Bei einigen Public-Key-Verfahren, wie z. B. dem RSA-Verfahren, sind die beiden zueinander assoziierten Schlüssel eines Schlüsselpaars in beide Richtungen verwendbar: Wird eine Nachricht mit dem öffentlich bekannten Schlüssel eines Kommunikationspartners verschlüsselt, so kann die Mitteilung lediglich über den zugehörigen geheimen Schlüssel wieder entschlüsselt werden. Da dieser Schlüssel ausschließlich dem Adressaten bekannt ist, kann der Inhalt der Nachricht damit einzig von diesem gelesen werden. Werden dagegen mit dem geheimen Schlüssel Daten verschlüsselt (und dies kann nur durch den Eigentümer des Schlüssels erfolgen), so können diese über den frei zugänglichen öffentlichen Schlüssel von jedermann entschlüsselt werden. Damit entspricht das Verschlüsseln mit dem geheimen Schlüssel in der Praxis einer digitalen bzw. elektronischen Signatur.

Das deutsche Signaturgesetz [Sig01] aus dem Jahr 2001 definiert elektronische Signaturen im Sinne dieses Gesetzes ganz allgemein als „Daten in elektronischer Form, die anderen elektronischen Daten beigefügt oder logisch mit ihnen verknüpft" werden und die „zur Authentifizierung" dienen. Aus Effizienzgründen werden in der Praxis bei digitalen Signaturen tatsächlich nicht die

---

[8] Eine kryptographische Hashfunktion hilft also lediglich bei der Erkennung von Veränderungen, nicht aber bei der Entdeckung von Fälschungen.

gesamten Daten verschlüsselt. Es reicht völlig aus, mit einem kryptographischen Hashverfahren einen Fingerabdruck der Daten zu bestimmen, diesen mit dem geheimen Schlüssel zu verschlüsseln und dann an die Daten anzuhängen. Der Adressat berechnet dann seinerseits den Fingerabdruck der empfangenen Daten und vergleicht diesen mit dem zuvor mit Hilfe des öffentlichen Schlüssels entschlüsselten Fingerabdruck, den er zusammen mit den Daten empfangen hat. Stimmen die beiden Fingerabdrücke überein, so ist die digitale Unterschrift echt und die Authentizität des Absenders ist eindeutig geklärt.

Neben dem oben erwähnten RSA-Verfahren gibt es mit dem *Digital Signature Algorithm* (DSA) ein weiteres populäres Verfahren zur Erzeugung und Verifikation digitaler Signaturen. Im Unterschied zu RSA ist DSA nicht zugleich auch als Verschlüsselungsverfahren ausgelegt.

6.1.4 Zertifizierungsstellen und digitale Zertifikate

Wie bereits angedeutet, bleibt bei den asymmetrischen Verschlüsselungsverfahren und damit auch bei den digitalen Signaturen noch die Frage zu klären, in wie weit der öffentlich zugängliche Public-Key tatsächlich der öffentliche Schlüssel des gewünschten Kommunikationspartners ist. Natürlich kann diese Frage auf traditionellem Weg geklärt werden, indem z. B. durch einen Telefonanruf die Echtheit des Schlüssels verifiziert wird. Diese Methode wird allerdings mit einer wachsenden Anzahl an Kommunikationspartnern äußerst unhandlich. An dieser Stelle haben sich deshalb digitale Zertifikate etabliert, mit deren Hilfe von einem vertauenswürdigen Dritten die Zugehörigkeit eines kryptografischen Schlüssels zu

- einer Person, einer Firma oder einer Institution (z. B. bei der Kommunikation über E-Mail) oder
- einer Maschine (z. B. Kommunikation mit einem Webserver)

bestätigt wird. Dies funktioniert im Prinzip wie bei einem Personalausweis oder Reisepaß: Hier fungiert die Paßstelle als Zertifizierungsstelle und beglaubigt durch ein entsprechendes Ausweisdokument die Zusammengehörigkeit zwischen einer Unterschrift und einer durch ihre Attribute (Paßbild, Geburtsdatum, Geburtsort, Größe, Augenfarbe, aktuelle Adresse, . . .) näher bestimmte Person. Die Paßstelle „signiert" die ausgestellten Ausweispapiere mittels der einschlägig bekannten Sicherheitsmerkmale[9] und bestätigt damit die Echtheit des Dokuments.

Dieses Verbürgen der Paßstelle für die Zusammengehörigkeit von Unterschrift und Person läßt sich in der Welt der digitalen Signaturen wieder mit krypto-

---

[9] Die Bundesdruckerei veröffentlich z. B. unter http://www.bundesdruckerei.de/ de/iddok/2_1/2_1_6.html die Sicherheitsmerkmale der Personalausweiskarte.

graphischen Mitteln nachbilden. Eine sogenannte Zertifizierungsstelle (Certification Authority, kurz: CA) übernimmt hier die Aufgabe des vertrauenswürdigen Dritten und signiert ein elektronisches Dokument, das digitale Zertifikat, in dem sie zusichert, daß ein bestimmter öffentlicher Schlüssel zu einer bestimmten Person (Firma, Institution, Maschine) gehört. Ein Zertifikat enthält u. a. Informationen über den Namen des Zertifikatnehmers, dessen öffentlichen Schlüssel, einen Gültigkeitszeitraum und den Namen der Zertifizierungsstelle. Diese Daten sind in der Regel mit dem privaten Schlüssel der Zertifizierungsstelle signiert, die Echtheit des Zertifikats kann folglich mit dem öffentlichen Schlüssel der Zertifizierungsstelle überprüft werden.

Vertraut ein Kommunikationsteilnehmer der ausstellenden Zertifizierungsstelle eines Zertifikats, so steht für ihn fest, daß der im Zertifikat enthaltene öffentliche Schlüssel tatsächlich zum gewünschten Kommunikationspartner gehört. Das ursprüngliche Problem wird also darauf reduziert, daß nurmehr einigen wenigen Zertifizierungsstellen vertraut werden muß, deren Zertifikate wiederum für die Zusammengehörigkeit einer Person (Firma, Institution, Maschine) und ihrem öffentlichen Schlüssel bürgen.

Auch Zertifizierungsstellen können ihrerseits wieder von anderen Zertifizierungsstellen beglaubigt sein, so daß sich vom zu überprüfenden Zertifikat eines Servers bis zu einer vertrauenswürdigen Zertifizierungsstelle eine ganze Zertifikatskette bilden kann. Man spricht diesbezüglich auch von einer Zertifikatshierarchie. Um die Gültigkeit eines Zertifikats zu überprüfen, bildet die Verifikationssoftware zunächst die Zertifikatskette vom fraglichen Zertifikat über die ausstellende CA bis hin zu einer vertrauten Zertifizierungsstelle und prüft dann über festgelegte Regeln die Gültigkeit dieser Kette. Meist handelt es sich bei der obersten Zertifizierungsstelle einer solchen Zertifikatskette um eine sogenannte Wurzel-CA, also eine Zertifizierungsstelle, die nicht von einer übergeordneten CA zertifiziert wurde. Eine Wurzel-CA zeichnet sich demnach durch ein selbst ausgestelltes und unterschriebenes Zertifikat aus.

Im Zusammenspiel mit den zuvor vorgestellten kryptographischen Verfahren können unter Zuhilfenahme digitaler Zertifikate also auf praktikablem Weg sowohl die Authentizität, die Vertraulichkeit als auch die Integrität der über ein unsicheres Netzwerk übertragenen Daten sichergestellt werden.

6.1.5 Praktische Absicherung des Datenverkehrs

Zur Absicherung des Datenverkehrs in IP-basierten Netzen sind gleich auf mehreren Ebenen des OSI-Schichtenmodells Anpassungen und Erweiterungen denkbar, die auf den zuvor vorgestellten kryptographischen Verfahren aufbauen. Bereits in der Sicherungsschicht (OSI-Schicht 2) können Erweiterungen eingebracht werden, welche z. B. das *Point to Point Protocol* (PPP) beim Verbindungsaufbau um Authentifizierung und Autorisierung ergänzen und damit den Zugang zum Datennetz kontrollieren, etwa

- PAP, CHAP, EAP,

- IEEE 802.1X oder

- diverse Tunnel-Protokolle (wie PPTP und L2TP).

Für den Fokus dieses Kapitels sind allerdings die höher liegenden Ansätze interessanter, die in der Vermittlungsschicht, der Transportschicht oder der Anwendungsschicht angesiedelt sind.

Absicherung in der Vermittlungsschicht

Im Rahmen der Entwicklung und Standardisierung von IPv6 wurden in der Vermittlungsschicht (OSI-Schicht 3) zusätzliche Mechanismen zur sicheren Datenübertragung vorgesehen. Entstanden sind die *IP-Security-Protokolle,* kurz *IPsec* [KA98], die inzwischen auf vielen Betriebssystemen nicht nur in IPv6, sondern auch in IPv4 Einzug gehalten haben. IPsec ermöglicht u. a. den sicheren Austausch kryptographischer Schlüssel sowie die Absicherung der übertragenen IP-Pakete (Vertraulichkeit, Integrität, Authentizität) zwischen je zwei Rechnersystemen, zwei *Security-Gateways*[10] oder zwischen einem Rechnersystem und einem Security-Gateway. Über IPsec lassen sich damit sogar mehrere lokale Netze über ein unsicheres Netzwerk wie das Internet zu einem gemeinsamen virtuellen Netz (VPN) verbinden.

Durch die Ansiedlung der IPsec-Protokolle auf der Vermittlungsschicht ist IPsec sehr universell und kann sämtliche höher angesiedelten Internet-Protokolle, insbesondere TCP und UDP absichern. Im Gegenzug gewinnt IPsec dadurch an Komplexität, da es z. B. nicht auf die von der TCP-Schicht bereitgestellten Annehmlichkeiten wie Zuverlässigkeit oder IP-Fragmentierung zurückgreifen kann, sondern die dazu notwendigen Mechanismen selbst realisieren muß.

Netzwerkanwendungen, die über die Protokolle der Transportschicht kommunizieren, profitieren automatisch von der auf der Vermittlungsschicht durch IPsec abgesicherten Datenübertragung. Insbesondere müssen die Netzwerkanwendungen dazu weder modifiziert noch neu übersetzt werden: Die IPsec-Funktionalität bleibt durch den schichtweisen Aufbau der Internet-Protokolle verborgen und die Anwendungen nutzen weiterhin lediglich die in Kapitel 4 besprochenen Socketfunktionen. Aus diesem Grund verzichten wir an dieser Stelle auch auf weiterführende Ausführungen zu den IPsec-Protokollen.

Absicherung in der Transportschicht

Etwas weniger universell als die Sicherheitsmechanismen in der Vermittlungsschicht ist eine Absicherung des Datenverkehrs in der Transportschicht (OSI-

---

[10] Als Security-Gateways werden in diesem Zusammenhang Router, Firewalls oder andere Netzwerkkomponenten bezeichnet, die IPsec einsetzen.

Schicht 4). Hier sind die Sicherungsmechanismen nicht mehr durch eine Zwischenschicht von der Anwendung entkoppelt, sondern müssen bei der Entwicklung einer Netzwerkanwendung explizit berücksichtigt werden. Das weit verbreitete *TLS-Protokoll (Transport Layer Security)* ist ein derartiges Sicherheitsprotokoll, das Vertraulichkeit, Authentizität und Integrität auf der Transportschicht bereitstellt.

TLS ist ein zweischichtiges Protokoll, dessen untere Schicht, das sogenannte *TLS Record Protocol*, auf einem zuverlässigen Transportprotokoll aufsetzt. Im OSI-Modell liegt TLS deshalb in der Transportschicht oberhalb von TCP. Das TLS Record Protocol erledigt die Datenübertragung über die Netzwerkverbindung und muß damit implizit die Vertraulichkeit und Integrität der Daten gewährleisten:

- Über symmetrische Verschlüsselungverfahren (AES, 3DES, RC4, . . .) wird die Vertraulichkeit der übertragenen Daten garantiert. Die Kommunikationsschlüssel werden für jede Netzwerkverbindung individuell erzeugt und basieren auf einem gemeinsamen Geheimnis der Kommunikationspartner, welches zuvor über das *TLS Handshake Protocol* ausgehandelt wurde.

- Die Integrität der übertragenen Daten wird durch Message Authentication Codes (SHA-1, MD5, . . .) gewährleistet.

Das TLS Record Protocol fragmentiert die zu übertragenden Daten in einzelne Blöcke und setzt diese auf der Empfängerseite wieder zusammen. Außerdem können die Nutzdaten noch vor der eigentlichen Datenübertragung komprimiert werden. Das TLS Record Protocol dient also TLS-intern als universelles Transportvehikel und leistet somit auch die Datenübertragung für das eine Schicht darüber liegende TLS Handshake Protocol, durch welches die Authentizität der beiden Kommunikationspartner geklärt wird und die Vereinbarung der Kommunikationsschlüssel für die symmetrische Verschlüsselung der Netzwerkverbindung erfolgt:

- Die Authentizität des Gegenübers wird mit Hilfe asymmetrischer Verschlüsselungsverfahren (RSA, DSA, . . .) sichergestellt.

- Der gemeinsame Kommunikationsschlüssel für die spätere symmetrische Verschlüsselung der Netzwerkverbindung wird auf sichere Weise ausgehandelt. Kein Angreifer kann den Schlüsselaustausch abhören oder die Daten unbemerkt verfälschen.

Beim TLS-Protokoll handelt es sich um die standardisierte Weiterentwicklung des *SSL-Protokolls (Secure Socket Layer)*, welches ursprünglich von Netscape für die sichere Kommunikation zwischen Webbrowser und Webserver entwickelt wurde. Deshalb ist SSL auch nach wie vor die geläufige Bezeichnung für beide Protokolle.

Das via SSL übertragene HTTP-Protokoll, welches man im Webbrowser an den mit `https://` beginnenden URLs erkennen kann, ist mit Sicherheit immer noch die bekannteste Anwendung des SSL-Protokolls. Da das SSL-Protokoll in die Transportschicht integriert ist, steht die Verwendung von SSL aber auch anderen Netzwerkanwendungen offen. So werden inzwischen auch immer öfter die Zugriffe auf das eigene E-Mail-Postfach (POP3 und IMAP) oder der E-Mail-Versand (SMTP) über SSL-verschlüsselte Verbindungen abgewickelt. Die Anwendungen (Clients und Server) müssen dazu allerdings explizit auf den Einsatz von SSL-Verbindungen abgestimmt werden. Die Aufgaben reichen von der Initialisierung des Pseudozufallszahlengenerators über den Verbindungsaufbau bis zur gewissenhaften Überprüfung der SSL-Zertifikate. In den nachfolgenden Abschnitten dieses Kapitels lernen wir deshalb, wie eigene Netzwerkanwendungen SSL-fähig werden.

Absicherung in der Anwendungsschicht

Als letztes ist es natürlich auch möglich, die Datenübertragung durch die Anwendung selbst abzusichern. Gelungene Beispiele für diese Idee sind z. B. die *Secure Shell (SSH)* für den sicheren Rechnerzugang über das Netzwerk und *Pretty Good Privacy (PGP)* zur Verschlüsselung von E-Mails (oder anderen vertraulichen Daten).

Die Absicherung in der Anwendungsschicht hat den Vorteil der unmittelbaren Nähe zur Anwendung. Die für die Sicherheit notwendigen Sicherheitsprotokolle können damit individuell auf die Bedürfnisse der Anwendung abgestimmt werden. Andererseits müssen die Protokolle dann auch selbst entworfen und implementiert werden. Dies birgt die große Gefahr, daß bereits kleine Fehler im Design oder in der Implementierung das Sicherheitsniveau der gesamten Anwendung ruinieren können.

6.2 SSL-Grundlagen

Mit dem SSL-Protokoll steht für Netzwerkanwendungen ein Sicherheitsprotokoll zur sicheren Datenübertragung über ein unsicheres Netz zur Verfügung. SSL stellt Vertraulichkeit, Authentizität und Integrität in der Transportschicht bereit und baut dabei auf ein zuverlässiges Transportprotokoll wie TCP. Zum Entstehungszeitpunkt dieses Buchs existieren zwei unterschiedliche, freie SSL-Implementierungen, die den SSL-gesicherten Datenaustausch über TCP ermöglichen: OpenSSL[11] und GnuTLS[12].

---

[11] OpenSSL-Homepage: http://www.openssl.org/
[12] GnuTLS-Homepage: http://www.gnutls.org/

Sowohl OpenSSL als auch GnuTLS sind Open-Source-Implementierungen des SSL/TLS-Protokolls, die netzwerkbasierten Anwendungen eine Programmier-schnittstelle (API) zur Nutzung der SSL-Funktionalität bereitstellen. Die APIs der beiden konkurrierenden SSL-Bibliotheken sind dabei durchaus un-terschiedlich. Um eine möglichst unkomplizierte Integration in bereits existie-rende OpenSSL-Anwendungen zu ermöglichen, enthält die erst später ent-wickelte GnuTLS-Bibliothek zusätzlich zur GnuTLS-API eine „Emulations-API" mit eingeschränktem, OpenSSL-kompatiblem Funktionsumfang. Beide SSL-Implementierungen beherrschen die Protokollversionen SSL 3.0, TLS 1.0 und TLS 1.1. OpenSSL implementiert darüber hinaus noch SSL 2.0, das von GnuTLS aus Sicherheitsgründen erst gar nicht mehr angeboten wird. Selbst-verständlich kann (und sollte) man trotzdem auch in OpenSSL-basierten An-wendungen auf die Unterstützung von SSL 2.0 verzichten.

Wir konzentrieren uns in den kommenden Abschnitten ausschließlich auf die Netzwerkprogrammierung mit OpenSSL. Bevor wir allerdings die ersten prak-tischen Schritte unternehmen, werfen wir noch einen Blick auf die Arbeits-schritte bei der SSL-Kommunikation und überlegen uns, wie sich (bestehende) Anwendungsprotokolle elegant um SSL erweitern lassen.

6.2.1 Datentransfer über SSL

Soll eine neue SSL-Verbindung aufgebaut werden, so starten Client und Server zur gegenseitigen Begrüßung als erstes ein sogenanntes Handshake-Verfahren, welches entsprechend dem *TLS Handshake Protocol* abgewickelt wird. Abbil-dung 6.1 zeigt das Verfahren im Überblick. Kompakt dargestellt, wird über diesen in RFC 2246 [DA99] spezifizierten Ablauf die Authentizität der Kom-munikationspartner geprüft und ein Kommunikationsschlüssel für den eigent-lichen Datentransfer vereinbart.

SSL-Handshake

Der typische SSL-Verbindungsaufbau funktioniert wie folgt: Der Client schickt zunächst eine Begrüßungsformel `ClientHello` an den Server, die dieser mit ei-nem `ServerHello` beantwortet. Die beiden Kommunikationspartner tauschen in dieser Phase u. a. je 28 Bytes an zufälligen Daten aus (`ClientHello.random` und `ServerHello.random`), die später in die Berechnung des *Master-Secrets* einfließen und vor Capture-/Replay-Attacken schützen. Außerdem einigen sich die Parteien auf eine für die weitere Kommunikation zu verwendende Proto-kollversion (derzeit SSL 2.0, SSL 3.0, TLS 1.0, TLS 1.1) und eine sogenannte *Cipher Suite*. Die Cipher Suite ist ein Tripel aus Schlüsselaustauschverfahren, Verschlüsselungsalgorithmus und Message Authentication Code. Der Client offeriert dabei die von ihm unterstützten Cipher Suiten und der Server wählt daraus entsprechend seiner eigenen Fähigkeiten die bestmögliche Kombination aus. Sollten sich die beiden Seiten nicht auf eine Cipher Suite einigen können, bricht das Handshake mit einem Fehler ab.

In einer zweiten Phase authentifiziert sich der Server gegenüber dem Client. Der Server überträgt dazu sein Serverzertifikat, also einen Identitätsnachweis an den Client. Dieses Zertifikat enthält zusätzlich zum öffentlichen Schlüssel des Servers noch einige ergänzende Informationen, so z. B. den FQDN des Servers, den Gültigkeitszeitraum und den Eigentümer des Zertifikats sowie Informationen zur ausstellenden Zertifizierungsstelle. Das Zertifikat ist mit dem privaten Schlüssel der Zertifizierungsstelle digital signiert.

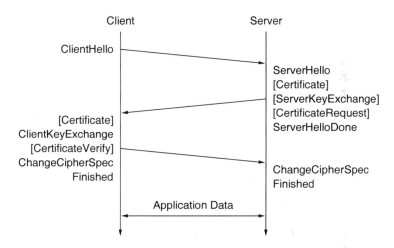

Abb. 6.1. Nachrichtenfluß im TLS Handshake Protocol

Danach kann der Server optional auch vom Client ein Zertifikat einfordern, um damit eine gegenseitige Authentifizierung der Kommunikationspartner zu erwirken. In dieser dritten Phase versucht der Client außerdem, die zuvor vom Server per Zertifikat übermittelte Identität zu bestätigen. Der Server muß zur Bestätigung nachweisen können, daß er im Besitz des zum Public-Key passenden privaten Schlüssels ist. Der Client wendet zur Identitätsprüfung eine Art Challenge-Response-Verfahren an und sendet dem Server als „Herausforderung" ein sogenanntes *Pre-Master-Secret*. Das 48 Bytes lange Pre-Master-Secret besteht aus zufälligen Daten und wird vor der Übertragung mit dem über das Serverzertifikat bekannten Public-Key des Servers verschlüsselt. Die Herausforderung für den Server besteht nun darin, das verschlüsselte Pre-Master-Secret mit dem passenden privaten Schlüssel zu entschlüsseln.

Mit Hilfe des korrekt entschlüsselten Pre-Master-Secret kann der Server nun in der vierten und letzten Handshake-Phase das 48 Bytes lange Master-Secret berechnen. In diesen kryptographischen Berechnungsschritt fließen die in der Begrüßungsphase ausgetauschten Zufallsdaten (`ClientHello.random` und `ServerHello.random`) mit ein. Mit dem Master-Secret wird dann eine abschließende `ServerFinished`-Meldung verschlüsselt und an den Client übertragen. In diese Meldung sind die kryptographischen MD5- und SHA-1-Hashwerte über alle bislang ausgetauschten Handshake-Nachrichten eingebettet. Der Client berechnet seinerseits das Master-Secret und kann nun feststellen, ob die vom Server generierte `ServerFinished`-Meldung korrekt ist. Ist dies der Fall, so hat der Server nachgewiesen, daß er im Besitz des zum Public-Key passenden privaten Schlüssels ist.

Identitätsabgleich zwischen Kommunikationspartner und Zertifikat

Technisch gesehen besteht nun zwischen Client und Server eine komplett aufgebaute, SSL-gesicherte Netzwerkverbindung. Bildlich gesprochen wurde bislang aber lediglich die (digitale) Unterschrift geprüft und das Gegenüber (der Server) ist offensichtlich in der Lage, diese zu leisten. Ob der vorgezeigte Personalausweis (das digitale Zertifikat) aber tatsächlich echt ist und ob die darüber identifizierte Person (der Server) das ursprünglich gewünschte Gegenüber ist, wurde bisher hingegen noch nicht geklärt. Genausogut wie mit dem echten Server könnte es der Client derzeit auch mit einem vorgeschalteten Server, dem sogenannten *Man-in-the-Middle* zu tun haben, der sich wie in Abb. 6.2 zu sehen in die Kommunikation einklinkt und die übertragenen Daten abhört.

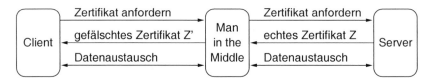

Abb. 6.2. Man-in-the-Middle-Attacke

Der Man-in-the-Middle unterhält dazu in beide Richtungen je eine SSL-Verbindung. Dem Client auf der linken Seite präsentiert der Eindringling anstatt des echten Serverzertifikats Z ein eigenes, meist selbst ausgestelltes Zertifikat Z', agiert ansonsten aber wie der eigentliche Server. Gegenüber dem Server auf der rechten Seite tritt der Man-in-the-Middle darüber hinaus als ganz normaler Client auf. Sämtliche Anfragen des Clients leitet der Eindringling nun an den Server weiter und dessen Antworten liefert er wiederum an den Client zurück. Solange der Client das vom Man-in-the-Middle präsentierte, gefälschte Serverzertifikat Z' nicht gewissenhaft prüft, bleibt der Eindringling unsichtbar und der Client wird die Man-in-the-Middle-Attacke nicht bemerken.

Im nächsten Schritt muß vom Client also das Zertifikat des Servers überprüft werden. Um festzustellen, ob das präsentierte Zertifikat echt ist, gibt es prinzipiell zwei Möglichkeiten:

1. Der Client hält sich eine Liste vertrauenswürdiger Zertifikate und vergleicht das erhaltene Zertifikat mit dieser Liste. Ist das Zertifikat mit einem der fest eingetragenen Zertifikate identisch, so kann der Client das Zertifikat als echt ansehen.

2. Der Client hält sich eine Liste vertrauenswürdiger Zertifizierungsstellen und prüft anhand des ihm dadurch bekannten (und geprüften) öffentlichen Schlüssels der ausstellenden Zertifizierungsstelle die Signatur des präsentierten Zertifikats. Paßt die Signatur zu der im Zertifikat angegebenen Zertifizierungsstelle, so gilt das Zertifikat als echt.

Nachdem das Zertifikat als vertrauenswürdig eingestuft wurde ist die Identität des Servers geklärt. Jetzt kann der letzte Test erfolgen: Wollte der Client wirklich mit diesem Server kommunizieren, dessen Identität nun über das Zertifikat bekannt ist? Dazu untersucht der Client die im Zertifikat gespeicherten Zusatzinformationen. Mit welchen Servern ein Client tatsächlich kommunizieren darf oder soll und welche Zusatzinformationen zur Klärung in Frage kommen, hängt natürlich von der Anwendung ab. In den meisten Fällen sollte aber zumindest der FQDN des kontaktierten Servers mit dem (oder den) im Zertifikat enthaltenen DNS-Namen verglichen werden.

6.2.2 Anwendungsprotokolle um SSL erweitern

Beim Entwurf einer Netzwerkanwendung gilt es herauszufinden, in wie weit die übertragenen Daten besonderen Schutzzielen unterliegen und falls dies der Fall sein sollte, ob diese Ziele für alle oder nur einen Teil der Daten zutreffen. Ein Webserver dient z. B. zunächst einmal dazu, Dokumente zu veröffentlichen, also einer breiten Masse von Nutzern zugänglich zu machen. Nachdem die angebotenen Inhalte also ohnehin veröffentlicht werden sollen, erscheint es unsinnig, die Übertragung der Daten besonders abzusichern. Sollten aber für bestimmte Informationen besondere Zugriffsrechte und daher eine Authentifizierung der Nutzer erforderlich sein, etwa beim Online-Banking, dann sieht die Sache schon anders aus. Da die bei der Absicherung zum Einsatz kommenden kryptographischen Verfahren sehr CPU-intensiv sind, stellt sich aber auch hier die Frage, ob dann gleich alle Dokumente über einen sicheren Kanal übertragen werden müssen, oder ob es reicht, lediglich für die schützenswerten Inhalte auf ein sicheres Übertragungsverfahren auszuweichen.

Auf Basis dieser Überlegungen haben sich in der Vergangenheit zwei unterschiedliche Ansätze für Netzwerkdienste mit wechselnden Sicherheitsanforderungen herauskristallisiert: Entweder bietet der Dienst die sichere Datenübertragung auf einem zweiten, alternativen Port an oder er implementiert innerhalb des Anwendungsprotokolls (HTTP, SMTP, ...) eine Technik, die es ermöglicht, die zunächst ungesicherte Netzwerkverbindung bei Bedarf auf eine SSL-gesicherte Übertragung hochzustufen. Die beiden Alternativen werden für das Hypertext Transfer Protocol in den beiden RFCs 2817 und 2818 [KL00, Res00] ausführlich erläutert.

SSL auf einem separaten Port

Die ersten SSL-fähigen Netzwerkdienste haben für die sichere Datenübertragung einen separaten Port gewählt. Das bekannteste Beispiel ist sicher
das in RFC 2818 beschriebene *HTTP Over TLS (HTTPS)*, das auf einem
dafür reservierten Port (vorgesehen ist Port 443) SSL-verschlüsselte HTTP-
Verbindungen entgegennimmt und im Webbrowser an den mit `https://` zu
erkennen ist. SSL-fähige Webserver nehmen also gleichzeitig auf zwei verschiedenen Ports Anfragen entgegen, sie hören zum einen auf Port 80 auf ungesicherte Netzwerkverbindungen und warten zum anderen auf Port 443 auf das
Eintreffen neuer SSL-Verbindungen.

Die beschriebene Vorgehensweise wird auch zur Absicherung einer ganzen
Reihe anderer Anwendungsprotokolle eingesetzt, etwa bei POP3S (das *Post
Office Protocol* über SSL) oder SSMTP (das *Simple Mail Transfer Proto-
col* über SSL). Für alle Anwendungsprotokolle, die auf diese Weise durch
SSL geschützt werden, gilt, daß bei diesem Verfahren lediglich eine unver-
schlüsselte Netzwerkverbindung durch eine verschlüsselte Verbindung ersetzt
wird und daß das Anwendungsprotokoll davon unberührt bleibt. Server und
Client müssen also im Rahmen ihrer Kommunikation immer noch die selbe
Sprache sprechen und die gleichen Nachrichten austauschen.

Abgesehen von einem etwas verschwenderischen Umgang mit den verfügbaren Ports funktioniert dieser Weg für einfache Netzwerkdienste ausgezeichnet.
Komplexere Server sind jedoch dazu in der Lage, sogenannte *virtuelle Hosts*
zu bilden und diese dann verschiedenen DNS-Namen zuzuordnen. Ein solcher
Server bietet seine Dienste also gleichzeitig für mehrere DNS-Namen an, was
für die Nutzer der Dienste so aussieht, als würden diese von jeweils einem
eigenen, dedizierten Server bereitgestellt. Dabei können zwei unterschiedliche
DNS-Namen durchaus auf dieselbe IP-Adresse verweisen. Damit der Server
nun auch in diesem Spezialfall weiß, als welcher der vielen virtuellen Hosts er
gerade eine Anfrage erhält, bettet der Client den gewünschten DNS-Namen in
seine Anfrage mit ein. Ohne diese Zusatzinformation wäre der Server macht-
los, denn er hört ja für alle virtuellen Hosts an der selben Socket-Adresse, d. h.
an der selben Kombination aus IP-Adresse und Port. Was für unverschlüsselte
Netzwerkverbindungen prima funktioniert, stößt mit SSL aber plötzlich auf
ein echtes Problem: Der Server muß bereits beim Aufbau der SSL-Verbindung
ein zum DNS-Namen passendes Zertifikat vorweisen. Nachdem er allerdings
erst im Laufe der Anfrage erfährt, an welchen virtuellen Host die Anfrage
tatsächlich gerichtet ist, ist er dummerweise genau dazu *nicht* in der Lage.[13]

---

[13] Unter den in RFC 3546 [BWNH+03] vereinbarten TLS-Erweiterungen findet sich
auch eine Erweiterung, die dieses DNS-Namen-Problem für SSL-basierte Server
mit virtuellen Hosts löst.

SSL-Upgrade im Anwendungsprotokoll

Aus diesem Grund ist man später dazu übergegangen, die Anwendungsprotokolle dahingehend zu erweitern, daß sie eine ungesicherte Netzwerkverbindung zu einer gesicherten Verbindung hochstufen können. Die Anwendungsprotokolle werden dazu in der Regel um einen STARTTLS genannten Befehl ergänzt, mit dem ein Client ein sogenanntes *SSL-Upgrade* beantragen kann.[14] Auf diese Weise wird die Absicherung der Netzwerkverbindung in das bestehende Protokoll integriert und die Zuweisung eines separaten Ports kann entfallen.

Um dieses Verfahren zu verstehen, besprechen wir anhand eines Beispiels das in RFC 3207 [Hof02] beschriebene SSL-Upgrade für das Simple Mail Transfer Protocol (SMTP). Das Anwendungsprotokoll startet zunächst mit der uns bereits geläufigen Begrüßung zwischen Client und Server:[15]

Nachdem sich der Server gemeldet hat, schickt der Mailclient seinen EHLO-Gruß an den Server. Der Mailserver reagiert darauf mit einer Liste der von ihm unterstützten Serviceerweiterungen (hier SIZE, PIPELINING, STARTTLS und HELP). Der Client weiß nun u. a., daß der Server ein SSL-Upgrade über das STARTTLS-Kommando unterstützt und macht als nächstes freudig davon Gebrauch. In einer letzten unverschlüsselten Nachricht teilt der Server daraufhin mit, daß er dem Wunsch des Clients nach einer SSL-gesicherten Netzwerkverbindung stattgibt (220 TLS go ahead) und fordert den Client gleichzeitig auf, sofort den Aufbau der SSL-Verbindung zu initiieren. Danach beginnen beide Parteien über die bestehende TCP-Verbindung mit dem Aushandeln einer neuen SSL-Verbindung.

```
220 manhattan ESMTP Exim 4.30 Tue, 14 Mar 2006 23:01:09 +0100
EHLO indien
250-manhattan Hello indien [192.168.1.1]
250-SIZE 52428800
250-PIPELINING
250-STARTTLS
250 HELP
STARTTLS
220 TLS go ahead
<*** SSL-Verbindung wird aufgebaut ***>
EHLO indien
```

---

[14] Die Namenswahl für den STARTTLS-Befehl bedeutet übrigens nicht, daß es sich bei der gewünschten Verbindung im engeren Sinne um eine TLS-Verbindung handeln muß, sondern veranlaßt nur das wahlweise Aushandeln einer SSLv2-, SSLv3 oder TLS-Verbindung. Welche Protokollversionen dann tatsächlich zur Verfügung stehen, wird von der jeweiligen Client-/Server-Implementierung bestimmt.

[15] Alle Zeilen, die mit drei Ziffern beginnen, sind Ausgaben des Mailservers, die dieser an den Mailclient übermittelt. Die restlichen Zeilen zeigen die Mail-Kommandos des Clients an den Server.

```
250-manhattan Hello indien [192.168.1.1]
250-SIZE 52428800
250-PIPELINING
250-AUTH PLAIN LOGIN
250 HELP
```

Sobald die SSL-Verbindung erfolgreich eingerichtet ist, meldet sich der Client erneut mit einem EHLO-Gruß, der jetzt bereits verschlüsselt übertragen wird. Die weitere Kommunikation zwischen Mailclient und Mailserver erfolgt natürlich ebenfalls über den gesicherten Kanal, ein späteres *Downgrade* der Verbindung ist im Anwendungsprotokoll nicht vorgesehen.

Interessant ist im Zusammenhang mit SMTP die Möglichkeit, daß der Mailserver auf die veränderte Ausgangssituation einer verschlüsselten Verbindung zum Client reagieren kann. Im obigen Beispiel bietet der Mailserver nach dem Aufbau der SSL-gesicherten Netzwerkverbindung mit AUTH PLAIN LOGIN plötzlich eine zusätzliche Serviceerweiterung an und erlaubt dem Client damit, den Benutzernamen und das Paßwort eines Nutzers durch den jetzt verschlüsselten Kanal im Klartext zu übertragen. Ohne die schützende SSL-Verbindung hat der (offensichtlich sicherheitsbewußte) Mailserver wohlweislich darauf verzichtet, diese Option anzubieten.

Aus Sicht des Clients gilt es beim SSL-Upgrade-Verfahren unbedingt zu beachten, daß die Kommunikation mit dem Server umgehend abgebrochen werden sollte, sofern, aus welchen Gründen auch immer, nach einem STARTTLS-Kommando keine SSL-gesicherte Verbindung zustande kommt. Der Client sollte dann *keinesfalls* arglos mit der Übertragung der sicherheitsrelevanten Daten beginnen! Andernfalls könnten Angreifer durch gezielte Störung der Kommunikation zwischen Client und Server mit etwas Geschick die ungesicherte Übertragung der Daten provozieren.

Separate Ports oder SSL-Upgrade?

Für Client-/Server-Anwendungen, die sowohl über gesicherte als auch ungesicherte Netzwerkverbindungen kommunizieren sollen, stellt sich die Frage, welcher Ansatz denn nun der bessere ist. Die Verwendung separater Ports wird laut RFC 2817 [KL00] inzwischen weitgehend abgelehnt, wenngleich diese Ablehnung natürlich nicht dazu führen wird, daß etablierte, auf diesem Verfahren aufbauende Protokolle wie etwa HTTPS [KL00] wieder verschwinden werden. Dazu sind diese Dienste bereits zu weit verbreitet. Dennoch wird für die Absicherung weiterer Anwendungsprotokolle ein SSL-Upgrade bevorzugt, da sich dadurch nicht die Anzahl der zu standardisierenden Ports verdoppelt bzw. die Anzahl der verfügbaren Ports effektiv halbiert.

In der Praxis findet sich in den etablierten Netzwerkdiensten oftmals eine Kombination aus beiden Verfahren. Der Server hört auf einem separaten

Port auf SSL-gesicherte Verbindungen und bietet gleichzeitig auf dem Port für unverschlüsselte Verbindungen die Möglichkeit zum SSL-Upgrade an. Moderne Mailserver hören typischerweise sogar auf drei verschieden Ports, um alle Mailclients in allen Anwendungsszenarien zufriedenzustellen: Auf den Ports 25 [Kle01] und 587 [GK98] bietet der Server unverschlüsselte Kommunikation mit der Möglichkeit zum SSL-Upgrade an.[16] Auf Port 465 hört der Server zusätzlich auf direkt eingehende SSL-Verbindungen.

6.2.3 SSL-Verbindungen interaktiv testen

In Abschnitt 4.1 haben wir gelernt, wie wir das Telnet-Kommando und den Internet Dæmon zum Testen normaler TCP-Verbindungen einsetzen können. Leider ist telnet nicht in der Lage, diese Aufgabe auch für SSL-gesicherte Verbindungen zu übernehmen. Aber zum Glück hilft uns in diesem Fall das mit OpenSSL mitgelieferte Programm openssl weiter, mit dem wir von der Kommandozeile aus interaktiv eine SSL-Verbindung starten können:

```
$ openssl s_client -connect manhattan:smtps
[...]
220 manhattan ESMTP Exim 4.30 Tue, 17 Feb 2004 10:53:15 +0100
QUIT
221 manhattan closing connection
```

Das Subkommando s_client stellt zunächst eine TCP-Verbindung zu der mittels -connect angegebenen Socket-Adresse her. Im obigen Beispiel ist dies der SMTPS-Port (SMTP über TLS, Port 465) auf dem Server mit dem Namen manhattan. Anschließend vollzieht das openssl-Kommando das SSL-Handshake. Die zugehörigen Statusausgaben wurden oben ausgeklammert und lediglich mit [...] angedeutet. Die Statusausgaben enthalten im Wesentlichen Informationen über das vom Server präsentierte Zertifikat und ob dieses vom Client erfolgreich überprüft werden konnte. Darauf kommen wir weiter unten nochmals zurück. Anschließend finden wir uns im SMTP-typischen Client-/Server-Dialog wieder, den wir an dieser Stelle nicht fortsetzen, sondern einfach durch Eingabe von QUIT verlassen.

---

[16] In RFC 2476 [GK98] wird detailliert zwischen *Message Submission Agents (MSA)* und *Message Transmission Agents (MTA)* unterschieden. MTAs transportieren komplette E-Mails per SMTP von MTA zu MTA durch ein MTA-Netzwerk. MSAs nehmen dagegen E-Mails von *Message User Agents (MUA)*, also von gewöhnlichen Mailclients, per SMTP entgegen, ergänzen ggf. noch fehlende Mail-Header und speisen die Mail schließlich in ein MTA-Netzwerk ein. Die standardisierten Ports für MTAs und MSAs sind Port 25 und Port 587. Mailserver die sowohl als MTA als auch als MSA auftreten, hören auf beiden Ports.

Sogar ein SSL-fähiger Server läßt sich mit dem `openssl`-Kommando recht einfach simulieren. Das Subkommando `s_server` veranlaßt das `openssl`-Kommando, auf dem mittels `-accept` angegebenen Port als iterativer Server auf eingehende Verbindungen zu lauschen. Der Server präsentiert seinen Clients während des SSL-Handshakes das durch `-cert` spezifizierte Serverzertifikat. In der durch `-key` referenzierten Datei `key.pem` muß sich der zum Zertifikat gehörende private Schlüssel des Servers befinden.

```
$ openssl s_server -accept 465 -cert cert.pem -key key.pem
[...]
220 manhattan ESMTP Exim 4.30 Tue, 17 Feb 2004 10:54:45 +0100
HELO indien
250 manhattan Hello indien [192.168.1.1]
[...]
```

Sofern ein Client mit dem Server verbunden ist, wird jede Eingabe, die über die Standardeingabe des `openssl`-Kommandos erfolgt, über die SSL-Verbindung an den Client übertragen. Sämtliche vom Client geschickten Daten erscheinen im Gegenzug auf der Standardausgabe des Servers.

Die für die SSL-geschützte Kommunikation erforderlichen Zertifikate lassen sich, sofern noch nicht vorhanden, ebenfalls mit dem `openssl`-Kommando erzeugen. Wie das genau funktioniert, ist in Abschnitt A.1 beschrieben. Neben dem Serverzertifikat und dem zugehörigen privaten Schlüssel des Servers sollte dann auch das Zertifikat der Zertifizierungsstelle bekannt sein. Dieses Zertifikat läßt sich dann auf der Clientseite mittels `-CAfile` verwenden, um das Serverzertifikat ordnungsgemäß zu verifizieren:

```
$ openssl s_client -CAfile ca.pem -connect manhattan:smtps
depth=1 /C=DE/ST=Bayern/L=Zell/O=Irgendwie und Sowieso/
  OU=Binser/CN=Binsers CA
verify return:1
depth=0 /C=DE/ST=Bayern/L=Zell/O=Irgendwie und Sowieso/
  OU=Binser/CN=manhattan
verify return:1
[...]
220 manhattan ESMTP Exim 4.30 Tue, 17 Feb 2004 10:58:22 +0100
HELO indien
250 manhattan Hello indien [192.168.1.1]
[...]
```

Die vom `openssl`-Kommando erzeugten Statusausgaben liefern zunächst Informationen über das Zertifikat der Zertifizierungsstelle und danach zum präsentierten Serverzertifikat. Im vorliegenden Fall wurde das Zertifikat des Servers `manhattan` von der Zertifizierungsstelle *Binsers CA* unterschrieben.

Die Zertifizierungshierarchie wird dabei von unten (`depth=0`) nach oben (`depth=1`) gelesen.

Sofern das vom Server präsentierte Zertifikat vom `openssl`-Kommando erfolgreich verifiziert werden konnte, steht fest, daß dieses Zertifikat von der mit `-CAfile` angegebenen und damit vertrauten Zertifizierungsstelle ausgestellt wurde und daß der Server gleichzeitig im Besitz des zugehörigen privaten Schlüssels ist. Jetzt muß aber unbedingt noch überprüft werden, ob das Zertifikat auch tatsächlich zu dem Server paßt, zu dem sich das `openssl`-Kommando verbinden sollte. Dieser Vorgang entspricht dem Paßbildvergleich beim Überprüfen eines Personalausweis': Passen Person und Paßbild nicht zusammen, so kann der Personalausweis nicht akzeptiert werden. Im Fall von digitalen Zertifikaten vergleicht man dazu den FQDN des kontaktierten Servers mit dem (oder den) im Zertifikat enthaltenen DNS-Namen. Im vorausgehenden Beispiel stimmt zum Glück der im Zertifikat genannte DNS-Name `CN=manhattan` (zugegebenermaßen kein FQDN) mit dem kontaktierten Server überein. Wir können also das Zertifikat endgültig akzeptieren und mit der sicheren Datenübertragung beginnen.

6.3 OpenSSL-Basisfunktionalität

Für die Entwicklung SSL-fähiger Netzwerkanwendungen stellt OpenSSL zwei Programmbibliotheken bereit. In der `crypto`-Bibliothek sind die kryprographischen Funktionen (symetrische und asymmetrische Verschlüsselungsverfahren, kryptographische Hashfunktionen, Message Authentications Codes) sowie eine Menge weiterer nützlicher Hilfsfunktionen (Ein-/Ausgabe, Datenkodierung, Verarbeitung von Zertifikaten, u. v. m.) zusammengefaßt. Die `ssl`-Bibliothek implementiert die verschiedenen SSL- und TLS-Protokollversionen und greift bei Bedarf auf die Funktionen der `crypto`-Bibliothek zurück.

Über die Hilfsfunktionen der `crypto`-Bibliothek wird von OpenSSL in den folgenden vier Bereichnen eine solide Infrastruktur für die Entwicklung SSL-fähiger Netzwerkanwendungen geschaffen:

1. Über die sogenannten `BIO`-Funktionen abstrahiert OpenSSL sämtliche Ein- und Ausgabeanforderungen einer Anwendung. Ähnlich wie die Ein- und Ausgabefunktionen des Unix-Betriebssystems gleichmaßen dazu geeignet sind, Dateien zu bearbeiten oder Socket-Kommunikation über TCP/IP zu betreiben, vereinen die `BIO`-Funktionen die traditionellen Aufgaben der `read()`-/`wite()`-Funktionen mit diversen kryptographischen Zusatzaufgaben in einer einzigen API. Dadurch kann z. B. ein Programm abwechselnd mit verschlüsselten und unverschlüsselten Netzwerkverbindungen arbeiten, ohne dafür ständig zwischen Socket- und OpenSSL-API wechseln zu müssen.

2. Mit Hilfe der ERR-Funktionen ermöglicht OpenSSL eine detaillierte Fehlerbehandlung.

3. Über einen Satz von Callback-Funktionen kann OpenSSL für den Einsatz in einem threadbasiert-nebenläufigen Programm vorbereitet werden. Im Wesentlichen geht es dabei darum, OpenSSL einen Satz von Mutexen zur Verfügung zu stellen, die dann intern zum Schutz kritischer Bereiche eingesetzt werden.

4. Ein Pseudozufallszahlengenerator sorgt für die nötige Entropie bei der Ausführung kryptographischer Aufgaben.

In den nachfolgenden Abschnitten werden die wesentlichen Funktionen aus diesen vier Kategorien besprochen. Intern greift OpenSSL darüber hinaus auf eigene Funktionen für arithmetische Operationen auf (beliebig) großen Ganzzahlen zurück. Außerdem ist OpenSSL in der Lage, kryptographische Hardwarekomponenten zu unterstützen.

6.3.1 Das Konzept der BIO-API

Mit den BIO-Funktionen stellt OpenSSL einen Satz pfiffiger Funktionen zur Abstraktion der Ein- und Ausgabeanforderungen zur Verfügung. Ähnlich wie mit Hilfe der Abstraktionsebene der Unix-Dateideskriptoren die Ein- und Ausgabe für z. B. Dateien und Sockets über die selben Funktionen (read() und write()) ermöglicht wird, so vereinen die BIO-Funktionen von OpenSSL u. a. die Ein- und Ausgabe auf verschlüsselte und unverschlüsselte Netzwerkverbindungen unter einem Dach.

An die Stelle der Dateideskriptoren treten in diesem Ein-/Ausgabe-Modell die sogenannten BIO-Objekte. Ein BIO kann dabei die Aufgabe entweder einer *Quelle/Senke* oder eines *Filters* innehaben. Ein BIO mit Quellenfunktion ist ein BIO, aus dem Daten gelesen werden können, in einen BIO mit Senkenfunktion werden dagegen Daten geschrieben. Es ist sogar möglich, ganze Ketten von BIO-Objekten zu bilden. Die Ein- oder Ausgaben fließen dann der Reihe nach durch die einzelnen BIO-Objekte der Kette. Eine BIO-Kette besteht dazu in der Regel aus mindestens einem BIO mit Filterfunktion sowie (an ihrem Ende) einer einzigen Quelle oder Senke. Mehr als ein BIO mit der Funktion einer Quelle/Senke ist pro BIO-Kette nicht möglich, eine BIO-Kette kann also nicht durch Angabe zweier Senken gleichzeitig in zwei Dateien schreiben.

Übergibt man Daten an das erste BIO-Objekt einer Kette und besteht die Kette aus z. B. zwei Filtern und einer Senke, dann durchlaufen die Daten zunächst die beiden Filter und werden schließlich von der Senke ausgegeben. Im ersten Filter könnte beispielsweise eine Chiffrierung der Daten erfolgen, im zweiten Filter eine Base64-Kodierung der zuvor chiffrierten Daten stattfinden und die Senke könnte eine Netzwerkverbindung sein, über die die chiffrierten und kodierten Daten dann an einen Kommunikationspartner übertragen werden. Wird aus einer BIO-Kette gelesen, so kehrt sich die Flußrichtung um, die Daten wandern also aus der am Ende liegenden Quelle in der umgekehrten Reihenfolge durch die einzelnen Filterobjekte.

Im folgenden picken wir uns die wichtigsten BIO-Funktionen heraus und besprechen sie im Rahmen einiger einfacher Beispiele.

6.3.2 Lebenszyklus von BIO-Objekten

Mit Hilfe der Funktion BIO_new() wird ein neues BIO-Objekt ins Leben gerufen. Die Funktion erwartet als einziges Argument den gewünschten BIO-Typ, der der Aufgabe des Objekts entspricht. OpenSSL stellt eine Vielzahl von verschieden Quellen/Senken oder Filtern bereit. Praktische Quellen/Senken für die Ein-/Ausgabe sind Dateien oder Dateideskriptoren und Sockets, zu den gängigen Filtern zählen neben Verschlüsselungsalgorithmen und kryptographischen Hashfunktionen auch Speicherpuffer zur Zwischenspeicherung der Daten im Hauptspeicher. Konnte BIO_new() das gewünschte BIO erfolgreich erstellen, liefert die Funktion als Rückgabewert einen Zeiger auf das neue BIO, andernfalls zeigt ein Nullzeiger an, daß die Operation fehlgeschlagen ist.

```
#include <openssl/bio.h>

BIO *BIO_new( BIO_METHOD *type );

BIO *BIO_push( BIO *b, BIO *append );
BIO *BIO_pop( BIO *b );

int BIO_free( BIO *b );
void BIO_free_all( BIO *b );
```

Für alle BIO-Typen stehen spezielle Hilfsfunktionen zur Verfügung, die einen passenden BIO_METHOD-Zeiger für den Aufruf von BIO_new() liefern. Die Namenskonvention der Hilfsfunktionen ist BIO_s_*() für Quellen/Senken *(Source/Sink)* und BIO_f_*() für Filter, doch dazu später noch mehr.

Über die Funktionen BIO_push() und BIO_pop() lassen sich Ketten von BIO-Objekten bilden. Die BIO_push()-Funktion hängt das BIO (oder die BIO-Kette) append an das BIO (oder die BIO-Kette) b an. Die Funktion liefert den Kopf der Kette, also b zurück. Abbildung 6.3 zeigt den Zusammenschluß zweier BIO-Ketten zu einer einzigen neuen Kette. Mit der BIO_pop()-Funktion wird ein einzelnes BIO-Objekt b aus seiner BIO-Kette entfernt.[17] Das heraus-

---

[17] Da ein BIO gleichzeitig nur in einer einzigen BIO-Kette enthalten sein kann, ist durch die Angabe des BIO-Objekts gleichzeitig die BIO-Kette bekannt, aus der das Objekt entfernt werden muß.

gelöste Objekt b steht damit wieder als isoliertes BIO zur Verfügung und kann
z. B. freigegeben oder wieder in andere Ketten eingebaut werden.

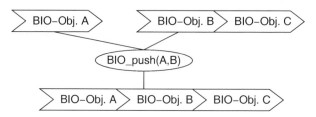

Abb. 6.3. BIO-Ketten mit `BIO_push()` zusammenfügen

Die Namen der beiden Funktionen sind im übrigen recht unglücklich gewählt,
denn die Bezeichnungen Push und Pop suggerieren im Allgemeinen, daß sie
einen Stapel von Objekten verwalten, die dem Stapel einzeln (und immer von
der gleichen Seite) hinzugefügt oder entnommen werden. Das Funktionenpaar
verhält sich jedoch anders: Mit `BIO_push()` kann gleich eine ganze Menge von
Objekten zusammengeführt werden und `BIO_pop()` entfernt sogar ein BIO-
Objekt mitten aus einer Kette von Objekten (und nicht nur von deren Ende).
Abbildung 6.4 illustriert, wie ein BIO-Objekt aus der Mitte einer BIO-Kette
entnommen wird.

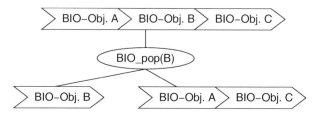

Abb. 6.4. BIO-Ketten mit `BIO_pop()` zerlegen

Mit `BIO_free()` und `BIO_free_all()` werden entweder einzelne BIO-Objekte
oder gleich *alle* BIO-Objekte einer BIO-Kette wieder freigegeben. *Bevor* mit
`BIO_free()` ein einzelnes Objekt einer BIO-Kette freigegeben wird, sollte das
angegebene BIO natürlich tunlichst mit `BIO_pop()` aus der Kette entfernt werden. `BIO_free()` und `BIO_free_all()` liefern den Rückgabewert 1, falls das
BIO bzw. die gesamte BIO-Kette erfolgreich freigegeben wurde, andernfalls 0.

6.3.3 Ein-/Ausgabe über BIO-Objekte

Zur Ein- und Ausgabe von Daten über BIO-Objekten stehen die vier Funktionen
`BIO_read()`, `BIO_gets()`, `BIO_write()` und `BIO_puts()` bereit. Die beiden

Funktionen `BIO_read()` und `BIO_write()` haben dabei in etwa die Semantik der elementaren Ein-/Ausgaberoutinen `read()` und `write()` (vgl. dazu Abschnitt 2.2.2), arbeiten aber anstatt mit einem Dateideskriptor auf dem übergebenen `BIO` und unterscheiden sich geringfügig bei der Interpretation des Rückgabewertes.

`BIO_read()` versucht, dem angegebenen `BIO` b insgesamt `len` Zeichen zu entlocken und im referenzierten Puffer `buf` abzulegen. Die Funktion gibt im Normalfall die Anzahl der gelesenen Zeichen zurück. Liefert `BIO_read()` allerdings einen Wert ≤ 0, unterscheidet sich die Interpretation des Rückgabewerts im Vergleich zur `read()`-Funktion: Ein Rückgabewert ≤ 0 zeigt nämlich zunächst lediglich an, daß keine Daten gelesen werden konnten. Um aufzuklären, ob tatsächlich ein Fehler vorliegt, oder ob das Verhalten eine andere, „normale" Ursache hat, müssen erst weitere Untersuchungen mit z. B. `BIO_should_retry()` angestellt werden (siehe unten).

```
#include <openssl/bio.h>

int BIO_read( BIO *b, void *buf, int len );
int BIO_gets( BIO *b, char *buf, int len );

int BIO_write( BIO *b, const void *buf, int len );
int BIO_puts( BIO *b, const char *buf );

int BIO_flush( BIO *b );
```

Mit `BIO_write()` werden über den angegebenen `BIO` b insgesamt `len` Zeichen aus dem Puffer `buf` ausgegeben. Analog zu `BIO_read()` gibt die `BIO_write()`-Funktion die Anzahl der tatsächlich geschriebenen Zeichen zurück. Liefert `BIO_write()` einen Wert ≤ 0, so konnten keine Daten ausgegeben werden und die genaue Ursache dieser „Störung" muß anschließend mit Hilfe von z. B. `BIO_should_retry()` analysiert werden.

Die beiden Funktionen `BIO_gets()` und `BIO_puts()` arbeiten im Wesentlichen analog zu den Funktionen `fgets()` und `fputs()` aus der C-Bibliothek (vgl. dazu Abschnitt 2.2.3). `BIO_gets()` verarbeitet die Daten aus dem `BIO` b zeilenweise, liest also immer bis zu einem Zeilentrenner und legt die maximal `len-1` Zeichen im Puffer `buf` ab.[18] Die hinterlegte Zeichenkette wird mit

---

[18] Fie `BIO_gets()`-Funktion ist mit Vorsicht zu genießen, denn das Verhalten der Funktion variiert von `BIO`-Typ zu `BIO`-Typ. So wird `BIO_gets()` für einen Hash-`BIO` den kryptographischen Fingerabdruck der Daten berechnen und zurückliefern. Zeilenumbruch hin oder her. Von anderen `BIO`-Typen wird `BIO_gets()` u. U. überhaupt nicht unterstützt, was von `BIO_gets()` mit dem Rückgabewert -2 angezeigt wird. In diesem Fall kann der `BIO`-Kette ein künstlicher Puffer-`BIO` vorangestellt werden, der dann die `BIO_gets()`-Funktion anbietet.

einem Null-Byte terminiert. Sofern `BIO_gets()` auf einen abschließenden Zeilentrenner gestoßen ist, wird dieser ebenfalls im Puffer abgelegt. `BIO_puts()` gibt die in `buf` übergebene Zeichenkette über das `BIO`-Objekt `b` aus. Die Zeichenkette muß dabei mit einem Null-Byte terminiert sein, welches vom `BIO` nicht mit übertragen wird. Der Rückgabewert der beiden Funktionen muß, wie oben für `BIO_read()` und `BIO_write()` beschrieben, ggf. mit Hilfe von `BIO_should_retry()` interpretiert werden.

Mit `BIO_flush()` kann ein `BIO` schließlich veranlasst werden, sich zu leeren und dabei eventuell noch gepufferte Daten weiterzureichen. Dies ist insbesondere für `BIO`-Ketten interessant, die freigegeben werden sollen oder aus denen ein `BIO`-Objekt entfernt werden muß. Im Erfolgsfall liefert `BIO_flush()` den Rückgabewert `1`.

Für `BIO_flush()` und die zuvor beschriebenen vier Ein-/Ausgabefunktionen `BIO_read()`, `BIO_gets()`, `BIO_write()` und `BIO_puts()` müssen Rückgabewerte ≤ 0 gesondert untersucht werden. Bei der Arbeit mit `BIO`-Objekten und -Ketten werden z. B. vor der tatsächlichen Ausgabe der übergebenen Daten in der Regel erst komplexe Operationen zur Kodierung oder Chiffrierung dieser Daten ausgeführt. Im Gegensatz zur normalen Ein- und Ausgabe können folglich auch eine Menge verschiedener Gründe für das (momentane) Fehlschlagen einer Ein-/Ausgabeoperation verantwortlich sein. Unter Umständen reicht es bereits völlig aus, die Operation zu einem späteren Zeitpunkt zu wiederholen.

Fehlgeschlagene Ein-/Ausgaben wiederholen

Mit Hilfe des Makros `BIO_should_retry()` läßt sich feststellen, ob ein fehlgeschlagener Aufruf von `BIO_read()` oder `BIO_write()` wiederholt werden sollte, oder ob tatsächlich ein Abbruchkriterium vorliegt. Liefert das Makro `TRUE`, also einen Rückgabewert ungleich Null, so sollte die Operation wiederholt werden. Die drei Makros `BIO_should_read()`, `BIO_should_write()` und `BIO_should_io_special()` liefern ergänzende Hinweise auf die Ursache des Problems. Alle Makros erwarten als Parameter einen Zeiger auf das `BIO`-Objekt, das die zu untersuchende Störung verursacht hat.

```
#include <openssl/bio.h>

int BIO_should_retry( BIO *b );

int BIO_should_read( BIO *b );
int BIO_should_write( BIO *b );
int BIO_should_io_special( BIO *b );
```

Als Beispiel kann man sich ein Socket-`BIO` vorstellen, bei dem `BIO_read()` den Rückgabewert `0` liefert. Falls `BIO_should_retry()` nun ebenfalls den Wert `0`, also `FALSE` anzeigt, dann kann man daraus schließen, daß `BIO_read()` mit dem Rückgabewert 0 einen geschlossenen Socket angezeigt hat, daß also die bestehende Netzwerkverbindung von der Gegenstelle terminiert wurde. Liefert `BIO_should_retry()` dagegen `TRUE`, so kann die Leseoperation zu einem späteren Zeitpunkt wiederholt werden. Dies könnte z. B. dann der Fall sein, wenn die `BIO`-Kette bereits Daten von der Gegenseite empfangen hat, aber insgesamt noch nicht genügend Daten vorliegen, um einen Dechiffriervorgang abzuschließen. Für diesen Fall würde dann auch das Makro `BIO_should_read()` den Wert `TRUE` liefern und damit darauf hinweisen, daß für den Abschluß der Operation erst noch weitere Daten gelesen werden müssen. Anders herum gibt `BIO_should_write()` Auskunft, ob ein `BIO` etwa noch weitere Daten benötigt, um einen Chiffriervorgang abzuschließen.

Die genaue Interpretation der Ergebnisse der Makros `BIO_should_read()` und `BIO_should_write()` hängt immer vom Typ des verursachenden `BIO`-Objekts ab. Dies gilt insbesondere für das Makro `BIO_should_io_special()`, welches bestimmte Spezialsituationen, also Vorkommnisse, die nicht dierkt mit dem Schreiben oder Lesen von Daten zu tun haben, anzeigt.

Die gute Nachricht zum Schluß: Sofern auf die Quelle/Senke (eine Datei, ein Socket, ...) einer `BIO`-Kette im synchronen, blockierenden Modus zugegriffen wird, wird das `BIO` niemals eine Wiederholung der Ein-/Ausgabeoperation verlangen, da die zugrundeliegenden Operationen dies für blockierende Lese- und Schreiboperationen ebenfalls nicht vorsehen. Die schlechte Nachricht: `BIO`-Objekte zur SSL-Kommunikation bilden die Ausnahme zu dieser Regel. Hier kann es auch bei blockierenden Ein- und Ausgaben zu Wiederholungsanforderungen kommen, etwa wenn während eines blockierenden `BIO_read()` ein SSL-Handshake auftritt. Aber auch hier steht Abhilfe parat, denn zur Vorbeugung kann für die SSL-Verbindung das Flag `SSL_MODE_AUTO_RETRY` gesetzt werden, durch welche auch im Falle der SSL-Kommunikation keine Wiederholungsanforderungen mehr auftreten.

6.3.4 `BIO`-Quellen/Senken und `BIO`-Filter

Wie bereits weiter oben erläutert, wird durch einen Aufruf von `BIO_new()` ein neues `BIO`-Objekt erstellt. Der Typ des `BIO`-Objekts wird über eine Hilfsfunktion an die `BIO_new()`-Funktion übergeben. Im folgenden werfen wir einen Blick auf die wichtigsten `BIO`-Typen für Quellen/Senken und Filter und besprechen die zugehörigen `BIO`-Objekte für Dateien und Sockets sowie zur Datenpufferung und zur SSL-Kommunikation. Die Hilfsfunktionen zum Erstellen neuer Quellen/Senken folgen dabei dem Namensmuster `BIO_s_*()`, die für Filter dem Muster `BIO_f_*()`. Bevor die frisch erzeugten `BIO`-Objekte tatsächlich zur Ein-/Ausgabe genutzt werden können, müssen sie allerdings meist noch geeignet initialisiert werden.

Aus der Vielzahl verschiedener `BIO`-Objekte (mitsamt der jeweils zugehörigen Hilfsfunktionen) greifen wir die folgenden wichtigen Vertreter heraus:

1. `BIO_s_file()`: BIO-Objekte und -Funktionen zur Bearbeitung von Dateien.

2. `BIO_s_connect()` und `BIO_s_accept()`: BIO-Objekte und -Funktionen zur Socket-Kommunikation über TCP/IP.

3. `BIO_f_buffer()`: BIO-Objekte und -Funktionen zur Pufferung von Ein- und Ausgaben.

4. `BIO_f_ssl()`: BIO-Objekte und -Funktionen zur SSL-Kommunikation.

Ein `BIO` für Dateien: `BIO_s_file()`

Die Hilfsfunktion `BIO_s_file()` liefert der `BIO_new()`-Funktion einen Bauplan für ein Datei-BIO. Das neue BIO-Objekt ist allerdings zunächst noch mit keiner Datei verknüpft. Hierfür dient die Funktion `BIO_set_fp()`, die eine Verbindung zwischen einem Datei-BIO und einer geöffneten Datei herstellt.[19] `BIO_set_fp()` erwartet dazu drei Parameter: das mit einer Datei zu verküpfende BIO-Objekt b, die `FILE`-Struktur fp der zuvor mit `fopen()` geöffneten Datei sowie einen Hinweis, ob die Datei bei der Freigabe des BIO geschlossen werden (`BIO_CLOSE`) oder weiter geöffnet bleiben soll (`BIO_NOCLOSE`). Der Rückgabewert zeigt den Erfolg (1) oder Mißerfolg (0) der Operation an, wobei `BIO_set_fp()` laut Dokumentaion niemals fehlschlagen kann und daher immer den Rückgabewert 1 liefert.

```
#include <openssl/bio.h>

BIO_METHOD *BIO_s_file( void );

long BIO_set_fp( BIO *b, FILE *fp, long flags );

BIO *BIO_new_file( const char *filename,
  const char *mode );
BIO *BIO_new_fp( FILE *stream, int flags );
```

Das nachfolgende Programmfragment zeigt die prinzipielle Herangehensweise, läßt dabei aber zugunsten der Übersichtlichkeit eine ordnungsgemäße Fehlerkorrektur unter den Tisch fallen:

```
1 /* Zunächst die Datei zum Schreiben öffnen, ... */
2 file = fopen( "output.txt", "w+" );
3 /* ... dann den Datei-BIO anlegen und ... */
```

---

[19] Bei `BIO_set_fp()` handelt es sich genau genommen nur um ein Makro, das die OpenSSL-interne Funktion `BIO_ctrl()` mit geeigneten Parametern aufruft.

```
 4 bio = BIO_new( BIO_s_file() );
 5 /* BIO mit der Datei verknüpfen */
 6 BIO_set_fp( bio, file, BIO_NOCLOSE );
 7
 8 /* Jetzt kann das BIO-Objekt zum Schreiben genutzt werden */
 9 BIO_puts( bio, "Äußerst wichtige Mitteilung!\n" );
10
11 /* Abschließend das BIO-Objekt freigeben */
12 BIO_free( bio );
13 /* Wegen BIO_NOCLOSE die Datei separat schließen */
14 fclose( file );
```

Die beiden Funktionen BIO_new_file() und BIO_new_fp() bieten hilfreiche Abkürzungen bei der Erstellung eines neuen BIO-Objekts für Dateien. BIO_new_fp() faßt dazu die Funktionen BIO_new() und BIO_set_fp() in einem Aufruf zusammen, BIO_new_file() schließt sogar zusätzlich noch das Öffnen der Datei mittels fopen() in die Funktion mit ein. Der Parameter mode entspricht dabei den mode-Attributen, die an die fopen()-Funktion übergeben werden. Da bei BIO_new_file() die Datei implizit geöffnet wird, ist für das erstellte BIO konsequenterweise auch das Flag BIO_CLOSE gesetzt, d. h. die Datei wird beim Aufruf von BIO_free() wieder geschlossen.

```
1 /* Datei-BIO mit zum Schreiben geöffneter Datei erstellen */
2 bio = BIO_new_file( "output.txt", "w+" );
3
4 /* Ausgabe über das neue BIO-Objekt */
5 BIO_puts( bio, "Äußerst wichtige Mitteilung!\n" );
6
7 /* BIO-Objekt freigeben, Datei wird implizit geschlossen */
8 BIO_free( bio );
```

Analog zu den BIO-Funktionen für Dateien gibt es rund um BIO_s_fd() einen Satz von BIO-Funktionen, die auf Basis der elementaren Ein- und Ausgabe mit Dateideskriptoren arbeiten, auf die wir aber nicht weiter eingehen.

Ein BIO für aktive Clientsockets: BIO_s_connect()

Obwohl sich unter Unix Datei- und Socketdeskriptoren über die selbe API bedienen lassen, haben sich die OpenSSL-Entwickler aus Portabilitätsgründen dazu entschieden, für die beiden Deskriptortypen zwei unterschiedliche BIO-Typen einzuführen. Somit gibt es auch auf anderen, nicht-unixbasierten Betriebssystemen keine Probleme mit den BIO-Objekten dieses Typs.

Für BIO-Objekte vom Typ Socket-BIO steht also ein weiterer Satz von BIO-Funktionen zur Verfügung, von denen BIO_s_accept() und BIO_s_connect() der BIO_new()-Funktion einen Bauplan für einen horchenden Serversocket bzw. einen aktiven Clientsocket liefern. Nachdem ein neuer Socket-BIO erstellt wurde, muß dieser noch adäquat initialisiert werden. Sowohl für Client- als auch für Serversockets kann dem BIO dazu einfach per BIO_set_fd() ein bereits existierender Socket zugewiesen werden. Neben dem zu bearbeitenden BIO b erwartet die Funktion dazu den Socketdeskriptor fd sowie eines der Flags BIO_CLOSE oder BIO_NOCLOSE, die anzeigen daß der Socket (nicht) geschlossen werden soll, wenn das BIO-Objekt b freigegeben wird. BIO_set_fd() ist als Makro realisiert und liefert immer den Rückgabewert 1.

```
#include <openssl/bio.h>

BIO_METHOD *BIO_s_connect( void );

long BIO_set_fd( BIO *b, int fd, long flags );
long BIO_set_conn_hostname( BIO *b, char *host_port );
long BIO_set_conn_ip( BIO *b, char *ip );
long BIO_set_conn_port( BIO *b, char *port );
long BIO_set_conn_int_port( BIO *b, char *port );

BIO *BIO_new_connect( char *host_port );

int BIO_do_connect( BIO *b );
```

Soll sich das BIO dagegen selbst um das Erstellen eines geeigneten Sockets kümmern, so können dem Objekt mittels BIO_set_conn_hostname() die gewünschten Zielkoordinaten mit auf den Weg gegeben werden. Die Funktion erwartet hierfür neben dem BIO b einen Hostnamen (oder eine IP-Adresse) sowie ggf. den Port des Gegenübers. Der String-Parameter host_port hat dazu die Form "hostname" oder "hostname:port", wobei Hostname ein DNS-Name oder eine IP-Adresse sein kann und Port entweder als Servicename oder als numerischer Wert angegeben werden darf. Alternativ stehen für diese Aufgabe auch die Funktionen BIO_set_conn_ip(), BIO_set_conn_port() und BIO_set_conn_int_port() zur Verfügung, mit deren Hilfe Hostname/IP-Adresse und Port auf verschiedenen Wegen gesetzt werden können. Alle Funktionen (bzw. eigentlich Makros) liefern immer den Rückgabewert 1.

Die Hilfsfunktion BIO_new_connect() vereint die beiden BIO-Funktionen BIO_new() und BIO_set_conn_hostname() in einem einzigen Funktionsaufruf und erwartet dazu in host_port den Hostnamen (oder die IP-Adresse) sowie den Port des Gegenübers. Als Ergebnis wird bei Erfolg ein neues BIO-Objekt geliefert oder im Fehlerfall ein Nullzeiger zurückgegeben.

Das neue Connect-BIO baut schließlich durch einen Aufruf der Hilfsfunktion BIO_do_connect() eine neue Socketverbindung zur zuvor hinterlegten Zieladresse auf. Die Funktion liefert den Wert 1, sofern der Verbindungsaufbau erfolgreich war. Andernfalls zeigt ein Rückgabewert ≤ 0 ein Problem an.

Mit Hilfe der BIO-Funktionen für Clientsockets können wir bereits den aus Beispiel 4.5 bekannten Client für das Time-Protokoll auf BIO-Basis implementieren. Beispiel 6.1 zeigt die überarbeitete Variante dieses Clientprogramms.

1–7 Zu Beginn des Programms wird zusätzlich zu den üblichen Header-Dateien noch die OpenSSL-Header-Datei für die benötigten BIO-Strukturen, -Makros und -Funktionen eingebunden.

11–13 Im Hauptprogramm werden zunächst zwei BIO-Variablen vereinbart, die später zum Einlesen der Zeit über die Netzwerkverbindung zum Timeserver und zur Ausgabe der ermittelten Daten über die Standardausgabe eingesetzt werden. Auf die Vereinbarung der einschlägigen Variablen zur Socketkommunikation können wir in diesem Beispiel verzichten, da die BIO-Schnittstelle die Netzwerkdetails komplett hinter der eigenen API verbirgt.

Natürlich müßten wir in diesem Beispiel für die Standardausgabe eigentlich kein extra BIO-Objekt anlegen, sondern könnten weiterhin direkt mit printf() und Konsorten arbeiten. Manchmal kann es aber durchaus hilfreich sein, den kompletten Datenaustausch über ein einziges Medium abzuwickeln, weshalb wir im vorliegenden Beispiel auch die Standardausgabe zu Demonstrationszwecken über BIO-Funktionen abwickeln.

Beispiel 6.1. bio-timeclient.c

```
 1  #include <errno.h>
 2  #include <stdio.h>
 3  #include <stdlib.h>
 4  #include <time.h>
 5  #include <unistd.h>
 6
 7  #include <openssl/bio.h>
 8
 9  #define TIMESRVPORT "37"
10
11  int main( int argc, char *argv[] )
12  {
13    BIO *bio_srv, *bio_stdout;
14    time_t stime = 0;
15
16    if( argc != 2 )
17    {
18      fprintf( stderr, "Usage: %s ipv4-address\n", argv[0] );
19      exit( EXIT_FAILURE );
20    }
21
22    if( ( bio_srv = BIO_new( BIO_s_connect() ) ) == NULL ||
```

```
23        ( bio_stdout = BIO_new( BIO_s_file() ) ) == NULL )
24      {
25        fprintf( stderr, "BIO_new() failed.\n" );
26        exit( EXIT_FAILURE );
27      }
28
29      /* Verbindungsinformationen für das BIO-Objekt setzen */
30      BIO_set_conn_hostname( bio_srv, argv[1] );
31      BIO_set_conn_port( bio_srv, TIMESRVPORT );
32
33      /* Spaßhalber ab jetzt auch die Standardausgabe via BIO */
34      BIO_set_fp( bio_stdout, stdout, BIO_NOCLOSE );
35
36      /* Neue TCP-Verbindung zum Server aufbauen */
37      if( BIO_do_connect( bio_srv ) <= 0 )
38      {
39        fprintf( stderr, "BIO_do_connect() failed.\n" );
40        exit( EXIT_FAILURE );
41      }
42
43      /* Ausgabe des Servers lesen */
44      if( BIO_read( bio_srv, &stime, sizeof( stime ) ) <= 0 )
45      {
46        fprintf( stderr, "BIO_read() failed.\n" );
47        BIO_free( bio_srv );
48        exit( EXIT_FAILURE );
49      }
50
51      /* Sekunden auf Basis 1.1.1970 umrechnen und ausgeben */
52      stime = ntohl( stime ) - 2208988800UL;
53      BIO_puts( bio_stdout, ctime( &stime ) );
54
55      /* BIOs freigeben und Verbindung beenden */
56      BIO_free( bio_srv );
57      BIO_free( bio_stdout );
58      exit( EXIT_SUCCESS );
59 }
```

16–34   Nachdem die Kommandozeilenargumente überprüft wurden, erstellen und initialisieren wir die beiden gewünschten BIO-Objekte. bio_srv soll ein Clientsocket für den späteren Verbindungsaufbau zum Timeserver werden und
über bio_stdout wird im weiteren Verlauf die Standardausgabe abgewickelt.
Mit Hilfe von BIO_set_conn_hostname() und BIO_set_conn_port() hinterlegt das Programm im BIO die Socket-Adresse des Kommunikationspartners.
bio_stdout wird mittels BIO_set_fp() mit der Standardausgabe verknüpft.
Eine Fehlerabfrage ist an dieser Stelle nicht notwendig, da die Funktionen
immer erfolgreich arbeiten.

36–41   Anschließend wird über `BIO_do_connect()` eine Netzwerkverbindung zum Server initiiert. Sollte die Verbindung nicht zustande kommen, so beendet sich das Clientprogramm mit einer Fehlermeldung.

43–49   Sobald die Netzwerkverbindung zum Server hergestellt ist, kann der Client mittels `BIO_read()` Daten vom Server empfangen. Da die zugrundeliegenden Ein-/Ausgabeoperationen standardmäßig blockierend arbeiten, bedeutet ein Rückgabewert ≤ 0 auf jeden Fall einen Fehler in der Kommunikation mit dem Timeserver, woraufhin das Programm die Verbindung beendet, eine Fehlermeldung ausgibt und sich mit `exit()` beendet.

51–53   Andernfalls hat der Client über `BIO_read()` die aktuelle Uhrzeit vom Server empfangen. Er wandelt danach die Uhrzeit in ein lesbares Format um und gibt sie mittels `BIO_puts()` auf der Standardausgabe aus.

55–59   Abschließend können die beiden BIO-Objekte wieder freigegeben werden, bevor sich das Programm beendet. Der Aufruf von `BIO_free()` sorgt bei `bio_srv` dafür, daß der zugehörige Clientsocket automatisch geschlossen wird, da für das BIO implizit `BIO_CLOSE` gesetzt ist. Für `bio_stdout` bleibt der damit verknüpfte Ausgabekanal `stdout` weiterhin geöffnet, da beim Setzen des FILE-Handles die Option `BIO_NOCLOSE` angegeben wurde.

Ein BIO für passive Serversockets: `BIO_s_accept()`

Um ein BIO-Objekt für einen passiven Socket zu erzeugen, bedient man sich der Hilfsfunktion `BIO_s_accept()`, die der `BIO_new()`-Funktion einen Bauplan für ein neues Accept-BIO liefert. Die anschließende Initialisierung des neuen BIO-Objekts kann, wie oben für Clientsockets beschrieben, via `BIO_set_fd()` und einen existierenden passiven Socket erfolgen. Alternativ läßt sich mittels `BIO_set_accept_port()` eine Kombination aus Hostname (bzw. IP-Adresse) und Port für den neuen Serversocket festlegen. Das Argument `host_port` hat dabei wie bei `BIO_set_conn_hostname()` die Form `"hostname:port"`, wobei allerdings bei passiven Sockets sowohl für den Hostnamen (bzw. die IP-Adresse) als auch für den Port mit ∗ eine Wildcard angegeben werden darf (vgl. dazu Abschnitt 4.3.4). Darüber hinaus kann die Angabe des Hostnamens auch komplett entfallen, was ebenfalls einer Wildcard für die lokale IP-Adresse entspricht.

Bevor der Socket nun gebunden wird, kann über `BIO_set_bind_mode()` noch festgelegt werden, ob die Socketoption `SO_REUSEADDR` für den Socket gesetzt sein soll. Ist `SO_REUSEADDR` gesetzt, so kann der Socket auch dann gebunden werden, wenn z. B. noch Kindprozesse der alten Serverinstanz aktiv sind oder sich noch Netzwerkverbindungen einer alten Instanz im Verbindungsabbau befinden (etwa im TCP-Zustand `TIME_WAIT`). Um dies zu erreichen, wird an `BIO_set_bind_mode()` im Parameter `mode` der Wert `BIO_BIND_REUSEADDR` übergeben. Die Standardeinstellung für einen neuen passiven Socket ist dagegen `BIO_BIND_NORMAL`, d. h. die Socketoption `SO_REUSEADDR` ist *nicht* gesetzt.

```
#include <openssl/bio.h>

BIO_METHOD *BIO_s_accept( void );

long BIO_set_accept_port( BIO *b, char *host_port );
long BIO_set_bind_mode( BIO *b, long mode );
long BIO_set_accept_bios( BIO *b, char *bios );

BIO *BIO_new_accept( char *host_port );

int BIO_do_accept( BIO *b );

long BIO_get_fd( BIO *b, int *fd );
```

Mit der Funktion `BIO_new_accept()` steht auch für passive Sockets wieder eine praktische Abkürzung bereit. Die Funktion faßt die beiden Funktionen `BIO_new()` und `BIO_set_accept_port()` in einem einzigen Funktionsaufruf zusammen und liefert als Ergebnis ein neues passives Accept-`BIO` (oder im Fehlerfall den üblichen Nullzeiger).

Über einen ersten Aufruf von `BIO_do_accept()` wird der passive Socket des BIO-Objekts schließlich an die zuvor festgelegte Socket-Adresse gebunden.[20] Ein Rückgabewert ≤ 0 zeigt an, daß bei der Operation ein Fehler aufgetreten ist. Ist der Socket erfolgreich gebunden, wartet jeder weitere Aufruf von `BIO_do_accept()` auf eine neue eingehende Netzwerkverbindung.

Die `BIO_do_accept()`-Funktion ist nicht nur durch die eben beschriebene Doppelfunktion etwas gewöhnungsbedürftig. Auch die Art, wie eine neue Netzwerkverbindung von ihr gehandhabt wird, bedarf der genaueren Erklärung: Trifft nämlich eine neue Verbindungsanfrage bei einem Accept-BIO `accept_bio` ein, so wird von `BIO_do_accept()` für diese Verbindung ein neues Socket-BIO `client_bio` erstellt und hinten an die vorhandene BIO-Kette angehängt. Das Resultat ist eine um ein neues `BIO` erweiterte BIO-Kette `accept_bio`→`client_bio`. Da ein Accept-BIO lediglich am Ende einer Kette auf neue Verbindungen wartet, sofern es an einer anderen Position steht aber alle Ein- und Ausgaben an das nächste `BIO` weiterleitet, könnte nun über `accept_bio`, also den Kopf der Kette, direkt mit dem neuen Client kommuniziert werden. Allerdings ist es in diesem Fall nicht mehr möglich, über `accept_bio` neue Verbindungen anzunehmen. In der Praxis isoliert man deshalb das Accept-BIO im Anschluß mit `BIO_pop()` und erhält als Ergebnis wieder zwei einelementige BIO-Ketten `accept_bio` und `client_bio`. Mit dem Accept-BIO wird danach erneut auf eingehende Verbindungen gewartet, während das Socket-BIO bei der Kommunikation mit dem frisch verbundenen

---

[20] Wird das Accept-BIO mittels `BIO_set_fd()` mit einem bereits gebundenen Socket verknüpft, so entfällt dieser vorbereitende Aufruf von `BIO_do_accept()`.

Client Verwendung findet. Das nachfolgende Programmfragment faßt diese Vorgehensweise kurz zusammen, auf eine Fehlerbehandlung wurde dabei erneut verzichtet.

```
1  /* Accept-BIO mit Wildcard-IP und Port 12345 erstellen */
2  accept_bio = BIO_new_accept( "*:12345" );
3
4  /* Accept-BIO an die vorgegebene Socket-Adresse binden */
5  BIO_do_accept( accept_bio );
6
7  /* Auf neue eingehende Verbindungen warten */
8  while( BIO_do_accept( accept_bio ) > 0 )
9  {
10    /* Accept-BIO aus der Kette lösen, liefert Client-BIO */
11    client_bio = BIO_pop( accept_bio );
12    ...
13 }
```

Im Zusammenspiel von BIO_do_accept() mit BIO-Ketten stellt sich die Funktion BIO_set_accept_bios() als weiterer praktischer Helfer heraus. Stellen wir uns vor, ein Server würde zur SSL-Kommunikation mit einem Client auf die folgende BIO-Kette zurückgreifen: buffer_bio→ssl_bio→client_bio. Sämtliche Ausgaben an den Client werden also mittels BIO_write() an das BIO buffer_bio übergeben. Von dort wandern die Daten über das verschlüsselnde SSL-BIO ssl_bio zum Socket-BIO client_bio, welches die Senke der BIO-Kette darstellt und eine Socketverbindung zum Client unterhält. In der anderen Kommunikationsrichtung stellt das Socket-BIO client_bio die Quelle der BIO-Kette dar. Von dort fließen die Daten über das entschlüsselnde SSL-BIO ssl_bio zum BIO buffer_bio, von wo sie schließlich per BIO_read() ausgelesen werden.

Für jede neue Clientverbindung muß daher vor Beginn der Kommunikation eine neue BIO-Kette dieser Art aufgebaut werden. Das Accept-BIO liefert ein neues Socket-BIO, vor das im Anschluß explizit eine BIO-Kette bestehend aus Puffer- und SSL-BIO gestellt werden muß. Erst danach kann auf der Anwendungsebene die Kommunikation mit dem Client beginnen. Die BIO_set_accept_bios()-Funktion hilft nun dabei, dieses Vorgehen zu automatisieren. Die Funktion hinterlegt für das spezifizierte BIO b die angegebene BIO-Kette bios als „BIO-Bauplan" für neue Verbindungen. Für jede eingehende Netzwerkverbindung erstellt BIO_do_accept() nun eine Kopie der BIO-Kette bios und schaltet diese dann dem neuen Socket-BIO vor. Wurde mit BIO_set_accept_bios() etwa die BIO-Kette buffer_bio→ssl_bio hinterlegt, so liefert BIO_do_accept() jeweils eine neue BIO-Kette der Form accept_bio→buffer_bio→ssl_bio→client_bio. Aus dieser Kette wird nun wie oben beschrieben das Accept-BIO mit BIO_pop() isoliert und man erhält dadurch die gewünschten zwei BIO-Ketten `accept_bio` (für weitere eingehende Verbindungen) und `buffer_bio→ssl_bio→client_bio` (für den Datenaustausch mit dem Client). Wir werden dieses Beispiel weiter unten im Rahmen der SSL-Programmierung nochmals praktisch aufgreifen.

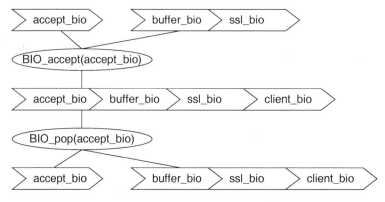

Abb. 6.5. Neue Verbindungen mit `BIO_accept()` annehmen

Mit der Funktion `BIO_get_fd()` kann schließlich der zu einem Socket-BIO assoziierte Socketdeskriptor ermittelt werden. Für annehmende Sockets kann dann z. B. über `getpeername()` die Socket-Adresse des entfernten Kommunikationsendpunkts bestimmt werden.

Ein BIO zur Datenpufferung: `BIO_f_buffer()`

Das Puffer-BIO dient als praktischer Zwischenspeicher für Ein- und Ausgaben. Im Gegensatz zu anderen BIO-Typen unterstützen die BIO-Objekte dieses Typs die zeilenweise Verarbeitung der zu transportierenden Daten. Deshalb werden die mit der Hilfsfunktion `BIO_f_buffer()` ins Leben gerufenen BIO-Objekte häufig vor ein Accept- oder Connect-BIO gestellt, um ein zeilenorientiertes Anwendungsprotokoll zwischen zwei Netzwerkanwendungen zu implementieren. Ein neues Puffer-BIO hat Platz für `2*DEFAULT_BUFFER_SIZE` Zeichen (jeweils `DEFAULT_BUFFER_SIZE` Zeichen für den Ein- und Ausgabepuffer) und kann sofort und ohne weitere Initialisierung verwendet werden.

```
#include <openssl/bio.h>

BIO_METHOD *BIO_f_buffer( void );

long BIO_set_read_buffer_size( BIO *b, long size );
long BIO_set_write_buffer_size( BIO *b, long size );
long BIO_set_buffer_size( BIO *b, long size );
```

Mit Hilfe der drei Initialisierungsfunktionen `BIO_set_read_buffer_size()`, `BIO_set_write_buffer_size()` und `BIO_set_buffer_size()` können für das Puffer-`BIO` aber auch explizite Puffergrößen gesetzt werden. Mit den ersten beiden Funktionen können entweder der Lese- oder der Schreibpuffer individuell angepaßt werden, die dritte Funktion setzt die im Parameter `size` übergebene Größe in Bytes gleichzeitig für beide Puffer. In allen Fällen muß für die Größe des Puffers `size` $\geq$ `DEFAULT_BUFFER_SIZE` gelten, andernfalls wird der Wert ignoriert. Die drei Funktionen liefern jeweils den Wert 1, sofern für das angegebene `BIO` die neuen Puffer in den angeforderten Größen gesetzt werden konnten oder 0, falls die Aktion nicht erfolgreich war.

Ein Puffer-`BIO` leitet die zum Schreiben zwischengespeicherten Daten nur dann an ein nachfolgendes `BIO` der `BIO`-Kette weiter, wenn entweder der Puffer seine Kapazitätsgrenze erreicht hat oder der Puffer mit `BIO_flush()` explizit geleert wird. Gerade bei der Implementierung von Netzwerkprotokollen auf der Anwendungsebene ist es deshalb wichtig, die Zwischenspeicher der puffernden `BIO`-Objekte entsprechend des Frage-/Antwortverhaltens der Anwendung explizit zu leeren. Andernfalls wartet z. B. ein Client bereits auf die Antwort eines Servers, obwohl den Server noch nicht einmal die zugehörige Anfrage des Clients erreicht hat, da diese mangels `BIO_flush()`-Aufruf noch in einem Puffer-`BIO` des Clients verweilt.

Ein `BIO` zur SSL-Kommunikation: `BIO_f_ssl()`

Nach langer Vorarbeit sind wir nun endlich bei der SSL-Kommunikation angelangt. So richtig auskosten können wir den jetzt vorgestellten `BIO`-Typ für SSL-Verbindungen allerdings immer noch nicht, da bislang leider noch die Beschreibung der SSL-spezifischen Datenstrukturen und der zugehörigen SSL-API aussteht. Die jetzt folgenden Ausführungen zu den `BIO`-Funktionen für SSL-Verbindungen können daher lediglich als Grundlage für Kapitel 7 dienen. Dort steigen wir dann aber richtig in die Client-/Serverprogrammierung mit OpenSSL ein.

Die `BIO_f_ssl()`-Funktion stellt der `BIO_new()`-Funktion einen Bauplan für ein neues SSL-`BIO` zur Verfügung. Das SSL-`BIO` kann dann nach seiner Initialisierung als Filter-`BIO` in einer `BIO`-Kette eingesetzt werden und sorgt, je nach Kommunikationsrichtung, für die Ver- oder Entschlüsselung der Daten. Mit Hilfe der Funktion `BIO_set_ssl()` wird das neue SSL-`BIO` b mit der (zuvor initialisierten) `SSL`-Datenstruktur `ssl` assoziiert. Der Parameter `flags` gibt dabei an, ob die SSL-Verbindung bei der Freigabe des `BIO`-Objekts ebenfalls beendet und die `SSL`-Datenstruktur freigegeben wird. Gültige Werte für `flags` sind daher wieder die bereits für `BIO_s_file()` besprochenen Konstanten `BIO_CLOSE` und `BIO_NOCLOSE`.

Da das SSL-Protokoll zwischen der Client- und der Serverseite einer SSL-Verbindung unterscheidet, muß dem neuen `BIO` noch mitgeteilt werden, ob es

sich am serverseitigen oder clientseitigen Ende der Verbindung befinden wird.
Dies geschieht über die Funktion BIO_set_ssl_mode(), welche das BIO b
bzw. die mittels BIO_set_ssl() assoziierte SSL-Datenstruktur noch vor dem
Verbindungsaufbau in den Client- oder Servermodus versetzt. Hat der Parameter client den Wert 0, so handelt es sich um die Serverseite, hat der
Parameter dagegen den Wert 1, so sitzt das BIO auf der Clientseite der aufzubauenden SSL-Verbindung.

```c
#include <openssl/bio.h>
#include <openssl/ssl.h>

BIO_METHOD *BIO_f_ssl( void );

long BIO_set_ssl( BIO *b, SSL *ssl, long flags );
long BIO_set_ssl_mode( BIO *b, long client );

BIO *BIO_new_ssl( SSL_CTX *ctx, int client );
BIO *BIO_new_ssl_connect( SSL_CTX *ctx );
BIO *BIO_new_buffer_ssl_connect( SSL_CTX *ctx );

long BIO_do_handshake( BIO *b );

long BIO_get_ssl( BIO *b, SSL **ssl );
```

Den gleichen Zweck erfüllt der client-Parameter bei der BIO_new_ssl()-
Funktion, die die beiden Aufrufe von BIO_new() und BIO_set_ssl() in einem
Funktionsaufruf zusammenfaßt. Die Funktion leitet dazu aus der übergebenen
SSL_CTX-Datenstruktur ctx, dem sogenannten SSL-Kontext, eine passende
SSL-Datenstruktur ab und assoziiert diese mit dem neuen BIO-Objekt.[21] Je
nach Wert des client-Parameters wird das neue BIO schließlich in den Client-
oder Servermodus versetzt. BIO_new_ssl() liefert als Ergebnis entweder ein
neues SSL-BIO oder bei Mißerfolg einen Nullzeiger.

Für die Clientseite einer SSL-Verbindung gibt es zwei weitere, äußerst praktische Abkürzungen: Die beiden Hilfsfunktionen BIO_new_ssl_connect() und
BIO_new_buffer_ssl_connect() erstellen gleich eine ganze BIO-Kette, bestehend entweder aus einem SSL-BIO gefolgt von einem Connect-BIO oder
sogar aus einem Puffer-BIO gefolgt von einem SSL- und einem Connect-BIO.
Das SSL-BIO der neuen BIO-Kette befindet sich jeweils im Clientmodus. Die
beiden Funktionen stellen damit für SSL-Clients bei der Vorbereitung einer
neuen SSL-Verbindung meist die erste Wahl dar, denn mit ihrer Hilfe entfällt
das sonst übliche manuelle Aneinanderreihen dieser für SSL-Verbindungen typischen BIO-Objekte. Die beiden Funktionen liefern als Ergebnis entweder ein
neues SSL-BIO oder bei Mißerfolg einen Nullzeiger.

---

[21] Was es mit dem SSL-Kontext auf sich hat, erfahren wir in Kapitel 7.

Um für die neue SSL-Verbindung von Haus aus die weiter oben beschriebenen Wiederholungsanforderungen zu vermeiden, die im Falle der SSL-Kommunikation auch bei der blockierenden Ein-/Ausgabe auftreten können, wird im Normalfall für die Verbindung noch vor deren Aufbau das Flag `SSL_MODE_AUTO_RETRY` gesetzt. Diese Option wird über die `SSL`-Funktion `SSL_set_mode()`, auf die wir in Kapitel 7 noch eingehen werden, gesetzt. Die Funktion benötigt dazu Zugriff auf die zum `BIO` assoziierte `SSL`-Datenstruktur, die sich ggf. durch `BIO_get_ssl()` ermitteln läßt. Die Funktion bzw. das Makro `BIO_get_ssl()` liefert die mit dem `BIO b` verknüpfte `SSL`-Struktur im Parameter `ssl` zurück. Der Parameter ist dazu als Zeiger auf einen Zeiger ausgelegt.

Sobald nun die Vorbereitungen für eine neue SSL-Verbindung abgeschlossen sind, kann für das `BIO` bzw. die `BIO`-Kette `b` der Verbindungsaufbau inklusive SSL-Handshake über die Funktion `BIO_do_handshake()` explizit angestoßen werden. Die Funktion liefert den Rückgabewert 1, wenn der Verbindungsaufbau geklappt hat und das Handshake-Verfahren erfolgreich abgeschlossen wurde. Ein Wert ≤ 0 zeigt an, daß der Aufbau der neuen SSL-Verbindung nicht erfolgreich beendet werden konnte.

Das nachfolgende Programmfragment faßt die wesentlichen Schritte für den clientseitigen Aufbau einer neuen SSL-Verbindung kurz zusammen, verzichtet dabei aber der Übersichtlichkeit halber erneut auf die Fehlerbehandlung:

```
1  /* SSL-BIO erstellen, SSL-Kontext bereits initialisiert */
2  ssl_bio = BIO_new_ssl_connect( ctx );
3
4  /* assoziierte SSL-Struktur ermitteln */
5  BIO_get_ssl( ssl_bio, &ssl );
6
7  /* Wiederholungsanforderungen für Verbindung verhindern */
8  SSL_set_mode( ssl, SSL_MODE_AUTO_RETRY );
9
10 /* entfernten Endpunkt setzen: Host indien, Port 443 */
11 BIO_set_conn_hostname( ssl_bio, "indien:https" );
12
13 /* TCP-Verbindung aufbauen und SSL-Handshake durchführen */
14 BIO_do_handshake( ssl_bio );
15
16 /* HTTP-Request schicken */
17 BIO_puts( ssl_bio, "GET / HTTP/1.0\n\n" );
```

1–2 Der Aufruf der `BIO_new_ssl_connect()` setzt in `ctx` einen bereits initialisierten SSL-Kontext voraus und erzeugt unter Verwendung dieses Kontexts eine neue BIO-Kette bestehend aus einem SSL-BIO und einem nachfolgenden Connect-BIO.

4–8   Damit für die neue SSL-Verbindung das Flag `SSL_MODE_AUTO_RETRY` gesetzt werden kann, wird über `BIO_get_ssl()` die zum `BIO` assoziierte `SSL`-Datenstruktur bestimmt.

10–11 Der `BIO`-Kette wird über `BIO_set_conn_hostname()` der gewünschte entfernte Endpunkt der aufzubauenden Netzwerkverbindung mitgeteilt. Interessant ist an diesem Beispiel, daß die Verbindungsdaten eigentlich für das Connect-`BIO` bestimmt sind, daß beim Funktionaufruf aber mit dem SSL-`BIO` der Kopf der Kette referenziert wird. Nachdem das SSL-`BIO` aber selbst nichts mit diesen Informationen anzufangen weiß, gibt es die Verbindungsdaten einfach an das nächste `BIO` der Kette weiter und so landen die Informationen zum entfernten Endpunkt schließlich beim Connect-`BIO`.

13–17 Zum Schluß wird mittels `BIO_do_handshake()` der Aufbau der Netzwerkverbindung initiiert und, sofern erfolgreich, das SSL-Handshake abgewickelt. Danach steht das `BIO`-Objekt für den SSL-gesicherten Datenaustausch bereit. Der Client schickt im obigen Programmfragment als Beispiel einen HTTP-Request an die Gegenseite.

6.3.5 Fehlerbehandlung

In den OpenSSL-Bibliotheken ist ein Satz von Funktionen enthalten, mit deren Hilfe die Behandlung von OpenSSL-Fehlern innerhalb eigener Netzwerkanwendungen erleichtert wird. OpenSSL verwaltet die internen, in einer der OpenSSL-Funktionen aufgetretenen Fehler in sogenannten Error-Queues. Dies zahlt sich gerade bei tief verschachtelten Funktionsaufrufen, wie es bei den OpenSSL-Funktionen intern der Fall ist, aus. Anders als z. B. bei der Fehlerbehandlung über **errno** werden dadurch nämlich Fehler aus tieferliegenden Funktionen nicht durch Nachfolgefehler in höherliegenden Funktionen überlagert. Anstatt also bei einem nachfolgenden Fehler den vorherigen **errno**-Wert mit einem neuen Fehlercode zu überschreiben, hängt OpenSSL die Informationen zum neuen Fehler einfach an die bestehende Error-Queue an. So können von einer Funktion und allen anderen, von ihr aufgerufenen Unterfunktionen gleich eine ganze Menge von Fehlerinformationen geliefert werden. Im Zusammenspiel mit dem in Abschnit 6.3.6 beschriebenen Thread-Support der OpenSSL-Bibliothek wird von OpenSSL sogar für jeden Thread eine eigene Fehlerwarteschlange verwaltet.

```
#include <openssl/err.h>

unsigned long ERR_get_error( void );
unsigned long ERR_peek_error( void );
unsigned long ERR_peek_last_error( void );
```

Im Gegensatz zur ERR_get_error()-Funktion entfernen ERR_peek_error()
und ERR_peek_last_error() allerdings die abgerufenen Fehlerinformationen
nicht aus der Error-Queue, sondern spitzeln lediglich in diese hinein. Die
ERR_peek_error()-Funktion liefert dabei als Ergebnis den ersten, die Schwesterfunktion ERR_peek_last_error() den letzten und damit jüngsten Fehler
aus der Warteschlange zurück.

Mit der ERR_get_error()-Funktion wird der erste und damit der am läng-
sten zurückliegende Fehler einer Error-Queue ermittelt und aus der Fehlerwarteschlange entfernt. Die Funktion und ihre beiden Schwesterfunktio-
nen ERR_peek_error() und ERR_peek_last_error() liefern einen OpenSSL-
spezifischen Fehlercode, der dann weiter analysiert werden kann.

In Ergänzung zu diesen drei Grundfunktionen bietet OpenSSL sechs weitere
Fehlerbehandlungsfunktionen an, die über ihre jeweiligen Parameter erweiterte Auskünfte über die Fehler erteilen:

```
#include <openssl/err.h>

unsigned long ERR_get_error_line( const char **file,
   int *line );
unsigned long ERR_peek_error_line( const char **file,
   int *line );
unsigned long ERR_peek_last_error_line(
   const char **file, int *line );

unsigned long ERR_get_error_line_data(
   const char **file, int *line, const char **data,
   int *flags );
unsigned long ERR_peek_error_line_data(
   const char **file, int *line, const char **data,
   int *flags );
unsigned long ERR_peek_last_error_line_data(
   const char **file, int *line, const char **data,
   int *flags );
```

Die ERR_*_error_line()-Funktionen liefern über den Parameter file und
line Informationen über die Quelldatei und die Zeile, in der der Fehler aufgetreten ist. Die drei ERR_*_error_line_data()-Funktionen geben
darüber hinaus noch zusätzliche, fehlerspezifische Daten zurück. In welcher
Form die über data referenzierten Daten dann tatsächlich vorliegen, wird
durch den Parameter flags angezeigt. Ist in flags nach einem Aufruf von
ERR_get_error_line_data() etwa das Flag ERR_TXT_STRING gesetzt, so handelt es sich um eine C-typische, Null-terminierte Zeichenkette, die dann z. B.
mit der printf()-Funktion ausgegeben werden kann:

```
1  void print_all_errors( void )
2  {
3    unsigned long code;
4    const char *file, *data;
5    int flags, line;
6
7    /* Sofern ein Fehler in der Queue ist, gilt code != 0 */
8    while( ( code = ERR_get_error_line_data( &file, &line,
9        &data, &flags ) ) != 0 )
10   {
11     /* Fehler ausgeben */
12     printf( "Fehler %lu in Zeile %d von Datei %s: %s\n",
13        code, line, file,
14        ( flags && ERR_TXT_STRING ) ? data : "---" );
15   }
16 }
```

Das vorausgehende Beispiel gibt alle Fehler aus der Error-Queue auf der Standardausgabe aus. Allerdings werden die von diesem Beispiel erzeugten Ausgaben, abgesehen vielleicht von den in Textform vorliegenden Zusatzinformationen, nicht leicht nachvollziehbar sein, da das Programm lediglich Fehler*codes* (also Zahlenwerte) und leider keine verständlichen Fehler*meldungen* ausgibt. Zum Glück stellen die OpenSSL-Bibliotheken aber auch für die Umwandlung von Fehlercodes in die zugehörigen Fehlermeldungen passende Hilfsfunktionen bereit: ERR_error_string() und ERR_error_string_n().

```
#include <openssl/err.h>

char *ERR_error_string( unsigned long e, char *buf );
void ERR_error_string_n( unsigned long e, char *buf,
  size_t len );
```

Beide Funktionen wandeln den Fehlercode e in seine lesbare Textdarstellung um und hinterlegen diese im Puffer buf. Bei ERR_error_string() darf buf ein Nullzeiger sein. In diesem Fall liefert die ERR_error_string()-Funktion einen Zeiger auf einen statischen Puffer zurück, in dem die Fehlermeldung hinterlegt ist. Wird für buf dagegen explizit ein Puffer angegeben, so muß der Puffer laut OpenSSL-Dokumentation auf jeden Fall Platz für 120 Zeichen bieten. In diesem Fall gibt die ERR_error_string()-Funktion dann die Adresse des übergebenen Puffers zurück.

Mit Blick auf Buffer-Overflows und Threadsicherheit (vgl. dazu die Abschnitte 2.3.1 und 3.3.1) ist es jedoch empfehlenswert, auf ERR_error_string() gänzlich zu verzichten und stattdessen generell auf die alternative Funktion ERR_error_string_n() auszuweichen. Diese Funktion erwartet in buf die

Adresse eines Speicherbereichs mit `len` Zeichen Fassungsvermögen. Ab der angegebenen Speicheradresse wird dann die lesbare, evtl. aber auf `len-1` Zeichen gekürzte Fehlermeldung hinterlegt und mit einem Nullzeichen abgeschlossen.

Um den `ERR_error_string*()`-Funktionen die Klartext-Fehlermeldungen bekannt zu machen, müssen vom Programm vorab die Fehlertexte geladen werden. Dies geschieht mit `ERR_load_crypto_strings()` für alle Fehlermeldungen der Funktionen aus der `crypto`-Bibliothek (dazu zählen u. a. auch die zuvor besprochenen `BIO`-Funktionen) und mit `SSL_load_error_strings()` für sämtliche Fehlermeldungen der `ssl`-Bibliothek.

```
#include <openssl/err.h>
#include <openssl/ssl.h>


void ERR_load_crypto_strings( void );
void SSL_load_error_strings( void );
```

Der Fehlertext selbst setzt sich aus dem Fehlercode, dem Namen der Bibliothek und dem Namen der Funktion, in der der Fehler aufgetreten ist, sowie einer Kurzbeschreibung der Fehlerursache zusammen und hat die Form `error:[code]:[library]:[function]:[reason]`.

Last but not least gibt es noch zwei weitere Funktionen, mit deren Hilfe die Fehler einer Error-Queue direkt über ein `BIO` oder ein `FILE`-Handle ausgegeben werden können: `ERR_print_errors()` und `ERR_print_errors_fp()`.

```
#include <openssl/err.h>


void ERR_print_errors( BIO *bp );
void ERR_print_errors_fp( FILE *fp );
```

Die beiden Hilfsfunktionen erwarten als einzige Information eine Referenz auf das `BIO`-Objekt bzw. das `FILE`-Handle, über das die Ausgabe der Fehlermeldungen erfolgen soll. Danach iteriert sowohl `ERR_print_errors()` als auch `ERR_print_errors_fp()` über alle in der Error-Queue notierten Fehlermeldungen, gibt diese aus und leert dabei gleichzeitig die Error-Queue. Das Funktionenpaar arbeitet damit ähnlich zu der oben beispielhaft vorgestellten Funktion `print_all_errors()`.

6.3.6 Thread-Support

Die OpenSSL-Bibliotheken wurden von den Entwicklern so ausgelegt, daß sie auch in nebenläufigen, mit mehreren Threads arbeitenden Programmen eingesetzt werden können. Allerdings operieren die OpenSSL-Funktionen intern

auf einer ganzen Menge globaler Datenstrukturen, die es vor konkurrierenden Zugriffen aus verschiedenen Threads zu schützen gilt. OpenSSL kümmert
sich zwar selbst um den Schutz dieser gemeinsam genutzten Daten, die dazu
notwendigen Schutzprimitiven müssen aber zuvor von der Anwendung über
spezielle Callback-Funktionen eingebracht werden. Da sich damit das Anwendungsprogramm um die Implementierung geeigneter Callbacks zu kümmern
hat, etwa unter Zuhilfenahme von Pthreads-Mutexen, bleibt OpenSSL selbst
im Gegenzug systemunabhängig.

Wir implementieren die benötigten Callback-Funktionen im folgenden mit
der Hilfe der in Kapitel 3 beschriebenen POSIX-Threads. Den resultierenden
Quelltext aus den Beispielen 6.2 und 6.3 können Sie dann in allen Pthreads-
Programmen mit OpenSSL einsetzen.

OpenSSL unterscheidet bei der Realisierung des Thread-Supports zwischen
zwei verschiedenen Aufgaben für die Callback-Funktionen, nämlich

1. der Identifizierung des ausführenden Threads und

2. dem gegenseitigen Ausschluß von gemeinsam genutzten Ressourcen.

Mit Hilfe der CRYPTO_set_id_callback()-Funktion wird eine parameterlose Callback-Funktion thread_id() hinterlegt, die die Thread-ID des aufrufenden Threads als unsigned long zurückgibt.[22] Im Zusammenspiel mit
POSIX-Threads greift man hierbei kanonischerweise auf die pthread_self()-
Funktion zurück. Sofern OpenSSL mittels der hinterlegten Callback-Funktion
die verschiedenen Threads einer Anwendung voneinander unterscheiden kann,
verwaltet es dann z. B. auch für jeden Thread eine separate Error-Queue.

```
#include <openssl/crypto.h>

void CRYPTO_set_id_callback(
  unsigned long (*thread_id)( void ) );

int CRYPTO_num_locks( void );
void CRYPTO_set_locking_callback(
  void (*lock)( int mode, int n, const char *file,
  int line ) );
```

Für den gegenseitigen Ausschluß wird mit CRYPTO_set_locking_callback()
eine Lock-/Unlock-Funktion lock() hinterlegt. Diese Callback-Funktion verwaltet ein statisch angelegtes Feld von Mutex-Variablen, über welches der

---

[22] Wichtig ist hierbei eigentlich nur, daß der gelieferte Wert den Thread eindeutig
identifiziert, also für den selben Thread über alle Aufrufe von thread_id() hinweg
immer gleich bleibt und darüber hinaus für je zwei verschiedene Threads auch
tatsächlich unterschiedlich ist.

gegenseitige Ausschluß gesteuert wird. Dieses ebenfalls von der Anwendung bereitgestellte Feld ist dabei von fester Größe und muß Platz für insgesamt `CRYPTO_num_locks()` Mutex-Variablen bieten. Durch (interne) Aufrufe von `lock()` sperrt oder entsperrt OpenSSL den n-ten Mutex aus dem Feld. Ist im Parameter `mode` das Flag `CRYPTO_LOCK` gesetzt, so soll der Mutex mit dem Index n gesperrt, andernfalls wieder freigegeben werden. Die zusätzlichen Parameter `file` und `line` geben Auskunft über die Quelldatei und die Zeilennummer, von der aus die (Ent-)Sperrung des spezifizierten Mutex' veranlaßt wurde. Diese Zusatzinformationen sind normalerweise lediglich bei der Fehlersuche hilfreich.

Übrigens liefert keine der `CRYPTO_set_*_callback()`-Funktionen einen Rückgabewert, d. h. das Setzen der jeweiligen Callback-Funktion ist in jedem Fall erfolgreich und muß nicht auf eventuelle Fehler geprüft werden.

Neben dieser statischen Mutex-Variante unterstützt OpenSSL zukünftig auch dynamisch angelegte Mutex-Variablen. Dazu werden drei weitere Callback-Funktionen zum dynamischen Anlegen, Sperren/Entsperren und Zerstören von Mutex-Variablen eigetragen: `CRYPTO_set_dynlock_create_callback()` hinterlegt die Funktion `dl_create()`, welche eine neue Mutex-Variable erzeugt, die Hilfsfunktion `CRYPTO_set_dynlock_lock_callback()` registriert die Callback-Funktion `dl_lock()`, welche einen dynamisch erzeugten Mutex (ent-)sperrt und die mit `CRYPTO_set_dynlock_destroy_callback()` hinterlegte Funktion `dl_destroy()` kümmert sich abschließend um die Entsorgung eines dynamisch angelegten Mutex'.

```
#include <openssl/crypto.h>

struct CRYPTO_dynlock_value
{
   ... /* z.B. pthread_mutex_t mutex; */
};

void CRYPTO_set_dynlock_create_callback(
   struct CRYPTO_dynlock_value *(*dl_create)( char *file,
   int line ) );
void CRYPTO_set_dynlock_lock_callback(
   void (*dl_lock)( int mode,
   struct CRYPTO_dynlock_value *l, const char *file,
   int line ) );
void CRYPTO_set_dynlock_destroy_callback(
   void (*dl_destroy)( struct CRYPTO_dynlock_value *l,
   const char *file, int line ) );
```

Die drei registrierten Callback-Funktionen `dl_create()`, `dl_lock()` und `dl_destroy()` operieren dann auf der anwendungs- bzw. threadspezifisch definierten Datenstruktur `CRYPTO_dynlock_value`. Auch diese Struktur muß

von der threadbasierten Anwendung festgelegt werden und enthält die für
den gegenseitigen Ausschluß benötigte Datenstruktur. Im Zusammenspiel mit
POSIX-Threads ist dies ein Pthreads-Mutex.

Die Implementierung der dl_create()-Funktion soll für OpenSSL eine neue
CRYPTO_dynlock_value-Struktur anlegen und die Adresse dieser neu erstellten Datenstruktur zurückliefern. Kann die Anforderung nicht erfüllt werden,
muß dl_create() einen Nullzeiger zurückgeben. Die einzigen Parameter der
Funktion sind file und line, die Auskunft über die Quelldatei und die
Zeilennummer geben, von der aus die neue Datenstruktur angefordert wurde. Mit Hilfe von dl_lock() (ent-)sperrt OpenSSL dann die referenzierte
CRYPTO_dynlock_value-Struktur l. Über den Wert des Parameters mode wird
gesteuert, wie mit dem betreffenden Mutex verfahren werden soll: Ist das Flag
CRYPTO_LOCK gesetzt, so wird der Mutex gesperrt, andernfalls wieder freigegeben. Benötigt OpenSSL einen dynamischen Mutex nicht mehr weiter, so wird
die zugehörige Datenstruktur l mittels dl_destroy() wieder freigegeben.

Die Beispiele 6.2 und 6.3 zeigen eine Implementierung der von OpenSSL erwar-
teten Callback-Funktionen mit Hilfe der Pthreads-Synchronisationsprimitiven.
Sie können den Quelltext aus diesen Beispielen unverändert in allen Pthreads-
Programmen mit OpenSSL einsetzen.

1–13   Nach der Einbindung der notwendigen Headerdateien definieren wir die Struktur CRYPTO_dynlock_value für dynamische Mutex-Variablen. Bei der Implementierung mit POSIX-Threads enthält die Datenstruktur lediglich eine
Mutex-Strukturkomponente. Bei Bedarf könnten hier natürlich noch beliebige andere Hilfskomponenten Platz finden.

Beispiel 6.2. openssl-thread-init.c, Teil 1

```
 1  #include <pthread.h>
 2  #include <stdlib.h>
 3
 4  #include <openssl/crypto.h>
 5
 6  /* Enthält Prototyp für openssl_thread_init() */
 7  #include "openssl-thread-init.h"
 8
 9  struct CRYPTO_dynlock_value
10  {
11    /* Realisierung des DynLocks über einen Pthreads-Mutex */
12    pthread_mutex_t mutex;
13  };
14
15  /* Zeiger auf ein festes Feld von Mutex-Variablen */
16  pthread_mutex_t *openssl_mutex = NULL;
17
18  unsigned long openssl_thread_id( void )
```

```
19  {
20    /* Typumwandlung von pthread_t nach unsigned long */
21    return( (unsigned long)pthread_self() );
22  }
23
24  void openssl_mutex_lock( int mode, int n, const char *file,
25    int line )
26  {
27    if( mode & CRYPTO_LOCK ) /* Lock oder Unlock? */
28      pthread_mutex_lock( &openssl_mutex[n] );
29    else
30      pthread_mutex_unlock( &openssl_mutex[n] );
31  }
```

15–16 Anschließend vereinbaren wir mit `openssl_mutex` einen Zeiger auf ein Feld von Mutex-Variablen, welches wir später anlegen und initialisieren werden. Das Feld dient dem mit `CRYPTO_set_locking_callback()` gesetzten statischen Mutex-Callback als „Mutex-Vorrat".

18–22 Die Funktion `openssl_thread_id()` liefert die von OpenSSL zur Identifikation bzw. Unterscheidung der einzelnen Threads benötigte Thread-ID als `unsigned long`. Der Rückgabewert entsteht durch eine Typumwandlung der von `pthread_self()` gelieferten opaquen Thread-ID `pthread_t` in eine vorzeichnlose lange Ganzzahl.[23]

24–31 Mit Hilfe der `openssl_mutex_lock()`-Funktion kann der n-te Mutex des statisch vereinbarten Mutex-Felds gesperrt oder freigegeben werden. Ist in `mode` das `CRYPTO_LOCK`-Flag gesetzt, so wird der Mutex gesperrt, andernfalls wird er wieder freigegeben.

Beispiel 6.3. openssl-thread-init.c, Teil 2

```
33  struct CRYPTO_dynlock_value *openssl_dl_create(
34    const char *file, int line )
35  {
36    int st;
37    struct CRYPTO_dynlock_value *dl;
38
```

---

[23] Die hier gezeigte Typumwandlung ist eigentlich nicht ganz „sauber", denn der POSIX-Standard trifft keine Aussage über den Aufbau der opaquen Datenstruktur `pthread_t`. Insofern ist leider nicht zu 100% sichergestellt, daß die vorgenommene Umwandlung tatsächlich eine eindeutige Identifikation des Threads durch den von `openssl_thread_id()` zurückgelieferten Wert erlaubt. Andererseits funktioniert das Verfahren für alle gängigen Unix-Systeme und so ist die hier vorgestellte Implementierung auch die in der Literatur geläufige Umsetzung für diese Callback-Funktion.

```
39    /* Speicher für neuen Mutex anfordern ... */
40    dl = malloc( sizeof( pthread_t ) );
41    if( dl != NULL )
42    {
43       /* ... und Mutex initialisieren */
44       st = pthread_mutex_init( &dl->mutex, NULL );
45       if( st != 0 ) /* Fehler beim Mutex Initialisieren? */
46       {
47          free( dl ); /* belegten Speicher wieder freigeben */
48          dl = NULL; /* ... und Nullzeiger zurückgeben */
49       }
50    }
51
52    return( dl ); /* Zeiger auf neue Struktur liefern */
53 }
54
55 void openssl_dl_destroy(
56    struct CRYPTO_dynlock_value *dl, const char *file,
57    int line )
58 {
59    /* Mutex zerstören und Speicher freigeben */
60    pthread_mutex_destroy( &dl->mutex );
61    free( dl );
62 }
63
64 void openssl_dl_lock( int mode,
65    struct CRYPTO_dynlock_value *dl, const char *file,
66    int line )
67 {
68    if( mode & CRYPTO_LOCK ) /* Lock oder Unlock? */
69       pthread_mutex_lock( &dl->mutex );
70    else
71       pthread_mutex_unlock( &dl->mutex );
72 }
73
74 int openssl_thread_init( void )
75 {
76    int i, st, max = CRYPTO_num_locks();
77
78    /* Initialisierung des Felds der statischen Mutexe */
79    if( openssl_mutex == NULL ) /* schon initialisiert? */
80    {
81       /* Feld mit Mutex-Variablen anlegen ... */
82       openssl_mutex = calloc( max, sizeof( pthread_t ) );
83       if( openssl_mutex == NULL )
84          return( 0 ); /* Rücksprung mit Fehler */
85
86       /* ... und Mutex-Variablen initialisieren */
87       for( i = 0; i < max; i++ )
```

```
88      {
89          st = pthread_mutex_init( &openssl_mutex[i], NULL );
90          if( st != 0 )
91              return( 0 ); /* Rücksprung mit Fehler */
92      }
93      }
94
95      /* Callback zur Bestimmung der Thread-ID registrieren */
96      CRYPTO_set_id_callback( openssl_thread_id );
97
98      /* statischen Mutex-Lock-Callback registrieren */
99      CRYPTO_set_locking_callback( openssl_mutex_lock );
100
101     /* Callbacks für dynamische Mutexe registrieren */
102     CRYPTO_set_dynlock_create_callback( openssl_dl_create );
103     CRYPTO_set_dynlock_destroy_callback( openssl_dl_destroy );
104     CRYPTO_set_dynlock_lock_callback( openssl_dl_lock );
105
106     return( 1 ); /* Erfolgsmeldung zurückgeben */
107     }
```

33–53   Die Callback-Funktion openssl_dl_create() legt auf Wunsch einen neuen
        Mutex für die OpenSSL-Bibliotheken an. openssl_dl_create() fordert dazu
        vom System einen Speicherblock in der Größe der zuvor vereinbarten Daten-
        struktur CRYPTO_dynlock_value an, initialisiert den in dieser neuen Struktur
        enthaltenen Mutex über pthread_mutex_init() und gibt eine Referenz auf
        die dynamisch erzeugte Datenstruktur zurück. Sollte das System die Speicher-
        anforderung nicht erfüllen können oder sollte die Initialisierung des Mutex'
        fehlschlagen, so liefert die Funktion stattdessen einen Nullzeiger.

55–62   Die Callback-Funktion openssl_dl_destroy() gibt eine zuvor dynamisch
        per openssl_dl_create() angelegte CRYPTO_dynlock_value-Struktur wie-
        der frei. Dazu wird zunächst der zugehörige Mutex zerstört und danach der
        vom System bereitgestellte Speicherbereich wieder freigegeben.

64–72   Mit Hilfe der Callback-Funktion openssl_dl_lock() sperrt oder entsperrt
        OpenSSL schließlich einen zuvor dynamisch angelegten Mutex. Wie bei der
        openssl_mutex_lock()-Funktion (siehe oben), zeigt das CRYPTO_LOCK-Flag
        des Parameters mode an, wie mit der Datenstruktur verfahren werden soll. Die
        Pthreads-Funktionen pthread_mutex_lock() und pthread_mutex_unlock()
        greifen zum (Ent-)Sperren der CRYPTO_dynlock_value-Struktur dl auf die
        darin eingebettete Mutex-Strukturkomponente mutex zu.

64–72   Die openssl_thread_init()-Funktion dient der Initialisierung der Thread-
        Unterstützung. Die Funktion erstellt und initialisiert dazu als erstes das
        statische Feld der Mutex-Variablen. Sollte dabei etwas schief laufen (nicht
        genügend Speicher, Fehler in pthread_mutex_init()), dann kehrt die Funk-
        tion mit dem Rückgabewert 0 zurück. Andernfalls werden zum Schluß die

weiter oben beschriebenen fünf Callback-Funktionen registriert und unsere Initialisierungsfunktion liefert den Rückgabewert 1.

Beispiel 6.4 zeigt die zu Beginn von Beispiel 6.2 eingebundene Headerdatei `"openssl-thread-init.h"`, in der lediglich der Prototyp der Initialisierungsfunktion `openssl_thread_init()` vereinbart ist. Über diese Headerdatei kann die Signatur der `openssl_thread_init()`-Funktion auch in anderen Quelldateien bekannt gemacht werden.

Beispiel 6.4. openssl-thread-init.h

```
1  #ifndef OPENSSL_THREAD_INIT_H
2  #define OPENSSL_THREAD_INIT_H
3
4  int openssl_thread_init( void );
5
6  #endif
```

6.3.7 Pseudozufallszahlengenerator

Wie in Abschnitt 6.1.1 ausgeführt, basieren die von OpenSSL implementierten kryptographischen Verfahren auf sogenannten Pseudozufallszahlen, also von einem Pseudozufallszahlengenerator (PRNG) berechneten, möglichst nicht (zumindest nicht von außen) vorhersehbaren Zahlenfolgen. Dazu wurde in OpenSSL ein eigener PRNG implementiert, der die Berechnung dieser Zahlenfolgen übernimmt. Nun gilt es allerdings, diesen Pseudozufallszahlengenerator vor der ersten Bearbeitung kryptographischer Aufgaben mit einem möglichst guten *Seed* zu versorgen, also den PRNG mit möglichst guten Startwerten zu initialisieren.

Die geeignete Initialisierung des PRNG, mit der die Wirksamkeit der eingesetzten kryptographischen Verfahren steht und fällt, liegt dabei generell im Verantwortungsbereich der Anwendung. Sofern allerdings das zugrundeliegende Unix-System mit einer Gerätedatei für Pseudozufallszahlen ausgestattet ist (z. B. `/dev/random`), übernimmt die ssl-Bibliothek diese sicherheitskritische Aufgabe selbständig und damit transparent für die Anwendung.

Mit Hilfe der Bibliotheksfunktion `RAND_status()` kann eine Anwendung den Status des OpenSSL-eigenen Pseudozufallszahlengenerators ermitteln. Liefert die parameterlose Funktion den Wert 1, so ist der PRNG ordnungsgemäß initialisiert. Liefert `RAND_status()` dagegen den Rückgabewert 0, muß die Anwendung die Initialisierung des Generators selbst übernehmen. Geeignete Startwerte können in diesem Fall über die Funktionen `RAND_add()` oder

`RAND_seed()` eingespeist werden. Beide Funktionen entnehmen dem referenzierten Puffer `buf` insgesamt `num` Zeichen zur Initialisierung des Pseudozufallszahlengenerators. Während bei `RAND_add()` über den Parameter `entropy` die Entropie, also die „Zufallsgüte" der gelieferten Startwerte in Bytes angegeben werden kann (vgl. dazu auch RFC 1750 [ECS94]), geht `RAND_seed()` implizit von der maximalen Entropie `entropy = num` aus.[24]

```
#include <openssl/rand.h>

int RAND_status( void );

void RAND_add( const void *buf, int num,
   double entropy );
void RAND_seed( const void *buf, int num );

int RAND_egd( const char *path );

int RAND_load_file( const char *file, long max_bytes );
int RAND_write_file( const char *file );
```

Besser, als sich selbst um geeignete Startwerte für den PRNG zu kümmern, ist es im Allgemeinen, eine verlässliche externe Quelle, wie z. B. einen *Entropy Gathering Dæmon* (EGD) mit dieser sicherheitskritischen Aufgabe zu betrauen. OpenSSL stellt hierfür die Funktion `RAND_egd()` bereit, die den OpenSSL-eigenen Pseudozufallszahlengenerator mit Hilfe eines EGD initialisiert. Als Parameter `file` erwartet die `RAND_egd()`-Funktion den für die Kommunikation mit dem Dæmon benötigten Unix-Socket-Pfad des anzusprechenden EGDs. Damit der `RAND_egd()`-Aufruf erfolgreich ist, muß ein passender EGD auf dem lokalen Unix-System installiert und gestartet sein. Bekannte und auf Unix-Systemen verbreitet eingesetzte Entropy Gathering Dæmons sind EGD,[25] PRNGD[26] und EGADS.[27]

Die `RAND_egd()`-Funktion liest insgesamt 255 Bytes vom angegebenen EGD und speist diese mittels `RAND_add()` in den Pseudozufallszahlengenerator der `ssl`-Bibliothek ein. Die Funktion liefert als Rückgabewert die Anzahl der vom Entropy Gathering Dæmon gelesenen Bytes. Schlägt der Verbindungsaufbau zum angegebenen Dæmon fehl oder reichen die gelesenen Daten nicht aus um den PRNG der `ssl`-Bibliothek zu initialisieren, so zeigt `RAND_egd()` den Fehler über den Rückgabewert −1 an.

---

[24] Gilt `entropy = num`, so haben alle `num` Bytes des angegebenen Puffers `buf` absolut zufälligen Inhalt.

[25] http://egd.sourceforge.net/

[26] http://www.aet.tu-cottbus.de/personen/jaenicke/postfix_tls/prngd.html

[27] http://www.securesw.com/egads/

Schließlich kann der momentane Zustand des OpenSSL-eigenen PRNGs mit dem Funktionenpaar `RAND_write_file()` und `RAND_load_file()` in einer Datei gespeichert und zu einem späteren Zeitpunkt wieder geladen werden. `RAND_write_file()` schreibt insgesamt 1024 „Zufallsbytes" in die Datei `file` und gibt die Anzahl der erfolgreich ausgegebenen Bytes zurück. War der PRNG beim Aufruf von `RAND_write_file()` noch nicht ordnungsgemäß initialisiert, gibt die Funktion dagegen den Wert −1 zurück. `RAND_load_file()` liest maximal `max_bytes` Bytes aus der Datei `file` zur Initialisierung des Pseudozufallszahlengenerators ein und gibt die Anzahl der erfolgreich eingelesenen Bytes zurück. Hat `max_bytes` den Wert −1, so liest die Funktion gleich die gesamte Datei ein.

Das nachfolgende Programmbeispiel testet, ob der OpenSSL-eigene Pseudozufallszahlengenerator bereits ordnungsgemäß initialisiert ist. Auf Unix-Systemen mit einer geeigneten Gerätedatei für Pseudozufallszahlen sollte dies von Haus aus der Fall sein. Andernfalls versucht das Programm aus Beispiel 6.5, den PRNG mit den nötigen Startwerten zu versorgen.

1–7   Die Startwerte sollen aus zwei Quellen stammen: Ein Teil der Werte soll einer (hoffentlich zuvor angelegten) Seed-Datei entnommen werden, der andere Teil soll von einem Entropy Gathering Dæmon besorgt werden. Nachdem die einschlägigen Header-Dateien eingebunden wurden, werden deshalb zunächst die beiden Pfade zur Seed-Datei und zum EGD-Socket festgelegt.

9–13   Zu Beginn des Hauptprogramms wird der Zustand des Pseudozufallszahlengenerators getestet. Ist der PRNG bereits implizit initialisiert, so kehrt die `RAND_status()`-Funktion mit dem Rückgabewert 1 zurück.

Beispiel 6.5. openssl-rand-seed.c

```
1   #include <stdio.h>
2   #include <stdlib.h>
3
4   #include <openssl/rand.h>
5
6   #define SEED_FILE "/var/tmp/my.seed"
7   #define EGD_SOCKET "/var/run/egd-pool"
8
9   int main( int argc, char *argv[] )
10  {
11    int num, prng_ok;
12
13    prng_ok = RAND_status(); /* PRNG bereits initialisiert? */
14
15    if( ! prng_ok ) /* Falls nicht: selbst initialisieren! */
16    {
17      printf( "Der PRNG muß noch initialisiert werden.\n" );
18
```

```
19    /* ein evtl. vorhandenes Seed-File laden */
20    num = RAND_load_file( SEED_FILE, 1024 );
21    printf( "%d Bytes aus %s bezogen.\n", num, SEED_FILE );
22
23    /* Entropy Gathering Daemon (EGD) einbeziehen */
24    num = RAND_egd( EGD_SOCKET );
25    printf( "%d Bytes aus %s bezogen.\n", num, EGD_SOCKET );
26
27    if( ! RAND_status() ) /* PRNG jetzt ok? */
28    {
29      printf( "Fehler bei der PRNG-Initialisierung.\n" );
30      exit( EXIT_FAILURE );
31    }
32  }
33
34  /* Hier würde das eigentliche SSL-Programm beginnen */
35
36  /* Zum Schluß: Status des PRNG in Seed-File sichern ... */
37  if( ! prng_ok ) /* falls ursprünglich uninitialisiert */
38  {
39    num = RAND_write_file( SEED_FILE );
40    if( num < 0 )
41      printf( "Achtung: Inhalt von %s fragwürdig!\n",
42        SEED_FILE );
43    else
44      printf( "%d Bytes in %s geschrieben.\n", num,
45        SEED_FILE );
46  }
47 }
```

15–25 Sofern der PRNG noch *nicht* initialisiert ist, muß das Programm diese Aufgabe selbst übernehmen. Als erstes werden mittels `RAND_load_file()` 1024 Bytes aus der zuvor spezifizierten Seed-Datei entnommen. Sollte die angegebene Datei nicht existieren oder für das Programm nicht lesbar sein, so kann die Funktion natürlich auch keine Startwerte in den Pseudozufallszahlengenerator einspeisen. Zur Kontrolle wird die Anzahl der erfolgreich übernommenen Bytes protokolliert. Anschließend wird der Entropy Gathering Dæmon mittels `RAND_egd()` über die festgelegte Socket-Schnittstelle kontaktiert und die Anzahl der zur PRNG-Initialisierung herangezogenen Bytes ausgegeben.

27–31 Am Ende der Seed-Phase wird zur Kontrolle nochmals der Zustand des Pseudozufallszahlengenerators überprüft. Ist der PRNG immer noch nicht ordnungsgemäß initialisiert, weil etwa keine Seed-Datei vorhanden war und auch der EGD nicht kontaktiert werden konnte, so bricht das Beispielprogramm die Verarbeitung mit einer entsprechenden Fehlermeldung ab.

36–46 Unmittelbar vor dem Programmende wird vom vorgestellten Beispielprogramm noch eine neue Seed-Datei erstellt. Mittels `RAND_write_file()` wird dazu der Zustand des PRNG in der zuvor festgelegten Datei gespeichert, sofern der Pseudozufallszahlengenerator zu Programmbeginn *nicht* initialisiert war und folglich selbst mit Startwerten versorgt werden mußte.[28] Die `RAND_write_file()`-Funktion liefert den Wert `-1` zurück, falls der PRNG vorab nicht ordnungsgemäß initialisiert wurde (was in Beispiel 6.5 nicht vorkommen kann). In allen anderen Fällen liefert die Funktion die Anzahl der geschriebenen Bytes und die frisch erstellte Seed-Datei kann später wieder zur Initialisierung des PRNG herangezogen werden.

---

[28] War der OpenSSL-eigene PRNG zu Programmbeginn bereits implizit initialisiert, so können wir davon ausgehen, daß dies für nachfolgende Programmaufrufe ebenfalls gilt. Insofern verzichtet das Programm dann auch darauf, eine Seed-Datei mit geeigneten Startwerten anzulegen.

7

Client-/Server-Programmierung mit OpenSSL

Mit dem Grundlagenwissen aus Kapitel 6, insbesondere Abschnitt 6.3, sind wir schon fast dazu in der Lage, SSL-fähige Client- und Serverprogramm auf Basis der BIO-Funktionen zu entwickeln. Bis zur erfolgreichen Umsetzung „richtiger" SSL-Programme fehlen bislang allerdings noch vier wesentliche Schritte:

1. Die ssl-Bibliothek muß vor dem ersten Aufruf einer SSL-Funktion initialisiert werden.

2. Bevor vom Programm eine SSL-Verbindung aufgebaut werden kann, muß ein geeigneter SSL-Kontext erstellt werden.

3. Während des Verbindungsaufbaus überprüft das Programm, ob das von der Gegenstelle übermittelte Zertifikat ein gleichermaßen gültiges wie vertrauenswürdiges Zertifikat ist, d. h. es wird u. a. überprüft, ob die zugehörige Zertifikatskette über eine vertraute Zertifizierungsstelle läuft.

4. Zum Schluß erfolgt ein Identitätsabgleich zwischen Zertifikat und Kommunikationspartner. Gehört das präsentierte und für gültig befundene Zertifikat wirklich zum gewünschten Kommunikationspartner?

Erst wenn diese vier Aufgaben, die wir in diesem Kapitel Schritt für Schritt besprechen, erfolgreich gelöst sind, kann mit OpenSSL tatsächlich eine gesicherte SSL-Verbindung aufgebaut werden.

7.1 Initialisierung der ssl-Bibliothek

Bevor eine Anwendung mit der SSL-Kommunikation beginnen kann, muß die ssl-Bibliothek über die SSL_library_init()-Funktion initialisiert werden. Ein Aufruf dieser Funktion versetzt die Bibliothek mitsamt der intern verwendeten kryptographischen Algorithmen in einen geordneten Startzustand.

```
#include <openssl/ssl.h>

int SSL_library_init( void );
```

Die Initialisierungsfunktion erwartet keine Parameter und liefert als Ergebnis immer den Wert 1 zurück, da die Initialisierung laut Dokumentation immer erfolgreich verläuft. Der Rückgabewert kann also von eigenen Programmen getrost ignoriert werden.

Es bietet sich an, die zahlreichen Initialisierungsaufgaben in einer einzigen Hilfsfunktion kompakt zusammenzufassen, was wir in Beispiel 7.1 mit der Funktion openssl_lib_init() erledigt haben. Die in diesem Beispiel dargestellte Funktion wird dann später in allen SSL-Programmen zur Vorbereitung der SSL-Kommunikation eingesetzt.

1–11 Nach dem Einbinden der einschlägigen Header-Dateien initialisiert die Hilfsfunktion als erstes mittels SSL_library_init() die ssl-Bibliothek.

Beispiel 7.1. openssl-lib-init.c

```
1  #include <stdio.h>
2
3  #include <openssl/ssl.h>
4  #include <openssl/err.h>
5
6  /* EGD_SOCKET und  Prototyp für openssl_lib_init() */
7  #include "openssl-lib-init.h"
8
9  int openssl_lib_init( void )
10 {
11   SSL_library_init(); /* SSL-Bibliothek initialisieren */
12
13   if( ! RAND_status() ) /* PRNG ok? */
14   {
15     RAND_egd( EGD_SOCKET ); /* EGD zu Hilfe nehmen */
16     if( ! RAND_status() ) /* PRNG jetzt ok? */
17       return( 0 );
18   }
19
20   /* OpenSSL-Fehlerstrings laden */
21   ERR_load_crypto_strings();
22   SSL_load_error_strings();
23
24   return( 1 );
25 }
```

13–18 Anschließend kümmert sich `openssl_lib_init()` um den OpenSSL-eigenen PRNG. Sofern der Pseudozufallszahlengenerator noch nicht implizit initialisiert wurde, versucht die Funktion, geeignete Startwerte über einen Entropy Gathering Dæmon zu beschaffen. Falls der Zustand des PRNG im Anschluß immer noch unzureichend ist, kehrt die Hilfsfunktion mit dem Rückgabewert 0 zurück und zeigt damit an, daß der Pseudozufallszahlengenerator nicht über die benötigte Entropie verfügt. Das Programm sollte in einem solchen Fall abgebrochen werden.

20–25 Lief bis zu diesem Punkt alles glatt, dann lädt die `openssl_lib_init()`-Funktion noch die Textdarstellungen der Fehlermeldungen und zeigt am Ende mit dem Rückgabewert 1 einen erfolgreichen Verlauf der Initialisierung an.

Beispiel 7.2. openssl-lib-init.h

```
1  #ifndef OPENSSL_LIB_INIT_H
2  #define OPENSSL_LIB_INIT_H
3
4  #define EGD_SOCKET "/var/run/egd-pool"
5
6  int openssl_lib_init( void );
7
8  #endif
```

Beispiel 7.2 zeigt die zugehörige Header-Datei, die neben dem Pfad des EGD-Sockets lediglich die `openssl_lib_init()`-Funktion vereinbart.

7.2 Der SSL-Kontext

Ein sogenannter SSL-Kontext stellt ein Gerüst für neue SSL-Verbindungen dar, indem er bestimmte Rahmenbedingungen für neue, am Kontext abgeleitete SSL-Verbindungen festschreibt. Eine besonders wichtige Rahmenbedingung ist dabei die Menge der vom Kontext bzw. den davon abgeleiteten SSL-Verbindungen unterstützten SSL/TLS-Protokolle (derzeit SSL 2.0, SSL 3.0, TLS 1.0 und TLS 1.1). Zusätzlich werden im Kontext aber noch die Liste der vertrauten Zertifizierungsstellen, die verwendeten Schlüssel, das zugehörige Zertifikat und einiges mehr hinterlegt. Anstatt diese Parameter für jede SSL-Verbindung von neuem zu bestimmen, werden die Informationen im SSL-Kontext zusammengefaßt und dann beim Anlegen neuer Verbindungen implizit berücksichtigt.

Ein neuer SSL-Kontext wird über die Funktion `SSL_CTX_new()` erstellt. Ähnlich wie bei der `BIO_new()`-Funktion wird auch der `SSL_CTX_new()`-Funktion ein Bauplan für den neuen Kontext übergeben. Hierfür stehen derzeit die vier

Konstruktorfunktionen `SSLv2_method()`, `SSLv3_method()`, `TLSv1_method()`
und `SSLv23_method()` zur Verfügung. `SSL_CTX_new()` liefert entweder einen
Zeiger auf einen neuen SSL-Kontext oder, falls ein Fehler aufgetreten ist, einen
Nullzeiger zurück. Mit der Funktion `SSL_CTX_free()` kann ein SSL-Kontext
wieder freigegeben werden, sobald er nicht mehr benötigt wird.

```
#include <openssl/ssl.h>

SSL_CTX *SSL_CTX_new( SSL_METHOD *method );
void SSL_CTX_free( SSL_CTX *ctx );

SSL_METHOD *SSLv2_method( void );
SSL_METHOD *SSLv3_method( void );
SSL_METHOD *TLSv1_method( void );
SSL_METHOD *SSLv23_method( void );
```

Die vier Konstruktorfunktionen bestimmen, welche Protokollversionen eine
aus dem zugehörigen SSL-Kontext abgeleitete SSL/TLS-Verbindung „versteht". Wurde der SSL-Kontext mit der `SSLv2_method()`-Funktion initialisiert, so beherrschen die von diesem Kontext abgeleiteten SSL-Verbindungen
nur SSL 2.0. Analog implizieren `SSLv3_method()` und `TLSv1_method()` für
den Kontext genau die Protokolle SSL 3.0 und TLS 1.x.

„Spricht" ein Client z. B. ausschließlich SSL 2.0 und „versteht" der Server dagegen ausschließlich TLS 1.x, so kann zwischen diesen beiden Parteien keine gesicherte Verbindung zustande kommen. Deshalb steht mit der
`SSLv23_method()`-Funktion noch eine zusätzliche Konstruktorvariante zur
Verfügung, mit deren Hilfe ein universeller, alle Protokollversionen beherrschender SSL-Kontext erzeugt werden kann. Aus dem Kontext entfernt man
dann bei Bedarf im Nachhinein, wie wir später noch sehen werden, die Unterstützung der nicht gewünschten Protokollversionen. Auf diese Art und Weise wird in der Regel mit dem als nicht sicher eingestuften SSL 2.0 verfahren.

7.2.1 Ein unvollständiger SSMTP-Client

Mit diesen Kenntnissen ausgestattet, können wir nun tatsächlich ein erstes Clientprogramm zur Kommunikation mit einem SSL-fähigen Server entwickeln.
Beispiel 7.3 zeigt einen ganz einfachen SSMTP-Client, der eine SSL-gesicherte
Verbindung zu einem Mailserver auf- und sofort wieder abbaut.

1–29   Im Beispielprogramm werden zunächst die notwendigen Header-Dateien eingebunden, darunter auch die in Abschnitt 7.1 entstandene Header-Datei
`openssl-lib-init.h`. Das Programm erwartet als einzigen Parameter den
Hostnamen (oder die IP-Adresse) des zu kontaktierenden Mailservers. Sofern beim Programmaufruf ein Parameter übergeben wurde, startet der SSL-spezifische Programmablauf mit der Initialisierung der `ssl`-Bibliothek. Wie

aus der Beschreibung von Beispiel 7.1 hervor geht, kann `openssl_lib_init()`
nur dann einen Fehler liefern, wen die PRNG-Initialisierung nicht gelingt. In
diesem Fall bricht das Programm mit einer entsprechenden Meldung ab.

Beispiel 7.3. bio-ssl-smtpcli1.c

```
1  #include <errno.h>
2  #include <stdio.h>
3  #include <stdlib.h>
4  #include <unistd.h>
5
6  #include <openssl/bio.h>
7  #include <openssl/err.h>
8  #include <openssl/ssl.h>
9
10 #include "openssl-lib-init.h"
11
12 int main( int argc, char *argv[] )
13 {
14   BIO *bio;
15   SSL_CTX *ctx;
16   char buf[256];
17
18   if( argc != 2 )
19   {
20     printf( "Usage: %s smtp-host\n", argv[0] );
21     exit( EXIT_FAILURE );
22   }
23
24   /* SSL-Bibliothek und PRNG initialisieren */
25   if( ! openssl_lib_init() )
26   {
27     printf( "Library/PRNG initialization failed.\n" );
28     exit( EXIT_FAILURE );
29   }
30
31   /* SSL-Kontext für TLSv1-Verbindungen erstellen */
32   if( ( ctx = SSL_CTX_new( TLSv1_method() ) ) == NULL )
33   {
34     printf( "Can't create SSL context ...\n" );
35     ERR_print_errors_fp( stdout );
36     exit( EXIT_FAILURE );
37   }
38
39   /* gepuffertes BIO zur SSL-Kommunikation erstellen */
40   if( ( bio = BIO_new_buffer_ssl_connect( ctx ) ) == NULL )
41   {
42     printf( "Can't create SSL BIO ...\n" );
```

```
43      ERR_print_errors_fp( stdout );
44      exit( EXIT_FAILURE );
45    }
46
47    /* Verbindungsinformationen für das BIO-Objekt setzen */
48    BIO_set_conn_hostname( bio, argv[1] );
49    BIO_set_conn_port( bio, "ssmtp" );
50
51    /* Verbindung aufbauen und SSL-Handshake durchführen */
52    if( BIO_do_handshake( bio ) <= 0 )
53    {
54      printf( "SSL handshake failed ...\n");
55      ERR_print_errors_fp( stdout );
56      exit( EXIT_FAILURE );
57    }
58
59    /* Begrüßung des Mailservers empfangen */
60    BIO_gets( bio, buf, 256 );
61    printf( "%s", buf );
62
63    /* ... und gleich wieder Adieu sagen */
64    BIO_puts( bio, "QUIT\n" );
65    BIO_flush( bio );
66
67    /* Abschiedsgruß des Mailservers empfangen */
68    BIO_gets( bio, buf, 256 );
69    printf( "%s", buf );
70
71    /* BIO freigeben und Verbindung beenden, Programmende */
72    BIO_free_all( bio );
73    exit( EXIT_SUCCESS );
74  }
```

31–37 Im Anschluß wird der SSL-Kontext für die neue SSL-Verbindung angelegt. Als Konstruktor verwenden wir in diesem Beispiel die TLSv1_method()-Funktion. Das Clientprogramm kann sich also später ausschließlich zu solchen Servern erfolgreich verbinden, die das Protokoll TLS 1.x beherrschen. Spricht der kontaktierte Server dagegen lediglich SSL 2.0 oder SSL 3.0, so scheitert jeder Verbindungsversuch dieses SSMTP-Clients.

39–45 Mit dem frisch erstellten SSL-Kontext kann nun ein BIO-Objekt zur SSL-Kommunikation erstellt werden. BIO_new_buffer_ssl_connect() erstellt ein gepuffertes SSL-BIO, mit dessen Hilfe sich das Programm später zum Server verbindet. Die Pufferung sorgt dafür, daß wir zur Vereinfachung der Kommunikation auf die BIO-gets()-Funktion zurückgreifen können. Im Gegenzug müssen wir den Schreibpuffer bei Bedarf explizit mit BIO_flush() leeren. Die

SSL-spezifischen Eigenschaften des BIO-Objekts leiten sich vom angegebenen
SSL-Kontext ctx ab.

47–57   Anschließend wird das Kommunikationsziel des BIO-Objekts über den beim
Programmstart übergebenen Hostnamen und die SSMTP-Portnummer festgelegt. Durch den Aufruf von BIO_do_handshake() erstellt das SSL-BIO
zunächst eine TCP-Verbindung zum festgelegten Ziel (aktiver Verbindungsaufbau) und initiiert dann das SSL-Handshake. Während des Handshakes
präsentiert der Server dem anfragenden Client u. a. sein Serverzertifikat (vgl.
dazu Abschnitt 6.2.1).

59–69   Sofern der Verbindungsaufbau und das Handshake-Verfahren erfolgreich waren, besteht nun eine gepufferte SSL-Verbindung zum Gegenüber[1] und der
Client beginnt mittels BIO_gets() und BIO_puts() mit dem Datenaustausch.
Die BIO_gets()-Funktion garantiert dabei analog zur readline()-Funktion
aus Beispiel 5.4, daß vom Programm immer komplette Eingabezeilen verarbeitet werden. Da die Kommunikation über ein gepuffertes BIO erfolgt, muß
das rechtzeitige Leeren des Puffers und damit die Übermittlung der Ausgaben
an die Gegenseite explizit mit BIO_flush() angestoßen werden. Andernfalls
würde der Client bereits auf die Antwort des Servers warten, noch ehe er die
mit BIO_puts() erstellte Anfrage erfolgreich an seinen Kommunikationspartner übertragen hat.

Auf die Behandlung von Fehlern und Wiederholungsanforderungen wurde an
dieser Stelle aus Gründen der Übersichtlichkeit verzichtet.

71–74   Abschließend wird die SSL-BIO-Kette mittels BIO_free_all() wieder freigegeben. Damit wird die SSL-Verbindung implizit beendet und die zugehörige
TCP-Verbindung abgebaut. Danach beendet sich das Beispielprogramm mit
einer Erfolgsmeldung.

Das Programm aus Beispiel 7.3 ist bereits in der Lage, eine SSL-Verbindung
zum SSMTP-Port eines Mailservers aufzubauen und Daten über diese neue
Verbindung auszutauschen:

```
$ ./bio-ssl-smtpcli1 manhattan
220 manhattan ESMTP Exim 4.30 Tue, 24 Feb 2004 15:36:18 +0100
221 manhattan closing connection
```

Allerdings weist das Beispiel noch einige ernstzunehmende Unzulänglichkeiten
auf, die wir im folgenden ausmerzen wollen:

1. Das Clientprogramm unterstützt nur das TLS-Protokoll. Es kann demzufolge nicht mit Servern kommunizieren, die andere Protokollversionen
einsetzen. Im Normalfall sollten aktuelle SSL-fähige Programme in der
Lage sein, sowohl über SSL 3.0 als auch über TLS zu kommunizieren. Das
als nicht sicher eingestufte SSL 2.0 sollte dagegen ausgeschlossen werden.

---

[1] Mangels Überprüfung des vom Server präsentierten Zertifikats ist die Verbindung
in diesem Beispiel aber keinesfalls als sicher einzustufen!

2. Das Beispielprogramm reagiert nicht auf Wiederholungsanforderungen, die im Laufe der SSL-Kommunikation auftreten können. Die explizite Verarbeitung von Wiederholungsanforderungen kann durch Setzen des Attributs `SSL_MODE_AUTO_RETRY` umgangen werden.

3. Die größte Schwäche von Beispiel 7.3 ist, daß weder die Gültigkeit des vom Server präsentierten Zertifikats geprüft wird, noch getestet wird, ob das Zertifikat von einer vertrauenswürdigen Zertifizierungsstelle stammt und darüber hinaus auch nicht geklärt wird, ob das Zertifikat tatsächlich zum gewünschten Kommunikationspartner paßt. Insofern kann die aufgebaute Verbindung *keinesfalls(!)* als „sicher" betrachtet werden. Im Allgemeinen sollte in einem solchen Zustand also *nicht(!)* mit dem Austausch vertraulicher Daten begonnen werden, aber für ein erstes Beispiel sei dieser Fauxpas an dieser Stelle ausnahmsweise erlaubt.

Das Anwendungsverhalten bezüglich der ersten beiden Punkte kann, wie wir gleich sehen werden, sowohl über den SSL-Kontext als auch individuell pro SSL-Verbindung angepaßt werden. Den sorgfältigen Umgang mit Zertifikaten besprechen wir in Abschnitt 7.3.

7.2.2 SSL-Optionen, SSL-Modi und Chiffrenfolgen

Der mittels `SSL_CTX_new()` erstellte SSL-Kontext liefert ein Gerüst für neue SSL-Verbindungen. Alle von einem Kontext abgeleiteten SSL-Verbindungen übernehmen die zuvor im Kontext verankerten Verbindungseigenschaften. Der vom SSL-Kontext vorgegebene Bauplan kann im nachhinein noch an die speziellen Anforderungen der Anwendung angepaßt werden, um z. B. Wiederholungsanforderungen bei der Ein- und Ausgabe von Daten zu vermeiden.

Zur Bearbeitung des Kontexts stellt OpenSSL u. a. die beiden Hilfsfunktionen `SSL_CTX_set_options()` und `SSL_CTX_set_mode()` zur Verfügung. Beide Funktionen erwarten als erstes Argument jeweils einen Zeiger auf den zu bearbeitenden SSL-Kontext. Im zweiten Argument werden die gewünschten Optionen und SSL-Modi für neue SSL-Verbindungen oder-verknüpft aufgelistet. Die neuen Verbindungseigenschaften gelten dann für alle nachfolgend vom modifizierten Kontext abgeleiteten SSL-Verbindungen. Verbindungen, die bereits zuvor aus dem Kontext erstellt wurden, bleiben von den Anpassungen unberührt. Alternativ können die gewünschten Einstellungen mit den beiden Funktionen `SSL_set_options()` und `SSL_set_mode()` auch für eine einzelne SSL-Verbindung vor dem Verbindungsaufbau individuell festgelegt werden. Hierzu erwarten die beiden Funktionen natürlich anstatt einem Zeiger auf den SSL-Kontext einen Verweis auf die SSL-Verbindung, für die die neuen Eigenschaften festgelegt werden sollen.

```
#include <openssl/ssl.h>

long SSL_CTX_set_options( SSL_CTX *ctx, long options );
long SSL_set_options( SSL *ssl, long options );

long SSL_CTX_set_mode( SSL_CTX *ctx, long mode );
long SSL_set_mode( SSL *ssl, long mode );
```

Die Funktion `SSL_CTX_set_options()` (und natürlich auch ihre Schwesterfunktion `SSL_set_options()`) kennt eine Menge verschiedener SSL-Optionen. Mit einem Teil der Optionen kann der `ssl`-Bibliothek erlaubt werden, verschiedene Fehler, die sich in diverse SSL-Implemtierungen geschlichen haben, individuell zu erkennen und zu umkurven. Dadurch läßt sich die Kompatibilität zu diversen Kommunikationspartnern erhöhen. Praktischerweise gibt es die Option `SSL_OP_ALL`, die alle Fehlerbereinigungsoptionen in einer einzigen Option zusammenfaßt. Außerdem läßt sich über die SSL-Optionen steuern, welche SSL/TLS-Protokollversionen das Programm unterstützen soll: Mittels `SSL_OP_NO_SSLv2`, `SSL_OP_NO_SSLv3` und `SSL_OP_NO_TLSv1` kann die Unterstützung für bestimmte Protokollversionen explizit abgeschaltet werden. Als Rückgabewert liefern `SSL_CTX_set_options()` und `SSL_set_options()` ein Bitfeld mit der neu gesetzten Menge an Optionen für den SSL-Kontext bzw. die SSL-Verbindung. Optionen, die bereits vor dem Aufruf der Funktionen gesetzt waren, bleiben übrigens erhalten, d. h. daß die Optionen, die einmal für einen Kontext bzw. eine Verbindung gesetzt wurden, nicht mehr zurückgenommen werden können.

Mit Hilfe der `SSL_CTX_set_mode()`-Funktion bzw. ihrer Schwesterfunktion `SSL_set_mode()` können wir OpenSSL veranlassen, keine Wiederholungsanforderungen an die Anwendung weiterzuleiten, sondern diese ggf. selbst abzuwickeln. Dazu aktivieren wir den entsprechenden Modus durch Setzen von `SSL_MODE_AUTO_RETRY`. `SSL_CTX_set_mode()` wirkt wieder auf dem übergebenen Kontext und bestimmt damit das Verhalten aller später davon abgeleiteten SSL-Verbindungen, während `SSL_set_mode()` lediglich die referenzierte SSL-Verbindung verändert. Auch hier gilt, daß ein einmal für den Kontext oder eine einzelne Verbindung aktiviertes Verhalten nicht mehr zurückgenommen werden kann. Beide Funktionen geben als Rückgabewert die Menge der aktivierten Modi als Bitfeld zurück.

Als letztes werfen wir nun noch einen Blick auf die angebotenen kryptographischen Verfahren, die zu sogenannten *Chiffrenfolgen (Cipher Suites)* zusammengefaßt werden. Eine Chiffrenfolge spezifiziert jeweils einen Satz von kryptographischen Algorithmen, die für die symmetrische Verschlüsselung der Nutzdaten, den Schlüsselaustausch sowie die Integritäts- und Authentizitätssicherung eingesetzt werden. Die beim Verbindungsaufbau und bei der Kommunikation eingesetzten Verfahren können von der Anwendung explizit kontrolliert werden. OpenSSL stellt hierzu die beiden Hilfsfunktionen

`SSL_CTX_set_cipher_list()` und `SSL_set_cipher_list()` bereit, die die erlaubten Chiffrenfolgen für den SSL-Kontext bzw. die SSL-Verbindung setzen. Die Liste der erlaubten Algorithmen oder Klassen von Algorithmen wird den Funktionen über eine speziell formatierte Zeichenkette übergeben.

```
#include <openssl/ssl.h>

int SSL_CTX_set_cipher_list( SSL_CTX *ctx,
  const char *cl );
int SSL_set_cipher_list( SSL *ssl, const char *cl );
```

Die Zeichenkette enthält, getrennt durch Doppelpunkte, eine textuelle Aufzählung der zugelassenen oder ausgeschlossenen Chiffrenfolgen. Bestimmte Schlüsselwörter stehen für ganze Klassen von Algorithmen, etwa `ALL` für alle Algorithmen, `RSA` für alle Chiffrenfolgen, die RSA zum Schlüsselaustausch verwenden oder `MD5` für alle Chiffrenfolgen, die den MD5-Algorithmus als MAC einsetzen. Eine Klasse von Algorithemen kann dann z. B. mit einem einleitenden Ausrufezeichen aus der Menge der zugelassenen Chiffren ausgeschlossen werden. Eine Liste der von der lokalen OpenSSL-Installation unterstützten Chiffrenfolgen erhält man am einfachsten über das `openssl`-Kommando:

```
$ openssl ciphers -v
DHE-RSA-AES256-SHA    SSLv3 Kx=DH  Au=RSA Enc=AES(256)  Mac=SHA1
DHE-DSS-AES256-SHA    SSLv3 Kx=DH  Au=DSS Enc=AES(256)  Mac=SHA1
AES256-SHA            SSLv3 Kx=RSA Au=RSA Enc=AES(256)  Mac=SHA1
...
```

Die Ausgabe listet pro Zeile der Reihe nach die Bezeichnung der Chiffrenfolge, die Protokollversion, in der sie eingesetzt werden kann, den Algorithmus für den Schlüsselaustausch, das Authentifizierungsverfahren, das Verschlüsselungsverfahren und den MAC-Algorithmus auf.

In der Praxis schränkt man eine Anwendung nur äußerst selten auf eine einzige Chiffrenfolge ein. Dies wäre bestenfalls dann sinnvoll, wenn alle Kommunikationspartner aus einer Hand stammen. Überschneiden sich nämlich die Chiffrenfolgen, die von den beteiligten Kommunikationspartnern unterstützt werden, nicht, so können sich die Parteien nicht auf einen gemeinsamen Satz von Algorithmen einigen und es kann folglich auch erst gar kein Verbindungsaufbau zustande kommen. Softwareentwickler sind deshalb also meist bemüht, ein möglichst universell einzusetzendes Client- oder Serverprogramm zu entwickeln. Beispielsweise soll ein neuer Mailserver ja zu möglichst vielen Mailclients kompatibel sein und nicht nur mit einigen wenigen Mailprogrammen kommunizieren können.

Die Kunst ist es also, möglichst viele Chiffrenfolgen zu unterstützen, dabei aber auf die weniger sicheren Algorithmen zu verzichten. In der Literatur findet sich deshalb häufig die Empfehlung, die zulässigen Algorithmen wie folgt zu beschreiben: `ALL:!ADH:!LOW:!EXP:!MD5:@STRENGTH`. Diese Liste besagt, daß alle Chiffrenfolgen zugelassen sind, *ausgenommen* diejenigen mit anonymem Diffie-Hellman-Schlüsselaustausch (`ADH`), mit 56 bzw. 64 Bit Schlüssellänge (`LOW`), mit exportbeschränkter 40 bzw. 56 Bit Schlüssellänge (`EXP`) oder mit MD5-MACs (`MD5`). Die Liste der verbliebenen Chiffrenfolgen wird dann nach der verwendeten Schlüssellänge sortiert (`@STRENGTH`), so daß immer eine Chiffrenfolge mit möglichst starken Algorithmen ausgewählt wird.

Konnte `SSL_CTX_set_cipher_list()` bzw. `SSL_set_cipher_list()` mindestens eine Chiffrenfolge aus der übergebenen Liste für den Kontext bzw. die SSL-Verbindung übernehmen, so liefern die Funktionen den Rückgabewert 1. Enthält die Zeichenkette keine akzeptable Chiffrenfolge, so geben die Funktionen den Wert 0 zurück. Ob die ausgesuchte Zeichenfolge sinnvoll gewählt ist und welche Algorithmen aufgrund der Auswahl letztendlich in Frage kommen, läßt sich wieder mit dem `openssl`-Kommando verifizieren:

```
$ openssl ciphers -v 'ALL:!ADH:!LOW:!EXP:!MD5:@STRENGTH'
DHE-RSA-AES256-SHA    SSLv3 Kx=DH  Au=RSA Enc=AES(256)  Mac=SHA1
DHE-DSS-AES256-SHA    SSLv3 Kx=DH  Au=DSS Enc=AES(256)  Mac=SHA1
AES256-SHA            SSLv3 Kx=RSA Au=RSA Enc=AES(256)  Mac=SHA1
EDH-RSA-DES-CBC3-SHA  SSLv3 Kx=DH  Au=RSA Enc=3DES(168) Mac=SHA1
EDH-DSS-DES-CBC3-SHA  SSLv3 Kx=DH  Au=DSS Enc=3DES(168) Mac=SHA1
DES-CBC3-SHA          SSLv3 Kx=RSA Au=RSA Enc=3DES(168) Mac=SHA1
DHE-RSA-AES128-SHA    SSLv3 Kx=DH  Au=RSA Enc=AES(128)  Mac=SHA1
DHE-DSS-AES128-SHA    SSLv3 Kx=DH  Au=DSS Enc=AES(128)  Mac=SHA1
AES128-SHA            SSLv3 Kx=RSA Au=RSA Enc=AES(128)  Mac=SHA1
DHE-DSS-RC4-SHA       SSLv3 Kx=DH  Au=DSS Enc=RC4(128)  Mac=SHA1
RC4-SHA               SSLv3 Kx=RSA Au=RSA Enc=RC4(128)  Mac=SHA1
```

Mit diesem Hintergrundwissen können wir die Kontexterstellung aus Beispiel 7.3 um einen wichtigen Baustein erweitern, indem wir den neuen SSL-Kontext sukzessive auf unsere Wünsche anpassen:

```
1  /* SSL-Kontext für SSLv2, SSLv3 und TLSv1 erstellen */
2  if( ( ctx = SSL_CTX_new( SSLv23_method() ) ) == NULL )
3  {
4    printf( "Can't create SSL context ...\n" );
5    ERR_print_errors_fp( stdout );
6    exit( EXIT_FAILURE );
7  }
8
9  /* bitte kein SSL 2.0, dafür maximale Kompatibilität */
10 SSL_CTX_set_options( ctx, SSL_OP_NO_SSLv2 | SSL_OP_ALL );
11
12 /* keine Wiederholungsanforderungen auf Anwendungsebene */
13 SSL_CTX_set_mode( ctx, SSL_MODE_AUTO_RETRY );
14
```

```
15  /* schwache Verschlüsselungsalgorithmen ausschließen */
16  if( ! SSL_CTX_set_cipher_list( ctx,
17      "ALL:!ADH:!LOW:!EXP:!MD5:@STRENGTH" ) )
18  {
19    printf( "Can't set cipher list ...\n" );
20    ERR_print_errors_fp( stdout );
21    exit( EXIT_FAILURE );
22  }
```

1–7   Anstatt sich auf das TLS-Protokoll zu beschränken, erstellt das Programm zunächst einen SSL-Kontext, der neben TLS auch die Protokolle SSL 2.0 und SSL 3.0 unterstützt.

9–10 Als erstes wird dann der Umfang der unterstützten Protokolle reduziert indem das als nicht sicher eingestufte SSL 2.0 mittels `SSL_OP_NO_SSLv2` nachträglich aus dem Kontext ausgeschlossen wird. Zusätzlich versuchen wir, unser Clientprogramm so kompatibel wie möglich zu gestalten und verordnen deshalb mit `SSL_OP_ALL`, daß alle bekannten Probleme in der SSL-Implementierung der Kommunikationspartner so tolerant wie möglich behandelt werden.

12–13 Anschließend veranlaßt das Programm die `ssl`-Bibliothek, eventuell auftretende Wiederholungsanforderungen nicht an die Anwendung weiterzugeben. Für alle im weiteren Verlauf aus diesem Kontext hervorgehenden SSL-Verbindungen gilt deshalb, daß Wiederholungsanforderungen von OpenSSL stets intern behandelt werden.

15–22 Als letztes wird die Liste der zulässigen Chiffrenfolgen entsprechend der obigen Ausführungen für den SSL-Kontext festgelegt. Sofern keine der angegebenen Chiffrenfolgen in den SSL-Kontext übernommen werden kann, löst das Programm eine entsprechende Fehlermeldung aus und beendet sich.

7.3 Sicherer Umgang mit X.509-Zertifikaten

Wie bereits erwähnt, fehlt zum Aufbau einer sicheren SSL-Verbindung noch ein wesentlicher Schritt: die Überprüfung des vom Server präsentierten SSL-Zertifikats. Diese wichtige Aufgabe gliedert sich in drei Teilschritte:

1. Das Programm muß testen, ob das präsentierte Zertifikat überhaupt gültig ist. In Analogie zur Überprüfung eines Reisepasses wird hierbei u. a. die Gültigkeitsdauer des Zertifikats (gültig von/gültig bis) verifiziert. Für diese Aufgabe stellt OpenSSL eine geeignete Funktion zur Verfügung, welche während des SSL-Handshakes alle notwendigen Tests absolviert.

2. Liegt ein gültiges Zertifikat vor, muß über die digitale Unterschrift geklärt werden, ob die Beglaubigung tatsächlich von einer Zertifizierungsstelle

stammt, die vom Programm bzw. vom Nutzer im Vorfeld als vertrauenswürdig eingestuft wurde. Auf Wunsch wird auch diese Aufgabe von
OpenSSL im Verlauf des SSL-Handshakes automatisch abgedeckt, wobei
natürlich die Liste der vertrauenswürdigen Zertifizierungsstellen von der
Anwendung explizit bereitgestellt werden muß. Die Software bildet dazu
eine Zertifikatskette vom fraglichen Zertifikat über die ausstellende CA
bis hin zu einer vertrauten Zertifizierungsstelle und prüft dann über festgelegte Regeln die Gültigkeit dieser Kette.

3. Konnte nachgewiesen werden, daß das Zertifikat gültig ist und von einer
   vertrauenswürdigen Zertifizierungsstelle abstammt, so gilt es als letztes
   zu klären, ob Kommunikationspartner und Zertifikat zusammenpassen.
   Dieser Arbeitsschritt liegt komplett im Aufgabenbereich der Anwendung
   und muß daher eigenständig umgesetzt werden.

Die OpenSSL-interne Zertifikatsprüfung (Schritte 1 und 2) wird durch Aufruf der `SSL_CTX_set_verify()`-Funktion für den angegebenen SSL-Kontext
bzw. durch Aufruf von `SSL_set_verify()` für eine einzelne SSL-Verbindung
aktiviert. Die Funktionen haben keinen Rückgabewert. Neben einer Referenz
auf den Kontext bzw. die SSL-Verbindung erwarten die beiden Funktionen im
Bitfeld `mode` genauere Anweisungen, ob und wie ggf. die Prüfung erfolgen soll.
Im Wesentlichen wird dabei zwischen den beiden Modi `SSL_VERIFY_NONE` und
`SSL_VERIFY_PEER` unterschieden:

SSL_VERIFY_NONE: Ist die Option `SSL_VERIFY_NONE` in einem SSL-Client gesetzt, so prüft OpenSSL zwar während des Verbindungsaufbaus das Server-
Zertifikat der Gegenstelle, ein ungültiges oder von der „falschen" Zertifizierungsstelle ausgestelltes Zertifikat führt aber nicht zum Abbruch des
SSL-Handshakes.

Ist die Option auf der Server-Seite gesetzt, so verlangt der Server vom
Client beim Aufbau der SSL-Verbindung kein Client-Zertifikat.

Das `SSL_VERIFY_NONE`-Flag darf nicht mit einem der anderen Flags kom-
biniert werden.

SSL_VERIFY_PEER: Ist die Option `SSL_VERIFY_PEER` clientseitig gesetzt, so erwartet der Client vom Server ein SSL-Zertifikat. Das von der Gegenstelle
übermittelte Server-Zertifikat wird entsprechend den oben aufgeführten
Arbeitsschritten 1 und 2 überprüft.[2] Sofern die Prüfung fehlschlägt, wird
das SSL-Handshake umgehend abgebrochen und eine entsprechende Fehlermeldung hinterlegt.

---

[2] Lediglich wenn Chiffrenfolgen mit anonymem Schlüsselaustausch zugelassen sind,
schickt der Server im Rahmen des SSL-Handshakes kein Zertifikat an den Client.
Derartige Chiffrenfolgen werden in den vorliegenden Beispielen aber durch die
zuvor beschriebene Chiffrenliste explizit unterbunden.

Ist das `SSL_VERIFY_PEER`-Flag serverseitig gesetzt, so bittet der SSL-Server während des Verbindungsaufbaus auch den SSL-Client um dessen Client-Zertifikat. Falls der Client ein Zertifikat übermittelt, wird das Zertifikat vom Server geprüft und das SSL-Handshake nur dann fortgesetzt, wenn das Zertifikat gültig und von einer vertrauenswürdigen Zertifizierungsstelle ausgestellt ist. Schickt der Client kein Zertifikat, wird das SSL-Handshake dennoch fortgesetzt.

`SSL_VERIFY_FAIL_IF_NO_PEER_CERT`: In Ergänzung zum eben beschriebenen `SSL_VERIFY_PEER`-Flag kann ein SSL-Server durch zusätzliche Angabe der Option `SSL_VERIFY_FAIL_IF_NO_PEER_CERT` darauf bestehen, daß der SSL-Client ein Zertifikat liefern muß. Andernfalls wird das SSL-Handshake umgehend abgebrochen. Ist `SSL_VERIFY_PEER` nicht gesetzt oder soll das Flag für eine clientseitige SSL-Verbindung gesetzt werden, so wird das `SSL_VERIFY_FAIL_IF_NO_PEER_CERT`-Flag ignoriert.

`SSL_VERIFY_CLIENT_ONCE`: Zusätzlich zur `SSL_VERIFY_PEER`-Option kann für einen SSL-Server außerdem noch die `SSL_VERIFY_CLIENT_ONCE`-Option aktiviert werden. Das Setzen dieses Flags bewirkt, daß, sofern eine bestehende SSL-Verbindung entsprechend ihrer Verbindungsparameter neu ausgehandelt werden muß, nicht erneut das bereits erfolgreich verifizierte Client-Zertifikat angefordert wird. Ist `SSL_VERIFY_PEER` nicht gesetzt oder soll das Flag für eine clientseitige SSL-Verbindung gesetzt werden, so wird das `SSL_VERIFY_CLIENT_ONCE`-Flag wiederum ignoriert.

Über den dritten Parameter der beiden Funktionen `SSL_CTX_set_verify()` und `SSL_set_verify()` kann eine Callback-Funktion für die Nachbereitung der Zertifikatsprüfung hinterlegt werden. Die Callback-Funktion wird im Allgemeinen dazu genutzt, die Ursache einer fehlgeschlagenen Zertifikatsprüfung zu protokollieren. Über diese Funktion kann sogar das Ergebnis der OpenSSL-internen Prüfung korrigiert werden, was aber nur in gut begründeten Ausnahmefällen erfolgen sollte. Allzuleicht ließe sich damit nämlich versehentlich die Sicherheit der aufzubauenden SSL-Verbindung kompromittieren.

Der Callback-Funktion wird beim Aufruf im ersten Parameter der Status der von OpenSSL durchgeführten Zertifikatsprüfung übergeben. Im zweiten Argument sind Zusatzinformationen zum geprüften Zertifikat sowie zu einer eventuellen Fehlerursache hinterlegt. Der Rückgabewert der Callback-Funktion wird dann als Ergebnis der gesamten Zertifikatsprüfung verstanden, weshalb im Normalfall der Status der OpenSSL-internen Prüfung unverändert weitergegeben wird.

Damit von OpenSSL die Herkunft eines Zertifikats geprüft werden kann, muß den Testroutinen eine Liste der vertrauenswürdigen Zertifizierungsstellen vorliegen. In vielen Installationen existieren dazu systemweite Zertifikatsspeicher, in denen die CA-Zertifikate, also die öffentlichen Schlüssel derartiger Zertifi-

zierungsstellen hinterlegt sind.[3] Die entsprechenden Datei- und Verzeichnisnamen, in denen diese Informationen hinterlegt sind, etwa das Verzeichnis
/etc/ssl/certs, sind in der Regel bereits korrekt in den OpenSSL-Paketen
verankert. Mit Hilfe der Funktion SSL_CTX_set_default_verify_paths()
wird die ssl-Bibliothek veranlaßt, die im Rahmen der Zertifikatsprüfung
benötigten öffentlichen Schlüssel vertrauenswürdiger Zertifizierungsstellen an
den festgelegten Orten zu suchen. Die Funktion erwartet als einziges Argument den SSL-Kontext, in dem die Informationen verankert werden sollen.
Der Rückgabewert 1 zeigt an, daß die Operation erfolgreich war, andernfalls
gibt die Funktion den Wert 0 zurück.

```
#include <openssl/ssl.h>

int SSL_CTX_set_default_verify_paths( SSL_CTX *ctx );
int SSL_CTX_load_verify_locations( SSL_CTX *ctx,
   const char *CAfile, const char *CApath );

void SSL_CTX_set_verify( SSL_CTX *ctx, int mode,
   int (*verify_cb)( int status,
   X509_STORE_CTX *x509ctx ) );
void SSL_set_verify( SSL *ssl, int mode,
   int (*verify_cb)( int status,
   X509_STORE_CTX *x509ctx ) );

void SSL_CTX_set_verify_depth( SSL_CTX *ctx, int depth );
void SSL_set_verify_depth( SSL *ssl, int depth );
```

Neben den systemweiten Datei- und Verzeichnisnamen können mit der Funktion SSL_CTX_load_verify_locations() auch noch eigene, anwendungsspezifische Datei- und Verzeichnisnamen in den SSL-Kontext ctx eingebunden
werden. Mindestens einer der Parameter CAfile und CApath muß dabei von
NULL verschieden sein. CAfile verweist dabei auf eine Datei, die ein oder mehrere CA-Zertifikate von vertrauenswürdigen Zertifizierungsstellen enthält. Die
Zertifikate müssen im PEM-Format, einer Base64-kodierten Textdarstellung
des Zertifikats, nacheinander in dieser Datei abgelegt sein. CApath verweist
dagegen auf ein Verzeichnis, in dem die einzelnen CA-Zertifikate in jeweils
eigenen Dateien hinterlegt sind. Abschnitt A.1 erläutert, wie ein solches CA-
Verzeichnis aufgebaut wird. Der Rückgabewert 1 zeigt an, daß die Operation
erfolgreich war, andernfalls gibt die Funktion den Wert 0 zurück.

Wie bereits in Abschnitt 6.1.4 erläutert, muß während der Überprüfung eines digitalen Zertifikats u. U. eine ganze Zertifikatskette durchlaufen werden,
bis mit Hilfe einer vertrauenswürdigen Zertifizierungsstelle die Gültigkeit der

---

[3] Der öffentliche Schlüssel einer Zertifizierungsstelle ist seinerseits wieder in ein
Zertifikat, ein sogenanntes CA-Zertifikat, eingebunden.

Kette und damit die Echtheit des vorliegenden Zertifikats bestätigt werden kann. Ist bereits vorab klar, mit welcher maximalen Länge (bzw. Tiefe) der Zertifikatskette die Anwendung zu rechnen hat, so kann es durchaus sinnvoll sein, die Zertifikatshierarchie in ihrer Länge zu beschränken, was mit Hilfe der Funktionen `SSL_CTX_set_verify_depth()` bzw. `SSL_set_verify_depth()` geschieht.[4] Beide Funktionen sind immer erfolgreich und erwarten im Parameter `depth` die Maximaltiefe der Hierarchie. Eine maximale Zertifikatskettenlänge von z. B. 3 bedeutet, daß spätestens die dritte CA in der Zertifikatskette als vertrauenswürdig eingestuft sein muß, andernfalls kann die Echtheit des fraglichen Zertifikats nicht bestätigt werden.

7.3.1 Zertifikatsüberprüfung aktivieren

Mit Hilfe dieser neuen Erkenntnisse können wir die Erstellung des SSL-Kontexts einmal mehr verfeinern. Beispiel 7.4 zeigt die neu entwickelte Funktion `openssl_create_ssl_ctx()`, in der die einzelnen Schritte auf dem Weg zu einem neuen SSL-Kontext zusammengefaßt sind. Für alle aus diesem Kontext abgeleiteten SSL-Verbindungen gilt, daß das SSL-Handshake beim Verbindungsaufbau zum Server nur noch dann erfolgreich abgeschlossen wird, wenn der Server ein von einer vertrauenswürdigen Zertifizierungsstelle ausgestelltes, gültiges Zertifikat vorweisen kann.

20–35 Zu Beginn der Funktion finden wir die bereits bekannten Aufrufe, um einen neuen SSL-Kontext anzulegen, der für die später daraus abgeleiteten SSL-Verbindungen kein SSL 2.0 unterstützt, Wiederholungsanforderungen unterbindet und die Liste der verfügbaren Chiffrenfolgen vernünftig reduziert.

Beispiel 7.4. openssl-util.c, Teil 1

```
 1  #include <errno.h>
 2  #include <stdio.h>
 3  #include <stdlib.h>
 4  #include <string.h>
 5  #include <unistd.h>
 6
 7  #include <openssl/bio.h>
 8  #include <openssl/err.h>
 9  #include <openssl/ssl.h>
10  #include <openssl/x509v3.h>
11
```

---

[4] Aufgrund einer Sicherheitslücke bei der Zertifikatsprüfung sollte für OpenSSL-Versionen bis einschließlich Version 0.9.5 die maximale Tiefe der Zertifikatshierarchie unbedingt auf den Wert 1 gesetzt werden. Dies bedeutet, daß bereits die erste Zertifizierungsstelle in der Zertifikatskette als vertrauenswürdig eingestuft sein muß, ansonsten schlägt die Überprüfung des Zertifikats fehl.

```
12  #include "openssl-util.h"
13
14  int verify_cert( int ok, X509_STORE_CTX *x509ctx );
15
16  SSL_CTX *openssl_create_ssl_ctx( void )
17  {
18    SSL_CTX *ctx;
19
20    /* SSL-Kontext für SSLv2, SSLv3 und TLSv1 erstellen */
21    if( ( ctx = SSL_CTX_new( SSLv23_method() ) ) == NULL )
22      return( NULL );
23
24    /* bitte kein SSL 2.0, dafür maximale Kompatibilität */
25    SSL_CTX_set_options( ctx, SSL_OP_NO_SSLv2 | SSL_OP_ALL );
26
27    /* Keine Wiederholungsanforderungen auf Anwendungsebene */
28    SSL_CTX_set_mode( ctx, SSL_MODE_AUTO_RETRY );
29
30    /* schwache Verschlüsselungsalgorithmen ausschließen */
31    if( ! SSL_CTX_set_cipher_list( ctx, CIPHER_LIST ) )
32    {
33      SSL_CTX_free( ctx );
34      return( NULL );
35    }
36
37    /* systemweite und eigene Zertifikatspeicher festlegen */
38    if( ! ( SSL_CTX_set_default_verify_paths( ctx ) &&
39      SSL_CTX_load_verify_locations( ctx, CAFILE, CAPATH ) ) )
40    {
41      SSL_CTX_free( ctx );
42      return( NULL );
43    }
44
45    /* Zertfikatsprüfung aktivieren und Callback setzen */
46    SSL_CTX_set_verify( ctx, SSL_VERIFY_PEER, verify_cert );
47
48    /* maximale Hierarchietiefe an Zertifizierungsstellen */
49    SSL_CTX_set_verify_depth( ctx, VERIFY_DEPTH + 1 );
50
51    return( ctx );
52  }
```

37–43   Im Anschluß daran werden mittels SSL_CTX_set_default_verify_paths()
und SSL_CTX_load_verify_locations() sowohl der systemweite wie auch
der anwendungsspezifische Speicher für die CA-Zertifikate vertrauenswürdiger
Zertifizierungsstellen angezapft. Die lokalen Datenquellen CAFILE und CAPATH
sind in openssl-util.h als Makros definiert (siehe dazu Beispiel 7.8). Sofern

die Hilfsfunktionen nicht erfolgreich sind, wird der bereits angelegte SSL-Kontext wieder freigegeben und die `openssl_create_ssl_ctx()`-Funktion kehrt mit dem Fehlercode 0 zurück.

45–46   Mittels `SSL_CTX_set_verify()` wird nun die OpenSSL-interne Verifizierung der präsentierten Serverzertifikate für alle neuen, aus dem SSL-Kontext abgeleiteten SSL-Verbindungen aktiviert. Gleichzeitig wird die Callback-Funktion `verify_cert()` zur Nachbereitung der Zertifikatsüberprüfung eingetragen (siehe dazu Beispiel 7.5).

48–49   Abschließend setzen wir die maximal akzeptierte Tiefe der Zertifikatshierarchie auf `VERIFY_DEPTH+1`. Die maximal gewünschte Tiefe `VERIFY_DEPTH` wird in `openssl-util.h` festgelegt. Leider erkennt OpenSSL zwar das Überschreiten der maximalen Tiefe im Rahmen der Zertifikatsprüfung ordnungsgemäß, gibt dabei aber keine aussagekräftige Fehlermeldung zurück. Deshalb erhöhen wir entsprechend einem Beispiel aus der OpenSSL-Dokumentation die Maximaltiefe an dieser Stelle künstlich auf `VERIFY_DEPTH+1` und überprüfen dann im `verify_cert()`-Callback selbständig auf Überschreitung des tatsächlich geforderten Werts `VERIFY_DEPTH`.

7.3.2 Zertifikatsüberprüfung per Callback nachbereiten

Im Allgemeinen ist eine Nachbereitung der von OpenSSL vorgenommenen Zertifikatsüberprüfung nicht notwendig. Es bietet sich jedoch an, über die Callback-Funktion die Ursache einer eventuell fehlgeschlagenen Prüfung zu protokollieren und dabei Zusatzinformationen über das beanstandete Zertifikat mit auszugeben. Diese Aufgabe übernimmt auch die Callback-Funktion aus Beispiel 7.5. Im konkreten Fall wollen wir aber zusätzlich auch noch die künstlich erhöhte Maximaltiefe der Zertifikatshierarchie (vgl. dazu Beispiel 7.4) auf das eigentlich gewünschte Maß `VERIFY_DEPTH` zurechtstutzen.

Bevor wir uns mit dem Beispielprogramm beschäftigen, werfen wir zunächst zum besseren Verständnis einen Blick auf den Aufbau eines SSL-Zertifikats: Abbildung 7.1 zeigt in ASN.1-Notation[5] die in RFC 3280 [HFPS02] festgelegte Struktur eines solchen X.509v3-Zertifikats[6] [Gut00]. Das Zertifikat besteht zum einen aus den verschiedenen Zertifikatsinformationen (in der Struktur `tbsCertificate`) und zum anderen aus der digitalen Unterschrift der Zertifizierungsstelle (`signatureValue`) sowie einer Referenz auf den hierfür verwendeten kryptographischen Algorithmus (`signatureAlgorithm`). Die Struktur `tbsCertificate` enthält ihrerseits mehrere Komponenten mit weiterführenden Zertifikatsinformationen. So wird z. B. jedes Zertifikat über das Attribut `serialNumber` eine eindeutige Seriennummer zugewiesen, die Komponente

---

[5] Die *Abstract Syntax Notation One (ASN.1)* ist eine Beschreibungssprache zur abstrakten Definition von Datenstrukturen.

[6] X.509v3 bezeichnet die aktuelle Version 3 des De-Facto-Standards für Public-Key-Infrastrukturen (PKI) und digitale Zertifikate.

`validity` gibt mittels weiterer Unterkomponenten Auskunft über die Gültigkeitsdauer des Zertifikats (gültig von/gültig bis) und in `issuer` und `subject` sind schließlich Informationen über die ausstellende Zertifizierungsstelle und den Zertifikatsnehmer enthalten. Natürlich darf auch der öffentliche Schlüssel des Zertifikatnehmers nicht fehlen, der in einer Unterkomponente der Struktur `subjectPublicKeyInfo` hinterlegt ist. Darüber hinaus kann dem Zertifikat über `extensions` eine ganze Menge von (normierten) Zertifikatserweiterungen angefügt werden.

```
Certificate  ::=  SEQUENCE  {
    tbsCertificate        TBSCertificate,
    signatureAlgorithm    AlgorithmIdentifier,
    signatureValue        BIT STRING
    }


TBSCertificate  ::=  SEQUENCE  {
    version          [0]  EXPLICIT Version DEFAULT v1,
    serialNumber          CertificateSerialNumber,
    signature             AlgorithmIdentifier,
    issuer                Name,
    validity              Validity,
    subject               Name,
    subjectPublicKeyInfo SubjectPublicKeyInfo,
    issuerUniqueID   [1]  IMPLICIT UniqueIdentifier OPTIONAL,
    subjectUniqueID  [2]  IMPLICIT UniqueIdentifier OPTIONAL,
    extensions       [3]  EXPLICIT Extensions OPTIONAL
    }
```

Abb. 7.1. Aufbau eines X.509-Zertifikats

Abbildung 7.2 zeigt die leicht gekürzte Textdarstellung eines fiktiven X.509v3-Zertifikats, das vom 5. März 2003 bis zum 5. März 2008 gültig ist. Die Darstellung von Issuer und Subject erfolgt im Zertifikat als hierarchisch gegliederter *Distinguished Name (DN)*, bei dem sich die Einträge jeder Hierarchieebene aus einem Attributtyp und einem zugeordneten Wert zusammensetzen. Auf diese Weise wird es möglich, sowohl Zertifizierungsstellen als auch Zertifikatsnehmer eindeutig einzuordnen.

Das Zertifikat aus Abbildung 7.2 wurde also offensichtlich von der Zertifizierungsstelle *Binsers CA* ausgestellt, deren Name deshalb im *Common Name (CN)* des Issuer-DNs hinterlegt ist. Der Standort der CA befindet sich in Deutschland (C=DE, C für *Country*) und wird von der Abteilung *Binser* (OU für *Organizational Unit*) innerhalb der Firma *Irgendwie und Sowieso* (O für *Organization*) betrieben.

Neben den Standardattributen enthält das Zertifikat zwei Zertifikatserweiterungen. Wir werden später noch genauer auf die Erweiterung *Subject Alterna-*

```
Certificate:
  Data:
    Version: 3 (0x2)
    Serial Number: 1 (0x1)
    Signature Algorithm: sha1WithRSAEncryption
    Issuer: C=DE, ST=Bayern, L=Zell,
      O=Irgendwie und Sowieso, OU=Binser,
      CN=Binsers CA/emailAddress=ca@irgendwie-sowieso.dom
    Validity
      Not Before: Mar  5 16:47:45 2003 GMT
      Not After : Mar  3 16:47:45 2008 GMT
    Subject: C=DE, ST=Bayern, L=Zell,
      O=Irgendwie und Sowieso, OU=Binser,
      CN=www.irgendwie-sowieso.dom
    Subject Public Key Info:
      Public Key Algorithm: rsaEncryption
      RSA Public Key: (1024 bit)
        Modulus (1024 bit):
          00:a4:6e:53:14:0a:de:2c:e3:60:55:9a:f2:42:a6:
          ...
          a2:37:eb:3f:57:53:3c:f2:aa:bb:79:19:4b:90:7e:
          a7:a3:99:fe:84:4c:89:f0:3d
        Exponent: 65537 (0x10001)
    X509v3 extensions:
      X509v3 Key Usage:
        Digital Signature, Key Encipherment
      X509v3 Subject Alternative Name:
        DNS:www.irgendwie-sowieso.dom,
        DNS:manhattan.irgendwie-sowieso.dom,
        email:webmaster@irgendwie-sowieso.dom
  Signature Algorithm: sha1WithRSAEncryption
    ae:79:79:22:90:75:fd:a6:d5:c4:b8:c4:99:4e:1c:05:7c:91:
    ...
    5c:ad:dc:1e:1c:30:a7:65:9d:c2:4f:60:d2:6f:db:e0:9f:9e:
    bc:41
```

Abb. 7.2. Beispiel eines X.509-Zertifikats

tive Name eingehen, mit deren Hilfe sich u. a. die verschiedenen DNS-Namen und -Aliase des Servers, für den das Zertifikat ausgestellt wurde, ins Zertifikat einbringen lassen.

Mit diesem Grundwissen über den Aufbau von X.509v3-Zertifikaten kehren wir zur Nachbereitung der Zertifikatsprüfung zurück. In einer eigenen Callback-Funktion beschränken wir die maximal zulässige Hierarchietiefe auf VERIFY_DEPTH und protokollieren eventuelle Fehler bei der Überprüfung der Zertifikatskette mit einigen Zusatzinformationen über die abgewiesenen Zertifikate. Die Callback-Funktion wird mittels SSL_CTX_set_verify() oder

`SSL_set_verify()` hinterlegt und fortan von OpenSSL für jedes geprüfte
Zertifikat der Zertifikatskette aufgerufen. Ob die OpenSSL-interne Zertifikatsprüfung einen Fehler ergeben hat, kann die Callback-Funktion über den
ersten Parameter `status` ermitteln. Der zweite Parameter `x509ctx` enthält
Zusatzinformationen zum aktuellen Zertifikat der Zertifikatskette. Über die
`X509_STORE_CTX_get_error()`-Funktion läßt sich daraus z. B. die Ursache
für eine mißlungene Zertifikatsüberprüfung extrahieren und die Funktion
`X509_STORE_CTX_get_error_depth()` gibt darüber hinaus Auskunft, in welcher Tiefe innerhalb der Zertifikatshierarchie sich das aktuell bearbeitete Zertifikat befindet. Um schließlich an das betreffende Zertifikat selbst zu kommen,
bedient man sich der Funktion `X509_STORE_CTX_get_current_cert()`, die
eine Referenz auf das aktuelle X.509v3-Zertifikat liefert.

```
#include <openssl/x509_vfy.h>

int X509_STORE_CTX_get_error( X509_STORE_CTX *ctx );
int X509_STORE_CTX_get_error_depth(
  X509_STORE_CTX *ctx );

X509 *X509_STORE_CTX_get_current_cert(
  X509_STORE_CTX *ctx );
```

Mit Hilfe der `X509_verify_cert_error_string()`-Funktion wird ein zuvor
aus den Zusatzinformationen ermittelter Fehlercode in seine Textdarstellung
umgewandelt.

```
#include <openssl/x509.h>

const char *X509_verify_cert_error_string( long e );

X509_NAME *X509_get_issuer_name( X509 *cert );
X509_NAME *X509_get_subject_name( X509 *cert );

int X509_NAME_print_ex( BIO *out, X509_NAME *name,
  int indent, unsigned long flags );
int X509_NAME_print_ex_fp( FILE *fp, X509_NAME *name,
  int indent, unsigned long flags );
```

Um aus dem fraglichen Zertifikat die Distinguished Names der jeweiligen Zertifizierungsstelle (den Issuer) und des jeweiligen Zertifikatnehmers (das Subject)
herauszufischen, stehen die beiden Funktionen `X509_get_issuer_name()` und
`X509_get_subject_name()` zur Verfügung. Die beiden Funktionen liefern die
DNs in einer internen Darstellung vom Typ `X509_NAME`, die über die Hilfsfunktionen `X509_NAME_print_ex()` und `X509_NAME_print_ex_fp()` auf einem `BIO` oder einem Datenstrom ausgegeben werden kann. Die beiden Ausgabefunktionen sind in der Lage, den übergebenen DN speziell zu formatieren.

Der Parameter `flags` bestimmt dabei, wie die Formatierung erfolgen soll und
`indent` legt die Tiefe der Einrückungen fest. Obwohl es gleich eine ganze Menge verschiedener Darstellungsmöglichkeiten gibt, sind die durch die zwei Flags
`XN_FLAG_ONELINE` (Ausgabe in einer Zeile, durch Schrägstriche getrennt) und
`XN_FLAG_MULTILINE` (zeilenweise Ausgabe in Langform) bestimmten Ausga-
beformate die beiden gebräuchlichsten Varianten.

Mit Hilfe dieser Funktionen können wir nun in unserer Callback-Funktion
einige hilfreiche Zusatzinformationen zum beanstandeten Zertifikat ausgeben:

54–63   Als erstes ermittelt die Callback-Funktion den Fehlercode der OpenSSL-
internen Zertifikatsprüfung sowie die Position des aktuell bearbeiteten Zertifikats in der Zertifikatskette. Ist die OpenSSL-interne Verifikation erfolgreich
verlaufen, so hat `error` den Wert `X509_V_OK`.

65–72   Als nächstes prüft die `verify_cert()`-Funktion, ob die aktuelle Position innerhalb der Zertifikatskette bereits die maximale Tiefe von `VERIFY_DEPTH`
Hierarchieebenen überschreitet. Dieser Fall kann durchaus auftreten, da wir in
Beispiel 7.4 die Länge der Zertifikatskette über `SSL_CTX_set_verify_depth()`
auf maximal `VERIFY_DEPTH+1` gesetzt haben. Ist die Maximaltiefe überschritten, so weist die Funktion der Variablen `error` zur weiteren Verarbeitung den
entsprechenden Fehlercode `X509_V_ERR_CERT_CHAIN_TOO_LONG` zu. Darüber
hinaus muß über den Rückgabewert der Funktion angezeigt werden, daß die
Überprüfung des Zertifikats fehlgeschlagen ist.

Beispiel 7.5. openssl-util.c, Teil 2

```
54  int verify_cert( int ok, X509_STORE_CTX *x509ctx )
55  {
56    X509 *cert;
57    X509_NAME *subject, *issuer;
58    int error, depth;
59
60    /* welcher Fehler ist aufgetreten und ... */
61    error = X509_STORE_CTX_get_error( x509ctx );
62    /* ... wo in der Zertifikathierachie befinden wir uns? */
63    depth = X509_STORE_CTX_get_error_depth( x509ctx );
64
65    /* tiefer als die maximal gewünschte Hierarchietiefe? */
66    if( depth > VERIFY_DEPTH )
67    {
68      /* falls ja, dann Fehlerursache setzen */
69      error = X509_V_ERR_CERT_CHAIN_TOO_LONG;
70      /* und Rückgabewert modifizieren */
71      ok = 0;
72    }
73
74    /* falls das Zertifikat nicht verifiziert werden konnte */
75    if( ! ok )
```

```
76   {
77       /* Fehlermeldung ausgeben */
78       printf( "Failed to verify certificate: %s\n",
79           X509_verify_cert_error_string( error ) );
80       if( depth > VERIFY_DEPTH )
81           printf( "Maximum depth %d, current depth %d.\n",
82               VERIFY_DEPTH, depth );
83
84       /* zugehöriges Zertifikat bestimmen */
85       if( cert = X509_STORE_CTX_get_current_cert( x509ctx ) )
86       {
87           /* Zusatzinfos zu Subject und Issuer ermitteln ... */
88           subject = X509_get_subject_name( cert );
89           issuer = X509_get_issuer_name( cert );
90
91           /* ... und ausgeben */
92           if( subject )
93           {
94               printf( "Certificate subject:\n" );
95               X509_NAME_print_ex_fp( stdout, subject, 2,
96                   XN_FLAG_MULTILINE );
97               printf( "\n" );
98           }
99           if( issuer )
100          {
101               printf( "Certificate issuer:\n" );
102               X509_NAME_print_ex_fp( stdout, issuer, 2,
103                   XN_FLAG_MULTILINE );
104               printf( "\n" );
105          }
106      }
107   }
108
109   return( ok );
110  }
```

74–82   Sofern die OpenSSL-interne Zertifikatsprüfung einen Fehler ergeben hat, protokolliert die Callback-Funktion die Ursache für die geplatzte Bestätigung des Zertifikats. Für den Fall, daß die maximale Länge der Zertifizierungskette überschritten wurde, wird zusätzlich zur Fehlermeldung auch noch die aktuelle Tiefe sowie die maximal erlaubte Tiefe der Zertifikatshierarchie ausgegeben.

84–107   Anschließend ermittelt die verify_cert()-Funktion das überprüfte Zertifikat und extrahiert die Distinguished Names für sowohl die Zertifizierungsstelle als auch den Zertifikatsnehmer und gibt diese, sofern erfolgreich ermittelt, als zusätzliche Information aus.

109   Durch ihren Rückgabewert zeigt die Callback-Funktion an, ob die Überprüfung des Zertifikats erfolgreich war oder fehlgeschlagen ist. Sofern bei

der Verifikation nicht die maximale Länge der Zertifikatskette überschritten wurde, entspricht der Inhalt der Variablen ok noch immer dem Ergebnis der OpenSSL-internen Prüfung.

7.3.3 Identitätsabgleich mit digitalen Zertifikaten

Wurde das vom Server präsentierte X.509-Zertifikat im Rahmen der OpenSSL-internen Prüfung für gültig und vertrauenswürdig befunden und hat auch die hinterlegte Callback-Funktion nichts mehr am Zertifikat auszusetzen (wie etwa eine Überschreitung der maximalen Zertifikatskettenlänge), so wird die SSL-Verbindung zwischen den beiden Kommunikationspartnern vollständig aufgebaut. Bevor nun Client und Server auf der Anwendungsebene mit dem Austausch von Daten beginnen können, gilt es in einem letzten Schritt zu überprüfen, ob der Zertifikatsnehmer mit dem gewünschten Kommunikationspartner übereinstimmt.

Genauso, wie bei einem Identitätstest via Personalausweis das Lichtbild sowie einige weitere Attribute wie Augenfarbe und Körpergröße mit dem Gegenüber abgeglichen werden, muß auch beim Umgang mit X.509-Zertifikaten darauf geachtet werden, daß das präsentierte Zertifikat tatsächlich zum Kommunikationspartner gehört. Andernfalls wäre für eine Man-in-the-Middle-Attacke Tür und Tor geöffnet. In der Praxis ist es deshalb üblich, den vollständigen DNS-Namen (FQDN) des Servers, wie in RFC 2818 [Res00] ausführlich beschrieben, mit der über das Zertifikat nachgewiesenen Identität des Servers zu vergleichen.[7] Der Abgleich der Identitäten erfolgt dabei bevorzugt über die Zertifikatserweiterung *Subject Alternative Name* oder aber über das *Subject* des Zertifikats.

Abbildung 7.3 zeigt den Aufbau der Zertifikatserweiterung *Subject Alternative Name*, die als eine Folge von *General Names* modelliert ist. Im Rahmen der Identitätsprüfung interessieren uns aus der Zertifikatserweiterung, d.h. aus der Folge von *General Names* lediglich die Elemente vom Typ dNSName, da diese einen DNS-Namen enthalten und folglich über die Identität des Zertifikatnehmers Auskunft erteilen können. Sind dem betreffenden Server mehrere DNS-Namen zugeordnet, was z.B. bei Webservern mit mehreren virtuellen Hosts äußerst beliebt ist, dann können in der Zertifikatserweiterung natürlich entsprechend viele DNS-Namen eingetragen sein.

Für den Identitätsabgleich zwischen Zertifikat und Kommunikationspartner wird in RFC 2818 folgendes festgelegt:

---

[7] Muß ein Server über einen dynamischen und damit häufig wechselnden DNS-Namen kontaktiert werden, so ist der FQDN unter Umständen kein probater Indikator für den Identitätsabgleich. In einem solchen Fall muß der Client über andere Hilfsmittel, wie z.B. die exakte Kenntnis des zu präsentierenden Zertifikats, beim Test der Identität verfügen.

```
SubjectAltName ::= GeneralNames

GeneralNames ::= SEQUENCE SIZE (1..MAX) OF GeneralName

GeneralName ::= CHOICE {
    otherName               [0] OtherName,
    rfc822Name              [1] IA5String,
    dNSName                 [2] IA5String,
    x400Address             [3] ORAddress,
    directoryName           [4] Name,
    ediPartyName            [5] EDIPartyName,
    uniformResourceIdentifier [6] IA5String,
    iPAddress               [7] OCTET STRING,
    registeredID            [8] OBJECT IDENTIFIER
    }
```

Abb. 7.3. Aufbau eines X.509-SubjectAltNames

- Sofern ein X.509-Zertifikat die Zertifikatserweiterung *Subject Alternative Name* enthält und in der zugehörigen Folge von *General Names* ein dNSName-Element vorkommt, dann *muß* einer der DNS-Namen aus der Zertifikatserweiterung zur Identitätsprüfung herangezogen werden.

- In allen anderen Fällen (d. h. entweder es existiert keine passende Zertifikatserweiterung oder diese enthält keinen DNS-Namen) *muß* zur Identitätsprüfung das Feld *Common Name (CN)* aus der *Subject*-Komponente des Zertifikats herangezogen werden.

Mit Hilfe der passenden Funktionen aus der OpenSSL-API läßt sich anhand dieser Vorgaben auch der letzte Schritt der Identitätsprüfung umsetzen. Als allererstes muß das Programm für seine Untersuchungen Zugriff auf das vom Kommunikationspartner präsentierte Zertifikat erhalten. Die Funktion SSL_get_peer_certificate() liefert zu einer aufgebauten SSL-Verbindung eine Referenz auf das Zertifikat des Gegenübers. Sollte der Kommunikationspartner kein Zertifikat vorgewiesen haben oder besteht noch keine Verbindung, so gibt die Funktion einen Nullzeiger zurück. Sobald die Untersuchungen am Zertifikat abgeschlossen sind, sollte der zugeordnete Speicher mittels X509_free() natürlich wieder freigegeben werden.

```
#include <openssl/ssl.h>
#include <openssl/x509.h>

X509 *SSL_get_peer_certificate( SSL *ssl );
void X509_free( X509 *cert );

void *X509_get_ext_d2i( X509 *cert, int nid, int *crit,
    int *idx );
```

Um an eine Zertifikatserweiterung zu gelangen, untersucht man das Zertifikat mit der X509_get_ext_d2i()-Funktion. Die X.509-Funktionen von OpenSSL adressieren die einzelnen Zertifikatskomponenten über eine ganzzahlige Identifikationsnummer, die sogenannte NID. An die Erweiterung *Subject Alternative Name* gelangen wir mit der ID NID_subject_alt_name. Für die beiden Parameter crit und idx genügen bei der Bestimmung dieser Zertifikatserweiterung zwei Nullzeiger.

Als Ergebnis einer NID_subject_alt_name-Anfrage liefert die Hilfsfunktion X509_get_ext_d2i() einen Stapel von *General Names*, die es im Anschluß der Reihe nach zu untersuchen gilt. Im Fehlerfall gibt die Funktion einen Nullzeiger zurück. Der Stapel von *General Names* muß später mittels sk_GENERAL_NAME_free() wieder explizit freigegeben werden (siehe unten). Die ASN1_STRING_data()-Funktion bringt den Textinhalt eines dNSName-Elements schließlich in ein darstellbares Format, so daß ein Vergleich zwischen dem FQDN des Kommunikationspartners und den in der Zertifikatserweiterung enthaltenen DNS-Namen möglich wird. Der zurückgelieferte Zeiger verweist lediglich auf interne Daten der übergebenen ASN1_STRING-Struktur und muß bzw. darf deshalb nicht explizit freigegeben werden. Die Anwendung der beiden Funktionen ist in Beispiel 7.6 zu sehen.

```
#include <openssl/asn1.h>

unsigned char *ASN1_STRING_data( ASN1_STRING *as );
```

Sollte kein *Subject Alternative Name* in das untersuchte Zertifikat eingebettet sein, so muß der Identitätsabgleich über das Feld *Common Name (CN)* aus der *Subject*-Komponente des Zertifikats vorgenommen werden. Nachdem das Programm den Zertifikatsnehmer mittels X509_get_subject_name() bestimmt hat (vgl. dazu auch Beispiel 7.5), wird aus dem X509_NAME mit der X509_NAME_get_text_by_NID()-Funktion der *Common Name* extrahiert.

```
#include <openssl/x509.h>

int X509_NAME_get_text_by_NID( X509_NAME *name, int nid,
    char *buf, int len );
```

Die Funktion erwartet neben dem X509_NAME in nid die ID der zu extrahierenden Textkomponente. Für den *Common Name (CN)* ist NID_commonName die passende NID. Der extrahierte Text wird im Puffer buf abgelegt, wobei der Parameter len die Länge dieses Textpuffers spezifiziert und damit die Maximalzahl der in den Puffer zu übertragenden Zeichen festlegt. Falls die gesuchte Komponente nicht in name enthalten ist, liefert die Funktion den Rückgabewert -1. Bei Erfolg wird die Anzahl der in den Puffer kopierten

Zeichen zurückgegeben. Laut Dokumentation wird die Zeichenkette auf jeden Fall mit einem Nullzeichen terminiert. Der ermittelte *Common Name* wird nun mit dem FQDN des Gegenübers verglichen, um die Identitätsprüfung abzuschließen.

In den Beispielen 7.6 und 7.7 findet sich die Implementierung des beschriebenen Identitätsabgleichs:

112–123 Die Funktion openssl_match_host_cert() erwartet in den beiden Parametern ssl_bio und host das BIO-Objekt der aktuellen SSL-Verbindung sowie den DNS-Namen des Kommunikationspartners. Sollte einer der beiden Parameter ein Nullzeiger sein, so kehrt die Funktion ohne Erfolg zurück.

Die Variable ok dient im weiteren Verlauf der Funktion als Indikator, ob ein zu host passender FQDN im Zertifikat gefunden wurde: Solange die Variable ihren Initialwert −1 hat, wurde von der Funktion keine Zertifikatserweiterung mit einem DNS-Namen als *Subject Alternative Name* gefunden. Hat ok den Wert 0, so wurde zwar mindestens ein DNS-Name im Zertifikat gefunden, es konnte allerdings keine Übereinstimmung mit dem gesuchten FQDN festgestellt werden. Hat ok dagegen den Wert 1, so konnte der gesuchte FQDN im Zertifikat aufgespürt werden und die openssl_match_host_cert()-Funktion kehrt erfolgreich zurück.

125–132 Als erstes bestimmt die Funktion die zum angegebenen BIO gehörende SSL-Verbindung, aus der sie dann das Zertifikat des Kommunikationspartners ermitteln kann. Sollte in einem der beiden Arbeitsschritte ein Fehler auftreten, dann kehrt die openssl_match_host_cert()-Funktion ohne Erfolg zurück.

Beispiel 7.6. openssl-util.c, Teil 3

```
112  int openssl_match_host_cert( BIO *ssl_bio, char *host )
113  {
114    SSL *ssl;
115    X509 *cert;
116    STACK_OF( GENERAL_NAME ) *altnames;
117    GENERAL_NAME *gn;
118    X509_NAME *subject;
119    int numaltnames, i, ok = -1;
120    char *dns, commonname[256];
121
122    if( ssl_bio == NULL || host == NULL )
123      return( 0 );
124
125    /* die zum BIO assoziierte SSL-Struktur ermitteln */
126    BIO_get_ssl( ssl_bio, &ssl );
127    if( ssl == NULL )
128      return( 0 );
129
130    /* das Zertifikat des Kommunikationspartners ermitteln */
```

```
131    if ( ! ( cert = SSL_get_peer_certificate ( ssl ) ) )
132      return ( 0 );
133
134    /* steckt im Zertifikat eine SubjectAltName-Extension? */
135    if ( altnames = X509_get_ext_d2i ( cert,
136          NID_subject_alt_name, NULL, NULL ) )
137    {
138      /* falls ja: wieviele GeneralNames enthält diese? */
139      numaltnames = sk_GENERAL_NAME_num ( altnames );
140
141      /* alle GeneralNames der Extension durchsuchen */
142      for ( i = 0; i < numaltnames && ok <= 0; i++ )
143      {
144        /* i-ten GeneralName aus dem Stapel herausgreifen */
145        gn = sk_GENERAL_NAME_value ( altnames, i );
146
147        /* Falls DNSName: Textinhalt ermitteln ... */
148        if ( gn->type == GEN_DNS &&
149            ( dns = (char *)ASN1_STRING_data ( gn->d.ia5 ) ) )
150        {
151          /* ... und mit dem Hostnamen vergleichen */
152          ok = ( strcasecmp ( dns, host ) == 0 );
153          /* ok ist 1 bei einem Treffer, andernfalls 0 */
154        }
155      }
156
157      /* zum Schluß die GeneralNames wieder freigeben */
158      sk_GENERAL_NAME_free ( altnames );
159    }
```

134–137 Wie in RFC 2818 festgelegt, wird nun im Zertifikat als erstes nach *Subject Alternative Names* gesucht. Mit der X509_get_ext_d2i()-Funktion wird die entsprechende Erweiterung im Zertifikat des Kommunikationspartners aufgespürt. Die Funktion liefert als Ergebnis entweder einen Stapel von *General Names* oder, falls die Erweiterung nicht vorhanden ist, einen Nullzeiger.

138–143 Sind im Zertifikat *Subject Alternative Names* enthalten, dann wird die Folge der *General Names* nach dem gesuchten FQDN durchforstet. OpenSSL stellt dazu einen Satz von Makros bereit, mit deren Hilfe ein Stapel von Daten bearbeitet und durchsucht werden kann. Im konkreten Beispiel verwenden wir die drei Makros sk_GENERAL_NAME_num() um die Anzahl der *General Names* auf dem Stapel zu bestimmen, sk_GENERAL_NAME_value() um den *n*-ten *General Name* zu ermitteln und sk_GENERAL_NAME_free() um den Stapel am Ende wieder freizugeben. Die openssl_match_host_cert()-Funktion bestimmt auf der Suche nach dem passenden FQDN zunächst die Anzahl der Elemente und iteriert dann über alle Elemente des Stapels. Falls die Suche erfolgreich war, gilt ok == 1 und die Schleife wird vorzeitig beendet.

144–154 Für jeden *General Name* `gn` des Stapels wird der Datentyp ausgewertet (vgl. dazu Abbildung 7.3). Handelt es sich dabei um einen DNS-Namen, gilt also `gn->type == GEN_DNS`, so wird der im *General Name* enthaltene DNS-Name bestimmt. Die `ASN1_STRING_data()`-Funktion wandelt dazu den im *General Name* gespeicherten Datensatz von einem `ASN1_STRING` in eine C-typische Zeichenkette. Konnte der DNS-Name ermittelt werden, so wird dieser nun mit dem bekannten FQDN des Kommunikationspartners verglichen.[8] Stimmen die beiden Zeichenketten unabhängig von ihrer Groß-/Kleinschreibung überein, dann erhält `ok` den Wert 1, andernfalls den Wert 0. Insbesondere gilt danach aber `ok != -1`, es wurde also zumindest ein *Subject Alternative Name* mit einem DNS-Namen im Zertifikat gefunden. Dies bedeutet mit Blick auf RFC 2818, daß der *Common Name* aus dem *Subject* des Zertifikats *nicht* mehr zur Identitätsprüfung herangezogen werden darf.

157–158 Nachdem der Stapel von *General Names* abgearbeitet ist, muß der von `X509_get_ext_d2i()` für die Daten angelegte Speicherbereich über die Funktion `sk_GENERAL_NAME_free()` wieder freigegeben werden.

161–175 Wurden im Zertifikat entweder keine *Subject Alternative Names* gefunden oder war in der Zertifikatserweiterung kein DNS-Name enthalten, dann hat die Variable `ok` immer noch den Initialwert `-1`. In diesem Fall muß das Feld *Common Name* aus der *Subject*-Komponente des Zertifikats ausgewertet werden. In diesem Fall extrahiert die `openssl_match_host_cert()`-Funktion das *Subject* des Zertifikats und kopiert den *Common Name* mittels `X509_NAME_get_text_by_NID()` in einen Zwischenpuffer. Diese Zeichenkette wird dann zum Identitätsabgleich mit dem DNS-Namen des Kommunikationspartners verglichen. Stimmen die beiden Zeichenketten unabhängig von ihrer Groß-/Kleinschreibung überein, dann erhält `ok` den Wert 1, andernfalls den Wert 0.

Beispiel 7.7. openssl-util.c, Teil 4

```
161    /*
162     * Falls es im Zertifikat kein subjectAltName-Element vom
163     * Typ DNS-Name gibt, dann gilt ok < 0 und der gesuchte
164     * DNS-Name wird aus dem commonName im Subject des
165     * Zertifikats ermittelt.
166     */
167    if( ( ok < 0 ) &&
168         ( subject = X509_get_subject_name( cert ) ) &&
169         ( X509_NAME_get_text_by_NID( subject, NID_commonName,
170             commonname, 256 ) > 0 ) )
171    {
172        /* commonName mit dem Hostnamen vergleichen */
```

[8] Da bei DNS-Namen generell *nicht* zwischen Groß- und Kleinschreibung unterschieden wird, setzt das Programm zum Vergleich anstatt strncmp() die strcasecmp()-Funktion ein.

```
173     ok = ( strcasecmp( commonname, host ) == 0 );
174     /* ok ist 1 bei einem Treffer, andernfalls 0 */
175   }
176
177   X509_free( cert ); /* Zertifikat wieder freigeben */
178
179   /* Ist ok > 0, dann steckt der Hostname im Zertifikat */
180   return( ok > 0 );
181 }
```

177–181 Nachdem das X.509-Zertifikat komplett untersucht wurde, kann der vom Zertifikat belegte Speicher wieder freigegeben werden. Wurde ein zum DNS-Namen des Kommunikationspartners passender FQDN im Zertifikat gefunden, dann ist ok > 0 und die Funktion kehrt erfolgreich zurück. Ist dagegen ok < 1, dann war die Suche nach dem passenden FQDN leider erfolglos.

Die zugehörige Header-Datei openssl-util.h aus Beispiel 7.8 enthält neben den Protypen der beiden Funktionen openssl_create_ssl_ctx() und openssl_match_host_cert() einige globale Definitionen: Die Liste der erlaubten Chiffrenfolgen ist in CIPHER_LIST festgelegt. Die beiden Makros CAFILE und CAPATH legen darüber hinaus die Fundorte für die Zertifikate der vertrauenswürdigen Zertifizierungsstellen fest.

Beispiel 7.8. openssl-util.h

```
 1 #ifndef OPENSSL_UTIL_H
 2 #define OPENSSL_UTIL_H
 3
 4 #define CIPHER_LIST "ALL:!ADH:!LOW:!EXP:!MD5:@STRENGTH"
 5
 6 #define CAFILE NULL
 7 #define CAPATH "/wo/auch/immer"
 8
 9 /*
10  * Maximal akzeptierte Tiefe der Zertifizierunghierarchie
11  * bei der Prüfung von Zertifikaten: In OpenSSL-Versionen
12  * vor 0.9.6 existiert eine Sicherheitslücke bei der
13  * Zertifikatsprüfung, die sich mit der maximalen Tiefe 1
14  * auf Kosten der Zertifizierunghierarchie eliminieren läßt.
15  */
16
17 #if ( OPENSSL_VERSION_NUMBER < 0x0090600FL )
18 #define VERIFY_DEPTH 1
19 #else
20 #define VERIFY_DEPTH 3
21 #endif
22
```

```
23 SSL_CTX *openssl_create_ssl_ctx( void );
24 int openssl_match_host_cert( BIO *ssl_bio, char *host );
25
26 #endif
```

In VERIFY_DEPTH ist schließlich die Maximallänge der vom Programm akzeptierten Zertifikatsketten vereinbart. Wie bereits weiter oben bei der Besprechung der SSL_CTX_set_verify_depth()-Funktion erwähnt, sollte aufgrund einer Sicherheitslücke bei der Zertifikatsprüfung für OpenSSL-Versionen bis einschließlich Version 0.9.5 die maximale Tiefe der Zertifikatshierarchie unbedingt auf den Wert 1 gesetzt werden. Dies bedeutet, daß bereits die erste Zertifizierungsstelle in der Zertifikatskette als vertrauenswürdig eingestuft sein muß, ansonsten schlägt die Überprüfung des Zertifikats fehl.

7.3.4 SSL-Kommunikation mit eigener Identität

Bislang haben wir uns lediglich darum gekümmert, im Rahmen des Aufbaus einer neuen SSL-Verbindung die Identität des kontaktierten Gegenübers und, damit verbunden, auch die Gültigkeit des von diesem präsentierten Zertifikats sicherzustellen. Dies ist für Clientprogramme im Allgemeinen ausreichend, da die Authentifizierung eines Clients (bzw. des Nutzers) heutzutage meist über Benutzernamen und Paßworte und nicht über persönliche digitale Zertifikate vorgenommen wird.[9] Ein SSL-fähiger Netzwerkserver muß dagegen in aller Regel sehr wohl dazu in der Lage sein, seine digitale Identität mittels eines dafür ausgestellten Zertifikats nachzuweisen. Andernfalls würde alle Clients, die die Identität des Servers überprüfen wollen, die Zusammenarbeit mit einem solchen Server verweigern.

Verfügt der Server über ein von einer geeigneten Zertifizierungsstelle ausgestelltes Zertifikat, so muß er dieses Zertifikat beim Aufbau der SSL-Verbindung an den anfragenden Client übermitteln. Damit die ssl-Bibliothek diese Aufgabe während des SSL-Handshakes automatisch lösen kann, müssen das Zertifikat und der zugehörige private Schlüssel zuvor im SSL-Kontext verankert werden. Zusammen mit dem Server-Zertifikat hinterlegt das Programm am besten auch gleich die CA-Zertifikate der gesamten Zertifizierungshierarchie im SSL-Kontext. Auf diese Weise kann der anfragende Client selbst dann die Zertifikatskette überprüfen, wenn er nicht im Besitz sämtlicher Zwischenzertifikate der Kette ist.

---

[9] Soll ein Client mit einem digitalen Zertifikat versehen und darüber authentifiziert werden, so bedient er sich der gleichen Vorgehensweise wie nachfolgend für Serverprogramme vorgestellt.

```
#include <openssl/ssl.h>

int SSL_CTX_use_certificate_chain_file( SSL_CTX *ctx,
   const char *file );
int SSL_CTX_use_PrivateKey_file( SSL_CTX *ctx,
   const char *file, int type );
```

Über die Funktion SSL_CTX_use_certificate_chain_file() wird die gesamte Zertifikatskette der Zertifizierungshierarchie in den SSL-Kontext ctx geladen. Damit die Operation reibungslos verläuft, muß die durch file referenzierte Datei in strenger, aufsteigender Reihenfolge nacheinander die X.509-Zertifikate der Zertifikatskette enthalten. Die Datei beginnt mit dem Zertifikat des Zertifikatnehmers, dem das CA-Zertifikat der ausstellenden CA folgt. Im Anschluß finden sich eventuell noch die X.509-Zertifikate weiterer, zwischengeschalteter Zertifizierungsstellen bis dann am Ende das Zertifikat der zugehörigen Wurzel-CA die Kette abschließt. Die Funktion lädt das erste Zertifikat dieser Kette, also das des Zertifikatnehmers, in den Zertifikatsspeicher des angegebenen SSL-Kontexts. Die restlichen Zertifikate werden, soweit vorhanden, im Speicher für Zertifikatsketten abgelegt. War die Operation erfolgreich, so liefert SSL_CTX_use_certificate_chain_file() den Rückgabewert 1, andernfalls den Wert 0.

Der zum eigenen Zertifikat passende private Schlüssel wird über die Funktion SSL_CTX_use_PrivateKey_file() aus der Datei file in den SSL-Kontext ctx geladen. Bei Erfolg liefert die Funktion den Rückgabewert 1, andernfalls den Wert 0. In der angegebenen Datei kann der Schlüssel entweder in der lesbaren, Base64-kodierten PEM-Notation oder im binären ASN.1- bzw. DER-Format vorliegen. Das Flag type gibt deshalb beim Aufruf der Funktion Auskunft, in welchem Format SSL_CTX_use_PrivateKey_file() die Datei erwarten soll: die Konstanten SSL_FILETYPE_PEM und SSL_FILETYPE_ASN1 stehen für die namensgleichen Formatvarianten.

Aufgrund ihrer speziellen Strukturierung können in einer PEM-Datei gleich mehrere Schlüssel oder Zertifikate gespeichert werden, in ASN.1-Dateien findet dagegen immer nur jeweils ein Schlüssel oder Zertifikat Platz. Aus diesem Grund muß eine mittels SSL_CTX_use_certificate_chain_file() geladene Zertifikatskette immer im PEM-Format vorliegen (und der Parameter type kann bei dieser Funktion entfallen). Findet SSL_CTX_use_PrivateKey_file() in einer PEM-Datei mehrere private Schlüssel, so wird lediglich der erste Schlüssel aus der Datei in den SSL-Kontext geladen.

Die absolute Geheimhaltung des privaten Schlüssels ist bezüglich der Sicherheit der eingesetzten krytographischen Verfahren das A und O, der Schlüssel darf niemals in falsche Hände geraten. Aus diesem Grund empfiehlt es sich eigentlich, den Schlüssel nur in verschlüsselter Form auf einem Computersystem zu speichern. Dies bedeutet, daß der private Schlüssel vor dem ersten

Gebrauch wieder entschlüsselt werden muß. Für diese Aufgabe muß zunächst, auf welchem Weg auch immer, das zugehörige Paßwort erfragt werden. Die größtmögliche Flexibilität läßt sich hier wieder mit einer Callback-Funktion erreichen, die dann das benötigte Paßwort über geeignete Kanäle (z. B. durch Benutzereingabe oder kryptographische Geräte) ermitteln kann. Der Paßwort-Callback wird über die Hilfsfunktion `SSL_CTX_set_default_passwd_cb()` im SSL-Kontext hinterlegt. In der Praxis wird heutzutage aber meist auf eine Verschlüsselung des privaten Schlüssels verzichtet und die Vertraulichkeit des Schlüssels wird der Einfachheit halber lediglich über die Dateizugriffsrechte sichergestellt, weshalb wir an dieser Stelle nicht näher auf die Gestaltung dieser Callback-Funktion eingehen.

7.4 Client-/Server-Beispiel: SMTP mit SARTTLS

Wir vertiefen den sicheren Umgang mit digitalen Zertifikaten durch ein abschließendes Client-/Server-Beispiel. Das Clientprogramm aus Abschnitt 7.4.1 stellt eine Variation des SMTP-Clients aus Beispiel 7.3 dar. Neben der gewissenhaften Überprüfung des vom Server präsentierten Zertifikats beherrscht der Client auch das in Abschnitt 6.2.2 beschriebene STARTTLS-Kommando. Das Serverprogramm aus Abschnitt 7.4.2 liefert dann das dazu passende, STARTTLS-fähige Gegenstück.

Um die beiden Programme miteinander zu testen, benötigen Sie ein passendes X.509-Zertifikat für den Server. Wie Sie für diese Tests mit Hilfe des `openssl`-Kommandos ein eigenes X.509-Zertifikat ausstellen können, erfahren Sie bei Bedarf in Abschnitt A.1.

7.4.1 Ein SMTP-Client mit STARTTLS

Nachdem der erweiterte SMTP-Client das STARTTLS-Kommando beherrschen soll, muß sich das Programm anstatt mit dem SMTPS-Port 465 mit entweder dem SMTP-Port 25 oder dem Submission-Port 587 verbinden. Die Kommunikation mit dem Mailserver startet ja zunächst im Klartext und wird erst nach dem STARTTLS-Handshake von einer SSL-Verbindung ummantelt (vgl. dazu Abschnitt 6.2.2 sowie RFC 3207 [Hof02]). Wir haben uns im vorliegenden Fall für Port 587 entschieden. Beispiel 7.9 und Beispiel 7.10 zeigen die erweiterte Neuimplementierung des SMTP-Clients:

15–31   Die beiden Funktionen `send_smtp_request()` und `print_smtp_response()` kapseln die Kommunikation mit dem Mailserver. Beide Funktionen arbeiten auf dem übergebenen BIO-Objekt und funktionieren deshalb unabhängig davon, ob es sich bei der zugrundeliegenden Netzwerkverbindung um eine normale, ungeschützte TCP-Verbindung oder um eine gesicherte SSL-Verbindung handelt. Die Funktionen sind damit so allgemein gehalten, daß sie sowohl vor

als auch nach dem STARTTLS-Kommando und dem damit verbundenen Hochstufen der TCP-Verbindung zur SSL-Verbindung eingesetzt werden können.

Die send_smtp_request()-Funktion schickt das SMTP-Kommando req über
das BIO-Objekt bio an den SMTP-Server. Da das Programm wieder mit einem gepufferten BIO arbeitet, landen die mit BIO_puts() erzeugten Ausgaben
zunächst in einem Zwischenspeicher. Mittels BIO_flush() wird das BIO dazu veranlaßt, den Puffer zu leeren und damit die Ausgaben tatsächlich zum
Kommunikationspartner zu übertragen. Zu Demonstrationszwecken wird der
übertragene SMTP-Befehl auch noch auf dem Terminal ausgegeben.

Die print_smtp_response()-Funktion empfängt im Gegenzug die Ausgaben
des SMTP-Servers mittels BIO_gets() und gibt sie auf dem Terminal aus.
Das um Serviceerweiterungen ergänzte *Extended SMTP (ESMTP)* ist dabei
in der Lage, auf die Begrüßung des Clients eine mehrzeilige Antwort zu liefern,
in der Art und Umfang der vom Server unterstützten Serviceerweiterungen
angepriesen werden. Die mehrzeilige Antwort wird solange fortgeführt, solange dem dreistelligen Statuscode am Zeilenanfang ein Minuszeichen folgt. Steht
anstatt dem Minus- ein Leerzeichen, so handelt es sich bei der aktuellen Zeile um die letzte Zeile der Serverantwort und die Verarbeitungsschleife kann
verlassen werden.

33–44   Anders als in Beispiel 7.3 erfolgt der Aufbau der TCP-Verbindung diesmal nicht über die BIO-Funktionen. Die erweiterte Variante aus Beispiel 7.9
und 7.10 greift stattdessen für den TCP-Verbindungsaufbau auf die in Abschnitt 5.1.2 entwickelte und beschriebene tcp_connect()-Funktion zurück.
Die build_tcp_chain()-Funktion erstellt eine gepufferte BIO-Kette mit einem Socket-BIO als Senke und verknüpft den verbundenen TCP-Socket socket
mit dem Socket-BIO. Die Funktion liefert entweder eine Referenz auf die neue
BIO-Kette buffer→socket oder, im Fehlerfall, einen Nullzeiger.

Beispiel 7.9. bio-ssl-smtpcli2.c, Teil 1

```
1  #include <errno.h>
2  #include <stdio.h>
3  #include <stdlib.h>
4  #include <string.h>
5  #include <unistd.h>
6
7  #include <openssl/bio.h>
8  #include <openssl/err.h>
9  #include <openssl/ssl.h>
10
11 #include "openssl-lib-init.h"
12 #include "openssl-util.h"
13 #include "server.h"
14
15 void send_smtp_request( BIO *bio, const char *req )
```

```
16  {
17    BIO_puts( bio, req );
18    BIO_flush( bio );
19    printf( "%s", req );
20  }
21
22  void print_smtp_response( BIO *bio )
23  {
24    char buf[256];
25
26    do
27    {
28      BIO_gets( bio, buf, 256 );
29      printf( "%s", buf );
30    } while( ( strlen( buf ) > 3 ) && ( buf[3] == '-' ) );
31  }
32
33  BIO *build_tcp_chain( int socket )
34  {
35    BIO *buf, *tcp;
36
37    /* gepuffertes BIO zur TCP-Kommunikation erstellen */
38    if( ( ! ( buf = BIO_new( BIO_f_buffer() ) ) ) ||
39        ( ! ( tcp = BIO_new_socket( socket, BIO_CLOSE ) ) ) )
40      return( NULL );
41
42    /* BIO-Kette "buffer -> socket" erstellen */
43    return( BIO_push( buf, tcp ) );
44  }
45
46  BIO *build_ssl_chain( BIO *bio )
47  {
48    BIO *buf, *ssl;
49    SSL_CTX *ctx;
50
51    /* SSL-Kontext mit Standardeinstellungen erstellen */
52    if( ( ctx = openssl_create_ssl_ctx() ) == NULL )
53      return( NULL );
54
55    /* gepuffertes BIO zur SSL-Kommunikation erstellen */
56    if( ( ssl = BIO_new_ssl( ctx, 1 ) ) == NULL )
57      return( NULL );
58
59    /* erst die BIO-Kette "ssl -> socket" und damit ... */
60    ssl = BIO_push( ssl, BIO_pop( bio ) );
61    /* die BIO-Kette "buffer -> ssl -> socket" erstellen */
62    ssl = BIO_push( bio, ssl );
63
64    /* Verbindung aufbauen und SSL-Handshake durchführen */
```

```
65   if( BIO_do_handshake( ssl ) <= 0 )
66     return( NULL );
67
68   return( ssl );
69 }
```

46–69 Die build_ssl_chain()-Funktion zerlegt die übergebene BIO-Kette bio wieder in ihre beiden Bestandteile buffer und socket und klemmt dann ein neues SSL-BIO dazwischen, so daß sich die neue, gepufferte SSL-BIO-Kette buffer→ssl→socket ergibt. Dazu wird zunächst mit der im vorausgehenden Abschnitt vorgestellten Funktion openssl_create_ssl_ctx() ein neuer SSL-Kontext erstellt. Danach wird mittels BIO_new_ssl() ein neues SSL-BIO vom SSL-Kontext abgeleitet. Der zweite Parameter von BIO_new_ssl() gibt an, daß sich das SSL-BIO auf der Clientseite der SSL-Verbindung befindet.

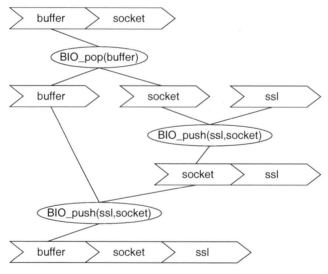

Abb. 7.4. BIO-Kette für STARTTLS erstellen

Nun wird die ursprüngliche BIO-Kette mittels BIO_pop() zerlegt und anschließend in zwei Schritten mittels BIO_push() um das neue SSL-BIO herum wieder zusammengefügt. Abbildung 7.4 zeigt den Übergang von der ursprünglichen zur SSL-fähigen BIO-Kette. Abschließend initiiert build_ssl_chain() das SSL-Handshake und kehrt entweder mit einer neuen, gepufferten SSL-BIO-Kette oder, im Fehlerfall, mit einem Nullzeiger zurück.

71–87 Im Hauptprogramm wird nach der Überprüfung der Kommandozeilenargumente zunächst die SSL-Bibliothek initialisiert. Sofern dabei ein Fehler auftritt, beendet sich der Prozeß mit einer Fehlermeldung.

89-102 Im Anschluß wird mittels `tcp_connect()` eine neue TCP-Verbindung zum angegebenen SMTP-Server aufgebaut. Der SMTP-Client versucht dabei, den Server auf dem Submission-Port 587 zu kontaktieren. Ein Fehler beim Verbindungsaufbau führt unmittelbar zum Programmabbruch. Die neue TCP-Verbindung wird dann mittels `build_tcp_chain()` mit einer neuen, gepufferten Socket-BIO-Kette verknüpft. Tritt dabei ein Fehler auf, beendet sich das Clientprogramm mit einer entsprechenden Fehlermeldung.

Beispiel 7.10. bio-ssl-smtpcli2.c, Teil 2

```
71  int main( int argc, char *argv[] )
72  {
73    BIO *bio;
74    int srv;
75
76    if( argc != 2 )
77    {
78      printf( "Usage: %s smtp-host\n", argv[0] );
79      exit( EXIT_FAILURE );
80    }
81
82    /* SSL-Bibliothek und PRNG initialisieren */
83    if( ! openssl_lib_init() )
84    {
85      printf( "Library/PRNG initialization failed.\n" );
86      exit( EXIT_FAILURE );
87    }
88
89    /* Neue TCP-Verbindung zum Server aufbauen */
90    if( ( srv = tcp_connect( argv[1], "587" ) ) < 0 )
91    {
92      printf( "tcp_connect() failed.\n" );
93      exit( EXIT_FAILURE );
94    }
95
96    /* gepuffertes BIO zur TCP-Kommunikation erstellen */
97    if( ! ( bio = build_tcp_chain( srv ) ) )
98    {
99      printf( "build_tcp_chain() failed.\n" );
100     ERR_print_errors_fp( stdout );
101     exit( EXIT_FAILURE );
102   }
103
104   /* Frage/Antwort-Spielchen mit abschließenden STARTTLS */
105   print_smtp_response( bio );
106   send_smtp_request( bio, "EHLO indien\n" );
107   print_smtp_response( bio );
108   send_smtp_request( bio, "STARTTLS\n" );
```

```
109    print_smtp_response( bio );
110
111    /* gepuffertes BIO zur SSL-Kommunikation erstellen */
112    if( ! ( bio = build_ssl_chain( bio ) ) )
113    {
114      printf( "Can't create SSL BIO ...\n" );
115      ERR_print_errors_fp( stdout );
116      exit( EXIT_FAILURE );
117    }
118
119    if( ! openssl_match_host_cert( bio, argv[1] ) )
120    {
121      printf( "Failed to verify peer certificate: "
122        "subjectAltName or commonName doesn't match %s\n",
123        argv[1] );
124      exit( EXIT_FAILURE );
125    }
126
127    /* Frage/Antwort-Spielchen mit dem Server */
128    send_smtp_request( bio, "EHLO indien\n" );
129    print_smtp_response( bio );
130    send_smtp_request( bio, "QUIT\n" );
131    print_smtp_response( bio );
132
133    /* BIO freigeben und Verbindung beenden, Programmende */
134    BIO_free_all( bio );
135    exit( EXIT_SUCCESS );
136 }
```

104–109   Die Kommunikation mit dem Server erfolgt nun mit Hilfe der Funktionen
send_smtp_request() und print_smtp_response() über die zuvor aufgebaute BIO-Kette. Als erstes erwartet der Client die Begrüßungsformel des
Servers und reagiert darauf seinerseits mit einem EHLO. Nach der nächsten
Antwort des Servers initiiert der SMTP-Client mit dem STARTTLS-Kommando
das Upgrade der bestehenden Verbindung zu einer SSL-Verbindung.[10]

111–117   Nachdem der Server (hoffentlich) sein OK für das SSL-Upgrade gegeben hat,
beginnt der Client, die SSL-Verbindung aufzusetzen. Mit Hilfe der Funktion
build_ssl_chain() zerlegt er dazu, wie oben beschrieben, die bestehende
Socket-BIO-Kette und fügt in der Mitte ein neues SSL-BIO ein. Die resultierende BIO-Kette lautet buffer→ssl→socket. Die build_ssl_chain()-
Funktion führt darüber hinaus das SSL-Handshake durch. Während des

---

[10] Natürlich muß sich ein *echter* SMTP-Client um die Statuscodes in den Server-
antworten kümmern und darf die Kommunikation mit dem Gegenüber nicht der-
maßen blind vorantreiben, wie es in diesem stark vereinfachten Beispiel zu sehen
ist.

Handshakes wird das vom Server präsentierte Zertifikat verifiziert. Falls das Zertifikat korrekt ist und von einer vertrauenswürdigen Zertifizierungsstelle ausgestellt wurde, kehrt die Funktion mit einer Referenz auf die neue BIO-Kette zurück. Im Fehlerfall liefert build_ssl_chain() einen Nullzeiger.

119–125 Abgerundet wird das SSL-Upgrade durch den obligatorischen Identitätsabgleich zwischen Serverzertifikat und DNS-Name des kontaktierten Kommunikationspartners. Sofern von der openssl_match_host_cert()-Funktion keine Übereinstimmung festgestellt werden kann, beendet sich der Client mit einer entsprechenden Fehlermeldung.

127–131 Im Anschluß sieht ESMTP ein erneutes EHLO des Clients vor, worauf die Kommunikation mit dem Server wie schon in Beispiel 7.3 fortgesetzt wird. Wichtig ist es, an dieser Stelle nochmals zu bemerken, daß der SSL-gesicherte Datenaustausch mit dem Server nach wie vor über die selben Funktionen send_smtp_request() und print_smtp_response() fortgesetzt wird, über die zuvor der normale, ungesicherte Datenverkehr abgewickelt wurde. Lediglich die verwendete BIO-Kette mußte im Rahmen des SSL-Upgrades manipuliert werden.

133–136 Abschließend wird die BIO-Kette wieder freigegeben, der damit verknüpfte TCP-Socket zum Server wird implizit geschlossen und das Programm beendet sich erfolgreich.

Ein Abschließender Test soll die Funktionalität der neuen Programmvariante belegen. Dazu lassen wir das neue Clientprogramm eine Verbindung zum Mailserver manhattan aufbauen, welcher mit dem Zertifikat aus Abbildung 7.2 ausgestattet ist.

Als erstes Testen wir den Client, ohne daß die ausstellende Zertifizierungsstelle als vertrauenswürdig eingestuft ist. Dies erreichen wir z. B. dadurch, daß das selbstsignierte Zertifikat dieser Zertifizierungsstelle in keinem der festgelegten Zertifikatsverzeichnisse gespeichert ist. Bei den mit einer dreistelligen Ziffernfolge beginnenden Zeilen handelt es sich im folgenden wieder um die Ausgaben des SMTP-Servers, die restlichen Zeilen sind Ausgaben des Testclients.

```
$ ./bio-ssl-smtpcli2 manhattan
220 manhattan.irgendwie-sowieso.dom ESMTP Exim 4.30
EHLO indien
250-manhattan.irgendwie-sowieso.dom Hello indien
250-SIZE 52428800
250-PIPELINING
250-STARTTLS
250 HELP
STARTTLS
220 TLS go ahead
Failed to verify certificate: self signed certificate in
certificate chain
```

```
Certificate subject:
  countryName            = DE
  organizationName       = Irgendwie und Sowieso
  organizationalUnitName = Binser
  commonName             = Binsers CA
  emailAddress           = ca@irgendwie-sowieso.dom
Certificate issuer:
  countryName            = DE
  organizationName       = Irgendwie und Sowieso
  organizationalUnitName = Binser
  commonName             = Binsers CA
  emailAddress           = ca@irgendwie-sowieso.dom
Can't create SSL BIO ...
3263:error:14090086:SSL routines:SSL3_GET_SERVER_CERTIFICATE
certificate verifyfailed:s3_clnt.c:844:
```

Selbstverständlich ist das Testprogramm in diesem Fall in der Lage, eine TCP-Verbindung mit dem gewünschten Server manhattan aufzubauen und mit der ungesicherten Kommunikation zu beginnen. Wie der Ausgabe des Servers zu entnehmen ist, bietet er dem Client das STARTTLS-Kommando zum SSL-Upgrade an. Sobald der Client aber nach einem STARTTLS mit dem Aufbau der SSL-Verbindung beginnt, verweigert er bei der Zertifikatsüberprüfung das Zertifikat seines Gegenübers, da es von einer ihm unbekannten Zertifizierungsstelle stammt. Zum besseren Verständnis gibt die von uns eingebrachte Callback-Funktion einige Informationen über das Zertifikat aus, an dem die Überprüfung gescheitert ist. Im vorliegenden Fall ist dies das nicht bekannte, selbstsignierte Zertifikat der Zertifizierungsstelle *Binsers CA*.

Nachdem wir das selbstsignierte Zertifikat der CA an der richtigen Stelle hinterlegt und die Zertifizierungsstelle damit als vertrauenswürdig eingestuft haben, können wir einen zweiten Verbindungsversuch unternehmen:

```
$ ./bio-ssl-smtpcli2 manhattan
220 manhattan.irgendwie-sowieso.dom ESMTP Exim 4.30
EHLO indien
250-manhattan.irgendwie-sowieso.dom Hello indien
250-SIZE 52428800
250-PIPELINING
250-STARTTLS
250 HELP
STARTTLS
220 TLS go ahead
Failed to verify peer certificate: subjectAltName or
commonName doesn't match manhattan
```

Nachdem nun die Zertifizierungsstelle, welche das vom SMTP-Server präsentierte Zertifikat ausgestellt hat, bekannt und als vertrauenswürdig eingestuft ist, verläuft der Aufbau der SSL-Verbindung fehlerfrei ab. Allerdings kommt nun die nachträglich durchgeführte Identitätsprüfung ins Schleudern. Der Grund ist im vorliegenden Szenario leicht zu finden und zu eliminieren: Beim Programmstart haben wir lediglich die Kurzschreibweise `manhattan` und nicht den FQDN `manhattan.irgendwie-sowieso.dom` des Servers verwendet. In der Zertifikatserweiterung *Subject Alternative Name* des präsentierten Zertifikats ist jedoch der FQDN des Servers (sowie ein weiterer DNS-Alias) hinterlegt. Aus diesem Grund kann die `openssl_match_host_cert()`-Funktion keine Übereinstimmung zwischen der Identität des Servers und der im Zertifikat festgeschriebenen Identität feststellen und es kommt zum Programmabbruch.

Erst wenn wir beim Programmstart den richtigen FQDN verwenden, kann auch die Identität des Servers bestätigt und damit das in Beispiel 7.10 implementierte SSL-Upgrade erfolgreich abgeschlossen werden:

```
$ ./bio-ssl-smtpcli2 manhattan.irgendwie-sowieso.dom
220 manhattan.irgendwie-sowieso.dom ESMTP Exim 4.30
EHLO indien
250-manhattan.irgendwie-sowieso.dom Hello indien
250-SIZE 52428800
250-PIPELINING
250-STARTTLS
250 HELP
STARTTLS
220 TLS go ahead
EHLO indien
250-manhattan.irgendwie-sowieso.dom Hello indien
250-SIZE 52428800
250-PIPELINING
250-AUTH PLAIN LOGIN
250 HELP
QUIT
221 manhattan.irgendwie-sowieso.dom closing connection
```

Der SMTP-Server quittiert das `STARTTLS`-Kommando des Clients mit der Meldung `220 TLS go ahead`. Nachdem das anschließende SSL-Handshake erfolgreich durchgeführt wurde und der Client das Zertifikat sowie die Identität des Servers für in Ordnung befunden hat, fahren beide Parteien wie gewohnt mit der SMTP-Kommunikation fort.

7.4.2 Ein SMTP-Server mit STARTTLS

In den Beispielen 7.11 bis 7.13 implementieren wir nun den rudimentären Rumpf eines `STARTTLS`-fähigen SMTP-Servers. Der Dæmon wird dabei zur Vereinfachung als iterativer Server ausgelegt:

1–24 Zu Beginn von Beispiel 7.11 findet sich zunächst die bereits vertraute Signal-behandlungsroutine `sig_handler()`, die nach dem Empfang eines SIGTERM-Signals wie üblich über die globale Variable `daemon_exit` anzeigt, daß der Dæmon seine Dienste einstellen soll. Außerdem wird eine zweite globale Variable `ctx` vereinbart, in der später eine Referenz auf den gemeinsam genutzten SSL-Kontext gespeichert wird. Anders als in Beispiel 7.9 muß dadurch nicht für jede neue SSL-Verbindung ein neuer SSL-Kontext erstellt werden.

26–33 Die Hilfsfunktion `errors2syslog()` gibt im Fall eines Fehlers die komplette Error-Queue über den Syslog-Dienst aus. Sie ersetzt damit die Funktion `ERR_print_errors_fp()`, sobald sich der Dæmon in den Hintergrund gelegt und damit den Zugriff auf das Terminal verloren hat.

Beispiel 7.11. bio-ssl-smtpsrv.c, Teil 1

```
 1  #include <errno.h>
 2  #include <signal.h>
 3  #include <stdio.h>
 4  #include <stdlib.h>
 5  #include <string.h>
 6  #include <syslog.h>
 7  #include <unistd.h>
 8
 9  #include <openssl/bio.h>
10  #include <openssl/err.h>
11  #include <openssl/ssl.h>
12
13  #include "openssl-lib-init.h"
14  #include "openssl-util.h"
15  #include "server.h"
16
17  int daemon_exit = 0;
18  SSL_CTX *ctx;
19
20  void sig_handler( int sig )
21  {
22    daemon_exit = 1;
23    return;
24  }
25
26  void errors2syslog( void )
27  {
28    unsigned long code;
29
30    /* Solange ein Fehler in der Queue ist, gilt code != 0 */
31    while( ( code = ERR_get_error() ) != 0 )
32      syslog( LOG_ERR, "%s", ERR_error_string( code, NULL ) );
33  }
```

```
34
35  int setup_openssl( void )
36  {
37    /* SSL-Bibliothek und PRNG initialisieren */
38    if( ! openssl_lib_init() )
39    {
40      printf( "Library/PRNG initialization failed.\n" );
41      return( 0 );
42    }
43
44    /* SSL-Kontext mit Standardeinstellungen erstellen */
45    if( ( ctx = openssl_create_ssl_ctx() ) == NULL )
46    {
47      printf( "Can't create SSL context.\n" );
48      return( 0 );
49    }
50
51    if( SSL_CTX_use_certificate_chain_file( ctx,
52        CERTFILE ) <= 0 )
53    {
54      printf( "Can't load certificate.\n" );
55      return( 0 );
56    }
57
58    if( SSL_CTX_use_PrivateKey_file( ctx, KEYFILE,
59        SSL_FILETYPE_PEM ) <= 0 )
60    {
61      printf( "Can't load private key.\n" );
62      return( 0 );
63    }
64
65    return( 1 );
66  }
```

35–66   In der Funktion setup_openssl() sind sowohl die Initialisierung der ssl-Bibliothek als auch der Aufbau eines geeigneten SSL-Kontexts zusammengefaßt: Nachdem mit openssl_create_ssl_ctx() ein neuer Kontext erstellt wurde, werden in diesen noch die Zertifikatskette und der zum Serverzertifikat passende private Schlüssel geladen. Tritt in einer der Aufgaben ein Fehler auf, so kehrt die Funktion erfolglos zurück. Andernfalls zeigt der Rückgabewert 1 den erfolgreichen Verlauf der Initialisierung an.

68–75   Die send_smtp_response()-Funktion aus Beispiel 7.12 entspricht in etwa der Funktion send_smtp_request() aus Beispiel 7.9: Die Funktion verschickt zeilenweise die SMTP-Antworten des Servers über das angegebene, gepufferte BIO an den Client und kümmert sich mittels BIO_flush() darum, daß die Daten auch tatsächlich an den Client übertragen werden und nicht im Puffer liegen bleiben. Als Rückgabewert liefert `send_smtp_response()` die Anzahl der übertragenen Zeichen.

77–95 Die `build_ssl_chain()`-Funktion wurde gegenüber Beispiel 7.9 nur minimal modifiziert. Anstatt für jede SSL-Verbindung einen neuen SSL-Kontext zu initiieren, greift die Funktion auf den bereits erfolgreich initialisierten und über die globale Variable `ctx` referenzierten Kontext zurück. `build_ssl_chain()` erzeugt ein neues SSL-BIO, klinkt dieses in der Mitte der übergebenen BIO-Kette `buffer→socket` ein, startet das SSL-Handshake und gibt die neue Kette `buffer→ssl→socket` zurück.

97–103 Die Funktion `handle_client()` kümmert sich um die Verarbeitung der Clientanfragen. Der Funktion wird beim Aufruf das zum jeweiligen Client verbundene, gepufferte Socket-BIO übergeben. Als erstes wird an den neuen Client die obligatorische Grußbotschaft übermittelt. Die Datenübertragung zwischen Client und Server findet dabei zunächt ungesichert statt.

Beispiel 7.12. bio-ssl-smtpsrv.c, Teil 2

```
68  int send_smtp_response( BIO *bio, const char *res )
69  {
70    int num;
71
72    if( ( num = BIO_puts( bio, res ) ) > 0 )
73      BIO_flush( bio );
74    return( num );
75  }
76
77  BIO *build_ssl_chain( BIO *bio )
78  {
79    BIO *buf, *ssl;
80
81    /* gepuffertes BIO zur SSL-Kommunikation erstellen */
82    if( ( ssl = BIO_new_ssl( ctx, 0 ) ) == NULL )
83      return( NULL );
84
85    /* erst die BIO-Kette "ssl -> socket" und damit ... */
86    ssl = BIO_push( ssl, BIO_pop( bio ) );
87    /* die BIO-Kette "buffer -> ssl -> socket" erstellen */
88    ssl = BIO_push( bio, ssl );
89
90    /* Verbindung aufbauen und SSL-Handshake durchführen */
91    if( BIO_do_handshake( ssl ) <= 0 )
92      return( NULL );
93
94    return( ssl );
95  }
96
97  void handle_client( BIO *bio )
```

```
 98  {
 99     char buf[256], res[256], *cmd, *arg, *tmp;
100     int tls = 0;
101
102     send_smtp_response( bio,
103       "220 manhattan.irgendwie-sowieso.dom ESMTP smtpsrv\n" );
104
105     while( BIO_gets( bio, buf, 256 ) > 0 )
106     {
107       if( ( cmd = strtok_r( buf, " \r\n", &tmp ) ) == NULL )
108         continue; /* Leerzeile oder nur Whitespaces? */
109       arg = strtok_r( NULL, " \r\n", &tmp );
110
111       if( strcasecmp( cmd, "EHLO" ) == 0 )
112       {
113         snprintf( res, 256,
114           "250-manhattan.irgendwie-sowieso.dom Hello %s\n"
115           "250-%s\n"
116           "250 HELP\n",
117           arg ? arg : "unknown", /* Nullzeiger abfangen! */
118           tls ? "AUTH PLAIN LOGIN" : "STARTTLS" );
119         send_smtp_response( bio, res );
120       }
121       else if( strcasecmp( cmd, "STARTTLS" ) == 0 )
122       {
123         if( tls )
124         {
125           send_smtp_response( bio,
126             "503 STARTTLS not advertised\n" );
127         }
128         else
129         {
130           send_smtp_response( bio, "220 TLS go ahead\n" );
131
132           /* Socket-BIO-Kette in SSL-BIO-Kette umwandeln */
133           if( ! ( bio = build_ssl_chain( bio ) ) )
134           {
135             syslog( LOG_ERR, "Can't create SSL BIO.\n" );
136             errors2syslog();
137             break;
138           }
139
140           tls = 1; /* Merker: Wir sprechen SSL/TLS! */
141         }
142       }
143       else if( strcasecmp( cmd, "QUIT" ) == 0 )
144       {
145         send_smtp_response( bio, "221 closing connection\n" );
146         break;
```

```
147      }
148      else
149          send_smtp_response( bio, "500 unknown command\n" );
150      }
151  }
```

105–109   In einer Schleife liest der Dæmon zeilenweise die Anfragen des verbundenen
Client in den 256 Zeichen langen Zwischenpuffer buf ein. Jede Eingabezeile wird danach mit der strtok_r()-Funktion in das SMTP-Kommando und
seine optionalen Argumente zerlegt. Das isolierte SMTP-Kommando entscheidet nun über den weiteren Verlauf der handle_client()-Funktion. Sollte die
strtok_r()-Funktion kein SMTP-Kommando ausfindig machen können, etwa bei der clientseitigen Eingabe einer Leerzeile, wird sofort mit dem nächsten
Schleifendurchlauf begonnen.

111–122   Auf ein EHLO des Clients reagiert der SMTP-Server seinerseits mit einer Begrüßung und liefert dem Client im gleichen Atemzug eine Liste der von ihm unterstützten SMTP-Erweiterungen. Im vorliegenden Fall beschränken wir uns
auf die beiden Erweiterungen STARTTLS und AUTH. Die STARTTLS-Erweiterung
soll dabei nur angeboten werden, sofern noch keine SSL-gesicherte Verbindung
etabliert wurde und mit der AUTH-Erweiterung soll es sich, da hier Authentifi-
zierungsinformationen wie Benutzernamen und Paßwörter übertragen werden,
genau umgekehrt verhalten. Die sprintf()-Funktion konstruiert deshalb anhand der Fallunterscheidung tls?"AUTH PLAIN LOGIN":"STARTTLS" die passende Antwort an den Client.

121–142   Auf das STARTTLS-Kommando des Clients antwortet der Server zunächst mit
einer Aufmunterung an den Client, sofort mit dem SSL-Handshake zu beginnen: 220 TLS go ahead. Danach wandelt der Dæmon zunächst das mit
dem Client verbundene, gepufferte Socket-BIO in ein gepuffertes SSL-BIO um.
Sofern die Operation erfolgreich war, setzt der Dæmon das tls-Flag der
handle_client()-Funktion auf den Wert 1 um festzuhalten, daß das vorausgehende SSL-Upgrade erfolgreich abgeschlossen wurde. Zum einen kann
der Server nun bei einem erneuten EHLO anstatt der STARTTLS-Erweiterung
die AUTH-Erweiterung anbieten. Zum anderen akzeptiert der Server, falls bereits ein SSL-Upgrade stattgefunden hat, aus verständlichen Gründen keine
weiteren STARTTLS-Kommandos mehr.

Bemerkenswert ist im Zusammenhang mit dem STARTTLS-Kommando erneut,
daß sich die gesamte „Zauberei" beim SSL-Upgrade auf eine einfache Erweiterung der zur Kommunikation mit dem Client verwendeten BIO-Kette um
ein zusätzliches SSL-BIO beschränkt. So kann die Verarbeitungsschleife der
handle_client()-Funktion vor und nach einem SSL-Upgrade auf die gleichen Ein-/Ausgabefunktionen zurückgreifen, ein Wechsel der API ist, dank
der Flexibilität der BIO-Schnittstelle, *nicht* erforderlich.

143–151   Schickt der Client schließlich das QUIT-Kommando an den Server, so verabschiedet sich der Dæmon von seinem Gegenüber und verläßt die Verarbeitungsschleife. Alle unbekannten Kommandos des Clients werden dagegen mit der Meldung 500 unknown command quittiert.

153–164   Das in Beispiel 7.13 abgebildete Hauptprogramm startet mit der zuvor besprochenen Initialisierung der ssl-Bibliothek und des für alle Clientverbindungen gemeinsamen eingesetzten SSL-Kontexts.

166–171   Für die Einrichtung eines passiven, horchenden Sockets greift das Programm auf die in Abschnitt 5.1.1 entwickelte tcp_listen()-Funktion zurück. Anders als bei den BIO-Funktionen kann über tcp_listen() beispielsweise die Länge der Listen-Queue explizit bestimmt werden.

173–184   Im Anschluß erstellt der Dæmon zwei neue BIO-Objekte: ein Accept-BIO und ein Puffer-BIO. Das Accept-BIO wird dabei über die BIO_set_fd()-Funktion mit dem zuvor initialisierten passiven Serversocket srv assoziiert. Das Puffer-BIO dient im weiteren Verlauf als Vorlage für jede neu angenommene Clientverbindung. Nachdem das BIO mittels BIO_set_accept_bios() als Bauplan an das Accept-BIO angeheftet wurde, wird jedem von BIO_do_accept() gelieferten Socket-BIO ein entsprechendes Puffer-BIO vorgeschaltet.

Beispiel 7.13. bio-ssl-smtpsrv.c, Teil 3

```
153  int main( int argc, char *argv[] )
154  {
155    BIO *bio, *buf, *client;
156    int srv;
157    struct sigaction action;
158
159    /* SSL-Bibliothek und SSL-Kontext initialisieren */
160    if( ! setup_openssl() )
161    {
162      ERR_print_errors_fp( stdout );
163      exit( EXIT_FAILURE );
164    }
165
166    /* horchenden Socket öffnen (passive open) */
167    if( ( srv = tcp_listen( NULL, "587", BACKLOG ) ) < 0 )
168    {
169      printf( "Can't create listening socket.\n" );
170      exit( EXIT_FAILURE );
171    }
172
173    /* BIO-Objekte erstellen und initialisieren */
174    if( ! ( buf = BIO_new( BIO_f_buffer() ) ) ||
175        ! ( bio = BIO_new( BIO_s_accept() ) ) ||
176        ! ( BIO_set_fd( bio, srv, BIO_CLOSE ) ) )
177    {
```

```
178        printf( "Can't create accept BIO.\n" );
179        ERR_print_errors_fp( stdout );
180        exit( EXIT_FAILURE );
181      }
182
183      /* Puffer-BIO Template für neue Verbindungen setzen */
184      BIO_set_accept_bios( bio, buf );
185
186      /* Signalbehandlungsroutine für SIGTERM installieren */
187      action.sa_handler = sig_handler;
188      sigemptyset( &action.sa_mask );
189      action.sa_flags = 0;
190
191      if( sigaction( SIGTERM, &action, NULL ) < 0 )
192      {
193        printf( "sigaction() failed: %s", strerror( errno ) );
194        BIO_free_all( bio ); /* Accept-BIO schließen */
195        exit( EXIT_FAILURE );
196      }
197
198      /* Prozeß in einen Daemon umwandeln */
199      daemon_init( argv[0], PIDFILE, LOG_DAEMON );
200
201      for(;;)
202      {
203        /* Auf neue eingehende Verbindungen warten */
204        if( BIO_do_accept( bio ) <= 0 )
205        {
206          if( daemon_exit ) /* Falls ein SIGTERM kam: Ende */
207            break;
208
209          syslog( LOG_ERR, "BIO_do_accept() failed.\n" );
210          errors2syslog();
211
212          /* Trotz Fehler brechen wir nicht ab! */
213          continue;
214        }
215
216        /* Accept-BIO aus der Kette lösen, liefert Client-BIO */
217        client = BIO_pop( bio );
218
219        /* Clientverbindung sequentiell behandeln */
220        handle_client( client );
221
222        /* Clientverbindung trennen und BIO-Kette freigeben */
223        BIO_free_all( client );
224      }
225
226      /* BIO freigeben und Verbindung beenden, Programmende */
```

```
227    BIO_free( bio );
228    exit( EXIT_SUCCESS );
229 }
```

186–199   Bevor sich der Prozeß mittels `daemon_init()` in den Hintergrund legt, wird, wie bereits aus früheren Beispielen bekannt, die Signalbehandlungsfunktion `sig_handler` für die Behandlung des `SIGTERM`-Signals installiert.

201–214   In einer Endlosschleife werden vom Dæmon nun die eingehenden Clientanfragen sequentiell abgearbeitet. Die `BIO_do_accept()`-Funktion liefert für jede neue Clientverbindung ein gepuffertes Socket-BIO zur Kommunikation mit dem Client. Sollte der Aufruf von `BIO_do_accept()` fehlschlagen, so liegt entweder eine Unterbrechung durch das `SIGTERM`-Signal oder ein Fehler vor. Ist ein `SIGTERM` eingetroffen, so gilt `daemon_exit == 1` und die Endlosschleife wird verlassen. Andernfalls wird der Grund für den Fehler über den Syslog-Dienst protokolliert und danach die Verarbeitung fortgesetzt.[11]

216–220   Für jede neue Clientverbindung löst der Server anschließend die dem Client zugehörige BIO-Kette aus dem Accept-BIO und übergibt sie der oben diskutierten Funktion `handle_client()` zur weiteren Verarbeitung.

222–223   Sobald sich Client und Server gegenseitig auf ein Ende der Verbindung geeinigt haben, kehrt der Dæmon aus der `handle_client()`-Funktion zurück. Mittels `BIO_free_all()` wird nun der Speicher für die dem Client zugehörige BIO-Kette wieder freigegeben und dabei implizit auch die Socketverbindung zum Client geschlossen.

226–229   Am Ende des Programms gibt der Dæmon das Accept-BIO frei, schließt dadurch implizit den horchenden Serversocket und beendet sich dann selbst.

Ein Testlauf mit dem Clientprogramm aus Beispiel 7.9 und 7.10 zeigt das erwartete, fehlerfreie Verhalten. Während der Initialisierungsphase lädt der Server sein X.509-Zertifikat samt Zertifikatskette und zugehörigem privaten Schlüssel in den globalen SSL-Kontext. Während des SSL-Handshakes, das der Client mittels `STARTTLS` herbeiführt, kann der Server gegenüber dem Client seine Identität belegen.

---

[11] Zur Erinnerung: Ein Fehler in `accept()` bzw. hier `BIO_do_accept()` sollte nicht pauschal zum Anlaß für einen Programmabbruch genommen werden. Die `BIO_do_accept()`-Funktion kann wie die intern verwendete `accept()`-Funktion durchaus auch aus nicht-abbruchwürdigen Gründen mit einem Fehler zurückkehren. So liefert `accept()` u. U. den „Fehler" `ECONNABORTED`, wenn eine frisch aufgebaute Verbindung von Clientseite bereits wieder beendet wurde, noch bevor beim Server der `accept()`-Aufruf zurückgekehrt ist. Ein geschickt programmierter Client könnte damit einen Server ohne Not zum Abbruch und damit zur Aufgabe seines Dienstes bewegen.

```
$ ./bio-ssl-smtpcli2 manhattan.irgendwie-sowieso.dom
220 manhattan.irgendwie-sowieso.dom ESMTP smtpsrv
EHLO indien
250-manhattan.irgendwie-sowieso.dom Hello indien
250-STARTTLS
250 HELP
STARTTLS
220 TLS go ahead
EHLO indien
250-manhattan.irgendwie-sowieso.dom Hello indien
250-AUTH PLAIN LOGIN
250 HELP
QUIT
221 closing connection
```

Der Client verifiziert das Zertifikat mit Hilfe der mitgelieferten Zertifikats-kette und der CA-Zertifikate der von ihm als vertrauenswürdig eingestuften Zertifizierungsstellen. Kann das Serverzertifikat über die Zertifikatskette er-folgreich auf eine vertrauenswürdige CA zurückgeführt werden und findet sich der FQDN des Servers auch im Zertifikat wieder, dann wird das SSL-Upgrade erfolgreich abgeschlossen.

7.5 Zusammenfassung

In den Abschnitten des zurückliegenden Kapitels haben wir am Beispiel von OpenSSL die wesentlichen Aspekte der Client-/Server-Programmierung mit SSL kennengelernt. Das SSL/TLS-Protokoll gilt heutzutage als Defacto-Standard für die Absicherung der TCP-basierten Netzwerkkommunikation im Internet und ermöglicht je zwei Kommunikationspartnern den authentifi-zierten, vertraulichen und vor unbemerkten Veränderungen geschützten Aus-tausch von Daten.

Wie wir bereits in Abschnitt 7.3.4 angemerkt haben, ist die Geheimhaltung der Schlüssel, insbsondere des privaten Schlüssels des Servers, ein wesentlicher Faktor für die Sicherheit des Protokolls.

Als zweiten wichtigen Sicherheitsfaktor haben wir die Authentifizierung her-ausgearbeitet. Ist die Authentizität des gewünschten Kommunikationspart-ners nicht zweifelsfrei geklärt, so sollte der Datenaustausch mit dem Ge-genüber unbedingt abgebrochen werden. Diese Forderung impliziert einen gewissenhaften Identitätsabgleich, wie er in Abschnitt 7.3.3 beschrieben ist. Für den Fall, daß der Identitätsabgleich fehlschlägt legt RFC 2818 fest, daß interaktive Clientprogramme entweder die Verbindung zum Server trennen oder den Anwender über die fehlgeschlagene SSL-Authentifizierung informieren müssen (wobei der Anwender sich dann dafür entscheiden kann, die Operation fortzusetzen). Wie allerdings die Praxis zeigt, führt die interaktive Nachfrage beim Anwender meist zur Fortsetzung der Kommunikation, sei es aus Unwissenheit oder Sorglosigkeit, was dann im Endeffekt die Sicherheit des Verfahrens untergräbt.

A

Anhang

A.1 Zertifikate erstellen mit OpenSSL

Um einen Netzwerkdienst wie z. B. einen Web- oder Mailserver mittels SSL abzusichern, muß für den Server ein eigenes X.509-Zertifikat ausgestellt werden.
Über dieses Zertifikat kann der Server dann im Verlauf des SSL-Handshakes
(vgl. dazu Abschnitt 6.2.1) gegenüber dem Client seine Identität nachweisen.
X.509-Zertifikate werden im Allgemeinen von bekannten, weltweit akzeptierten (und selbstverständlich kommerziellen) Zertifizierungsstellen ausgestellt
und sind i. d. R. für ein Jahr gültig. Zu Testzwecken, für den Einsatz in privaten Netzen und Rechnerumgebungen oder für sonstige Spezialfälle ist es aber
mitunter völlig ausreichend, eine eigene Zertifizierungsstelle zu betreiben. Mit
Hilfe dieser eigenen CA können dann beliebig viele Server-Zertifikate für den
eigenen Gebrauch ausgestellt werden.[1]

A.1.1 Aufbau einer Zertifizierungsstelle

Der Aufbau einer eigenen Zertifizierungsstelle mit OpenSSL-Bordmitteln wird
u. a. in [DFN00] detailliert beschrieben. Die nachfolgenden Ausführungen verstehen sich daher lediglich als Kurzanleitung, mit der wir schnell und ohne großes Kopfzerbrechen über eine eigene CA zu eigenen Server-Zertifikaten
kommen. Diese X.509-Zertifikate können wir dann zum Test der SSL-Beispiele
aus Kapitel 7 einsetzen.

---

[1] Selbstverständlich kann die neue Zertifizierungsstelle neben Server-Zertifikaten
auch Client-Zertifikate ausstellen oder sogar weitere Unter-CAs signieren. Wir
interessieren uns aber im weiteren Verlauf nicht für Client- oder CA-Zertifikate,
sondern konzentrieren uns ausschließlich auf Server-Zertifikate.

Erzeugen eines geheimen CA-Schlüssels

Als erstes erstellen wir mit dem `openssl`-Kommando einen 2048 Bit langen, geheimen RSA-Schlüssel für die neue Zertifizierungsstelle. Der Schlüssel wird Triple-DES-verschlüsselt in der Datei `my-ca.key` gespeichert.[2]

```
$ openssl genrsa -des3 -out my-ca.key 2048
Generating RSA private key, 2048 bit long modulus
....................................................+++
...............................................+++
e is 65537 (0x10001)
Enter PEM pass phrase: **********
Verifying password - Enter PEM pass phrase: **********
```

In der Datei `my-ca.key` befindet sich nun der Schlüssel der angehenden Zertifizierungsstelle. Mit Hilfe dieses Schlüssel setzt die CA später ihre digitale Unterschrift unter die ausgestellten Server-Zertifikate.

Erzeugen des CA-Zertifikats

Als zweites erzeugen wir mit Hilfe des zuvor erstellten Schlüssels ein selbstsigniertes CA-Zertifikat. Ein derartiges Zertifikat wird auch als *Root-* oder *Wurzelzertifikat* bezeichnet. Unsere angehende Wurzel-CA stellt sich also selbst ein X.509-Zertifikat aus und beglaubigt damit ihre eigene Identität. Das neue Zertifikat wird mit dem oben erzeugten Schlüssel signiert und in der Datei `my-ca.crt` hinterlegt. Es erhält eine Gültigkeitsdauer von zehn Jahren (bzw. 3650 Tagen) ab dem Ausstellungszeitpunkt.

```
$ openssl req -new -x509 -days 3650 \
        -key my-ca.key -out my-ca.crt
Enter pass phrase for my-ca.key:
You are about to be asked to enter information that will be
incorporated into your Certificate Signing Request.
What you are about to enter is what is called a
Distinguished Name or a DN.
There are quite a few fields but you can leave some blank
For some fields there will be a default value,
If you enter '.', the field will be left blank.
-----
Country Name (2 letter code) []:DE
```

---

[2] Vorsicht: Wird die Option `-des3` nicht angegeben, so wird der Schlüssel nicht durch ein Paßwort geschützt. Dies ist für eine CA im Allgemeinen ungünstig, da so allein schon der Besitz dieser ungeschützten Datei zum Ausstellen neuer Zertifikate genügt.

```
State or Province Name (full name) []:Bayern
Locality Name (eg, city) []:Zell
Organization Name (eg, company) []:Irgendwie und Sowieso
Organizational Unit Name (eg, section) []:Binser
Common Name (eg, YOUR name) []:Binsers CA
Email Address []:ca@irgendwie-sowieso.dom
```

Auf dem Weg zum eigenen Zertifikat erwartet das openssl-Kommando einige interaktive Eingaben, die das *Subject* des Zertifikats, also den Zertifikatsnehmer (hier die CA selbst) näher beschreibt.[3] Werden von der Zertifizierungsstelle später neue Zertifikate ausgestellt, so werden diese Angaben als *Issuer* in diesen Zertifikaten eingetragen.

Der Inhalt des neuen Zertifikats läßt sich wie folgt verifizieren:

```
$ openssl x509 -in my-ca.crt -text
```

Die Ausgabe des openssl-Kommandos zeigt sowohl den Inhalt des Zertifikats in Textdarstellung als auch das Base64-kodierte Zertifikat. Als *Subject* und als *Issuer* sollte aus der Textdarstellung dabei der oben zusammengestellte Distinguished Name ersichtlich sein.

CA-Dateien speichern

Die neu erzeugten Dateien my-ca.key und my-ca.crt werden nun am besten ins Konfigurationsverzeichnis der OpenSSL-Installation kopiert. Bei vielen gängigen Installationen ist dies das Verzeichnis /etc/ssl.[4]

```
cp my-ca.crt /etc/ssl/certs/cacert.pem
cp my-ca.key /etc/ssl/private/cakey.pem
```

Sind die beiden Dateien unter dem richtigen Namen am richtigen Ort hinterlegt, so werden sie vom openssl-Kommando in den weiteren Schritten automatisch erkannt und ohne weitere Kommandozeilenoptionen verwendet.

---

[3] Die Eingaben werden als *Distinguished Name (DN)* kodiert und als *Subject* des Zertifikats eingetragen. Da es sich bei diesem speziellen Zertifikat um das Zertifikat einer Wurzel-CA handelt, wird der gleiche DN auch als *Issuer* des Zertifikats eingetragen.

[4] Sowohl die Pfade als auch die Dateinamen können von Installation zu Installation variieren. Im Zweifelsfall orientieren wir uns am besten an den entsprechenden Eintragungen in der OpenSSL-Konfigurationsdatei openssl.cnf.

A.1.2 Neue Zertifikate ausstellen

Als nächstes wollen wir für unsere SSL-Programme aus Kapitel 7 ein geeigne-
tes Zertifikat erstellen. Dazu muß zunächst ein sogenannter *Certificate Signing
Request (CSR)*, also ein Zertifikatsantrag erstellt werden. Dieser CSR wird anschließend von der CA geprüft und signiert. Der signierte Antrag ist dann das
gewünschte Zertifikat.

Certificate Signing Request erzeugen

Der Weg zu einem Zertifikatsantrag gliedert sich wieder in zwei Schritte: Als
erstes wird ein neuer, geheimer Schlüssel für den Zertifikatsnehmer erzeugt
und danach wird der dazu passende, in den eigentlichen Certificate Signing
Request eingebettete, öffentliche Schlüssel erstellt.[5] In den Zertifikatsantrag
wird der Distinguished Name des Zertifikatsnehmers als *Subject* eingearbeitet.
Im folgenden erstellen wir in zwei Teilschritten das gewünschte Schlüsselpaar
und damit den Certificate Signing Request:

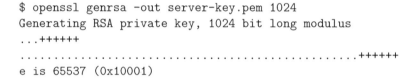

```
$ openssl genrsa -out server-key.pem 1024
Generating RSA private key, 1024 bit long modulus
...++++++
.............................................++++++
e is 65537 (0x10001)
```

Für unsere Beispielprogramme benötigen wir ein Server-Zertifikat, für welches
der Server beim Programmstart *nicht* interaktiv nach einem Zertifikatspaß-
wort fragen soll (vgl. dazu Abschnitt 7.3.4). Wir lassen deshalb die Option
-des3 aus und speichern den 1024 Bit langen Schlüssel somit unverschlüsselt
in der angegebenen Datei `server-key.pem`.[6]

Als nächstes erstellen wir den zugehörigen Zertifikatsantrag mit dem passenden öffentlichen Schlüssel:

---

[5] Ein Certificate Signing Request kann auf einem beliebigen Rechnersystem erzeugt
werden. Insbesondere handelt es sich bei diesem System i. A. *nicht* um ein System
der Zertifizierungsstelle, denn die CA sollte *nicht* in den Besitz des geheimen
Schlüssels kommen. In unserem Beispiel kann auf diese strikte Trennung freilich
verzichtet werden.

[6] Vorsicht: Die (inzwischen veralteten) Webbrowser von Netscape und Microsoft
mit einer Versionsnummer kleiner als 4.0 können nicht mit Schlüssellängen größer
als 1024 Bit umgehen. Das gilt sowohl für CA- als auch für Server-Zertifikate. Die
Browser zeigen bei technisch einwandfreien Zertifikaten mit längeren Schlüsseln
eine irreführende Meldung, wonach das Server-Zertifikat eine ungültige Signatur
hätte oder grundsätzlich fehlerhaft sei.

```
$ openssl req -new -key server-key.pem -out server-req.pem
Generating a 1024 bit RSA private key
..........++++++
........++++++
writing new private key to 'server-key.pem'
-----
You are about to be asked to enter information that will be
incorporated into your Certificate Signing Request.
What you are about to enter is what is called a
Distinguished Name or a DN.
There are quite a few fields but you can leave some blank
For some fields there will be a default value,
If you enter '.', the field will be left blank.
-----
Country Name (2 letter code) []:DE
State or Province Name (full name) []:Bayern
Locality Name (eg, city) []:Zell
Organization Name (eg, company) []:Irgendwie und Sowieso
Organizational Unit Name (eg, section) []:Binser
Common Name (eg, YOUR name) []:www.irgendwie-sowieso.dom
Email Address []:webmaster@irgendwie-sowieso.dom

Please enter the following 'extra' attributes
to be sent with your Certificate Signing Request
A challenge password []:
An optional company name []:
```

Wie bereits erwähnt, fließt in den Certificate Signing Request der Distinguished Name des Zertifikatsnehmers ein. Dabei ist insbesondere darauf zu achten, daß der angegebene *Common Name* dem FQDN des Serversystems entspricht, auf dem der abzusichernde Dienst später laufen soll. Die beiden letzten Angaben haben im Zusammenspiel mit unserer Beispiel-CA keine Bedeutung und können leergelassen werden.[7] Die Datei `server-req.pem` enthält nun den fertigen Zertifikatsantrag.

Certificate Signing Request signieren

Der Zertifikatsantrag wird nun an die Zertifizierungsstelle übermittelt und von dieser geprüft. Im Anschluß unterschreibt die CA den Certificate Signing Request mit ihrem geheimen Schlüssel und verwendet dabei den SHA1-Algorithmus zur Berechnung des MACs:

---

[7] Sollte ein ausgestelltes Zertifikat zu einem späteren Zeitpunkt zurückgerufen werden müssen, so könnte sich der Inhaber gegenüber der Zertifizierungsstelle (selbst bei Verlust des geheimen Schlüssels) unter Zuhilfenahme dieser Informationen als Inhaber des betreffenden Zertifikats ausweisen.

```
$ openssl ca -out server-crt.pem -in server-req.pem -md sha1
Using configuration from /usr/lib/ssl/openssl.cnf
Enter pass phrase for my-ca.key:
Check that the request matches the signature
Signature ok
Certificate Details:
  Serial Number: 1 (0x0)
  Validity
    Not Before: Jun 14 15:19:41 2005 GMT
    Not After : Jun 14 15:19:41 2006 GMT
  Subject:
    countryName          = DE
    stateOrProvinceName  = Bayern
    organizationName     = Irgendwie und Sowieso
    organizationalUnitName = Binser
    commonName           = www.irgendwie-sowieso.dom
    emailAddress         = webmaster@irgendwie-sowieso.dom
  X509v3 extensions:
    X509v3 Basic Constraints:
      CA:FALSE

  ...


Certificate is to be certified until
  Jun 14 15:19:41 2006 GMT (365 days)
Sign the certificate? [y/n]:y


1 out of 1 Certificate Signing Requests certified, commit? y
Write out database with 1 new entries
Data Base Updated
```

Die resultierende Datei server-crt.pem enthält nun den von der CA digital signierten Certificate Signing Request, also das X.509-Zertifikat unseres Servers. Das Zertifikat liegt dabei im PEM-Format vor. Zusammen mit dem geheimen Schlüssel des Servers kann das neue Zertifikat von diesem zum Nachweis seiner digitalen Identität eingesetzt werden (vgl. dazu Abschnitt 7.3.4).

A.1.3 Vertrauenswürdige Zertifizierungsstellen

Als letztes müssen wir den Client-Programmen aus Kapitel 7 das Zertifikat der neuen Zertifizierungsstelle (und ggf. beliebig vieler weiterer Zertifizierungsstellen) bekannt machen und die CA damit als vertrauenswürdig einstufen. Wie in Abschnitt 7.3 erläutert, können die Zertifikate entweder in einer Zertifikatsdatei oder in einem Zertifikatsverzeichnis abgelegt werden.

Eine Zertifikatsdatei enthält dabei mehrere X.509-Zertifikate im PEM-Format. Enthalten die drei Dateien cacert1.pem, cacert2.pem und cacert3.pem drei

CA-Zertifikate verschiedener Zertifizierungsstellen, so können diese wie folgt in eine gemeinsame Zertifikatsdatei `CAfile.pem` kopiert werden:

```
$ cat > CAfile.pem
$ for i in cacert1.pem cacert2.pem cacert3.pem; do
$   openssl x509 -in $i -text >> CAfile.pem
$ done
```

Alternativ dazu können die drei Zertifikate auch in ein gemeinsames Zertifikatsverzeichnis kopiert werden. In diesem Fall identifiziert OpenSSL die gesuchten CA-Zertifikate im Rahmen der Zertifikatsüberprüfung über ihren Hashwert. Aus diesem Grund müssen die Zertifikate entweder nach ihrem Hashwert benannt oder über einen (symbolischen) Link mit dem Hashwert verknüpft werden. Praktischerweise stellt OpenSSL mit dem `c_rehash`-Kommando gleich das passende Hilfsprogramm zur Verfügung.

Sollen die CA-Zertifikate der vertrauenswürdigen Zertifizierungsstellen also z. B. im Verzeichnis `/etc/ssl/certs` hinterlegt werden, so läßt sich dies wie folgt erreichen:

```
$ cp cacert1.pem cacert2.pem cacert3.pem /etc/ssl/certs
$ c_rehash /etc/ssl/certs
```

In vielen Installationen ist das Verzeichnis `/etc/ssl/certs` als Standardverzeichnis für die vom Rechnersystem als vertrauenswürdig eingestuften Zertifizierungsstellen eingestellt. Sämtliche CAs, deren Zertifikate in diesem Verzeichnis abgelegt und mittels `c_rehash` verlinkt sind, werden dann systemweit als vertrauenswürdig betrachtet.

A.2 Barrieren mit POSIX-Threads

In Abschnitt 5.1.3 haben wir auf die Hilfe einer *Barriere* zurückgegriffen, um die Threads aus dem Beispiel-Client zu koordinieren und dann z. B. gleichzeitig auf den kontaktierten Server losstürmen zu lassen. Barrieren oder Sperren sind einfache Synchronisationsprimitive für nebenläufige Handlungsabläufe, die es ermöglichen, den Programmfluß einer Gruppe von Threads zusammenzuhalten. Mit der Hilfe von Barrieren kann ein nebenläufiges Programm gewährleisten, daß erst alle Threads, die gemeinsam an einer Aufgabe arbeiten, einen bestimmten Synchronisationspunkt im Programm erreicht haben müssen, bevor auch nur ein einziger Thread mit seiner Arbeit fortfahren kann.

Der Kern einer Barriere ist ein Zähler, der darüber Buch führt, wieviele Threads die Barriere bereits erreicht haben. Der Zähler wird dazu mit der Anzahl der zu erwartenden Threads initialisiert und beim Eintreffen jedes weiteren Threads um jeweils eins dekrementiert. Erst wenn der Zähler rückwärts auf Null gezählt hat, können alle wartenden Threads die Sperre wieder verlassen. Gleichzeitig wird der Zähler wieder auf den ursprünglichen Wert gesetzt, damit die Barriere sofort wieder von neuem eingesetzt werden kann. Nachdem die verschiedenen Attribute einer Barriere von mehreren Threads nebenläufig ausgewertet werden, muß der Zugriff auf diese gemeinsam genutzten Werte koordiniert erfolgen, was durch Mutexe und Bedingungsvariablen realisiert werden kann. Die nachfolgend diskutierte Barrieren-Implementierung ist von den POSIX-Definitionen für Barrieren inspiriert.[8]

Beispiel A.1 zeigt den Aufbau der Datenstruktur `barrier_t` sowie die Prototypen der drei Barrieren-Funktionen `barrier_init()`, `barrier_destroy()` und `barrier_wait()`:

Beispiel A.1. barrier.h

```
 1  #ifndef BARRIER_H
 2  #define BARRIER_H
 3
 4  #include <pthread.h>
 5
 6  typedef struct barrier
 7  {
 8      /* Zugriff auf Barriere via Mutex serialisieren */
 9      pthread_mutex_t mutex;
10      /* Zustandsänderungen über Bedingungsvariable anzeigen */
11      pthread_cond_t cv;
12      /* Schwellwert für wartende Threads (Soll-Stand) */
13      int threshold;
14      /* Anzahl aktuell wartender Threads (Ist-Stand) */
15      int counter;
16      /* Die eigentliche Wartebedingung */
17      unsigned long cycle;
18  } barrier_t;
19
20  #define BARRIER_SERIAL_THREAD -2
21
22  int barrier_init( barrier_t *barrier, unsigned count );
23  int barrier_destroy( barrier_t *barrier );
24  int barrier_wait( barrier_t *barrier );
25
26  #endif
```

6–18 Der synchronisierte Zugriff auf die Attribute der Barriere wird über den Mutex `mutex` und die Bedingungsvariable cv gewährleistet. Der `threshold`-Wert

---

[8] In IEEE Std 1003.1-2001 ist die Unterstützung von Barrieren lediglich als optional gekennzeichnet.

gibt die Anzahl der Threads an, die diese Barriere pro Durchlauf erreichen müssen, bevor die Sperre überwunden werden kann. `threshold` wird dazu einmalig über `barrier_init()` initialisiert und bleibt danach konstant. Die `counter`-Variable gibt Auskunft darüber, wieviele Threads die Barriere aktuell noch erreichen müssen, bevor alle wartenden Threads die Barriere wieder verlassen dürfen. Die Variable `cycle` stellt schließlich die eigentliche Bedingung dar, die von den beteiligten Threads ausgewertet wird. Wie wir in Beispiel A.2 noch sehen werden, wird `cycle` genau dann um eins inkrementiert, wenn die geforderte Anzahl von Threads die Barriere erreicht hat.[9] Die beteiligten Threads verharren also in der Barriere, bis sich der Wert von `cycle` verändert hat.

20   Die Konstante `BARRIER_SERIAL_THREAD` dient der Auszeichnung eines einzigen, zufällig ausgewählten Threads nach der Rückkehr aus der Funktion `barrier_wait()` (siehe unten).

22–24   Im Anschluß folgen die Prototypen der drei Funktionen `barrier_init()`, `barrier_destroy()` und `barrier_wait()`.

Der `barrier_init()`-Funktion wird die Adresse einer (noch nicht initialisierten) `barrier_t`-Struktur sowie die Anzahl der mittels dieser Barriere zu synchronisierenden Threads übergeben. Die Funktion initialisiert die einzelnen Komponenten der Datenstruktur (Mutex, Bedingungsvariable, Zähler).

Die Funktion `barrier_destroy()` verwirft die zuvor mittels `barrier_init()` initialisierten Komponenten `mutex` und `cv` der übergebenen Datenstruktur. Eine Barriere sollte genau dann entsorgt werden, wenn sie in Zukunft nicht mehr zur Synchronisation eingesetzt wird.

Die `barrier_wait()`-Funktion blockiert den aufrufenden Thread so lange, bis die in der übergebenen `barrier_t`-Datenstruktur festgelegte Anzahl von Threads die Barriere erreicht hat. Hat die geforderte Anzahl von Threads die referenzierte Barriere erreicht, so kehrt der `barrier_wait()`-Aufruf zurück. Ein (zufällig ausgewählter) Thread erhält dabei den Rückgabewert `BARRIER_SERIAL_THREAD`, alle anderen Threads den Wert 0. Im Fehlerfall liefert `barrier_wait()` stattdessen einen der Fehlerursache entsprechenden Fehlercode zurück.

In Beispiel A.1 ist die Implementierung der drei zuvor beschriebenen Barrieren-Funktionen `barrier_init()`, `barrier_destroy()` und `barrier_wait()` zu sehen:

---

[9] Zunächst würde man erwarten, daß die auszuwertende Bedingung `counter == 0` lautet. Dies erweist sich bei der Implementierung jedoch als unpraktisch, da der Zähler sofort nach dem Eintreffen des letzten Threads (und noch bevor der erste Thread die Barriere verlassen darf) wieder auf den ursprünglichen Wert `threshold` gesetzt werden muß. Andernfalls könnte ein Thread die Barriere verlassen und bereits von neuem in die Barriere eintreten, bevor die Barriere für einen neuen Durchgang vorbereitet wurde.

6–11   Von der `barrier_init()`-Funktion werden als erstes die beiden Strukturkomponenten `threshold` und `counter` auf den Initialwert `count` gesetzt. `counter` ist der aktive Zähler der Barriere und wird, wie oben besprochen, nach jedem Durchlauf von `barrier_wait()` wieder auf den Initialwert `threshold` zurückgesetzt. Der Durchlaufzähler `count` wird zum Start auf Null gesetzt.

13–26   Anschließend werden zunächst der Mutex `mutex` und danach die Bedingungsvariable `cv` der Barriere initialisiert. Tritt dabei ein Fehler auf, so gibt `barrier_init()` den zugehörigen Fehlercode zurück. Andernfalls zeigt die Funktion über den Rückgabewert 0 den Erfolg der Operation an.

28–46   Bevor die `barrier_destroy()`-Funktion den Mutex und die Bedingungsvariable der übergebenen Barriere verwirft und damit die Barriere zerstört, prüft sie zunächst, ob die Barriere gerade aktiv in Gebrauch ist. In diesem Fall gilt für die Barriere `counter != threshold` und `barrier_destroy()` zerstört die Barriere nicht, sondern gibt stattdessen den Statuscode EBUSY zurück. Natürlich muß vor dem lesenden Zugriff auf die Strukturkomponenten der Barriere der zugehörige schützende Mutex gesperrt und anschließend wieder freigegeben werden.

48–53   Ist die Barriere tatsächlich inaktiv, so kann sie zerstört werden. Die Funktion `barrier_destroy()` verwirft dazu nacheinander den Mutex `mutex` und die Bedingungsvariable `cv` der Barriere. Sollte bei mindestens einer der beiden Operationen ein Fehler auftreten, so gibt `barrier_destroy()` den entsprechenden Fehlercode (des ersten Fehlers) zurück. Andernfalls liefert die Funktion den Rückgabewert 0.

Beispiel A.2. barrier.c

```
1   #include <pthread.h>
2   #include <errno.h>
3
4   #include "barrier.h"
5
6   int barrier_init( barrier_t *barrier, unsigned count )
7   {
8     int status;
9
10    barrier->threshold = barrier->counter = count;
11    barrier->cycle = 0;
12
13    status = pthread_mutex_init( &barrier->mutex, NULL );
14    if( status != 0 )
15      return( status );
16
17    status = pthread_cond_init( &barrier->cv, NULL );
18    if( status != 0 )
19    {
```

```
20        /* Im Fehlerfall auch den Mutex wieder verwerfen */
21        pthread_mutex_destroy( &barrier->mutex );
22        return( status );
23      }
24
25      return( 0 );
26    }
27
28    int barrier_destroy( barrier_t *barrier )
29    {
30      int status, status2;
31
32      status = pthread_mutex_lock( &barrier->mutex );
33      if( status != 0 )
34        return( status );
35
36      /* Ist die Barriere gerade aktiv? */
37      if( barrier->counter != barrier->threshold )
38      {
39        pthread_mutex_unlock( &barrier->mutex );
40        /* Falls ja, melden wir "BUSY" zurück */
41        return( EBUSY );
42      }
43
44      status = pthread_mutex_unlock( &barrier->mutex );
45      if( status != 0 )
46        return( status );
47
48      /* Mutex und Bedingungsvariable verwerfen */
49      status = pthread_mutex_destroy( &barrier->mutex );
50      status2 = pthread_cond_destroy( &barrier->cv );
51
52      return( status != 0 ? status : status2 );
53    }
54
55    int barrier_wait( barrier_t *barrier )
56    {
57      int status, cancel, tmp, cycle;
58
59      status = pthread_mutex_lock( &barrier->mutex );
60      if( status != 0 )
61        return( status );
62
63      cycle = barrier->cycle;
64
65      /* Sind schon genügend Threads eingetroffen? */
66      if( --barrier->counter == 0 )
67      {
68        /* Falls ja, neuer Barrierendurchlauf */
```

```
69     barrier->cycle++;
70     barrier->counter = barrier->threshold;
71
72     status = pthread_cond_broadcast( &barrier->cv );
73     if( status == 0 )
74       status = BARRIER_SERIAL_THREAD;
75   }
76   else
77   {
78     /* Falls nein, auf weitere Threads warten */
79     while( cycle == barrier->cycle )
80     {
81       status = pthread_cond_wait( &barrier->cv,
82         &barrier->mutex );
83       if( status != 0 )
84         break;
85     }
86   }
87
88   pthread_mutex_unlock( &barrier->mutex );
89   return( status );
90 }
```

55–63 Die `barrier_wait()`-Funktion ist das Herzstück der Implementierung. Die Funktion sichert sich zunächst den exklusiven Zugriff auf die Barriere und merkt sich dann in der lokalen Hilfsvariablen `cycle` den aktuellen Wert des Durchlaufzählers der übergebenen Barriere. Anhand dieses Zählers kann die Funktion später feststellen, ob sie die Barriere wieder verlassen darf.

65–75 Anschließend dekrementiert `barrier_wait()` den Zähler `counter` und prüft, ob zusammen mit dem aktuellen Thread die erforderliche Anzahl von Threads die referenzierte Barriere erreicht hat. Ist dies der Fall, so gilt `counter == 0`. In diesem Fall inkrementiert `barrier_wait()` den Durchlaufzähler der Barriere und setzt den Zähler `counter` wieder auf den bei der Initialisierung festgelegten Wert `threshold`. Der veränderte Zustand der Barriere wird den anderen an dieser Sperre wartenden Threads über einen Broadcast auf der Bedingungsvariablen `cv` signalisiert. Im Erfolgsfall erhält der aktuelle Thread den Rückgabewert `BARRIER_SERIAL_THREAD`.

76–86 Sind noch nicht genügend Threads an der Sperre angelangt, so reiht sich der aktuelle Thread in die Menge der wartenden Threads ein. Der Thread verläßt die Warteschleife erst dann, wenn von einem anderen Thread der Durchlaufzähler der Barriere erhöht wurde und damit vom zuvor gemerkten ursprünglichen Wert abweicht. Während `barrier_wait()` auf dieses Ereignis wartet, wird der exklusive Zugriff auf die Barriere vorübergehend freigegeben. Sollte in der `pthread_cond_wait()`-Funktion ein Fehler auftreten, so wird die Warteschleife vorzeitig abgebrochen.

88-90 Am Ende der Funktion wird zunächst der exklusive Zugriff auf die Barriere freigegeben und danach der Statuscode des letzten Pthreads-Aufrufs als Rückgabewert der Funktion zurückgeliefert. Verlief der `barrier_wait()`-Aufruf fehlerfrei, so ist der zugehörige Wert 0, andernfalls zeigt die Funktion damit den letzten aufgetretenen Pthreads-Fehler an.

Literaturverzeichnis

[BLFN96]   Tim Berners-Lee, Roy T. Fielding und Henrik Frystyk Nielsen. RFC 1945: Hypertext Transfer Protocol – HTTP/1.0. http://www. ietf.org/rfc/rfc1945.txt, Mai 1996. Informational.

[BMB+05]   Roland Bless, Stefan Mink, Erik-Oliver Blass, Michael Conrad, Hans-Joachim Hof, Kendy Kutzner und Marcus Schöller. *Sichere Netzwerkkommunikation*. Springer, Heidelberg, 2005. ISBN 3-540-21845-9.

[Bog86]   Franz X. Bogner. Irgendwie und Sowieso, 1986. http://www.br-online. de/land-und-leute/thema/irgendwie-und-sowieso/.

[Bra89]   Robert Braden. RFC 1122: Requirements for Internet Hosts – Communication Layers. http://www.ietf.org/rfc/rfc1122.txt, Oktober 1989.

[Bra05]   Gilbert Brands. *IT-Sicherheitsmanagement*. Springer, Heidelberg, 2005. ISBN 3-540-24865-X.

[BST99]   Arash Baratloo, Navjot Singh und Timothy Tsai. Libsafe: Protecting critical elements of stacks. http://pubs.research.avayalabs.com/pdfs/ ALR-2001-019-whpaper.pdf, 1999.

[But97]   David R. Butenhof. *Programming with POSIX Threads*. Addison-Wesley Longman, Reading, Massachusetts, 1997. ISBN 0-201-63392-2.

[BWNH+03]   Simon Blake-Wilson, Magnus Nystrom, David Hopwood, Jan Mikkelsen und Tim Wright. RFC 3546: Transport Layer Security (TLS) Extensions. http://www.ietf.org/rfc/rfc3546.txt, Juni 2003. Standards Track.

[Cal96]   Ross Callon. RFC 1925: The Twelve Networking Truths. http://www. ietf.org/rfc/rfc1925.txt, 1. April 1996. Informational.

[DA99]   Tim Dierks und Christopher Allen. RFC 2246: The TLS Protocol, Version 1.0. http://www.ietf.org/rfc/rfc2246.txt, Januar 1999. Standards Track.

[DFN00]   Das OpenSSL Handbuch.   http://www.dfn-pca.de/certify/ssl/ handbuch/, 2000.

[Dij68]   Edsger W. Dijkstra. Cooperating sequential processes. In François Genuys, Hrsg., *Programming Languages: NATO Advanced Study Institute*, Seiten 43–112. Academic Press, 1968.

[Eck05]   Claudia Eckert. *IT-Sicherheit*. Oldenbourg, München, 2005. 3-486-20000-3.

[ECS94]   Donald E. Eastlake, Stephen D. Crocker und Jeffrey I. Schiller.
RFC 1750: Randomness Recommendations for Security. http://www.
ietf.org/rfc/rfc1750.txt, Dezember 1994. Informational.

[FLYV93]   Vince Fuller, Tony Li, Jessica (Jie Yun) Yu und Kannan Varadhan.
RFC 1519: Classless Inter-Domain Routing (CIDR): an Address As-
signment and Aggregation Strategy. http://www.ietf.org/rfc/rfc1519.
txt, September 1993. Standards Track.

[Fos95]   Ian Foster. *Designing and Building Parallel Programs.* Addison-Wesley
Longman, Reading, Massachusetts, 1995. ISBN 0-201-57594-9.

[GK98]   Randall Gellens und John C. Klensin. RFC 2476: Message Submission.
http://www.ietf.org/rfc/rfc2476.txt, Dezember 1998. Standards Track.

[GN00]   Robert E. Gilligan und Erik Nordmark. RFC 2893: Transition Mecha-
nisms for IPv6 Hosts and Routers. http://www.ietf.org/rfc/rfc2893.
txt, August 2000. Standards Track.

[GO95]   Jürgen Gulbins und Karl Obermayr. *UNIX.* Springer, Heidelberg,
4. Auflage, 1995. 3-540-58864-7.

[Gut00]   Peter Gutmann. X.509 Style Guide. http://www.cs.auckland.ac.nz/
~pgut001/pubs/x509guide.txt, Oktober 2000.

[HD03]   Robert M. Hinden und Stephen E. Deering. RFC 3513: Internet Protocol Version 6 (IPv6) Addressing Architecture. http://www.ietf.org/
rfc/rfc3513.txt, April 2003. Standards Track.

[Her96]   Helmut Herold. *UNIX-Systemprogrammierung.* Addison Wesley, Bonn,
1996. ISBN 3-89319-958-6.

[HFPS02]   Russell Housley, Warwick Ford, Tim Polk und David Solo. RFC 3280:
Internet X.509 Public Key Infrastructure Certificate and CRL Profile.
http://www.ietf.org/rfc/rfc3280.txt, April 2002. Standards Track.

[HKC+96]   Kim Hubbard, Mark Kosters, David Conrad, Daniel Karrenberg und
Jon Postel. RFC 2050: Internet Registry IP Allocation Guidelines.
http://www.ietf.org/rfc/rfc2050.txt, November 1996. Best Current
Practice.

[HL99]   Katie Hafner und Matthew Lyon. *ARPA Kadabra oder die Geschichte
des Internet.* dpunkt.verlag, Heidelberg, 2. Auflage, 1999. 3-932588-
59-2.

[Hof02]   Paul Hoffman. RFC 3207: SMTP Service Extension for Secure SMTP
over Transport Layer Security. http://www.ietf.org/rfc/rfc3207.txt,
Februar 2002. Standards Track.

[IP81]   RFC 791: Internet Protocol. http://www.ietf.org/rfc/rfc791.txt, September 1981.

[ISO05]   Programming Languages – C, 2005. http://www.open-std.org/jtc1/
sc22/wg14/.

[KA98]   Stephen Kent und Randall Atkinson. RFC 2401: Security Architecture
for the Internet Protocol. http://www.ietf.org/rfc/rfc2401.txt, November 1998. Standards Track.

[KBC97]   Hugo Krawczyk, Mihir Bellare und Ran Canetti. RFC 2104: HMAC:
Keyed-Hashing for Message Authentication. http://www.ietf.org/rfc/
rfc2104.txt, Februar 1997. Informational.

[KL00]   Rohit Khare und Scott Lawrence. RFC 2817: Upgrading to TLS Within
HTTP/1.1. http://www.ietf.org/rfc/rfc2817.txt, Mai 2000. Standards
Track.

[Kle01]   John C. Klensin. RFC 2821: Simple Mail Transfer Protocol. http:
           //www.ietf.org/rfc/rfc2821.txt, April 2001. Standards Track.

[Kle04]   Tobias Klein. *Buffer Overflows und Format-String-Schwachstellen.*
           dpunkt.verlag, Heidelberg, 2004. ISBN 3-89864-192-9.

[KR90]   Brian W. Kernighan und Dennis M. Ritchie. *Programmieren in C,
           2. Ausgabe, ANSI C.* Hanser, München, 1990. ISBN 3-446-15497-3.

[Loc94]   Harold W. Lockhart. *OSF DCE.* McGraw-Hill, New York, 1994.
           ISBN 0-07-911481-4.

[Loc05]   C. Douglass Locke. POSIX and Linux Application Compatibility De-
           sign Rules. http://www.opengroup.org/rtforum/doc.tpl?gdid=7319,
           2005. Draft Version 0.92.

[NBF96]   Bradford Nichols, Dick Buttlar und Jacqueline Proulx Farrell. *Pthreads
           Programming.* O'Reilly, Sebastopol, California, 1996. ISBN 1-56592-
           115-1.

[ND97]   Scott J. Norton und Mark D. Dipasquale. *Thread Time: The Multi-
           Threaded Programming Guide.* Prentice Hall, Upper Saddle River, NJ,
           1997. ISBN 0-13-190067-6.

[PH83]   Jon Postel und Ken Harrenstien. RFC 868: Time Protocol. http:
           //www.ietf.org/rfc/rfc868.txt, Mai 1983.

[Pos80]   Jon Postel. RFC 768: User Datagram Protocol. http://www.ietf.org/
           rfc/rfc768.txt, August 1980.

[Pos81]   Jon Postel. RFC 792: Internet Control Message Protocol. http://www.
           ietf.org/rfc/rfc792.txt, September 1981.

[Pos83]   Jon Postel. RFC 867: Daytime Protocol. http://www.ietf.org/rfc/
           rfc867.txt, Mai 1983.

[Res00]   Eric Rescorla. RFC 2818: HTTP Over TLS. http://www.ietf.org/rfc/
           rfc2818.txt, Mai 2000. Informational.

[Res03]   Eric Rescorla. *SSL and TLS.* Addison-Wesley Longman, Amsterdam,
           2003. ISBN 0-201-61598-3.

[RMK$^+$96] Yakov Rekhter, Robert G. Moskowitz, Daniel Karrenberg, Geert Jan
           de Groot und Eliot Lear. RFC 1918: Address Allocation for Priva-
           te Internets. http://www.ietf.org/rfc/rfc1918.txt, Februar 1996. Best
           Current Practice.

[RR03]   Kay A. Robbins und Steven Robbins. *UNIX Systems Programming:
           Communication, Concurrency and Threads.* Prentice Hall, Upper
           Saddle River, NJ, 2003. ISBN 0-13-042411-0.

[Sch96]   Bruce Schneier. *Applied Cryptography.* John Wiley & Sons, New York,
           1996. ISBN 0-471-12845-7.

[SFR04]   W. Richard Stevens, Bill Fenner und Andrew M. Rudoff. *UNIX Net-
           work Programming, Volume I.* Addison Wesley, Reading, Massachu-
           setts, 3. Auflage, 2004. ISBN 0-13-141155-1.

[SGG02]   Abraham Silberschatz, Peter B. Galvin und Greg Gagne. *Operating
           System Concepts.* John Wiley & Sons, New York, 6. Auflage, 2002.
           ISBN 0-471-41743-2.

[Shi92]   John Shirley. *Guide to Writing DCE Applications.* O'Reilly, 1992.
           ISBN 1-56592-004-X.

[Sig01]   Signaturgesetz – Gesetz über Rahmenbedingungen für elektronische Si-
           gnaturen. http://bundesrecht.juris.de/bundesrecht/sigg_2001/gesamt.
           pdf, 2001.

[Ste92]   W. Richard Stevens. *Advanced Programming in the UNIX Environment*. Addison Wesley, Reading, Massachusetts, 1992. ISBN 0-201-56317-7.

[Ste93]   W. Richard Stevens. *TCP/IP Illustrated, Volume 1: The Protocols*. Addison Wesley, Reading, Massachusetts, 1993. ISBN 0-201-63346-9.

[SUS02]   *The Single UNIX Specification – Authorized Guide to Version 3*. The Open Group, 2002. US ISBN 1-931624-13-5.

[TCP81]   RFC 793: Transmission Control Protocol. http://www.ietf.org/rfc/rfc793.txt, September 1981.

[TS01]   Timothy Tsai und Navjot Singh. Libsafe 2.0: Detection of Format String Vulnerability Exploits. http://pubs.research.avayalabs.com/pdfs/ALR-2001-018-whpaper.pdf, 2001.

[Ung97]   Theo Ungerer. *Parallelrechner und parallele Programmierung*. Spektrum Akademischer Verlag, Heidelberg, 1997. ISBN 3-8274-0231-X.

[VM03]   John Viega und Matt Messier. *Secure Programming Cookbook*. O'Reilly, Sebastopol, California, 2003. ISBN 0-596-00394-3.

[VMC02]   John Viega, Matt Messier und Pravir Chandra. *Network Security with OpenSSL*. O'Reilly, Sebastopol, California, 2002. ISBN 0-596-00270-X.

[WC92]   Zheng Wang und Jon Crowcroft. RFC 1335: A Two-Tier Address Structure for the Internet: A Solution to the Problem of Address Space Exhaustion. http://www.ietf.org/rfc/rfc1335.txt, Mai 1992.

[Wei03]   Mark Allen Weiss. *Data Structures and Algorithm Analysis in C*. Addison Wesley, Menlo Park, California, 2003. ISBN 0-3211-8995-7.

[Whe03]   David A. Wheeler. Secure Programming for Linux and Unix HOWTO. http://www.dwheeler.com/secure-programs/, 2003.

[WK02]   John Wilander und Mariam Kamkar. A Comparison of Publicly Available Tools for Static Intrusion Prevention. In *Proceedings of the 7th Nordic Workshop on Secure IT Systems (Nordsec 2002)*, Seiten 68–84, 2002.

[WK03]   John Wilander und Mariam Kamkar. A Comparison of Publicly Available Tools for Dynamic Buffer Overflow Prevention. In *Proceedings of the 10th Network and Distributed System Security Symposium (NDSS'03)*, Seiten 149–162, 2003.

[Zal01]   Michal Zalewski. Delivering Signals for Fun and Profit. http://www.bindview.com/Services/Razor/Papers/2001/signals.cfm, 2001.

[ZEI01]   Stimmt's? Nr. 28/2001. http://www.zeit.de/2001/28/200128_stimmts_internet_xml, 2001.

Sachverzeichnis